权威·前沿·原创

皮书系列为
"十二五""十三五""十四五"时期国家重点出版物出版专项规划项目

BLUE BOOK

智库成果出版与传播平台

汽车国际化蓝皮书

BLUE BOOK OF AUTOMOBILE INTERNATIONALIZATION

中国汽车国际化发展报告（2025）

ANNUAL REPORT ON DEVELOPMENT OF
CHINA AUTOMOBILE INTERNATIONALIZATION (2025)

主　编／中国汽车技术研究中心有限公司

社会科学文献出版社
SOCIAL SCIENCES ACADEMIC PRESS (CHINA)

图书在版编目（CIP）数据

中国汽车国际化发展报告.2025 / 中国汽车技术研究中心有限公司主编. -- 北京：社会科学文献出版社，2025.5. --（汽车国际化蓝皮书）. -- ISBN 978-7-5228-5152-5

Ⅰ.F426.471

中国国家版本馆 CIP 数据核字第 2025ZW2223 号

汽车国际化蓝皮书
中国汽车国际化发展报告（2025）

主　　编／中国汽车技术研究中心有限公司

出 版 人／冀祥德
责任编辑／张　媛
责任印制／岳　阳

出　　版／社会科学文献出版社·皮书分社（010）59367127
　　　　　地址：北京市北三环中路甲 29 号院华龙大厦　邮编：100029
　　　　　网址：www.ssap.com.cn
发　　行／社会科学文献出版社（010）59367028
印　　装／三河市东方印刷有限公司

规　　格／开　本：787mm×1092mm　1/16
　　　　　印　张：30.25　字　数：454 千字
版　　次／2025 年 5 月第 1 版　2025 年 5 月第 1 次印刷
书　　号／ISBN 978-7-5228-5152-5
定　　价／188.00 元

读者服务电话：4008918866

▲ 版权所有 翻印必究

《中国汽车国际化发展报告（2025）》
编 委 会

主　　　任	安铁成
常务副主任	付炳锋
副　主　任	周　华　龚进峰
顾　　　问	苏　波　崇　泉
主　　　编	王　铁
副　主　编	徐耀宗　姜建娜
编　　　委	许海东　魏文清　石永红　张多学　史青科 戎　辉　吕恒绪　李海斌　曹建骁　孟　非 陈海峰　付铁强　赵　扬　邓　葵　彭　进 张贵兵　杜建波
审　稿　人	陈　斌　周世杰　左延安　刘　斌　方海峰 吴松泉　蔡国钦　黎宇科　姚占辉
统　筹　人	王　易　谷阳阳　贾启蒙　沈　庆　宋　瑞 李颖异

主要执笔人（以姓氏笔画为序）

丁　倩	马　胜	马　洁	马　群	马魁基
王　颂	王　惠	王　辉	王飞飞	王云川
王文恺	王文峰	王亚飞	王英荻	王曼娜
王博通	王智宇	方　晗	孔令名	石　红
田芳晴	史宸语	付铁强	冯庆旺	成梅林
吕佳颖	朱　青	朱　毅	竹沁仪	任勃帆
任重磊	刘　宇	刘　阳	刘　艳	刘玉健
刘永杰	刘亚欧	刘延峰	刘佳仪	刘佳杰
刘星雨	刘雪峰	刘焕然	齐　亮	许焕之
孙志铎	孙昱晗	孙晓行	苏有祥	杜天强
李　宇	李　倩	李新波	李静怡	李德润
杨　靖	杨　熹	杨准营	杨祥璐	吴淑霞
何　兴	邹　朋	汪　伟	汪晓伟	沈　庆
张　昊	张天聪	张世琦	张起鹏	张嘉芮
张潇文	范柏余	季中豪	庞天舒	郑英东
郑思凯	郑思维	孟云龙	赵　佳	赵　涛
赵　情	赵　雄	赵　微	赵思旭	赵嘉睿
荣雪东	胡　祥	栗晋杰	贾启蒙	顾洪建
徐　廉	奚瑞轩	凌　云	凌晨冰	高吉强
郭雅鑫	唐安宁	陶仕佳	黄华彤	黄霄鹏
曹　也	曹建骁	崔　晨	梁永祥	隋　航
董　帅	曾　梓	雷　斌	窦瑞华	翟慧容
潘　杰	潘贵凤	鞠楠楠		

主编单位 中国汽车技术研究中心有限公司

发起单位 中国汽车企业国际化发展创新联盟

参编单位 中国汽车工业协会
工业和信息化部装备工业发展中心
长城汽车股份有限公司
中国远洋海运集团有限公司
中国机电产品进出口商会
中国国际贸易促进委员会汽车行业分会
全国汽车标准化技术委员会秘书处
中汽研汽车检验中心（天津）有限公司
重庆长安汽车股份有限公司
广州汽车集团股份有限公司
奇瑞汽车股份有限公司
北京汽车集团有限公司
浙江吉利控股集团有限公司
中国物流集团有限公司
中国电动汽车充电基础设施促进联盟
襄阳达安汽车检测中心有限公司

中国汽车技术研究中心有限公司简介

中国汽车技术研究中心有限公司（以下简称"中汽中心"）是国务院国资委直属中央企业，成立于1985年。作为国内外汽车行业具有广泛影响力的综合性科技企业集团，中汽中心积极服务国家发展大局，深入贯彻落实创新驱动发展战略，为国家经济转型升级、绿色发展和现代化建设提供科技支撑。2018年2月完成公司改制，现下设直属机构7个、全资子公司36家、控股公司9家，总资产226.17亿元，净资产178.14亿元，员工总数5000余人。

中汽中心坚持以新发展理念为纲领，事业分布稳步升级，综合实力与核心竞争力不断增强，构建起以天津为总部，华东、华南、华中、西南四个分中心紧密联动的网络化布局，区域中心特色专业能力建设进一步深化。聚焦发展六类核心业务、精准强化四类共性支撑、明确打造三类服务平台的体系化事业布局持续加深，并成功在德国、瑞士、日本、泰国设立子公司及常驻办事处，对中国汽车产业更加地积极融入全球体系起到了重要推动作用。

中汽中心始终坚守推动中国汽车工业科技进步的初心和"独立、公正、第三方"的行业定位，积淀了厚重的技术实力，业务涵盖政策研究、标准法规、关键共性技术研发、产品工程开发服务、检测测试及认证、信息咨询、工程设计等汽车产业全价值链技术服务，并加快布局发展新能源、智能网联、数字化、"双碳"等新兴领域，为中国汽车产业高质量发展提供了强有力的支撑。

序　言

汽车制造业一直被誉为现代工业王冠上的璀璨明珠，是国民经济的支柱产业、举足轻重的战略产业。20世纪90年代，长城、比亚迪、吉利、奇瑞等中国自主品牌呱呱坠地，还在蹒跚学步。三十年来，中国汽车人砥砺奋斗、厚积薄发，建成了规模巨大、品类齐全、配套完整的产业体系，不但向着汽车强国坚实迈进，也为全球低碳发展和人民美好出行做出了重大贡献。近年来，我国汽车出口规模不断攀升，电动载人汽车已成为中国外贸的"新三样"之一（其他两样是锂电池和太阳能电池），汽车产业已成为拉动国民经济高质量发展的重要力量。

当前，全球汽车发展面临百年未有之大变局，产业格局正在重塑，中国企业出海恰逢其时。据海关统计，2024年我国汽车出口延续强劲增长势头，全年整车出口量达640.7万辆，连续第二年稳居全球第一大汽车出口国。新能源汽车出口量达128.4万辆，占汽车出口总量的20%，成为增长核心动力。然而，我们也清醒地看到全球化正面临异常严峻的挑战。一是大国博弈和地缘战争愈演愈烈，国际环境复杂多变；二是贸易和投资壁垒明显增多，经贸往来受到严重干扰；三是资源和技术政治化，供应链体系面临巨大风险；四是中国品牌国际影响力不足，企业利润和可持续发展遇到严峻考验。这些都给中国汽车企业国际化发展带来重大挑战，增加了不确定性和各种代价。

中国汽车技术研究中心有限公司始终坚定引领汽车行业进步，支撑汽车强国建设的战略使命，积极推动中国汽车企业国际化发展。中国汽车企业国际化发展创新联盟（以下简称"联盟"）作为政府指导下的行业机构，致力于促进汽车企业国际合作与发展，维护中国汽车品牌形象，助力汽车强国建

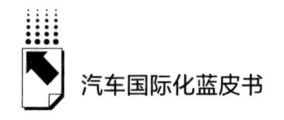

设。自2024年起，联盟响应行业需求、凝聚各方智慧，作为发起单位，组织"七大工作组"牵头单位、骨干企业和有关权威专家，共同编写《中国汽车国际化发展报告》，助力产业健康出海、行稳致远。我们愿与业界同仁一道，持续聚焦行业关键问题、深入剖析事件影响、切实提出可行建议，成为有关部门决策的有益参考、联盟成员沟通合作的崭新平台、业内人士高度认可的智库成果，一起见证中国汽车扬帆出海、劈波斩浪、直达彼岸。

本书主要设置总报告、海外市场篇、政策热点篇、汽车金融篇、物流篇、产业链篇、标准研究篇、检测认证篇和案例篇九个部分。其中，总报告全面总结过去一年中国汽车产业国际化情况，系统评价中国汽车企业的国际竞争力，梳理分析主要跨国企业的发展历程和成功经验；各篇章聚焦汽车企业国际化发展过程中遇到的"七大领域"多个问题，有针对性地开展深入研究，具有很强的现实意义；案例篇则选取我国汽车企业国际化的优秀案例，为行业借鉴提供参考。

本书的顺利出版离不开各位领导、专家与合作伙伴的大力支持。感谢本书顾问和专家在百忙之中为本书策划和编制提出的宝贵意见和建议，感谢社会科学文献出版社为本书顺利出版提供的大量帮助。长城汽车股份有限公司对联盟工作和本书出版给予了大力支持，在此表示诚挚的谢意！

中汽中心资深首席专家吴松泉，中汽中心首席专家刘斌、方海峰、姚占辉，中汽政研副总工程师蔡国钦、黎宇科对本书进行了多次审改；联盟专家委员会陈斌、周世杰、左延安对本书进行了审评；本书主编、中汽政研主任王铁进行了终审定稿。

本书的编撰出版得到了许多人的关爱和支持，我谨代表中国汽车企业国际化发展创新联盟和本书编委会，向为本书提供支持和帮助的各位专家、企业及有关单位表示衷心的感谢！由于时间仓促，书中难免有不少疏漏和不足，敬请各位专家、同行和读者批评指正。

安铁成

中国汽车技术研究中心有限公司党委书记、董事长

寄语一

在全球化浪潮汹涌的今天，中国汽车产业正以崭新的姿态和坚定的步伐，迈向世界舞台的中央。《中国汽车国际化发展报告》的出版，不仅是对中国汽车企业国际化发展成果的展示和肯定，更是对未来发展的期许和展望。作为中国汽车企业国际化发展创新联盟的指导专家，我深感荣幸能为此书寄语，共同见证中国汽车产业在全球舞台上绽放光彩。

这份报告，是联盟七大工作组与数十家龙头企业和行业机构携手合作的智慧结晶。它汇聚了行业内外众多专家的心血与智慧，内容涵盖政策研究、标准法规、海外市场、金融保险、国际物流、产业链协调及检测认证等多个维度，全面而深入地剖析中国汽车企业在国际化进程中面临的挑战与机遇。

展望未来，中国汽车国际化事业仍然任重道远。我们需要继续加强技术创新，推动汽车产业向更高质量、更高效率、更加可持续的方向发展；我们需要强化产业协同，构建更加紧密、更加高效的全球汽车产业链生态；我们需要增创国际品牌，提升中国汽车品牌的全球影响力和竞争力。只有这样，我们才能在全球汽车产业的激烈竞争中立于不败之地，共享全球汽车百年发展的新机遇。

最后，我要感谢所有为《中国汽车国际化发展报告》的编写和出版付出辛勤努力的同事们和专家们。正是你们的智慧和汗水，才使得这份报告得以问世，为中国汽车国际化事业的发展贡献一份力量。《中国汽车国际化发展报告》不仅是一份权威的研究报告，更是一份沉甸甸的责任与担当。它承载着中国汽车产业对未来的期许与梦想，也见证着中国汽车企业不断突破

自我、勇攀高峰的历程。我相信，在这份报告的指引下，中国汽车企业将更加坚定地走好国际化之路，不断开创中国汽车产业的新篇章。

让我们携手并进，共同书写中国汽车产业国际化的辉煌篇章！愿《中国汽车国际化发展报告》成为每一位关心中国汽车产业发展的读者的良师益友，为中国汽车产业的国际化进程贡献智慧与力量！

苏　波
中国汽车企业国际化发展创新联盟指导委员会主任委员
第十三届全国政协经济委员会副主任
工业和信息化部原副部长

寄语二

作为现代工业技术集大成者,汽车是国民经济的重要支柱产业,其高质量发展关乎经济增长。在当今复杂多变的国际经济形势下,汽车产业的国际化发展不仅影响企业的生存与发展,更是国家综合实力和国际竞争力的重要体现。汽车产业的出口贸易规模成为衡量一个国家汽车产业国际化水平的重要标尺,其在带动国内汽车产业发展的同时,也深刻影响着全球汽车市场的竞争格局。

作为全球汽车产业国际化变革的重要参与者和推动者,中国汽车产业近年来取得了举世瞩目的成就,尤其是在出口贸易方面,中国汽车品牌已在国际市场上崭露头角。从最初的零部件出口,到如今的整车出口规模快速增长,中国汽车产业在出口贸易中发挥着越来越重要的作用,中国汽车企业通过不断提升产品质量、加强技术研发、优化营销策略,逐步在国际市场上树立了良好的品牌形象。

展望未来,中国汽车产业在国际化进程中仍面临重大机遇和诸多挑战。一方面,随着全球汽车产业的转型升级,中国汽车企业在新能源汽车和智能网联汽车领域已取得显著进展,具备一定的竞争优势。"一带一路"倡议的深入推进为中国汽车品牌拓展国际市场提供发展机遇,中国汽车企业可以借此加强与共建国家的经贸合作,推动汽车产品出口规模进一步提升并打造国际化品牌。

另一方面,国际市场竞争日益激烈,各国汽车企业均积极寻求市场扩张和技术创新,中国汽车品牌亟须不断提升自身实力。同时,关税和非关税壁

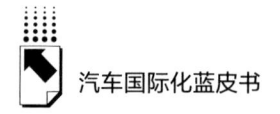

垄、全球贸易保护主义盛行等问题也在一定程度上影响中国汽车产业的国际化进程。中国汽车产业需要加强核心技术创新和品牌建设，提高我国汽车产品的质量水平并强化综合竞争优势，推动中国汽车产业与国际市场的深度融合。

值此之际，能为《中国汽车国际化发展报告》撰写寄语我深感荣幸。该报告全面系统地探讨了中国汽车产业国际化发展情况，围绕汽车国际化发展的全产业链关键环节进行专题分析，深入剖析主要跨国汽车企业的发展脉络与成功经验，为我国汽车产业国际化高质量发展提供了宝贵的借鉴与参考。

我衷心希望《中国汽车国际化发展报告》的出版，能够为广大读者提供一个深入了解中国汽车产业和企业国际化发展的窗口，激发更多人对这一领域的关注和思考。同时，我也期待中国汽车产业能够继续发扬拼搏进取的精神，不断克服挑战，抓住机遇，开创国际化进程新篇章，为中国经济的高质量发展做出更大贡献。

崇　泉

中国汽车企业国际化发展创新联盟指导委员会委员

中国世界贸易组织研究会原会长

商务部原国际贸易谈判副代表

摘 要

《中国汽车国际化发展报告》是关于中国汽车国际化发展的年度研究性报告，2025年首次出版。本书在多位汽车及相关行业内资深专家、学者顾问的指导下，由联盟七大工作组组长单位和相关汽车、物流等企业，以及行业内相关领域专家共同撰写完成。

近年来，中国汽车产业在国际化进程中成绩卓著，令人瞩目。从出口规模来看，实现了跨越式的飞速增长，过去数年，中国汽车出口呈现爆发式增长态势。至2024年，出口量已达到超过600万辆的高位。当前我国发展面临的形势错综复杂，国际政治经济环境不利因素增多。同时，我国的国际循环质量和水平不断提升，自贸"朋友圈"延展升级，新兴市场国家和发展中国家群体性崛起的趋势凸显。汽车产业链供应链深度调整，中国汽车产业国际化发展面临的机遇与挑战并存，随着中国品牌车企国际竞争力日益增强，汽车出口规模和质量效益将稳步提升。当前中国汽车企业和标准"走出去"步伐加快，特别是与共建"一带一路"国家加强标准化合作，势必将与汽车发达国家的市场和利益布局产生一定冲突，进而出现由合作关系向竞争、合作并存甚至竞争为主的转变，我国标准国际化工作整体面临严峻的外部形势。下一步要全面加强国际标准法规协调，积极推进汽车标准互联互通，推动中国标准成为国际标准。受全球经济及地缘政治影响，各国汽车市场潜力呈现差异化特点。中国在系列政策推动下汽车市场保持稳定增长，韩国新车需求量将小幅下降，欧盟受地缘政治影响需求将变得更加不确定。电动化转型方面，尽管中国和几个欧洲国家的电动化转型走在世界前列，但全

球大部分市场的电动汽车普及速度并不尽如人意。在全球积极应对气候变化的背景下，汽车作为温室气体排放的主要来源之一，低碳化转型的重要性日益凸显。碳金融作为一种促进绿色低碳发展的金融工具，正逐步融入汽车产业链中，加速汽车产业的可持续转型。随着我国汽车出口规模不断扩大，出口物流尤其是滚装船远洋海运在汽车出口物流供应链中发挥着不可替代的作用，面对当前的市场需求和挑战，滚装船行业正朝着大型化、高效化、智能化、绿色环保以及多元化服务方向发展。保证汽车产业链和供应链安全尤其重要，当前整车企业基于优化产业链、控制生产成本、压缩市场供货半径等目的，推行全球分工协作和零部件供应商"本土化"战略，为近些年我国汽车零部件行业发展带来了新机遇和广阔空间。当前我国汽车产品大规模进入东盟、拉美等国家和地区，这些国家和地区都有各自独立的准入制度和法规体系，大部分国家与中国检验认证机构出具的产品品质或试验验证证书不互认，要求汽车进口产品在当地重新进行认证试验，增加企业进入的风险与成本。

关键词： 汽车国际化　海外市场及政策　金融物流　产业链　标准准入

目 录

Ⅰ 总报告

B.1 2024年中国汽车企业国际化发展报告
……………………… 王　铁　徐耀宗　马　胜　凌　云　田芳晴
　　　　　　　　　　　　　　　　　　　　王英荻　徐　廉 / 001

Ⅱ 海外市场篇

B.2 全球汽车市场发展潜力及消费偏好研究
………………………………………… 刘玉健　张天聪　贾启蒙 / 013

B.3 中国—俄罗斯汽车贸易及投资合作发展报告
………………………………………… 顾洪建　赵思旭　朱　青 / 029

B.4 中国—墨西哥汽车贸易及投资合作发展报告
………………………………………… 王亚飞　郭雅鑫　王　惠 / 042

B.5 中国—东盟汽车贸易及投资合作发展报告
………………………………………… 杨　靖　李新波　成梅林 / 053

B.6 中国—欧盟汽车贸易及投资合作发展报告
………………………………………… 丁　倩　王　惠　李新波 / 072

B.7 中国—南美汽车贸易及投资合作发展报告
　　……………………………………… 丁　倩　朱　青　李新波 / 100
B.8 中国—中东汽车贸易及投资合作发展报告
　　……………………………………… 张天聪　刘玉健　贾启蒙 / 120

Ⅲ 政策热点篇

B.9 美国出台的系列法案对中国汽车产业影响分析
　　……………………………… 杨祥璐　刘　艳　沈　庆　荣雪东 / 132
B.10 欧盟新电池法对中国新能源汽车出口的影响分析
　　……………………………………… 范柏余　孙昱晗　刘雪峰 / 141
B.11 欧盟碳边境调节机制对中国汽车企业海外市场发展的
　　 影响分析 ……………………… 石　红　范柏余　李静怡 / 146
B.12 欧盟对中国电动汽车反补贴的影响和应对
　　……………………… 王英荻　马　胜　凌　云　杨准营　许焕之 / 151
B.13 欧盟数据监管规则对中国汽车产业的影响分析
　　………………………………………… 赵嘉睿　赵　佳　刘　宇 / 156

Ⅳ 汽车金融篇

B.14 国际金融业支持汽车产业可持续发展研究
　　……………………… 凌晨冰　孙晓行　齐　亮　杨　熹 / 163
B.15 全球汽车产业碳金融发展报告 …… 王文恺　刘焕然　齐　亮 / 186

Ⅴ 物流篇

B.16 中国汽车出口物流发展现状及趋势分析 ………… 梁永祥 / 204
B.17 红海航道危机对全球汽车物流运输的影响分析 ……… 鞠楠楠 / 221

B.18 物流供应商评估及管控相关研究 ………… 唐安宁 冯庆旺 / 231
B.19 国际物流数智化发展相关研究 …………… 唐安宁 冯庆旺 / 249

Ⅵ 产业链篇

B.20 汽车产业链全球化发展现状及挑战分析
………… 曹建骁 杜天强 崔 晨 郑思维 王 颂 任勃帆 / 273
B.21 汽车产业海外投资合作布局研究
………… 曹建骁 杜天强 王 颂 郑思维 崔 晨 任重磊 / 290
B.22 海外重点国家（或地区）新能源汽车充电设施
发展研究 ……………………… 邹 朋 贾启蒙 庞天舒 / 306

Ⅶ 标准研究篇

B.23 俄罗斯汽车标准法规研究
………… 翟慧容 吕佳颖 李 倩 张 昊 朱 毅 / 325
B.24 墨西哥汽车标准法规研究 …………………………… 雷 斌 / 335
B.25 中东（GCC区域）汽车标准法规研究
………………………………… 李 宇 方 晗 窦瑞华 / 342
B.26 欧盟汽车标准法规研究 ………… 潘贵凤 张 昊 朱 毅 / 347
B.27 中国汽车标准"走出去"发展报告 ………………… 刘佳仪 / 357

Ⅷ 检测认证篇

B.28 欧盟汽车准入制度分析
………………………… 王飞飞 赵 情 汪 伟 王文峰 / 362

B.29 美国汽车产品认证制度分析

······················· 潘　杰　曾　梓　赵　涛　吴淑霞 / 366

B.30 日本汽车产品准入制度分析

······················· 黄霄鹏　高吉强　王云川　隋　航 / 373

B.31 东盟汽车产品准入制度和技术法规分析

······················· 刘星雨　付铁强　史宸语　黄华彤 / 381

B.32 欧亚经济联盟汽车准入管理制度和技术法规分析

······················· 马　洁　马魁基　曹　也　胡　祥 / 398

B.33 海湾汽车准入管理制度分析

······················· 竹沁仪　马　群　苏有祥　刘永杰 / 406

B.34 全球典型国家汽车法规技术壁垒预警分析

··········"全球典型国家汽车法规技术壁垒预警分析"课题组 / 410

Ⅸ 案例篇

B.35 重点会员企业优秀案例 ······················· / 446

总 报 告

B.1
2024年中国汽车企业国际化发展报告

王铁　徐耀宗　马胜　凌云　田芳晴　王英获　徐廉*

摘　要： 2024年，中国汽车出口实现历史性突破，整车出口量达到640.7万辆，同比增长22.8%。乘用车出口占主导地位，电动乘用车出口保持增长。中国品牌骨干企业出口快速增长，如奇瑞、上汽、长安、吉利等。中国汽车企业国际化发展面临全球经济增长、贸易壁垒、海外数据监管等机遇与挑战。未来，中国车企将加速海外产能布局，新能源汽车企业海外工厂将陆续投产，动力电池企业加大海外布局，二手车出

---

* 王铁，博士，教授级高级工程师，主要从事汽车产业智库建设、汽车产业发展战略与政策研究等工作，现任中国汽车战略与政策研究中心主任；徐耀宗，硕士，高级工程师，现任中国汽车战略与政策研究中心副主任；马胜，高级工程师，主要研究方向为国际化战略及海外市场政策，现任中国汽车战略与政策研究中心产业政策与国际化研究部高级研究员；凌云，硕士，工程师，现任中国汽车战略与政策研究中心产业政策与国际化研究部高级研究员；田芳晴，工程师，主要研究方向为海外汽车产业政策、全球汽车市场趋势分析、企业国际化发展战略等，现任中国汽车战略与政策研究中心产业政策与国际化研究部研究员；王英获，硕士，工程师，现任中国汽车战略与政策研究中心产业政策与国际化研究部研究员；徐廉，硕士，工程师，主要研究方向为汽车国际化政策法规、市场趋势、国际化战略等，现任中国汽车战略与政策研究中心综合管理部研究员。

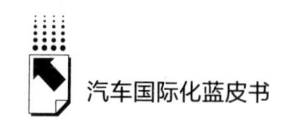

口有望翻番。

关键词: 汽车产业 国际竞争力 汽车出口 新能源汽车

一 2024年中国汽车出口概况

2024年,中国汽车出口再次实现历史性突破。根据海关数据统计,中国整车(含成套散件)出口首次突破600万辆规模,达到640.7万辆,同比增长22.8%(见图1);出口金额1173.58亿美元,同比增长15.5%。汽车零部件①出口金额1098.04亿美元,同比增长6.8%。中国汽车出口持续增长,主要与中国汽车品牌国际竞争力提高、车企海外本地化水平提升以及新能源汽车出口规模保持增长等因素有关。

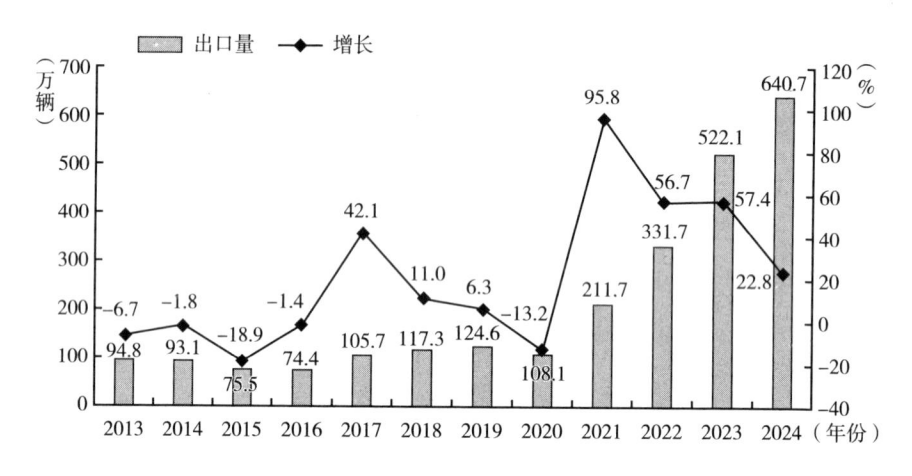

图1 2013~2024年中国汽车整车出口情况

资料来源:海关数据。

---

① 本报告中汽车零部件进出口总额均包含玻璃、轮胎等非机电类汽车零部件产品。

二 2024年中国汽车出口发展特点

(一) 整车出口

从出口车型来看，我国所有车型均实现出口量增长，乘用车占据出口主体地位。根据海关数据统计，2024年，乘用车出口549.56万辆，同比增长24.1%，占中国汽车出口总量的85.8%。各类乘用车型出口量均保持增长。其中，旅行小客车出口183.16万辆，同比增长29.0%，分别占中国汽车出口总量和乘用车出口总量的28.6%和33.3%。小轿车和旅行小客车共计出口357.15万辆，占乘用车出口总量的65.0%。电动乘用车出口165.32万辆，同比增长7.2%。载重车是出口量最大的商用车车型。2024年，中国共计出口载重车57.46万辆，同比增长17.9%，占中国商用车出口总量的63.0%（见表1）。

表1 2024年中国汽车（分车型）出口情况

车型	出口量（万辆）	增长（%）	出口额（亿美元）	同比增长（%）
小轿车	173.99	34.2	201.02	28.7
越野车	22.39	80.6	48.81	68.0
旅行小客车	183.16	29.0	294.08	35.2
其他乘用车	4.71	0.2	10.77	-3.9
电动乘用车	165.32	7.2	319.74	-6.3
乘用车合计	549.56	24.1	874.42	15.8
机动大、中型客车	7.04	16.4	32.28	21.7
半挂式牵引车	14.93	3.7	64.29	-2.2
特种用途车	4.96	37.4	38.90	28.4
载重车（非公路自卸车除外）	57.46	17.9	109.12	14.6
非公路自卸车	1.31	13.9	15.38	22.1
装有引擎的汽车底盘	0.73	24.1	3.18	9.8
新能源商用车	4.74	11.1	36.02	30.2
商用车合计	91.17	15.7	299.16	14.7
整车出口总计（包括成套散件）	640.73	22.8	1173.58	15.5

资料来源：海关数据。

从出口市场来看,对共建"一带一路"国家、欧洲市场等的汽车产品出口均实现一定程度增长。根据海关数据统计,2024 年,俄罗斯、墨西哥和阿联酋位列中国汽车出口量前三,其中对俄罗斯汽车出口量达到 115.76 万辆,同比增长 27.4%,增速明显放缓,对阿联酋汽车出口量为 33.02 万辆,同比增长超 1 倍(见表 2)。2024 年,中国对共建"一带一路"国家出口汽车 435.09 万辆,同比增长 29.3%,占中国汽车出口总量的 67.9%;出口额 750.99 亿美元,占中国汽车出口总额的 64.0%。

表 2　2024 年中国汽车出口前 15 位国家

国家	出口量(万辆)	增长(%)	出口额(亿美元)	同比增长(%)
俄罗斯	115.76	27.4	213.67	12.0
墨西哥	44.48	7.1	59.67	21.3
阿联酋	33.02	107.4	55.30	101.9
比利时	27.96	28.8	73.46	20.7
沙特阿拉伯	27.56	29.1	48.41	37.5
巴西	23.64	106.3	43.92	91.4
英国	19.44	-9.0	49.70	-18.0
澳大利亚	17.78	-17.1	35.70	-16.3
菲律宾	16.89	-1.9	13.06	16.4
土耳其	13.43	21.4	17.29	15.6
哈萨克斯坦	12.42	25.2	25.82	16.9
泰国	12.40	-26.7	16.94	-39.6
西班牙	12.35	-11.0	25.75	-28.2
马来西亚	12.32	47.9	16.77	45.9
白俄罗斯	12.23	32.9	19.40	25.8
整车出口总计	640.73	22.8	1173.58	15.5

资料来源:海关数据。

从出口主体来看,中国品牌骨干企业出口保持快速增长。根据中国汽车工业协会数据统计,整车出口前 10 位企业中,奇瑞、上汽出口规模分别突破 110 万辆和 90 万辆,长安、吉利出口量均突破 50 万辆,除上汽和特斯拉

（上海）出口量有所下降，东风集团同比增长6.42%外，其余前10位出口企业汽车出口量均实现两位数增长。其中，比亚迪出口量同比增长71.78%，达43.35万辆（见表3）。

表3　2024年中国主要汽车企业出口情况

单位：万辆，%

企业	出口量	同比增长	企业	出口量	同比增长
奇瑞控股集团有限公司	114.43	23.73	江苏悦达起亚汽车有限公司	17.03	97.89
上海汽车集团股份有限公司	92.88	-15.48	中国重型汽车集团有限公司	12.98	1.22
重庆长安汽车股份有限公司	53.62	49.59	广州汽车工业集团有限公司	12.71	67.64
浙江吉利控股集团有限公司	53.22	30.40	中国第一汽车集团有限公司	12.53	36.27
长城汽车股份有限公司	45.31	43.39	陕西汽车控股集团有限公司	6.33	11.50
比亚迪股份有限公司	43.35	71.78	合众新能源汽车股份有限公司	2.34	47.04
北京汽车集团有限公司	27.44	44.37	肇庆小鹏新能源投资有限公司	2.30	—
特斯拉（上海）有限公司	25.96	-24.56	厦门金龙汽车集团股份有限公司	2.26	19.82
安徽江淮汽车集团有限公司	24.88	46.67	鑫源汽车有限公司	2.24	-16.01
东风汽车集团有限公司	24.59	6.42	华晨宝马汽车有限公司	2.13	-37.27

资料来源：中国汽车工业协会数据。

（二）零部件产品出口

2024年，中国汽车零部件出口整体保持增长，且对前10位出口国家的出口金额均实现同比增长。根据海关数据统计，2024年，中国汽车零部件出口金额达1098.04亿美元，同比增长6.8%。美国仍是第一大出口市场，出口额171.52亿美元，同比增长4.1%，占出口总额的15.6%，占比下降0.4个百分点；其次是日本，出口额71.53亿美元，同比增长3.2%，占比6.5%，占比下降0.2个百分点；然后是墨西哥，出口额67.32亿美元，同比增长8.4%，占比6.1%，占比上升0.1个百分点（见图2）。

分产品来看，中国主要汽车零部件出口金额总体保持增长态势。2024年，主要出口产品为轮胎、车身零件及附件、发动机零部件、制动及悬挂系统零部件、照明装置等（见表4）。

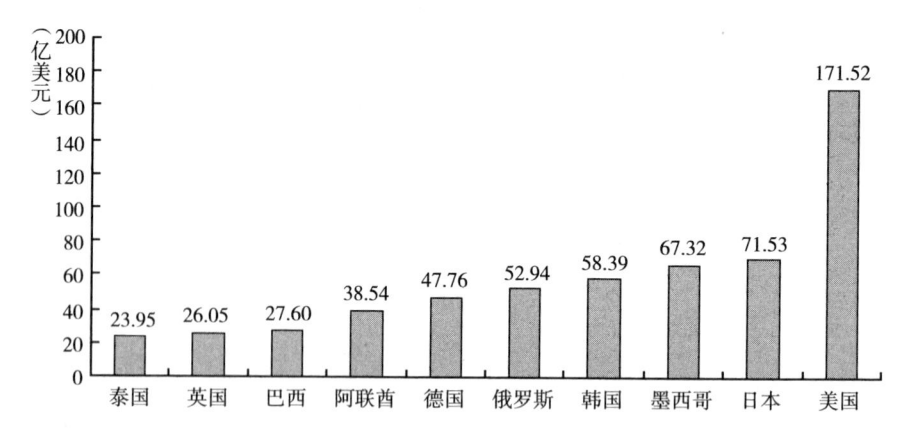

图 2　2024 年中国汽车零部件出口前 10 位国家

资料来源：海关数据。

表 4　2024 年中国汽车零部件出口金额前 20 位产品情况

单位：亿美元，%

编码产品	出口额	同比增长
客车或货运机动车辆用新的充气橡胶轮胎	98.73	-2.1
机动小客车用新的充气橡胶轮胎	89.85	14.3
车身(包括驾驶室)的未列名零件、附件	79.62	3.9
品目 8701 至 8704 所列其他车辆用未列名零件、附件	79.15	-4.5
其他点燃式活塞内燃发动机的零件	55.39	13.2
未列名机动车辆用其他制动器及其零件	55.08	11.6
铝合金制的未列名机动车辆用车轮及其零件、附件	47.36	-0.1
品目 8703 所列车辆用悬挂系统及零件(含减震器)	40.88	13.2
其他机动车辆用转向盘、柱、器及零件	34.56	9.4
机动车辆用电气照明装置	33.70	10.7
机动车辆用点火布线组及其他布线组	26.32	-3.2
品目 8703 所列车辆用自动换挡变速箱及其零件	26.13	26.0
未列名非机械驱动车辆	24.32	17.3
挂车及半挂车或其他非机械驱动车辆的零件	20.51	0.4
品目 8512 所列装置的零件	16.11	-2.8
P≥132.39kW(180hp)柴油机的零件	15.91	8.8
3000mL≥排量>1000mL 车用往复式活塞发动机	15.23	53.3

续表

编码产品	出口额	同比增长
未列名柴油机的零件	14.06	-2.6
装在蹄片上的制动摩擦片	13.75	15.5
机动车辆的消声器、排气管及其零件	12.34	3.0
前20位合计	799.01	5.9
总计	1098.04	6.8

三 机遇和挑战

当前，国际政治经济环境不确定因素增多，我国发展面临的形势错综复杂。同时，我国的国际化能力和水平不断提升，自贸"朋友圈"延展升级，新兴市场国家和发展中国家群体性崛起的趋势凸显。汽车产业链供应链深度调整，中国汽车产业国际化发展面临的机遇与挑战并存，主要表现在以下几个方面。

（一）全球经济增长保持稳定

根据国际货币基金组织（IMF）2025年1月发布的《世界经济展望报告》，2024年全球经济增速约为3.2%，2025年将以3.3%的速度增长，与2023年的3.3%相比，全球经济增速基本保持不变。由于大宗商品生产运输的波动、冲突内乱以及极端天气等，中东、中亚以及撒哈拉以南非洲地区等发展中经济体经济增长前景减弱，但亚洲新兴市场对半导体等人工智能产业的大规模投资推动了经济增长。美国因实际收入增长带动消费，2024年经济增速实现小幅上涨。欧盟在外贸及国内需求增长的带动下，2024年经济增速微幅攀升。尽管部分发展中经济体面临经济增长减弱的趋势，但主要发达经济体以及新兴市场经济体的稳定增长，在一定程度上起到平衡作用，整体来看，全球经济保持增长态势。此外，全球通胀率预计将从2023年的6.7%下降至2024年的5.8%和2025年的4.3%，各国央行或将推进政策宽松计划以促进经济稳定增长。

（二）贸易壁垒高筑阻碍企业出海步伐

贸易保护主义和逆全球化冲击多边贸易体系，抑制了国际分工协作，加剧了全球通胀压力，削弱了经济贸易增长潜力。美国积极推进"印太经济框架"（IPEF），并先后颁布《芯片与科学法案》和《通胀削减法案》，强化发展本国制造业并加强对全球芯片、电池等产业链供应链的把控。此外，美国为阻止中国汽车制造商向美国出口电动汽车及锂离子电池，宣布对中国电动汽车加征100%关税，对锂离子电池加征25%关税，对所有中国进口商品加征20%关税。欧盟推出《电池与废电池法规》和碳边境调节机制（CBAM），以"碳"为核心的新型国际绿色贸易壁垒正在形成，中国新能源汽车、动力电池出口及海外投资建厂面临更大挑战。欧盟对中国电动汽车企业发起反补贴调查，对中国生产的纯电动汽车征收7.8%~35.3%的反补贴税。

（三）海外数据监管要求不断加码，数据"安检"难度加大

不断加严的海外数据监管要求，不仅影响汽车数据跨境自由流动，也会影响汽车贸易和中国出口产品的迭代创新。欧美等国家设置了个人数据安全方面的法律法规，一旦车企因数据跨境流通导致不当行为，将遭受严厉处罚。欧盟以适用于汽车领域的《通用数据保护条例》（GDPR）为基础，构建了"外严内松"的数据监管体系。对内支持区域内成员国之间数据自由流动，即"内松"政策。数据流出欧盟则需要获得充分性保护，即"外严"的数据跨境流动政策。美国则以维护产业竞争优势为主旨，构建了数据跨境自由流动与限制选择性政策，针对个例或个别国家，选择性应用法律法规，限制个人数据自由流通，并以此遏制战略竞争对手发展。如美国商务部工业和安全局发布的《信息安全控制：网络安全物项》将中国列为受限制相关信息流动国家组别，汽车企业出口数据难以自由流动，影响汽车贸易和产品迭代创新。

（四）中国扩大面向全球的高标准自贸区网络

中国加快推动高质量共建"一带一路"，牢牢把握《区域全面经济伙伴关系协定》（RCEP）发展机遇，积极推进自贸协定签署与升级，推动汽车等领域的产业对接与合作。截至2024年12月，中国已与150多个国家、30多个国际组织签署共建"一带一路"合作文件。"一带一路"倡议正在积极对接《东盟2045年愿景》等重点国家战略规划，持续推动新能源、智能网联等领域的技术交流和合资合作。截至2025年1月，中国已与30个国家和地区签署了23个自贸协定。同时，中国加快推进中国—东盟3.0、中国—海合会等重点自贸协定谈判，有望降低新能源汽车等优势产品关税，打造多元稳定的跨国汽车产业链供应链，为汽车企业"走出去"创造更有利环境。

（五）主要国家制定和实施电动汽车推广与激励政策

近年来，全球主要国家为实现脱碳社会采取系列措施，加快普及和推广电动汽车成为重要一环。泰国推出EV3.5政策，延续电动汽车购置补贴，鼓励本地投资和对外出口；此外，泰国提出针对混合动力电动汽车（HEVs）的激励措施，将减免该类车型的消费税；马来西亚国际贸易和工业部提出，到2030年实现电动汽车占汽车总销量的15%，2040年提高至38%。虽然部分欧洲国家补贴存在退坡趋势，但法国、荷兰、西班牙等欧洲国家仍通过购车补贴及充电基础设施补贴等方式鼓励电动汽车发展。突尼斯、南非等非洲国家先后提出支持电动汽车生产制造、减免部分税收等激励手段来鼓励相关行业发展。

四 趋势展望

随着中国品牌车企国际竞争力的日益增强，汽车出口规模和质量效益将稳步提升，上汽、奇瑞、比亚迪等车企正在加快重点国家投资建厂，动力电池企业积极布局全球供应链体系，地方政府加强出口配套服务体系建设，重

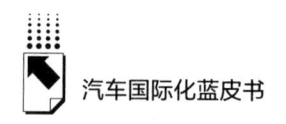

点企业进一步完善海外营销服务体系,积极拓展跨境电商汽车零配件出口、二手车出口等新业态新模式,从而助推汽车产业和贸易高质量发展。

(一)中国车企加速海外产能布局,燃油汽车出口规模仍具备增长潜力

随着中国品牌车企出口规模和产品竞争力的不断提升,出口方式正由产品直接出口转向本地化组装生产,以满足出口国家较高的关税壁垒和日益加严的本地化率要求,同时享受当地政府提供的投资优惠政策。据不完全统计,主要中国品牌车企建立海外工厂55个,产能约209万辆,多数为全散件组装/半散件组装(CKD/SKD)工厂,且在海外产量、本地化生产和研发、销售服务、合规管理等方面与跨国车企仍有较大差距。根据日本汽车工业协会(JAMA)统计,目前日本车企在40个国家设有180个整车和关键零部件工厂,2023年海外汽车产量高达1751万辆,海外产量占总产量的比例为66%。

未来几年,我国汽车出口主要面向拉美、俄罗斯以及中亚、东南亚、中东、非洲等共建"一带一路"国家和新兴市场,燃油车出口规模和海外销量份额仍有较大提升空间。其中,俄罗斯、沙特阿拉伯等国家和地区多高温、高寒等极端气候或复杂地形,电力设施尚不完善,消费者购车更多考虑汽车动力性、耐久性和可靠性,仍是燃油轿车和SUV的增量市场。在高质量共建"一带一路"的带动下,中东、东南亚、非洲等国家和地区加快制定和实施新一轮基建规划,为扩大重卡等优势车型出口带来新机遇。如中国重汽集团与印尼MNC集团、莫拉图斯集团分别签署合资合作协议和商用车本地化制造协议,将在印尼打造东南亚商用车行业最具竞争力的制造基地。

(二)新能源汽车企业海外工厂将陆续投产

由于电价上涨和补贴减少,欧洲新能源汽车市场增长趋于缓和,但仍将是电动汽车出口和销售的重要市场。根据欧洲汽车工业协会(ACEA)预测,到2030年,欧洲新能源汽车的渗透率将达到60%,远超全球26%的水平。根据欧洲环保机构 Transport & Environment（T&E）统计，2024 年中国品牌占欧洲电动汽车市场份额已达 19.5%。为应对欧盟反补贴调查，满足碳排放管理规定，上汽、比亚迪等骨干车企正在计划赴欧投资建厂，加快产业链出海步伐。其中，比亚迪已签署土地预购协议，将在匈牙利赛格德市建设新能源乘用车生产基地，成为首个在欧盟地区建设乘用车工厂的中国汽车企业。该工厂预计于 2025 年 11 月建成投产，主要生产在欧洲销售的乘用车车型。

受市场需求不足、港口运力下降、欧盟贸易限制等因素制约，2024 年，我国对欧洲出口新能源汽车 68.0 万辆，同比下降 5.1%，出口额 193.9 亿美元，同比下降 11.1%。同时，对南美、中亚、澳新等国家和地区出口显著提升，新能源汽车出口市场日趋多元化。奇瑞将在阿根廷投资 4 亿美元建厂，预计每年将生产 10 万辆汽车，打造成新能源汽车的区域基地。长城将建设巴西首个专门生产混合动力汽车和电动汽车的新能源汽车工厂，年产能达到 10 万辆，预计 2025 年年中启动运营。

（三）中国动力电池企业加强欧盟等地区本地化布局

为抢占市场份额、应对贸易壁垒，中国动力电池企业积极布局海外市场，通过建立生产基地、研发中心和其他服务机构等，加速融入全球汽车产业链供应链。据不完全统计，目前，中国动力电池企业已建成、在建以及规划建设的海外工厂累计产能已超过 360GWh。欧美、东南亚等重点国家和地区的新能源汽车需求潜力相对较大，政府和行业正在积极推动汽车产业转型升级和绿色发展。根据瑞银集团分析预测，在欧洲本土企业供应不足的情况下，欧洲汽车制造商或将增加中国电池供货量，2027 年，中国动力电池企业在欧盟的市场份额预计将增至 50%。国内企业抢占先机提前布局，并与当地机构开展合作，可以更好地满足当地市场需求和提供定制化服务，提升产品竞争力。

欧美本地化政策正驱使中国锂电产业链企业加速海外产能建设。2024 年 7 月 1 日起，欧盟要求只有已建立碳足迹声明的相关产品才能投放欧洲市

场，且电池碳足迹必须经过第三方强制验证，这将促进动力电池优势企业在能源结构更加低碳的国家或地区发展。为确保符合欧盟碳足迹等新电池法规要求，已有宁德时代、孚能科技、蜂巢能源、比亚迪、中航锂电、远景动力、国轩高科等7家中国动力电池企业明确将在欧洲建厂或已经开启建厂工作。匈牙利成为电池企业进军欧洲的桥头堡，宁德时代、亿纬锂能、比亚迪等均计划在匈牙利建立电池组装厂，在匈牙利的第二大城市德布勒森，由宁德时代投资73.4亿欧元打造的欧洲最大动力电池工厂正在顺利建设中。新工厂规划电池产能高达100GWh，建成后将生产新一代更安全、更高效的电动汽车磷酸铁锂超充电池。预计到2031年底，匈牙利的动力电池产量将达到207GWh，跃升为欧洲最大的锂电池生产国。其中，超过175GWh的规划产能将来自以中国企业为主的市场领导者。此外，宁德时代、国轩高科、蜂巢能源、中创新航、远景动力等主要企业已经或正在规划在德国、法国、西班牙、葡萄牙等主要地区建立海外生产基地或研发中心。

海外市场篇

B.2
全球汽车市场发展潜力及消费偏好研究

刘玉健　张天聪　贾启蒙*

摘　要： 受全球经济及地缘政治影响，各国汽车市场潜力呈现差异化特点。研究发现，中国在系列政策推动下汽车市场保持稳定增长，韩国新车需求量将小幅下降，欧盟受地缘政治影响需求将变得更加不确定。电动化转型方面，尽管中国和几个欧洲国家的电动化转型走在世界前列，但全球大部分市场的电动汽车普及速度并不尽如人意。其中，全球超过一半的汽车市场，电动汽车普及率仍低于10%，包括美国和日本；全球超过30%的汽车市场，电动汽车普及率甚至仍低于5%。用户需求偏好方面，各个国家也有较大差异。欧盟对传统燃油车仍有较大需求，对于电动车的续驶里程要求不是太高；东南亚国家更加青睐日系品牌；中东国家偏好豪华轿车和SUV车型，这与当地经济水平有密切关系；俄罗斯用户近年来对中国汽车产品认可度大

---

* 刘玉健，主要从事中国汽车企业出口和海外汽车市场及相关领域的研究工作，现供职于中国国际贸易促进委员会汽车行业分会行业发展部；张天聪，主要从事国内外汽车市场、出口市场、二手车保值率及团体标准等相关领域的研究工作，现供职于中国国际贸易促进委员会汽车行业分会行业发展部；贾启蒙，高级工程师，主要研究方向为新能源汽车政策法规、产品技术、市场趋势、国际化战略等，现任中国汽车战略与政策研究中心新能源汽车研究部高级研究员。

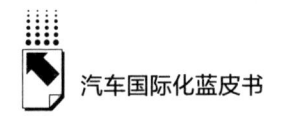

幅提升，市场占有率也明显提升。

关键词： 全球市场　消费潜力　消费偏好　汽车产业

一　全球经济现状及未来展望

近两年全球抗击通胀期间，经济表现出惊人的韧性，有关滞胀和全球经济衰退的警告并未成为现实，就业和收入保持稳定增长。这是因为需求呈有利形势（包括政府支出和家庭消费高于预期）以及供给侧出现扩张，尤其是劳动力参与率提高。根据世界银行发布的数据，2023年全球经济增速为2.6%，预计2024年将保持同样的速度。按照历史标准衡量，经济增长速度较低的原因既包括借款成本居高不下、财政支持政策退出等短期因素，也包括新冠疫情、乌克兰危机、生产率增长乏力、地缘经济割裂加剧等造成的长期影响。

分区域来看，包括中国在内的新兴市场国家将保持较好增速，预计2024年东亚太平洋经济体经济增速将达到4.8%，南亚达到6.2%，而发达经济体仅有1.7%（见表1）。

表1　全球主要经济体经济增速预测

单位：%

经济体	2023年	2024年预测值	2025年预测值	2026年预测值
世界	2.6	2.6	2.7	2.7
发达经济体	1.5	1.7	1.7	1.8
新兴市场和发展中经济体	4.2	4.0	4.0	3.9
其中:东亚太平洋	5.1	4.8	4.2	4.1
欧洲和中亚	3.2	3.0	2.9	2.8
拉丁美洲和加勒比	2.2	1.8	2.7	2.6
中东和北非	1.5	2.8	4.2	3.6
南亚	6.6	6.2	6.2	6.2
撒哈拉以南非洲	3.0	3.5	3.9	4.0

资料来源：世界银行，《全球经济展望》，2024年6月。

二　全球汽车市场现状及潜力

（一）全球汽车市场现状

2023年，随着零部件供应限制缓解，汽车制造商的生产逐渐正常化，全球汽车行业不断好转，开启了年中以来的增长势头。

1. 市场总体表现

从全球主要市场看，中国汽车产销再创历史新高，美国结束了2022年"创十多年新低"的销量表现，欧洲车市也凭借"16连涨的月度销量"扭转了2022年的跌势，如表2所示。

表2　2023年全球前十大汽车市场的销量及变化

单位：万辆，%

汽车市场	销量	同比增长
全球	9000	11.1
中国	2456	5.7
美国	1560	12.6
印度	485	10.1
日本	477	13.8
德国	284	7.3
巴西	230	9.7
英国	190	17.9
法国	177	16.1
韩国	172	3.4
加拿大	166	11.8

中国。2023年再创辉煌，产销首次均突破3000万辆。具体来看，中国全年汽车产销分别为3016.1万辆和3009.4万辆（含出口量），同比增长11.6%和12%，连续15年稳居全球第一。同时，中国新能源汽车产销连续9年位居第一，出口量首次居全球第一。

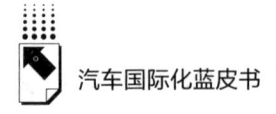

美国。2023年逆转颓势,以"1560万辆、同比增长12.6%"的销量成绩收官,并创下新冠疫情以来最高的年销量。

欧洲。2023年稳中有忧,新车销量约为1285万辆,同比增长13.7%。由于当地消费者对电动汽车的用车成本和充电基础设施建设方面仍存在较大忧虑,欧洲12月新车销量同比下滑3.8%,结束了长达16个月的连续增长趋势。其中,由于政府提前结束电动汽车激励措施,德国12月新车销量下滑近1/4。

印度。2023年再度超越日本,蝉联全球第三大汽车单一市场。近年来,印度汽车产业蓬勃发展,全年销量超过480万辆,其中仅乘用车销量就达到创纪录的400万辆,实现一个新的里程碑,并助力其巩固全球第三大汽车市场的地位。

日本。2023年交付量同比增长14%,虽已连续16个月保持增长,但仍未恢复到疫情前的水平,再度失去全球第三大汽车市场地位。

2. 新能源汽车市场表现

从全球市场来看,汽车电动化转型的步伐有快有慢,但总体趋势已不可逆转,主要国家的销量及变化趋势如表2所示。

表3 2023年全球主要新能源汽车市场销量、变化及渗透率

单位:万辆,%

新能源汽车市场	2023年	同比增长	市场份额
全球	1410.0	34.0	16.0
中国	949.5(含出口)	37.9	31.6
欧洲	300.9	16.0	24.0
美国	140.2	52.4	9.1
德国	69.9	-16.0	24.6
法国	46.1	33.0	26.0
英国	45.5	23.7	24.0
瑞典	17.3	13.1	59.8
荷兰	16.0	49.6	44.0
意大利	13.6	16.5	8.6
挪威	11.4	-25.1	90.4

中国。2023年，中国新能源汽车产销分别为958.7万辆和949.5万辆，同比增长35.8%和37.9%，市场占有率达到31.6%；作为全球第一大电动汽车市场，占总量的67.34%。

欧洲。2023年，欧洲电动汽车（包括插电式混合动力汽车和纯电动汽车）市场份额达24.0%（纯电动汽车占16.0%），同比略有增长。其中，德国在2023年12月突然提前结束电动汽车补贴政策，转型之路出现不确定性；英国汽车行业呼吁政府将纯电动汽车的增值税减半至10%，帮助制造商将车辆价格降低9.1%；挪威电动汽车市场份额一直徘徊在90%左右，似乎也无法按规划实现零排放目标。

美国。在《通胀削减法案》的加持下，2023年美国电动汽车（包括PHEV和BEV）的市场份额仅从2022年的6.8%增长至9.1%，远远落后于中国和欧洲的普及率。

日本。作为全球第四大汽车市场，新能源汽车难以吸引消费者。2023年，日本电动汽车销量达到88535辆，同比增长50%，但仅占乘用车销量的2.2%。

其他。全球大部分市场的电动汽车普及速度并不尽如人意，超过50%的国家电动汽车普及率低于10%。比如，作为全球第三大汽车市场的印度，电动化转型步伐非常缓慢，2023年电动汽车销量仅为86870辆，市场份额为2.5%。

（二）主要经济体汽车市场潜力

1. 中国：出口和新能源汽车销量继续增长

宏观经济正处在疫情后的复苏阶段，国家政策重点发展新质生产力、推动新旧动能转换，为汽车产业发展提供良好的宏观环境。汽车消费占社会消费品零售总额的约10%，是政府极度重视的支柱产业，政府通过新能源汽车下乡等激励政策推动销量进一步增长。未来三年，市场主要推动力量包括两方面，一是汽车出口持续增长，中国汽车产品在海外具备较强的品价比优势，且正与各国建立高水平自贸协定，有利于向共建"一带一路"国家出口，未来三年出口量将超过700万辆。二是新能源汽车的拉动作用。2024年1~9月，新能源汽车销量达到新车总销量的38.6%，预计未来三年新能源汽车整体渗透率将超过50%，增长空间巨大。

2. 美国：整体销量维持稳定，电动车渗透率提升较慢

宏观层面，美国疫情期间的量化宽松政策引发通货膨胀，即使通胀率有所下降也仍未到理想水平，美联储开启第一次降息但经济面临更多不确定性，经济也因此承压，增速可能下降。2024年前9个月，美国汽车销量仅同比增长0.6%，预计全年将基本维持在1500万辆的水平。预计未来三年，整体销量将维持稳定，电动汽车缺乏政策和基础设施支持，渗透率提升较慢。

3. 欧盟：市场需求放缓，电动化率继续提升

国际汽车制造商协会（OICA）数据显示，2023年欧盟27国和英国共销售整车1512.85万辆，同比增长13.78%（见图1）。其中，乘用车销售1284.61万辆，同比增长13.7%；商用车销售228.24万辆，同比14.0%。

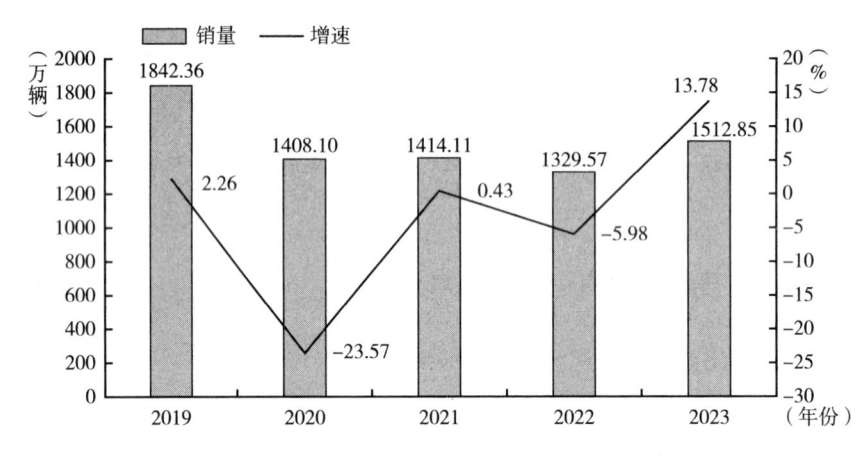

图1 2019~2023年欧盟+英国汽车销量及增速

资料来源：国际汽车制造商协会（OICA）。

同时，2023年欧盟纯电动汽车销量超过150万辆，同比增长37%，市场占有率达到14.6%；混合动力汽车销量高达270万辆，市场占有率超过

25%。而传统汽车市场增速相对平缓，汽油车全年销量达370万辆，增速约为10.6%，市场占有率下滑1.1个百分点；柴油车销量为140万辆，市场占有率下滑接近3个百分点，并首次被电动汽车超越。

受经济增速下滑以及高基数等因素影响，2024年欧盟地区汽车销量增速放缓。此外，随着欧盟绿色转型战略和严格排放法规的推动，新能源汽车销量总体仍保持增长，2024年市场份额有望突破20%，预计性价比更高的小型电动车将迎来爆发。

4. 日本：需求量保持较稳定水平

2023年，日本汽车销量达477万辆，同比增长13.8%，排名全球第四。基于人口密集、道路崎岖，再加上严格控制尾气，日本本土以实用型小排量汽车为主。日本汽车产业相对成熟，市场波动不大，预计未来几年销量仍将保持较稳定水平，年销量在500万辆左右。

5. 韩国：需求量小幅下降

2023年，韩国国内汽车产量同比增长13.0%达424.4万辆，销量增长4.5%达145.8万辆。随着缺芯问题缓解、供应链问题得到解决，国内产销量呈现回升向好态势。根据韩国汽车工业协会（KAMA）的预测，由于高利率和高物价抑制了消费意愿，2024年国内销量将比上一年下降1.7%左右。

6. 俄罗斯：未来销量将恢复性增长

受乌克兰危机影响，俄罗斯进口零件全部因为欧美的制裁而戛然停止，导致2022年汽车生产陷入停顿，销量出现断崖式下滑。随着国内汽车生产的恢复和进口大量中国汽车，2023年俄罗斯汽车产销呈现快速复苏的状态，全年销售整车131.74万辆，同比增长62.9%。其中，乘用车104.99万辆、同比增长66.7%，商用车26.75万辆、同比增长49.7%（见图2）。

整体来看，俄罗斯汽车市场销量取决于经济复苏情况，乌克兰危机的不确定性以及欧美国家对俄罗斯的制裁对俄罗斯经济复苏将产生深远影响。通过近几年的走势看，俄罗斯经济体现出较强的韧性，预计未来汽车销量将恢复性增长。

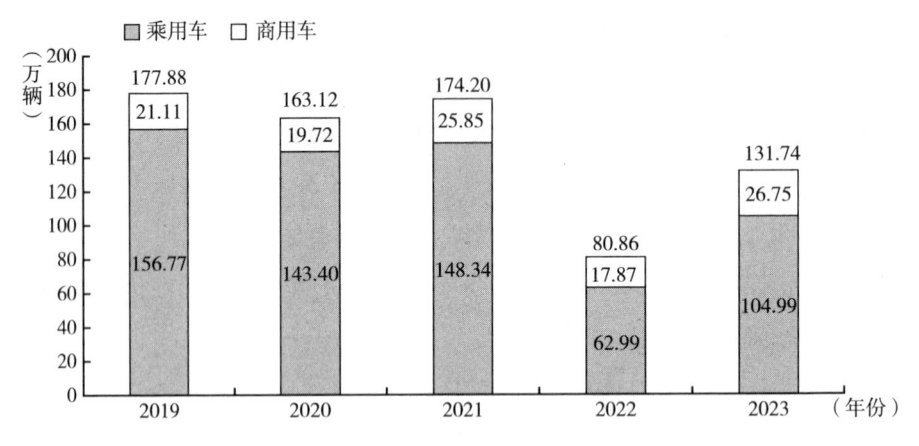

图2　2019~2023年俄罗斯汽车销量

资料来源：国际汽车制造商协会（OICA）。

7. 东南亚：未来将恢复性增长

2023年，东南亚主要国家汽车市场共销售整车320.17万辆，同比微增0.24%。其中，销量最大的两个国家——印度尼西亚和泰国分别出现4.0%和8.7%的下降，马来西亚销售66.30万辆，同比增长9.2%（见图3）。

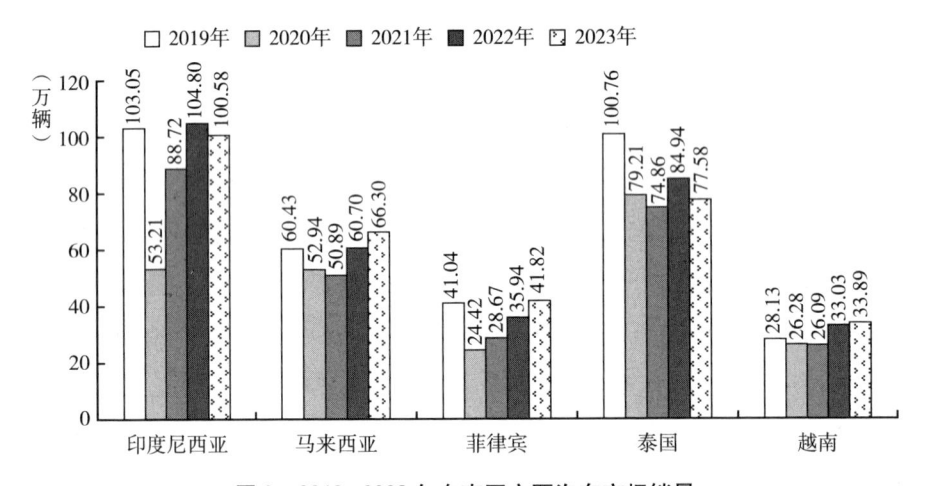

图3　2019~2023年东南亚主要汽车市场销量

资料来源：国际汽车制造商协会（OICA）。

印度尼西亚汽车工业协会（GAIKINDO）预计，2024年销量将实现反弹，目标定为110万辆；受经济放缓等负面因素影响，泰国工业联合会（FTI）预测，2024年汽车市场将同比微增，全年产量达190万辆（115万辆出口，75万辆内销）；马来西亚汽车协会认为，国内经济整体复苏带动汽车消费需求上升，2024年将实现较为明显的增长。

8. 拉美（墨西哥、巴西、阿根廷、智利）：仍有较大增长潜力

巴西汽车销售商联合会（Fenabrave）数据显示，2023年巴西汽车（包括乘用车、轻型商用车、卡车和公共汽车）销量为230.87万辆，同比增长9.7%。Fenabrave预计，2024年汽车销量将达258.5万辆，同比增长12.0%。

2023年，墨西哥整车销售141.39万辆，同比大幅增长24.6%（见图4），创五年新高。墨西哥地缘优势明显，劳动力成本相对较低，加之政府对制造业的大力扶持，这些因素共同吸引了众多国际知名汽车产业链企业在此投资。预计，未来几年墨西哥市场将实现持续稳定增长。

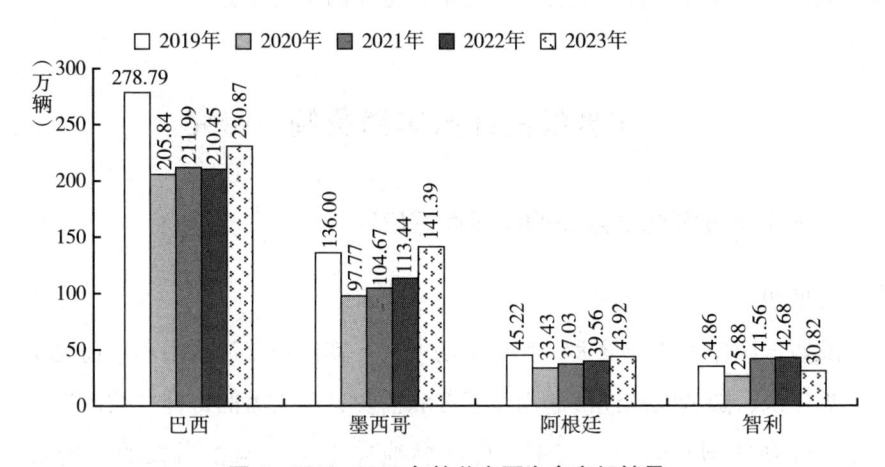

图4 2019~2023年拉美主要汽车市场销量

9. 中东（沙特阿拉伯）：电动化是重要方向

2023年，沙特阿拉伯整车销售75.88万辆，同比增长23.1%，是为数不多超过新冠疫情前销量的市场。其中，乘用车64.57万辆，同比增长24.3%，商用车11.31万辆，同比增长16.6%（见图5）。

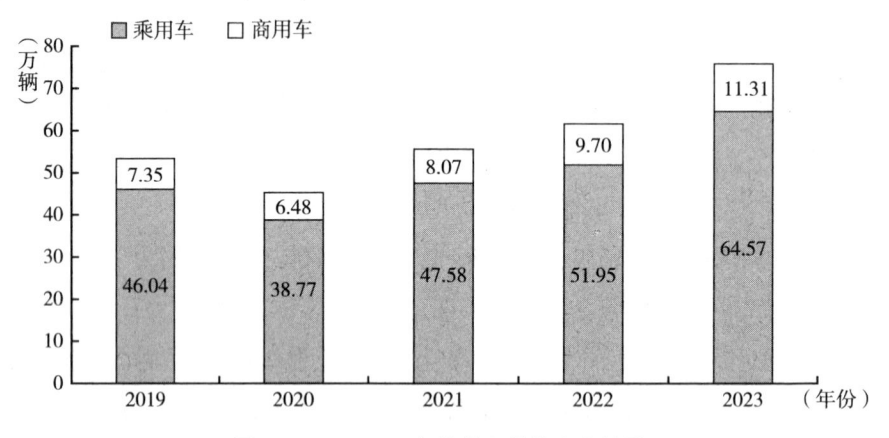

```
（万辆）
80 ┤ ■乘用车 □商用车
70 ┤                                            11.31
60 ┤                                    9.70   ┌──┐
50 ┤        7.35              8.07    ┌──┐    │   │
40 ┤      ┌──┐   6.48        ┌──┐    │   │    │   │
30 ┤      │  │  ┌──┐         │   │   │   │    │64.57│
20 ┤      │46.04││38.77│    │47.58│  │51.95│  │   │
10 ┤      │   ││    │      │    │   │    │   │    │
 0 └──────┴───┴┴────┴──────┴────┴───┴────┴───┴────┘
        2019   2020      2021      2022     2023   （年份）
```

图5　2019~2023年沙特阿拉伯汽车销量

沙特阿拉伯正加速推进电动汽车普及与基础设施建设，以达到2030年将首都利雅得30%的车辆转换为电动汽车的目标。预计未来几年，沙特阿拉伯电动汽车渗透率将明显提升，是未来主要的增量细分市场。

三　主要经济体汽车消费偏好研究

（一）传统燃油乘用车的消费偏好研究

1. 欧盟

欧盟地区作为全球最大的汽车市场之一，其传统燃油乘用车市场规模庞大。近年来，随着欧洲经济的稳步复苏和消费者购买力的提升，欧盟汽车市场呈现强劲的增长势头。其中，传统燃油乘用车占据相当大的市场份额（见图6）。这一增长趋势不仅反映了消费者对传统燃油车的持续需求，也体现了欧盟汽车产业的强大竞争力和市场潜力。

欧洲汽车制造商协会数据显示，2023年欧盟境内乘用车新车销量同比增长13.9%，如表4所示。

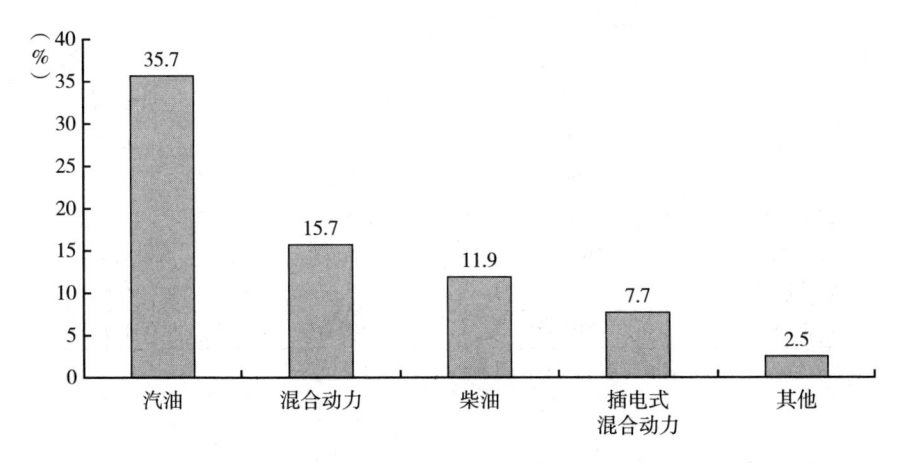

图 6 2023年欧盟市场按燃料类型划分的占比

表4 2023年欧洲主要乘用车市场不同车型、不同企业的销量及趋势

单位：辆，%

类别	销量	占比	同比增长
欧盟	10547716	82.1	13.9
EFTA	396711	3.1	-4.8
英国	1903054	14.8	17.9
欧盟+EFTA+英国	12847481	100.0	13.7
汽油车	4586327	35.7	10.7
柴油车	1533762	11.9	-6.4
纯电动车	2019401	15.7	28.2
插电式混动车	989937	7.7	-2.4
混动车	3397339	26.4	28.3
其他	320715	2.5	15.7
合计	12847481	100.0	13.7
德国	2844609	22.1	7.3
英国	1903054	14.8	17.9
法国	1774723	13.8	16.1
意大利	1565331	12.2	18.9
西班牙	949359	7.4	16.7
排名前5国合计	9037076	70.3	14.0

续表

类别	销量	占比	同比增长
大众集团	3324705	25.9	18.5
Stellantis	2128625	16.6	3.7
雷诺集团	1242293	9.7	16.9
现代集团	1106467	8.6	4.3
宝马集团	913955	7.1	11.6
排名前5厂商合计	8716045	67.8	11.7

资料来源：欧洲汽车制造商协会（ACEA）。

2. 俄罗斯

乌克兰危机之后，随着欧美日韩车企的纷纷退出，中国车企逆势进军。俄罗斯汽车市场分析机构 Autostat 表示，中国品牌乘用车的市场份额从 2022 年的 19% 增至 2023 年的 51%。其中，本土车企 AvtoVAZ（品牌为 LADA）市占率第一，其次为奇瑞、长城、吉利等中国品牌。

从车型需求偏好看，俄罗斯用户更偏好 SUV 车型，紧凑型 SUV 需求量最大（见图 7）。2023 年以来，中国品牌是用户选择最多的产品，TOP10 品牌中有 9 个为中国品牌。

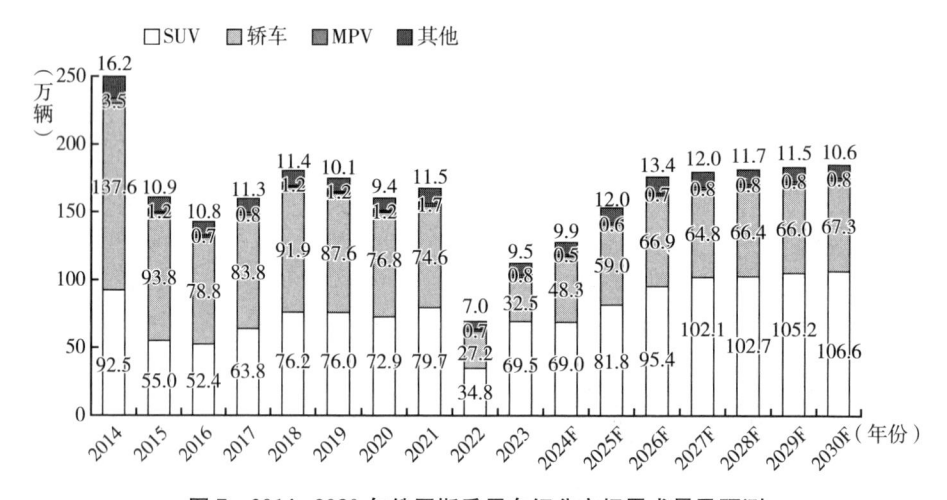

图 7 2014~2030 年俄罗斯乘用车细分市场需求量及预测

3. 东南亚

东南亚是一个极具潜力的汽车市场，其拥有庞大的人口和快速发展的经济。随着东南亚国家的经济实力不断增强，人们对汽车的需求也不断增长。

由于交通拥堵和停车位不足等问题，东南亚消费者更倾向于选择小型轿车和SUV车型，二者占据市场的主导地位。一是因为这些车型价格相对较低，维护成本较低；二是它们具备足够的乘坐空间和储物空间，适应了消费者的各种需求。

日本汽车在东南亚市场占绝对份额，主要是由于日本深耕东盟多年，建立了强大的品牌信誉、经销网络和售后服务体系。近年来，来自韩国、欧洲和中国的汽车品牌也在东南亚市场崭露头角。消费者的选择更加多样化，使得东南亚汽车市场竞争变得激烈。

4. 拉美（墨西哥、巴西、阿根廷、智利）

拉美乘用车市场规模在疫情前达到近600万辆，受疫情影响下降至400万~450万辆。2023年，拉美地区乘用车总销量为446万辆，同比增长8%，但仍未恢复至高峰水平。

拉美市场早期以轿车为主，近年来SUV和轻卡占比有所提升。从品牌看，日系和美系车市场份额领先、均在20%以上，德系和意系份额约为10%，整体格局较为分散。中国车企布局较晚但增长迅速，2023年份额达到6.5%，其中上汽、奇瑞分别占比1.6%、1.9%。

5. 中东（沙特阿拉伯）

沙特阿拉伯是中东地区主要的汽车消费市场。由于公共交通系统不完善，汽车成为城市内及邻近城市之间的主要交通工具。2023年，沙特阿拉伯汽车保有量约为2000万辆，全年销量总计72.95万辆，同比增长16.9%。

沙特阿拉伯消费者偏好豪华轿车和SUV车型。主要是因为沙特阿拉伯消费者对汽车的外观、性能和舒适度有着较高的要求。SUV因其大排量、高性能等特点在沙特阿拉伯市场特别受欢迎。部分消费者对燃油经济性和安

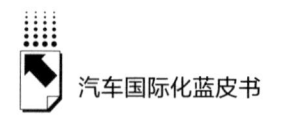

全性也有较高的要求，这些也成为消费者购车时的重要因素。

在品牌方面，丰田汽车占据30.2%的市场份额，现代汽车和日产紧随其后。中国品牌如吉利、长安等也占据一席之地，其中吉利以28589辆的销量排名第七，上升1位。

（二）新能源乘用车的消费偏好研究

1. 欧盟

2023年，欧盟境内新能源汽车销量增长势头强劲，其中纯电动汽车全年销量超过150万辆，同比增速高达37%，市占率达到14.6%，而混合动力汽车销量更是高达270万辆，市占率超过25%。相比之下，传统汽车增速相对平缓，2023年汽油车销量达370万辆，增速约为10.6%，市占率同比下滑1.1个百分点，柴油车销量为140万辆，市占率下滑接近3个百分点，并首次被电动汽车超越。

欧洲替代燃料观察站（European Alternative Fuels Observatory，EAFO）在欧盟12个成员国进行的一项大规模调查显示，人们对改用电动汽车（EV）持积极态度。尽管汽车价格是一个障碍，但57%的非电动汽车车主会考虑在未来购买电动汽车。此外，许多不购买电动汽车的驾驶员希望续航里程更高（至少达到500公里）；相比之下，80%的电动汽车驾驶员认为200~400公里的续航里程便足够了。

2. 俄罗斯

中国品牌电动汽车在俄罗斯市场表现突出。2024年1~4月的累计销量为8416辆，同比增长235.4%。

根据AutoStat调研，俄罗斯用户更加偏爱燃油车。调研数据显示，98.4%的用户购买时首选燃油车，只有0.9%的用户首选PHEV和BEV。

3. 东南亚

与印度尼西亚、马来西亚、菲律宾、泰国和越南等国家相比，新加坡消费者更愿意使用电动车，主要原因是燃料成本较低和电力供应充足。

以泰国为例。从购车偏好来看，绝大多数用户首次购车预算在50万~

100万泰铢，与年收入匹配，选择新能源车型的意向较为突出。增购和换购用户在动力类型、车身型式的选择上有明显的变化，燃油车用户显著转向新能源车型，轿车用户更倾向于SUV，紧凑型和中型车仍是主要选择。从充电习惯和续航偏好来看，由于泰国公共充电基础设施建设滞后，70%以上的用户习惯用家充桩充电，绝大多数用户在剩余电量低于30%、剩余里程不足100公里时会考虑充电，单次充电平均行驶里程在300公里左右居多；同时，用户理想的充电时长在3小时内，单次续航里程300~500公里最佳。从产品关注要素来看，用户更倾向于选择正面造型美观、内饰设计巧妙、前排座椅及后备厢空间大、车内静音效果好且车内信息显示便捷的产品；在性能及使用上，用户更偏好主动安全配置丰富、转弯稳定性好、起步加速快、电池衰减速度慢、全流程维修保养费用低的产品。

东南亚地区的消费者普遍对价格敏感，大多数司机的预算较低。公共充电设备的建设和付款方式的便捷性是影响东南亚消费者购买和使用电动车的关键因素。

4. 拉美（墨西哥、巴西、阿根廷、智利）

虽然巴西、墨西哥等国均有一定扶持政策出台，但新能源转型仍处于初期。2023年，新能源汽车销量由0.8万辆增长至2.9万辆，渗透率由0.2%提升至0.7%。主要原因：一是巴西市场采用弹性燃料，要求车辆可以使用任意比例的汽油和乙醇配比；二是充电桩等基础设施建设相对落后。长城汽车拉美地区负责人表示，2022年巴西、墨西哥、智利三国拥有充电站数量仅4320座。

巴西作为拉美地区最大的汽车市场，近年来在新能源汽车领域呈现快速增长的趋势。2024年1~4月，中国新能源汽车在巴西的销量达4.8万辆，为上年同期的8倍。巴西电动车协会估算，2024年巴西新能源汽车销售量将占全年乘用车销售总量的10%，达到15万辆。比亚迪、奇瑞、长城等中国品牌的新能源汽车在巴西等拉美国家受到欢迎。以巴西为例，比亚迪海鸥、奇瑞瑞虎7和瑞虎5X在2024年4月的销量均超过2000辆。中国品牌汽车通过适应市场变化、提供多样化的产品线和解决方案，满足了不同消费群体的

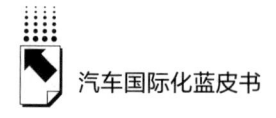

需求。

5. 中东（沙特阿拉伯）

全球咨询公司 AlixPartners 研究表明，到 2035 年，沙特阿拉伯约 85% 的车主可能会购买纯电动汽车。目前，该国约 70% 的车主对拥有电动汽车有"中等"到"强烈"的兴趣。在全球范围内选择电动汽车时成本和充电是主要关注点，但沙特阿拉伯的受访者对用车经济性关注较少，他们更重视安全性、车辆售后支持等问题。值得注意的是，93% 的沙特阿拉伯受访者在考虑电动汽车时，也表现出对插电式混合动力汽车的兴趣。沙特阿拉伯消费者对中国电动汽车品牌的认知度最高，其中比亚迪的品牌认知度较为领先。

B.3
中国—俄罗斯汽车贸易及投资合作发展报告

顾洪建　赵思旭　朱　青*

摘　要： 俄罗斯汽车市场正处于恢复期，中国汽车企业的市场占有率持续提升，奇瑞、长城和吉利三家车企进入前五位。为支持本土汽车产业发展，俄罗斯通过特别投资合同、719号令以及提高报废税等系列政策，鼓励外国汽车企业在俄罗斯本土化发展。布局时，中国汽车企业应结合719号令布局产业链，按考核要求抵免报废税。另外，要围绕俄罗斯客户需求特点进行生产和产品布局。拓展俄罗斯市场应关注三大风险，一是产业政策变化的风险，二是金融支付风险，三是规避合作伙伴的信用风险。因此，应做好充分的尽职调查，建立风险防控机制，避免因合作伙伴破产或者信用问题产生重大经济损失。

关键词： 俄罗斯市场　投资贸易　汽车贸易

一　中俄汽车贸易及投资现状

（一）俄罗斯汽车市场正处于乌克兰危机后的需求恢复期

俄罗斯汽车市场一直维持在160万辆左右，乌克兰危机爆发后，跨国

---

* 顾洪建，硕士，高级工程师，主要从事汽车用户研究、满意度评价体系研究等工作，现任中汽信息科技（天津）有限公司党委委员、副总经理，中国人类工效学学会常务理事，汽车人因与工效学分会主任委员；赵思旭，硕士，工程师，主要从事海外用户研究、市场研究、体系研究工作，现任中汽信息科技（天津）有限公司品牌咨询部国际化研究室主管；朱青，硕士，工程师，主要从事海外国家汽车产业环境研究工作，覆盖政策研究、经济研究、市场研究、竞企研究等，现任中汽信息科技（天津）有限公司品牌咨询部国际化研究室行业研究员。

汽车企业逐渐退出俄罗斯市场，2022年汽车销量降至69.6万辆的低点。具体来说，韩国品牌汽车份额从19%降至6%，日本品牌汽车份额从12%降至5%，欧洲品牌汽车份额从18%降至4%，而美国品牌汽车份额仅为1%。

2023年以来，俄罗斯汽车市场快速恢复（见图1）。一方面，俄罗斯联邦政府出台了系列支持本地化汽车重启的政策举措；另一方面，中国车企大力开拓俄罗斯市场，带去诸多品质好、性价比高的车型。预计2024年及今后3~5年，俄罗斯汽车销量将进一步恢复回升。

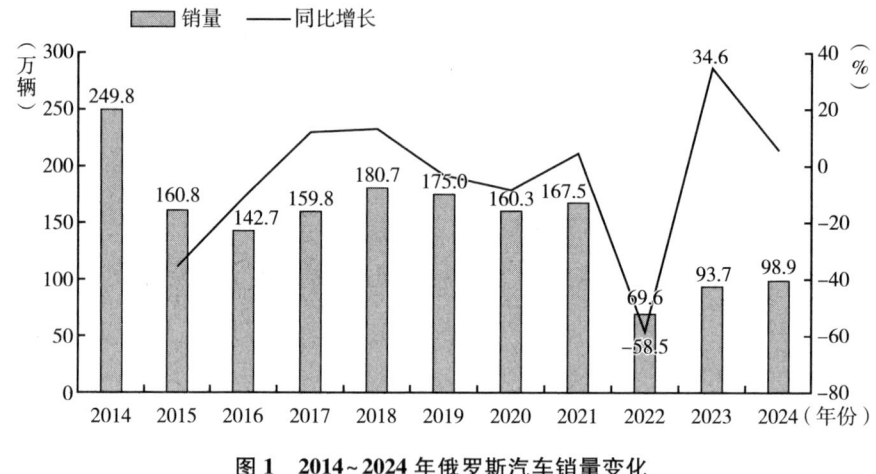

图1 2014~2024年俄罗斯汽车销量变化

资料来源：中国汽车工业信息网。

（二）中国汽车企业在俄罗斯获得战略发展机遇期

由于美西方对俄罗斯的制裁，相关汽车企业退出俄罗斯汽车的生产和销售环节，原俄罗斯外资企业均处于停产或半停产状态。在此过程中，俄罗斯国内汽车生产出现空窗期，给了中国汽车企业巨大的发展机会。2024年，俄罗斯销量排名前五的汽车企业中中国企业占据三个，奇瑞、长城、吉利排名居前（见表1、表2）。

表1 2019~2024年俄罗斯分公司汽车销售情况

单位：辆

企业	2019年	2020年	2021年	2022年	2023年	2024年
AvtoVAZ	362356	343512	350714	169500	352572	458933
奇瑞汽车	6358	11678	40874	53704	210424	59487
长城汽车	12284	17381	39126	35283	138462	228505
吉利控股	18448	23500	33675	26126	85254	88987
GAZ集团	63910	51169	56468	42110	56077	55063
Sollers	38892	36487	32420	33920	45953	50062
现代—起亚	407301	366454	377614	122595	13788	4376
长安汽车	2805	7102	5705	5627	11267	—
中国一汽	1519	2692	3137	2254	10203	7068
大众集团	222954	221375	204234	41795	3311	180

资料来源：中国汽车工业信息网。

表2 中国汽车品牌在俄罗斯畅销车型销售情况

单位：辆

企业	车型	2024年销量	企业	车型	2024年销量
奇瑞汽车	Tiggo 7	16813	长城汽车	Jolion	84636
	Tiggo 4	8355		Haval M6	37541
	Omoda C5	7265		Haval F7	30660
	Tiggo 8	5779		Haval Dargo	23211
	Jaecoo J7	4576		Tank 300	16359

资料来源：中国汽车工业信息网。

中国汽车在俄罗斯市场份额大幅提升，依靠的是过硬的产品品质和高性价比，受到俄罗斯用户的高度认可。分品牌看，哈弗、奇瑞、吉利等排名靠前（见图2、图3）；分车型看，奇瑞瑞虎7、长城Jolion是各自品牌中的畅销车型。

汽车国际化蓝皮书

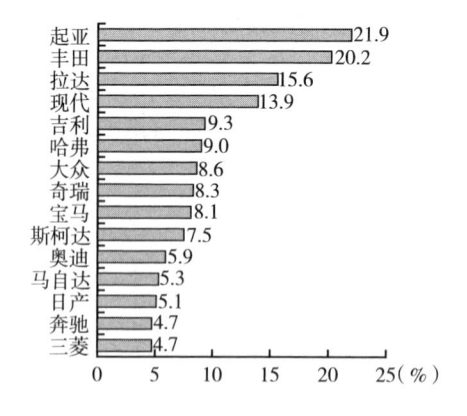

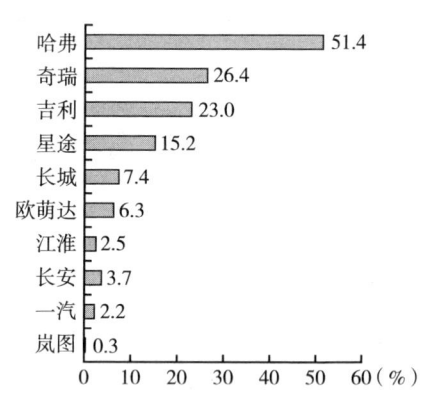

图2 俄罗斯用户购车考虑品牌

- 起亚 21.9
- 丰田 20.2
- 拉达 15.6
- 现代 13.9
- 吉利 9.3
- 哈弗 9.0
- 大众 8.6
- 奇瑞 8.3
- 宝马 8.1
- 斯柯达 7.5
- 奥迪 5.9
- 马自达 5.3
- 日产 5.1
- 奔驰 4.7
- 三菱 4.7

图3 俄罗斯用户下次购车对中国品牌的关注情况

- 哈弗 51.4
- 奇瑞 26.4
- 吉利 23.0
- 星途 15.2
- 长城 7.4
- 欧萌达 6.3
- 江淮 2.5
- 长安 3.7
- 一汽 2.2
- 岚图 0.3

资料来源：Autostat。

（三）俄罗斯新能源汽车市场渗透率低

2024年底，俄罗斯新能源汽车渗透率不足0.3%（见图4）。俄罗斯新能源汽车渗透率低主要有如下原因：一是俄罗斯油气资源丰富，汽油价格

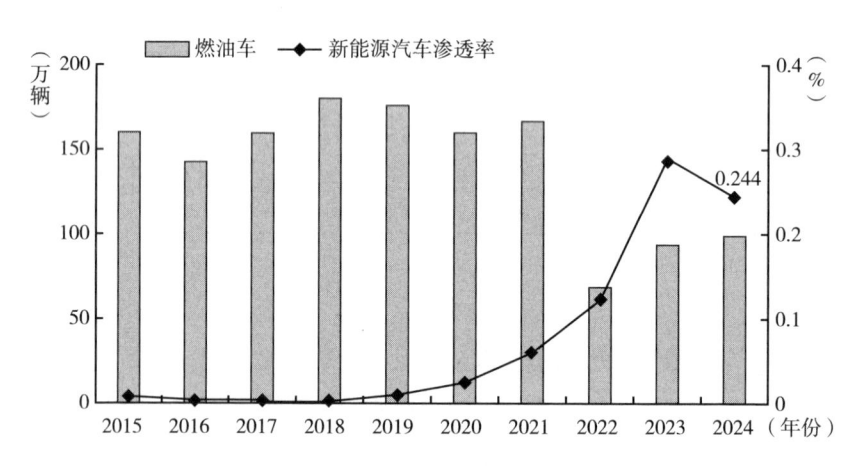

图4 2015~2024年俄罗斯燃油车销量及新能源汽车渗透率

资料来源：中国汽车工业信息网。

低;二是俄罗斯国内对新能源汽车重视程度不够;三是俄罗斯气候寒冷,不利于新能源汽车的快速普及。从 BEV 车型来看,2024 年销量 TOP5 的品牌有极氪、莫斯科人、Evolute、大众和阿维塔,排第一的极氪汽车销量为 7623 辆(见图 5)。

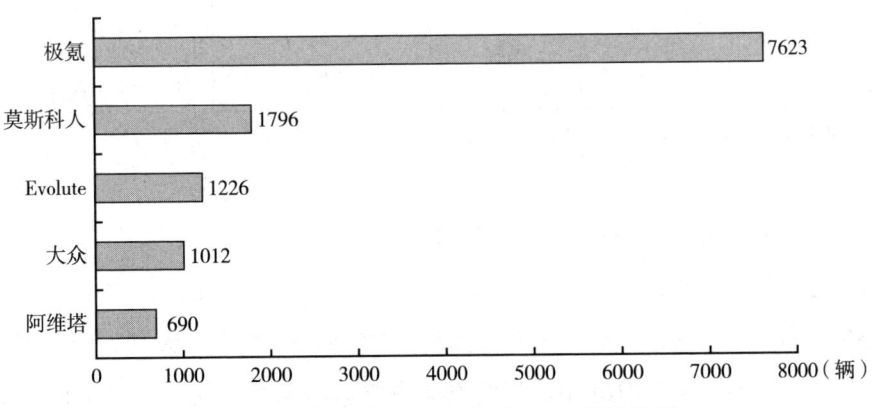

图 5　2024 年俄罗斯 BEV 车型 TOP5 品牌销量

资料来源:Autostat、中国汽车工业信息网。

(四)中国汽车企业在俄罗斯投资建厂情况

近年来,中国汽车企业加大在俄罗斯的本土化布局,通过投资、合作以及建设 KD 工厂等多种方式在俄罗斯布局汽车生产制造(见表 3)。

表 3　中国汽车企业在俄罗斯属地化发展情况

企业	合作方式	合作模式	合作方	工厂地点
长城	CKD	独资	—	图拉
长安	SKD	合资或合作	GAZ	下诺夫哥罗德
一汽	SKD	贴牌	Almaz-Antey、NAMI AlfaTech	圣彼得堡 萨拉托夫
东风	SKD	OEM 贴牌	Avtotor Motorinvest	加里宁格勒 利佩茨克
北汽	SKD	OEM	Avtotor	加里宁格勒

续表

企业	合作方式	合作模式	合作方	工厂地点
奇瑞	SKD	OEM 贴牌 合资	AvtoVAZ Avtotor Avilon(AGR)	圣彼得堡 加里宁格勒 卡卢加
江淮	SKD	贴牌	Moskvich Sollers	莫斯科 鞑靼斯坦 远东联邦区

资料来源：中国汽车工业信息网。

长城独资建厂，开启大规模属地化发展。长城汽车在俄罗斯图拉州投资424亿卢布建设独资工厂，覆盖冲压、焊接、涂装、总装四大生产工艺，规划年产能15万辆，本地化率达到65%。目前，生产哈弗大狗、F7、F7x、H9、Jolion等车型。2023年，长城汽车俄罗斯图拉工厂共生产汽车超过10万辆，其中Jolion一款车型产量超过5万辆，为长城汽车属地化发展打下良好基础。2024年初，长城汽车在俄罗斯的发动机工厂也正式投产，生产1.5T和2.0T两款发动机，覆盖长城在俄销售主流车型的发动机，进一步加大属地化布局。

通过多种模式建设KD工厂。我国汽车企业通过合资、合作等多种方式在俄罗斯建设KD工厂，提升本地化率。奇瑞、江淮、吉利、一汽、长安等汽车企业已经在俄罗斯合作建立KD工厂。其中有些企业采取贴牌的方式，长期来看，贴牌不利于企业持续发展，未来这种模式将逐渐减少，回归品牌属地化发展。

二　俄罗斯汽车贸易环境分析

（一）俄罗斯政局保持稳定

国际方面，在乌克兰危机背景下，以美西方为首的国家对俄罗斯实施

16000多项制裁，覆盖工业制造、电子、金融、外贸、能源、军事、科技航空、军事国防等领域。同时，中俄战略合作持续加深，为双边发展汽车投资和贸易提供政治基础。中俄在联合国、上合组织、金砖机制和二十国集团等多边组织合作，共建"一带一路"与欧亚经济联盟建设对接合作，合力推进国际治理，发展多中心国际关系架构。中俄确立了国家各级别交往与合作机制，政治互信持续深化。

国内方面，2024年普京以绝对优势选举总统获胜并连任至2030年。国内反对力量趋于势微，在强有力的政治领导下，俄罗斯政局持续稳定。俄罗斯通过实施国家产业振兴、远东开发、提升国民收入等规划，全面振兴经济与科技，提升国民生活水平，稳固政权。

（二）俄罗斯经济韧性强，宏观经济整体稳定

尽管面对巨大的国际制裁压力，俄罗斯受益于国内丰富的资源、深厚的工业基础以及产业发展纵深，经济表现出极强的韧性。2023年GDP增速为3.6%（2024年数据暂未公布），PMI位于景气区间上方运行，显示俄罗斯制造业正在持续复苏，整体经济形势稳定。预计，未来GDP仍将以3%左右的速度稳步增长。

（三）俄罗斯千人汽车保有量有较大发展潜力

俄罗斯千人汽车保有量呈逐年缓慢上升态势。截至2024年初，俄罗斯千人汽车保有量达到397辆，2000~2023年年均复合增长率为4.7%。预计，2030年俄罗斯千人汽车保有量将达到546辆，汽车市场仍有较大的发展空间。

三 俄罗斯汽车产业政策环境

（一）俄罗斯为发展本地汽车制造业，通过系列政策加以约束

乌克兰危机以来，俄罗斯汽车产业发生深刻变化，欧美日等国家和地区的

汽车企业纷纷退出俄罗斯，俄罗斯汽车制造业亟须重启。俄罗斯通过持续提高报废税，并与719号令以及特别投资合同（SPIC）相关联，增加进口车辆的各项成本，汽车企业不得不通过在俄罗斯境内设置生产工厂，并通过达到本地化率的积分要求来减免报废税。

1. 俄罗斯汽车报废税①

俄罗斯对汽车征收报废税，针对不同排量和燃料类型设置不同的报废税系数（见表4）。

表4 俄罗斯汽车报废税系数

发动机排量	0~1000cm^3	1001~2000cm^3	2001~3000cm^3	3001~3500cm^3	大于3500cm^3	电动车
新车	4.06	15.03	42.24	48.50	61.76	18.00
3年以上	10.36	26.44	63.95	74.25	81.19	67.34

资料来源：俄罗斯联邦政府第1118号法令。

以一辆排量为1.5L的乘用车为例，需要缴纳的报废税为：20000卢布×15.03＝300600卢布，约合人民币23476元，占到车辆售价的15%以上。如果通过进口的方式在俄罗斯销售汽车，那么必须全额缴纳报废税，致使车辆成本大幅增加。同时，2024年4月1日起，俄罗斯实施一项经过修订的决议，用于计算从欧亚经济联盟（EAEU）国家进口汽车至俄罗斯的关税金额。由于低估从欧亚经济联盟国家进口至俄罗斯的汽车关税价值而未缴纳的税款和费用将计入报废税中，而个人和法人均必须缴纳此费用。新的平行车进口政策实施后，堵住了灰色清关的漏洞，俄罗斯平行进口车辆价格将明显上涨，产品竞争力将大幅下降，平行进口车在俄罗斯销售受到不利影响。俄罗斯平行进口汽车新政策也是为了支持本地化生产，鼓励企业通过在俄罗斯本地化生产获得积分，抵免报废税。

2. 俄罗斯719号令

俄罗斯联邦政府第719号令是由俄罗斯联邦政府于2015年7月17日颁

---

① 报废税＝基本税率×系数。基本税率按车辆使用类别定义：非商业用途汽车为20000卢布，商用车（汽车、卡车和公共汽车）为150000卢布。

布、于 2023 年 12 月 13 日修订的法令。该法令旨在通过行政手段促进俄罗斯工业发展并制定进口商品的禁止和限制条件。在俄罗斯国内生产汽车要获得 100% 的报废税补偿，就必须达到相应的目标积分（见表 5）。

表 5　可获取较高积分的零部件及工艺材料

单位：分

车辆类型	零部件	在俄罗斯境内完成的生产工艺及材料占比要求	积分
9 座及以下乘用及允许最大总重量不超过 3.5 吨的货运车辆	车身(驾驶室)焊接	车身(驾驶室)焊接	400
	车身(驾驶室)涂装	车身(驾驶室)涂装	500
	车身(驾驶室)零部件冲压	冲压占车身总重量的比例不低于 50%（不适用于公共客车）	200
		冲压零部件占黑色车身总重量的比例不低于 70%（不适用于公共汽车）	300
	车身材料	车身材料至少 70% 使用俄罗斯生产的金属（包括铝）	200
	驱动电机、混合动力电机	曲轴箱及壳体零件的加工	200
		转子和定子的制造	200
	轴和齿轮的机械加工和热处理，使用俄罗斯制造的轴和齿轮毛坯		300
	动力电池(不含内燃机汽车)	设计、开发软件和将知识产权归属给俄罗斯法人	200
	研发设计工作	由俄罗斯法人在俄罗斯境内进行的科研和设计工作的支出额，每增加营业额的 0.5% 就能得到 200 分	200

资料来源：俄罗斯联邦政府第 719 号令。

根据政策要求，要获得 100% 的报废税抵免，积分需要达到 2567 分，我国汽车企业在俄罗斯需尽量采用本土供应链或者采用本土研发来获取积分，719 号令的限制政策，将成为推动中国汽车企业在俄罗斯开展本土化生产的关键举措。

3. 特别投资合同

特别投资合同（SPIC）由外国投资者投资的合资公司和俄罗斯联邦政府签订，是俄罗斯促进工业发展的重要政策工具，纳入该项目下的汽车产业投资项目将获得诸多优惠条件。目前SPIC已经升级至2.0版，签订SPIC2.0可获得稳定条款、补贴、税收优惠、特殊土地租赁等六大权益。最重要的是，签订SPIC2.0后根据生产企业达到的本地化程度可以获得报废税抵偿，最高可抵偿100%。因此，中国汽车企业在俄罗斯建厂，一定要与俄罗斯联邦政府签订SPIC2.0。

（二）俄罗斯2035年前汽车工业发展战略

2022年9月，俄罗斯工业和贸易部发布《2035年前俄罗斯联邦汽车工业发展战略》。战略提出确保汽车行业技术主权，在俄制造的高度本地化产品需满足俄市场80%的需求以确保俄产品世界竞争力；2023~2035年拟投资2.7万亿卢布（约合457亿美元）用于研发及生产零部件。车型规划方面，传统燃油车仍是最主要的动力类型，到2035年市场份额仍高达70%以上，天然气车辆发展优先级明显高于电动车辆（见表6）。

表6 俄罗斯不同动力类型的乘用车市场份额规划

动力类型	2025年	2030年	2035年
内燃机（汽油或柴油驱动）	99%	86%~93%	70%~80%
甲烷动力内燃机（天然气）	小于1%	5%~12%	15%~25%
电动车辆（包括BEV、PHEV和FCEV）	小于1%	小于2%	小于5%

资料来源：《2035年前俄罗斯联邦汽车工业发展战略》。

战略对俄罗斯未来乘用车销量以及境内生产的占比也提出了明确的要求：2024年俄境内生产乘用车占比要达到61%，2025年达到65%，2030年达到81%（见图6），可见俄罗斯对本地化生产的重视度。因此，中国车企投资俄罗斯应该以传统燃油车为主，同时充分利用俄本土供应链，加大在俄罗斯本土的供应链布局，提高本土化率。

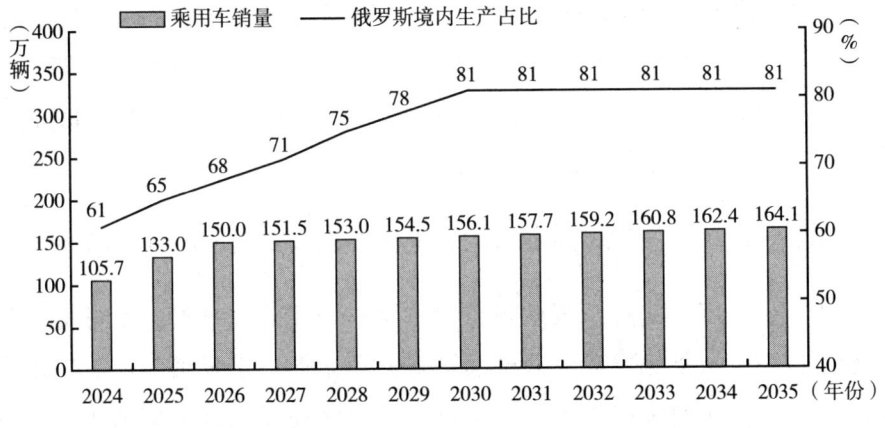

图 6　2024~2035 年俄罗斯乘用车销量及本地化生产占比规划情况

四　中俄汽车产业合作发展展望及建议

（一）中俄汽车产业合作具有良好的发展前景

2024 年是中俄两国建交 75 周年，在普京总统访问中国期间，中俄发布《中华人民共和国和俄罗斯联邦在两国建交 75 周年之际关于深化新时代全面战略协作伙伴关系的联合声明》。声明的发布，将进一步强化中俄经贸合作的政治基础，根据《中华人民共和国主席和俄罗斯联邦总统关于 2030 年前中俄经济合作重点方向发展规划的联合声明》，大力推动各领域合作实现高质量发展。不断提升两国投资合作水平，共同促进重大合作项目实施，保障投资者权益，为投资创造公平公正的条件。积极发挥两国间投资领域协调机制作用。尽快升级《中华人民共和国政府与俄罗斯联邦政府关于促进和相互保护投资协定》。提升双边贸易、融资和其他经济活动中的本币份额。完善两国金融基础设施，畅通两国间经营主体结算渠道。中俄直接的贸易金融、结算等将在两国合作框架下逐渐改善。提升工业和创新领域合作水平，共同发展先进产业，加强技术和生产合作，包括汽车制造业。

乌克兰危机后，俄罗斯国内汽车产业遭受重创，欧美日汽车企业退出俄罗斯市场，俄罗斯汽车生产及销售大幅缩减。2024年后，俄罗斯逐渐走出制裁及不利影响，经济逐渐恢复，汽车产业需求持续复苏，为中国汽车企业迅速扩大在俄市场规模提供了战略机遇期。

（二）建议中国汽车企业采用属地化发展模式发展俄罗斯市场

当前，俄罗斯通过系列政策重启本地汽车生产。比如，通过提高报废税、获取积分抵免报废税来鼓励国外汽车企业在俄投资建厂，提高本地化率。在相关政策引导下，中国企业要想大规模拓展俄罗斯市场，建议采用属地化发展模式，布局本地供应链，持续提高本土化率，规避报废税壁垒。实际上，我国汽车企业正在大力推动本地化生产，长城、奇瑞等车企通过投资和合作KD工厂的模式提高本土化率，积极布局俄罗斯市场。

（三）中国汽车企业应根据俄罗斯需求特点调整产品策略

俄罗斯与中国相比，用户诉求及用车环境有较大差异，中国汽车产品进入俄罗斯市场应根据当地需求特点，有针对性地调整产品策略。对于车辆配置需求，由于俄罗斯气候特点，用户更关注加热类的特色功能，比如加热座椅、后视镜加热、方向盘加热，汽车企业投放俄罗斯产品可将加热类配置设为标配与中国产品进行差异化设计，迎合俄罗斯用户需求。另外，俄罗斯用户对于车辆通过性也比较关注，因此在车型投放上可重点以SUV为主，且可针对俄罗斯道路特点，适当提高通过性和动力性，升级产品卖点。

（四）中国车企应特别注意规避相关风险

第一，关注产业政策变化的风险。俄罗斯政策环境多变，比如俄罗斯报废税政策，该政策自颁布以来历经多轮调整，不断提高报废税系数，中国汽车企业在俄罗斯由整车进口模式升级为本地化生产。第二，关注金融支付风险。由于受到西方国家金融制裁，俄罗斯金融支付存在一定问题，与俄罗斯合作伙伴开展业务时，应先畅通金融支付手段，确保支付结算通道稳定顺利。第三，注意规避合作伙伴的信用风险。无论是与俄罗斯生产企业合作还是与经销商合作，都应做好充分的尽职调查，建立风险防控机制，避免因合作伙伴破产或者信用问题产生重大经济损失。

B.4 中国—墨西哥汽车贸易及投资合作发展报告

王亚飞 郭雅鑫 王 惠*

摘 要： 墨西哥处于南北美洲交界处，汽车制造业基础较好且与多个国家签订自贸协定，是区域汽车制造和出口中心。同时，墨西哥出台了系列政策吸引外国投资。我国汽车企业加强墨西哥市场拓展及产能布局，在墨销量快速增长。2023年和2024年，上汽集团在墨西哥销量超过6万辆，居所有企业第八名，江淮汽车新能源汽车销量份额位居第一，另有多家企业正在探索本地化生产。但是，墨西哥在地缘政治上受美国影响大，政策不确定性多，中国车企应关注投资风险，特别关注由此带来的经营风险。

关键词： 墨西哥市场 汽车贸易 汽车投资

一 中墨汽车贸易及投资现状

（一）整车企业投资合作情况

北汽福田于2017年与墨西哥当地经销商合作建设散件组装工厂，主要

---

* 王亚飞，硕士，高级工程师，主要研究方向为汽车知识产权及科技成果转化等，现任中汽信息科技（天津）有限公司总经理助理；郭雅鑫，硕士，工程师，主要研究方向为汽车产业国际化数据分析，现任中汽信息科技（天津）有限公司品牌咨询部国际化研究室研究员；王惠，硕士，工程师，主要从事汽车产业国际化行业及市场研究工作，现任中汽信息科技（天津）有限公司品牌咨询部国际化研究室研究员。

生产轻卡，规划产能8000辆/年，2023年实际生产6000辆，并计划新建第二家工厂用于生产电动汽车。江淮汽车2017年起开始在墨西哥投资建厂，目前已在萨贡及库利亚坎等地建有散件组装工厂。上汽集团于2023年开始在墨西哥销售名爵产品，并计划建造新工厂。广汽埃安在墨西哥设立子公司开展销售业务，目前正在探索本地化生产。

（二）零部件企业投资布局情况

近年来，中国零部件企业纷纷加速在墨西哥的投资布局。三花智控、嵘泰股份、岱美股份等是国内较早布局墨西哥的零部件企业，部分企业已在墨西哥市场实现盈利。2023年以来，爱柯迪、新泉股份、伯特利、旭升集团等零部件企业纷纷在墨西哥新增产能或计划新增产能，综合竞争力提升明显。

（三）中国汽车企业在墨西哥市场表现

目前，我国已经有多家汽车企业出口墨西哥市场，上汽、奇瑞、江淮三家企业在墨西哥销量居前三名。2024年，上汽在墨西哥销量达到60168辆，居中国企业第一位，同时在墨西哥所有汽车企业中位居第八，增长势头良好（见表1）。

表1 2019~2024年我国汽车企业在墨西哥销量

单位：辆

企业	2019年	2020年	2021年	2022年	2023年	2024年
上汽集团	0	710	16358	48112	60128	60168
奇瑞集团	0	0	0	8551	39623	28974
江淮汽车	4505	4271	8203	16357	21067	24826
长安汽车	0	0	668	5180	7312	6788
吉利控股	2391	2486	3343	4043	5326	7105
北汽集团	3230	1384	1102	551	1334	1578
江铃汽车	0	60	262	583	1004	1659

资料来源：中国汽车工业信息网。

分车型来看，上汽集团MG 5销量达26768辆，居中国品牌车型销量第一位，同时位居墨西哥所有品牌车型销量第七（见表2）。

表 2　我国汽车企业在墨西哥分车型销量排名

单位：辆

汽车企业	车型	销量
上汽集团	MG 5	26768
上汽集团	MG 3	12170
江淮汽车	Frison	9117
奇瑞集团	Tiggo 2	8938
上汽集团	MG ZS SUV	7438
长城汽车	Jolion	6374
奇瑞集团	Tiggo 4	5299
奇瑞集团	Tiggo 7	4180
上汽集团	MG RX5	3695
奇瑞集团	Omoda C5	3346

资料来源：中国汽车工业信息网。

墨西哥新能源汽车市场中，我国汽车企业表现较好，江淮、长城、上汽MG等占据较高的市场份额，其中江淮2024年新能源汽车市场份额为22%（见图1）。

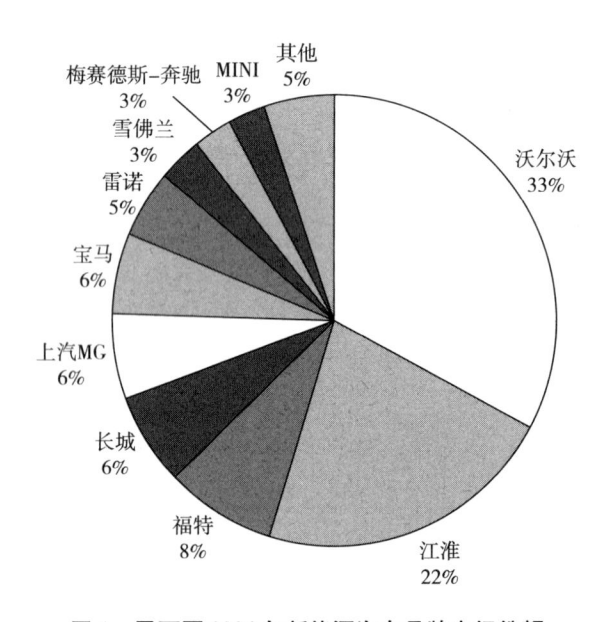

图 1　墨西哥 2024 年新能源汽车品牌市场份额

沃尔沃 33%
江淮 22%
福特 8%
长城 6%
上汽MG 6%
宝马 6%
雷诺 5%
雪佛兰 3%
梅赛德斯-奔驰 3%
MINI 3%
其他 5%

资料来源：中国汽车工业信息网。

二 墨西哥汽车贸易与投资环境分析

(一)墨西哥国内宏观政治环境

宪法规定墨西哥政体为代议制民主联邦共和国,立法、行政、司法三权分立。国体是总统制共和国,总统是国家元首和政府首脑,任期6年,通过直接选举产生,终身不得再任,不设副总统职位。

墨西哥拥有一个相对稳定的政治体系和成熟的市场经济。政府致力于推动外国投资,并提供一系列政策法规来保障外国投资者的权益,为外国企业提供了安全、可靠的投资环境。在增长潜力方面,墨西哥市场具有较好的发展空间。一是墨西哥政府积极推动经济改革和开放,为企业提供更加宽松和透明的营商环境。二是墨西哥与多个国家签订自由贸易协定,为在墨企业拓展国际市场提供便利。三是墨西哥中产阶级崛起,推动消费需求的升级和消费结构的转变,为高端产品和服务市场带来广阔的发展空间。

(二)墨西哥经济逐步趋于稳定,失业率下降

墨西哥是拉美地区仅次于巴西的第二大经济体,疫情后经济复苏很快,自2021年起,墨西哥经济快速增长,其中2021年7月墨西哥GDP(不变价)同比增速达到峰值21.9%,目前处于稳步增长阶段(见图2)。随着经济复苏,墨西哥就业市场不断改善,失业率呈现稳步下降趋势,2024年平均失业率为2.67%,达到近年来最好水平。

(三)墨西哥作为区域汽车制造业及贸易中心具有较好基础

作为出口导向型国家,墨西哥政府鼓励对外出口,对于外国投资者在墨西哥境内建立加工、装配、销售等企业用于对外出口的,在生产过程中原材料、半成品、机器等出口可享受税费优惠。墨西哥依赖优惠的出口政策,辐射美洲,是较好的区域汽车制造业中心。

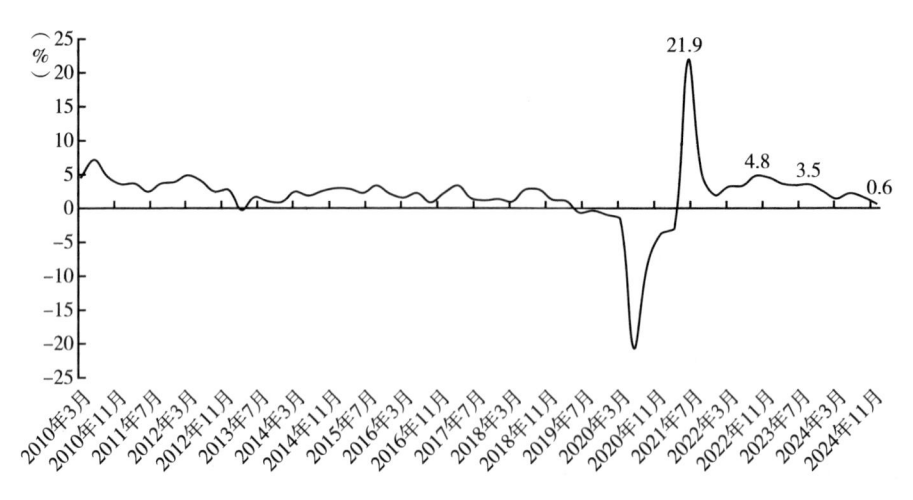

图2　2010年以来墨西哥GDP（不变价）同比增速

资料来源：Wind。

墨西哥已形成完备的汽车制造产业链，作为全球第四大汽车零部件生产国，有数千家零部件企业，已经形成相当完备的汽车产业集群，为中国汽车企业进入墨西哥市场提供了较好的产业支撑。

（四）墨西哥汽车产业政策

1.《美墨加协定》等系列政策支持汽车零部件本土化发展

2020年7月1日，美国、墨西哥、加拿大三国签署的《美墨加协定》生效实施，其取代了《北美自由贸易协定》，确保以汽车等为代表的制造业的原材料和生产环节大部分在美国、墨西哥、加拿大3个缔约国内完成。根据协定，汽车整车从墨西哥到美国实施零关税，汽车零部件从美国到墨西哥实施零关税。政策要求必须满足协定中的原产地要求，即汽车生产环节75%为北美原产时，才可以享受优惠及免税待遇。《美墨加协定》还规定，零关税汽车40%~45%的零部件必须由时薪最低16美元的工人所生产。由于墨西哥汽车工人薪资水平达不到该协定的要求，该协定暂时只针对美、加两国汽车工人（见表3）。

表3 《美墨加协定》与汽车相关的重要内容

重要变化内容	2020年《美墨加协定》	《北美自由贸易协定》
提高原产地规则标准	①对于整车:区域内采购率必须达到75% (协定生效时66%,1年后69%,2年后72%,3年后75%) ②对于7种核心零部件(发动机、变速器、车身和底盘、车桥、悬架、转向系统、锂离子电池):区域内采购率需达到75% (协定生效时66%,1年后69%,2年后72%,3年后75%) ③对于主要零部件(轴承、燃油泵、起动机、保险杠、制动器、离合器、座椅等):区域内采购率必须达到70% (协定生效时62.5%,1年后65%,2年后67.5%,3年后70%) ④对于铝与钢原材料:区域内采购率必须达到70% (协定生效时62.5%,1年后65%,2年后67.5%,3年后70%) ⑤其他零部件:区域内采购率必须达到65% (协定生效时62%,1年后63%,2年后64%,3年后65%)	①对于汽车、轻型卡车和对应的发动机和变速箱,地区内采购比例达到62.5% (协定生效时50%,4年后56%,8年后62.5%) ②对于其他车辆和汽车零部件,地区内采购比例达到60% (协定生效时50%,4年后55%,8年后60%)
新增劳动价值含量标准要求	工资条款:乘用车零部件材料的40%、轻卡零部件材料的45%必须由时薪16美元以上的工人生产。协定生效时为30%,1年后上调至33%,2年后上调至36%,3年后上调至40%	无
新增对美出口配额规定	整车出口量,如果美国以国家安全为由根据《贸易拓展法》第232条加征关税,墨西哥、加拿大最多每年可免关税向美国出口的汽车分别为260万辆; 零部件出口额,墨西哥最多可向美国免税出口1080亿美元汽车零部件,加拿大最多可向美国免关税出口324亿美元零部件	无

资料来源:《美墨加协定》(USMCA)。

2. 墨西哥积极发展全球自由贸易协定,为汽车产业提供良好的贸易环境

除了与北美邻国的协定外,墨西哥还与欧盟、日本、哥伦比亚等52个国家及地区签署14项自由贸易协定(见表4)。这些协定通常包含减少或消除双方汽车及零部件进口关税的条款,从而促进墨西哥与这些国家之间的汽车贸易。目前,墨西哥和中国之间没有直接签订双边自由贸易协定(FTA)。

表4 墨西哥已经签署的自由贸易协定

自由贸易协定	签订国	签署/生效时间
北美自由贸易协定	美国、加拿大	1994年1月1日
墨西哥—哥伦比亚自由贸易协定	哥伦比亚	2011年8月2日
墨西哥—哥斯达黎加自由贸易协定	哥斯达黎加	1995年1月1日
墨西哥—尼加拉瓜自由贸易协定	尼加拉瓜	1998年7月1日
墨西哥—智利自由贸易协定	智利	1999年8月1日
墨西哥—欧盟自由贸易协定	欧盟国家	2000年7月1日
墨西哥—以色列自由贸易协定	以色列	2000年7月1日
墨西哥—北三角自由贸易协定	萨尔瓦多、危地马拉、洪都拉斯	萨/危:2000年3月4日 洪:2001年6月1日
墨西哥—欧洲自由贸易协定	挪威、冰岛、瑞士、卢森堡	2001年10月1日
墨西哥—乌拉圭自由贸易协定	乌拉圭	2004年7月15日
墨西哥—日本自由贸易协定	日本	2005年4月1日
墨西哥—秘鲁自由贸易协定	秘鲁	2012年2月1日
全面与进步跨太平洋伙伴关系协定	文莱、马来西亚、新加坡、澳大利亚、新西兰等10国	2018年3月8日
太平洋联盟自贸协定	哥伦比亚、智利、秘鲁	2015年7月20日

资料来源:中国驻墨西哥大使馆。

非协定国家的关税政策:对于不在上述贸易协定范围内的国家,墨西哥对进口汽车征收的关税根据汽车类型和排量不同而有所差异。这些关税旨在保护国内汽车产业免受外国竞争压力,同时也是墨西哥政府的重要财政收入来源。墨西哥对进口商品征收7档从价关税率,即0、5%、10%、15%、20%、35%和45%;进口汽车税率可能会根据车辆的不同特性而有所变化,一般范围在20%~30%。

关于增值税,根据新税法,目前墨西哥境内和边境地区增值税的基本税率均为16%。

作为出口导向型国家，墨西哥政府鼓励对外出口，对于外国投资者在墨西哥境内建立加工、装配、销售等企业用于对外出口的，在生产过程中原材料、半成品、机器等出口可享受税费优惠。

（1）进口税退还计划（Draw Back）

进口税退还计划是为从美国进口原材料或零部件的墨西哥公司设计的，该计划允许墨西哥进口商要求退还这些进口产品的关税。这些产品通常是原材料或零部件，经过加工和组装，然后将成品出口到墨西哥境外。

（2）外贸公司计划（ECEX）

外贸公司计划主要面向从事非石油类产品对外出口的中小型企业，旨在通过鼓励措施，提高外贸公司的出口积极性，提升墨西哥产品在国际市场的占有率，增强墨西哥中小型出口公司的出口竞争力。

（3）出口服务和加工区政策（IMMEX）

企业可延迟缴纳进口关税、享受更低的企业所得税等一系列优惠政策。根据该政策，除纺织和服装业临时进口以及进口机制须得到墨西哥经济部和财政部事先批准外，允许所有年出口额达到 50 万美元、出口额超出其总销售额 10% 以上的企业申请享受出口服务和加工区法令的优惠政策。

（五）墨西哥汽车市场分析

1. 墨西哥是重要的汽车出口基地

墨西哥是北美地区重要的汽车制造业中心和出口基地，每年墨西哥国内汽车产量远远大于销量，2024 年墨西哥国内共生产汽车 420.1 万辆（见图 3），其中国内销售为 155.4 万辆，产销比高达 2.7。分企业产量来看，日产、雪佛兰和福特居前三位，日产和雪佛兰 2024 年产量超过 50 万辆（见图 4）。各跨国汽车集团均在墨西哥布局生产基地，有些企业在墨西哥建有多个工厂，通用汽车是墨西哥最大的汽车生产集团，其在墨西哥建有三个整车生产工厂，最大的生产基地是位于墨西哥的 Silao 生产基地，2023 年产量约 30 万辆。

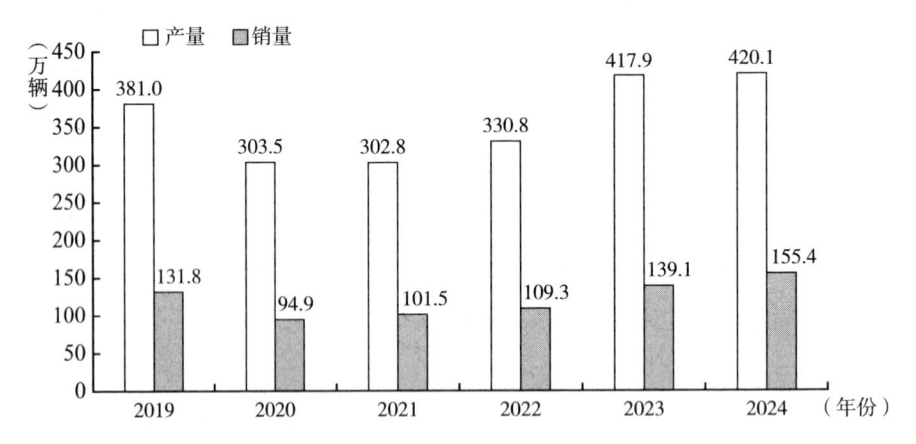

图3 2019~2024年墨西哥汽车产销量

资料来源：中国汽车工业信息网。

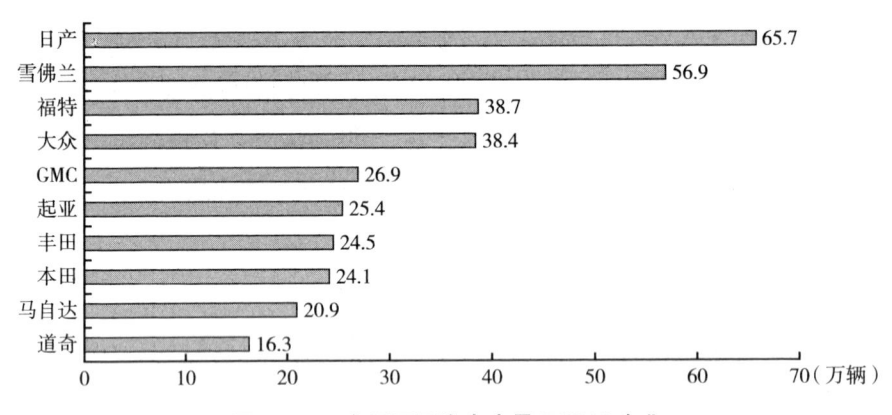

图4 2024年墨西哥汽车产量TOP10企业

资料来源：中国汽车工业信息网。

2. 墨西哥销量恢复到疫情前水平

墨西哥国内汽车需求维持在100万辆以上，2024年销量为155.4万辆，同比增长11.7%。其中，雷诺—日产、通用集团和大众集团居前三名，三家销量合计约67万辆（见表5），市场份额高达45.5%。

表 5　2019~2024 年墨西哥分公司汽车销量

单位：辆

企业	2019 年	2020 年	2021 年	2022 年	2023 年	2024 年
雷诺—日产	302448	220730	232787	206385	285823	285008
通用集团	211987	150256	127300	165117	184051	205043
大众集团	181691	125895	130115	109136	149936	177554
现代—起亚	141146	105851	119249	130497	143247	157687
丰田集团	105663	76577	91090	98087	106794	121968
Stellantis	74146	58643	65909	74417	96795	93361
马自达	60081	46117	46901	48275	76017	99797
上汽集团	0	710	16358	48112	60128	60168
福特集团	59257	38132	41735	42690	49242	52359
本田	74796	48996	43790	39960	38911	42336

资料来源：中国汽车工业信息网。

三　中国—墨西哥汽车产业合作发展建议

（一）推动中国汽车标准、检测认证与墨西哥互认

要进入墨西哥汽车市场需通过 NOM 认证，认证项目可分为安全、排放、噪声等类别。墨西哥汽车认证法规与其他国家都不同，测试需要满足相关标准要求。建议推动中墨汽车检测认证互认，加强汽车产品多层次的国际互认合作，通过建立汽车领域的国际认证联盟，支持国内机构与墨西哥检测认证机构开展合作，促进我国汽车产品更好地进入当地市场。

（二）以墨西哥为区域中心市场布局业务和产能

墨西哥位于北美和南美交界处，凭借其优越的地理位置优势，产品可以低成本进入北美市场，并可触及南美市场。除了与北美邻国的协定外，墨西哥还与欧盟、日本等国家及地区签署 14 项自由贸易协定，辐射市场广阔。

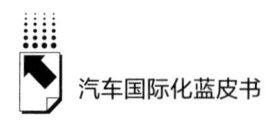

同时，墨西哥具有较完备的汽车供应链产业链基础，我国汽车企业可以墨西哥为中心，布局面向美洲的业务中心或生产中心，辐射周边国家。

（三）产品及营销策略建议

在技术策略上，中国汽车企业进入墨西哥应把握墨西哥环保法规带来的市场机会，推广低排放汽车。着重研发新能源和环保技术，顺应墨西哥及全球的绿色汽车发展趋势。在产品策略上，针对墨西哥市场的特定需求开发产品，如设计适合城市驾驶的紧凑型汽车。城市化快速推进为中小型的紧凑型汽车提供了更多的市场机会。在营销策略上，加强品牌宣传，提升中国汽车品牌在墨西哥消费者中的知名度。在墨西哥当地建立完善的销售和售后服务网络，坚持"长期主义"，为墨西哥用户提供全价值链生态服务，为提升中国汽车品牌美誉度和认可度贡献力量。

（四）关注各类风险防控

进入墨西哥市场，也面临治安问题、政策波动性大、基础设施薄弱等巨大挑战。从地缘政治层面来说，墨西哥受美国影响较大，政策制定及执行具有不确定性。2019~2021年，赣锋锂业逐步收购了墨西哥Bacanora公司全部股权，获得该公司旗下的Sonora锂矿开采项目。2023年8月，墨西哥矿业总局取消赣锋锂业在墨西哥的9个矿产特许权，直接影响项目开发进度，对企业经营产生较大影响。因此，我国汽车企业应密切关注墨西哥政策变化，避免出现经营风险。

B.5 中国—东盟汽车贸易及投资合作发展报告

杨靖 李新波 成梅林*

摘　要： 东盟与我国互为第一大贸易伙伴，双方政治和经贸关系稳定且持续改善，启动中国—东盟自贸区3.0版谈判，将释放更多政策红利。东盟是我国重要的汽车出口目标市场，以泰国为例，2024年我国共向泰国出口汽车16.9万辆，是东盟最大的出口目标国。我国汽车出口东盟国家单车均价为1.45万美元，处于较低水平，说明东盟国家消费者更加偏爱经济型车辆。近年来，东盟国家加快电动化转型，出台多项财税政策支持电动汽车消费，泰国、印度尼西亚、马来西亚等国家电动汽车需求快速增长，我国汽车企业纷纷加大在东盟的业务和产能布局，通过投资并购、建设生产基地拓展东盟汽车市场，取得较好成效，比亚迪在多个国家新能源汽车销量领先。为拓展东盟汽车市场应深入研究目标国汽车产业政策，充分利用当地政策红利，结合产品需求特点，开发适销对路的汽车产品。

关键词： 东盟　贸易环境　汽车市场

---

* 杨靖，硕士，主要研究方向为市场调研、消费者研究、品牌研究、用户体验等，现任中国汽车技术研究中心有限公司首席专家，中汽信息科技（天津）有限公司品牌咨询部部长；李新波，高级工程师，主要研究方向为汽车宏观经济及政策趋势，现任中汽信息科技（天津）有限公司品牌咨询部产业研究室研究员；成梅林，硕士，主要研究方向为海外汽车政经环境、海外汽车市场、重点国家汽车市场解读、中国车企海外拓展情况等，现任中汽信息科技（天津）有限公司品牌咨询部产业研究室研究员。

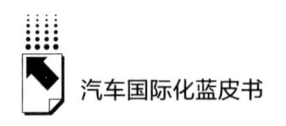

一 东盟汽车贸易环境

（一）中国与东盟贸易保持较快增长，双方互为最大贸易伙伴

2013年以来，中国—东盟贸易年均增速为8.8%，高出同期中国整体年均增速3.8个百分点。2024年，双边贸易继续增长，规模达6.99万亿元，同比增长9%，占中国外贸总值的15.9%。东盟连续5年保持中国第一大贸易伙伴地位。2024年，中国对东盟出口4.17万亿元，增长13.4%；自东盟进口2.82万亿元，增长3.2%。东盟成员中，中国的前三大贸易伙伴依次为越南、马来西亚和印度尼西亚。

（二）东盟主要国家经济持续复苏

近年来，东盟经济整体保持较好的复苏态势，东盟最大的经济体印度尼西亚2024年GDP同比增长1.4%，保持了积极的增长态势。整体来看，东盟具有巨大的人口红利、较强的投资吸引力。当前，东盟国家不断出台经济刺激政策，推动数字化转型，加强区域互联互通，促进经济一体化，积极挖掘对华合作机遇。亚洲开发银行预测，2024年东盟经济增速将达5%，继续保持较好的发展态势。①

（三）中国与东盟经贸环境持续改善，为双边汽车贸易打下良好基础

2022年11月，中国与东盟共同宣布正式启动中国—东盟自贸区3.0版谈判。谈判涵盖货物贸易、投资、数字经济和绿色经济等领域，致力于打造更加包容、现代、全面和互利的中国—东盟自贸区。2023年2月，中国—东盟自贸区3.0版启动首轮磋商，2024年10月10日已完成谈判。双方加强"一带一路"倡议与《东盟互联互通总体规划2025》的战略对接，提升互

---

① 各东盟国家2024年GDP数据更新频率不同，部分国家暂未更新。

联互通水平。中国与东盟创新合作方式，共同推进和建成一批铁路、公路、港口、机场、桥梁、电网等基础设施项目。《区域全面经济伙伴关系协定》（RCEP）于2022年起实施，自2023年6月2日起对全部成员生效，标志着全球最大的自贸区进入全面实施新阶段。

（四）中国—东盟国家汽车产品贸易情况

东盟是我国重要的汽车出口目标市场，泰国、菲律宾、马来西亚、越南和印度尼西亚是主要出口国。泰国位列第一，2024年共出口汽车16.91万辆（见表1）。我国汽车出口东盟的单车均价为1.45万美元，处于较低水平，整体来看，东盟国家消费者对经济型车辆需求较大。

表1　2024年中国汽车出口东盟主要国家情况

国家	出口量（万辆）	出口额（亿美元）	单车均价（万美元）
泰国	16.91	13.10	0.78
菲律宾	12.46	16.94	1.36
马来西亚	12.32	16.62	1.35
越南	7.74	18.65	2.41
印度尼西亚	7.45	13.98	1.88
缅甸	1.65	5.04	3.06
老挝	1.53	3.31	2.17
柬埔寨	1.51	2.70	1.79
新加坡	1.09	2.19	2.01

资料来源：中华人民共和国海关总署。

二　东盟主要国家汽车产业政策

（一）泰国

2023年11月，泰国第二阶段电动汽车激励政策（EV3.5）正式落地（第一阶段是指EV3.0，2022年开始实施），2024年1月2日正式生效。通过实施为期四年（2024~2027年）的电动汽车发展激励政策，推动泰国成为全球排名前十以及东盟领先的电动汽车制造中心。预计四年财政总支出金额超340亿泰铢（约合人民币70亿元）。EV3.5也是助力泰国2050年实现碳中和目标的重要举措，泰国投资促进委员会（BOI）在未来四年（2024~2027年）的战略计划中，重点促进对"生物—循环—绿色"（BCG）产业的投资，到2027年，通过将BCG投资从目前占总投资的21%提高到24%，泰国GDP将从3.4万亿泰铢增长到4.4万亿泰铢，同时将泰国打造成东盟地区的BCG中心。

EV3.5政策同样对购买新能源汽车给予补贴，对于车辆售价以及动力电池容量设定限值要求如表2所示。

表2 EV3.5对不同电动车辆的补贴政策及要求

车型	车型售价要求（万泰铢）	动力电池容量（kWh）	补贴金额（泰铢）	时间条件
纯电动乘用车	≤200	≥50	5万~10万	2024~2027年
	≤200	<50	2万~5万	2024~2027年
电动皮卡	≤200	≥50	5万~10万	2024~2027年
电动摩托车	≤15	≥3	0.5万~1万	2024~2027年

资料来源：根据BOI发布政策整理，1人民币≈4.8487泰铢。

EV3.5较现行EV3.0购置补贴出现较大退坡。泰国EV3.0政策是第一阶段电动汽车激励政策，30kWh以上的纯电动乘用车可获得15万泰铢的购置补贴，30kWh以下的可获得7万泰铢。EV3.5相比第一阶段的EV3.0购置补贴金额有明显退坡，EV3.5最高仅可获得10万泰铢补贴，同时最低补贴金额也大幅下降，由7万泰铢降为2万泰铢。

EV3.5提高了电动汽车的动力电池容量要求。EV3.5将纯电动乘用车动力电池容量分割限值由之前的30kWh提升至50kWh，可见泰国政府鼓励大容量、续驶里程更长的纯电动乘用车发展。按照普通纯电动乘用车百公里14kWh的电耗来计算，50kWh电池容量可以支持300公里以上的续驶里程，新政策实施后，50kWh以上的电动乘用车销量将明显增长。对电动皮卡仍保持较高的支持力度。补贴车型与乘用车不同,可以获得补贴的皮卡包括PHEV、BEV 和 FCEV 三种,EV3.5 针对带电量在 50kWh 以上的电动皮卡给予 5 万~10 万泰铢的购车补贴。泰国与东盟其他国家产品需求不同,皮卡的销量占有相当比例,2022 年泰国皮卡销量超过 38.8 万辆,是仅次于美国的全球第二大皮卡市场。为了保护本地皮卡制造企业,享受 EV3.5 政策的电动皮卡必须全部是泰国生产的。

(二)马来西亚

与东盟其他国家相比,马来西亚拥有自己的汽车产业,在政策制定、投资准入等方面存在一定的产业保护条款。马来西亚的国家汽车政策 2020(NAP 2020)明确提出,支持 Proton、Perodua 和 Modenas 三家本土汽车企业,外国企业在马来西亚投资需达到本土化率以及采用本地工人等相关要求。

1. NAP 历经四次迭代更新

马来西亚国家汽车政策是引导该国汽车产业可持续发展的纲领性文件,目前,该政策历经四次迭代更新(见表 3)。

表 3 马来西亚国家汽车政策四次迭代的主要内容

汽车政策版本	主要目的	关键内容
NAP2006(2006~2009 年)	供应链整合	旨在改造国内汽车行业,并将其融入竞争日益激烈的区域和全球行业网络
NAP2009(2009~2014 年)	投资促进	提升国内汽车产业的能力和竞争力
NAP2014(2014~2020 年)	绿色可持续	专注于将马来西亚发展为节能汽车(EEV)中心
NAP2020(2020~2030 年)(现行)	移动互联	在数字化工业转型时代提升马来西亚汽车工业

资料来源:根据公开披露资料综合整理。

2. NAP2020 主要内容

NAP2020 的愿景是将马来西亚打造为汽车行业制造、工程、技术和可持续发展的区域领导者。其分为五大领域,一是供应链整合能力,以

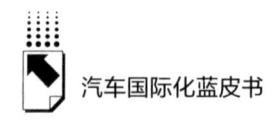

马来西亚为中心开展车辆和零部件出口业务，与汽车相关的技术研发、车辆部件测试工作。二是本地制造能力，加强车辆和零部件的本地制造，促进再制造。三是工程能力，增强当地研发、测试和技术开发的工程能力。四是跟踪最新技术趋势，通过应用工业4.0技术，适应最新的技术趋势。五是可持续发展能力，通过应用旨在减少碳排放等的环境友好产品和工艺，实现汽车工业的可持续发展。

继续支持Proton、Perodua和Modenas三家本土汽车企业。本地人才雇佣率要达到98%，以私营企业为主完成计划，并且要求本地企业控股，国内供应链占比要达到75%，关键技术研发需在本国完成，开发符合工业4.0的下一代汽车（NXGV）生态系统和移动技术来达到马来西亚国家汽车政策的预期。

研发NXGV技术和生态系统，使马来西亚成为东盟地区NXGV生产制造中心，扩大汽车企业在移动出行（MaaS）领域的布局。确保本地汽车企业采用工业4.0技术，在2025年前通过提高燃油经济性来减少车辆碳排放。

马来西亚NXGV关键技术研发的重点内容包括四大类，如表4所示。

表4 马来西亚NXGV重点研发内容

类别	主要研发内容
未来自动驾驶汽车平台	研发适用于L4、L5级自动驾驶的全新平台
未来传感器融合解决方案	车辆需将各种传感器融合，并通过中央控制提出解决方案
数据存储和计算	数据大小、连接性和延迟将影响计算平台的采用
测试和验证	用基于场景的测试和验证技术替代传统方法

资料来源：NAP2020。

（三）印度尼西亚

印度尼西亚是东盟最大的经济体和销量第一的汽车市场，在发展电动汽车产业方面出台了一系列支持政策。需特别关注的是，与马来西亚类似，印度尼西亚的电动汽车支持政策在设定时考虑了国产保护条款，国内汽车企业进入印度尼西亚市场应特别注意。比如，印度尼西亚政府对CKD组装的国产化率有明确要求，2026年要达到40%。

1. 充电基础设施规划

印度尼西亚充电基础设施主要由国家电力公司建设和运营，规划到2025年累计建成2465座充电站。作为使用电动汽车的经济激励措施，印度尼西亚国家电力公司规定在每日22:00至次日5:00为电动汽车用户提供30%的电价折扣。

2. 减免奢侈品税

印度尼西亚对纯电动汽车和燃料电池汽车可免征奢侈品税，针对PHEV减按5%征税（见表5）。

表5 印度尼西亚针对不同燃料类型的奢侈品税

单位：g/km，%

类别	CO_2	税率
纯电动汽车/燃料电池电动汽车	—	0
PHEV	≤100	5
混合动力	<100	6
	100~125	7
	125~150	8
轻度混合动力	<100	8
	100~125	10
	125~150	12

资料来源：根据印度尼西亚政府发布内容整理。

3. 减免电动汽车制造商企业所得税

印度尼西亚对电动汽车制造企业投资出台激励措施，根据不同的投资额可适用不同的所得税比例，最高可免征所得税（见表6）。

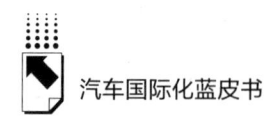

表6 印度尼西亚针对电动汽车制造的企业所得税减免政策

减税档	新资本投入额(印尼盾)	所得税减免比例(%)	适用的减免期限(年)	到期后
1	1000亿~5000亿	50	5	继续享受2年减免25%的所得税
2	5000亿~1万亿	100	5	继续享受2年减免50%的所得税
3	1万亿~5万亿	100	7	继续享受2年减免50%的所得税
4	5万亿~15万亿	100	10	继续享受2年减免50%的所得税
5	15万亿~30万亿	100	15	继续享受2年减免50%的所得税
6	30万亿以上	100	20	继续享受2年减免50%的所得税

注：印度尼西亚所得税税率为22%。
资料来源：根据印度尼西亚政府发布内容整理。

（四）菲律宾

2022年4月，菲律宾通过《电动汽车产业发展法》（EVIDA，第11697号共和国法），EVDIA不仅涵盖电动汽车的制造、组装、进口、生产、贸易，还包括相关配套设施，如充电桩的建设、相关零部件的生产研发、整车和零部件回收等方面。该法案中的"电动汽车"指至少有一个电池驱动单元用于推进的车辆，如BEV、PHEV和HEV。

EVIDA提供以下财政激励措施：①电动汽车、充电站、电池及其零部件的制造和组装经过评估流程后，有资格纳入战略投资优先计划。②完全组装的电动汽车进口通常有权享受《税改法案》（R. A. No. 10963）的激励措施（纯电动汽车和皮卡免征消费税）。③自EVIDA生效之日起八年内，完全进口的充电站免除关税。④EVIDA生效之日起八年内，纯电动车享受30%的使用费、注册费和检验费折扣，混合动力电动车享受15%的使用费、注册费和检验费折扣。⑤优先注册、优先续注册和发放特殊类型的车牌。⑥电动车用户豁免各机构实施的强制性减少车辆计划、限号计划或其他类似计划。⑦为电动车专营商开辟申请和续签公共交通工具特别经营许可的快速处理通道。⑧海关为电动汽车制造商和进口商进口电动汽车开辟快速处理通道。

2023年4月，菲律宾发布国家电动汽车发展路线（CREVI），将电动汽车产业的发展分为三个阶段：短期（2023~2028年）、中期（2029~2034

年)、长期(2035~2040年)。菲律宾计划在2023~2040年部署足够数量的充电站,同时力争在2040年前成为电动汽车出口国。

CREVI提出两种情景的目标:一般情景(Business As Usual,BAU)和清洁能源情景(Clear Energy Situation,CES)。在一般情景下,预计到2040年,电动汽车(不包括电动卡车)的市场占有率将达到至少10%。而在清洁能源情景下,电动汽车在市场中的总体占有率将达到50%。

三 东盟主要国家汽车市场分析

(一)泰国汽车市场

泰国汽车销量仍然没有恢复到疫情前的100万辆规模。2024年,泰国汽车销量约63.4万辆,同比下降约25%(见图1)。泰国汽车市场在2024年面临诸多挑战,经济形势、金融政策、市场需求结构变化、出口市场受阻以及政策环境等因素共同作用,导致汽车销量下滑。预计2025年泰国汽车市场有望在内需方面实现一定复苏,但仍将面临挑战。长期来看,泰国汽车产业需要在政策支持、新能源汽车发展和产业结构调整等方面做出更多努力,以应对当前的困境和未来的不确定性。

图1 2018~2024年泰国汽车销量变化

资料来源:中国汽车工业信息网。

分企业来看，日系企业由于进入泰国市场较早，目前仍牢牢占据第一梯队，丰田集团 2024 年在泰国销量达 241495 辆，具有较强的市场支配地位，日系企业的市场份额高达约 70%，具有垄断地位。中国汽车企业比亚迪和上汽集团也进入销量前 10 名，尤其是比亚迪销量增长势头较好，2024 年销量达到 26971 辆（见表7）。

表 7 2018~2024 年泰国分企业汽车销量情况

单位：辆

企业	2018 年	2019 年	2020 年	2021 年	2022 年	2023 年	2024 年
丰田集团	314554	331171	253910	259879	303230	291059	241495
五十铃	168937	171970	162346	178798	216684	165076	89437
本田	127053	129512	96064	84306	88864	91496	83258
福特集团	64559	53277	31981	32383	36453	41830	26923
三菱	81572	88211	59625	48922	53138	37511	28401
比亚迪	0	0	0	0	379	30559	26971
上汽集团	20783	23995	25816	29312	30502	29176	17399
马自达	65721	61303	40738	36298	36777	22122	10841
雷诺—日产	69351	66711	47898	32947	26388	18497	10759
宝马集团	11029	12091	11823	11052	15034	15506	12208

资料来源：中国汽车工业信息网。

泰国是仅次于美国的世界第二大皮卡消费国。当前，泰国正推动电动化变革，不断针对货车电动化推出新的激励政策。泰国是东盟最大的货车市场，2024 年皮卡市场份额高达 28.6%，日系企业由于较早进入泰国市场，皮卡销量居于主导地位，五十铃和丰田稳居行业前两名，市场地位稳固（见表8）。

表 8 2021~2024 年泰国皮卡分品牌销量情况

单位：辆

企业	品牌	车型	2021 年	2022 年	2023 年	2024 年
五十铃	五十铃	D-Max	149113	181384	127290	66267
丰田集团	丰田	Hilux	130829	145435	114585	76614
福特集团	福特	Ford Ranger	26838	29310	28848	17578

续表

企业	品牌	车型	2021年	2022年	2023年	2024年
三菱	三菱	Triton（L200）	22389	23070	14520	7968
雷诺—日产	日产	Frontier（Navara）	8098	6704	3752	2613
马自达	马自达	BT-50	1443	1579	1375	581
上汽集团	MG	MG Extender	5333	3335	1293	1019
江汽集团	江淮	T8	0	0	36	35
通用集团	雪佛兰	Chevrolet Colorado	404	52	24	9

资料来源：中国汽车工业信息网。

（二）马来西亚汽车市场

受益于马来西亚经济的持续复苏，其汽车销量也稳步增加。与东盟其他国家不同，马来西亚拥有自己的汽车产业，Perodua和Proton（吉利持股49.4%）是马来西亚本土的两大汽车品牌，在本国具有较高的认知度和市场份额。这两大本土品牌销量常年占据马来西亚前两名，市场份额超过50%。同时，日系企业较早进入马来西亚且具有较高的品牌和市场认知度。前五大品牌中，除了马来西亚本土品牌，丰田、本田、马自达三家企业居第3~5位（见表9）。

表9　2019~2024年马来西亚分企业汽车销量情况

单位：辆

企业	2019年	2020年	2021年	2022年	2023年	2024年
Perodua	240341	220163	190291	282019	330325	325900
Proton	100183	108524	111695	136026	150975	134099
丰田集团	76938	64427	77932	108128	114780	95350
本田	85418	60468	53031	80290	80027	72245
马自达	11651	12141	10660	14644	19124	13510
奇瑞集团	0	0	0	0	4493	16655
三菱	8140	9163	17489	24017	21719	14536
五十铃	8983	8822	9941	16432	17356	12275
宝马集团	10442	9818	9417	12833	13781	8538
雷诺—日产	22457	15071	12695	13832	10057	7267

资料来源：中国汽车工业信息网。

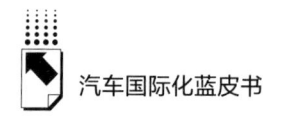

（三）印度尼西亚汽车市场

2024年，印度尼西亚共销售汽车约86.6万辆（见图2）。分企业来看，印度尼西亚汽车市场被日系企业垄断，销量前四名均为日系企业，丰田集团位居第一且市场份额超过50%，一家独大。奇瑞集团2024年销量跻身第九，未来有较大的发展空间，其他中国汽车企业在印度尼西亚销量较小（见表10）。目前，上汽、东风、一汽、合众新能源和赛力斯已经在印度尼西亚布局，但处于发展初期，销量不大。整体来看，印度尼西亚汽车市场潜力大，我国汽车企业在印度尼西亚未来有较大的市场空间。

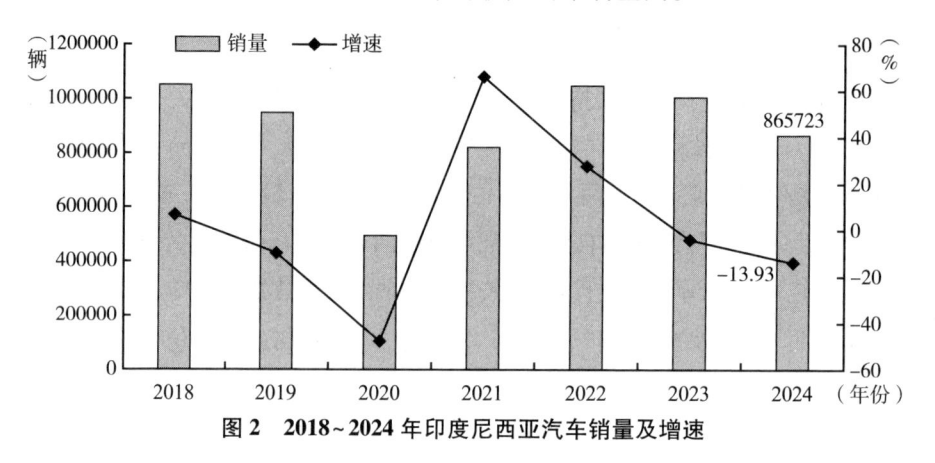

图2 2018~2024年印度尼西亚汽车销量及增速

表10 2019~2024年印度尼西亚分企业汽车销量情况

单位：辆

企业	2019年	2020年	2021年	2022年	2023年	2024年
丰田集团	510699	253236	461934	565961	555741	478756
本田	137339	73315	91122	131280	138967	94742
三菱	119011	57906	107605	99051	77416	72217
铃木	100383	66130	91795	90408	81057	66809
现代—起亚	1365	1547	6059	34052	36878	23411
五十铃	13159	10389	15218	38639	33226	28339
戴姆勒卡车	0	0	0	40628	33623	29272
通用集团	23872	6635	25564	29989	23540	21923
奇瑞集团	0	0	0	0	4099	9191
马自达	4884	2660	3392	3888	5320	4377

资料来源：中国汽车工业信息网。

（四）菲律宾汽车市场

相较于泰国、印度尼西亚等国，菲律宾汽车市场规模较小，2024年共实现汽车销量42.6万辆，恢复到疫情前水平。日系企业仍然牢牢占据菲律宾汽车市场，丰田和三菱稳居汽车销量前两名，仅丰田一家在菲律宾市场份额就接近50%。近年来，中国汽车企业在菲律宾加速布局，市场销量持续增长，上汽和吉利已经位居菲律宾汽车企业销量前十（见表11）。

表11　2019～2024年菲律宾分企业汽车销量情况

单位：辆

企业	2019年	2020年	2021年	2022年	2023年	2024年
丰田集团	163847	101077	131028	175797	201243	198926
三菱	64064	37300	37548	53211	78370	81400
雷诺—日产	42694	21720	19603	21222	27136	24516
福特集团	21900	14765	20005	24710	31320	25769
铃木	23918	15515	19393	19942	18455	18515
本田	20338	11711	12680	13923	16645	14130
现代—起亚	37875	18475	12834	9200	14164	16649
五十铃	10157	9590	11552	14660	15597	14307
上汽集团	330	3432	6343	7964	7006	8184
吉利控股	124	2221	6178	9668	7152	3403

资料来源：中国汽车工业信息网。

分车型来看，菲律宾与中国不同，其第一大细分市场为SUV，市场份额为29.7%，轿车占比25.0%，MPV市场份额为20.6%（仅次于轿车），皮卡市场份额为12.3%，MPV和皮卡市场份额较大，用户接受度高（见图3）。

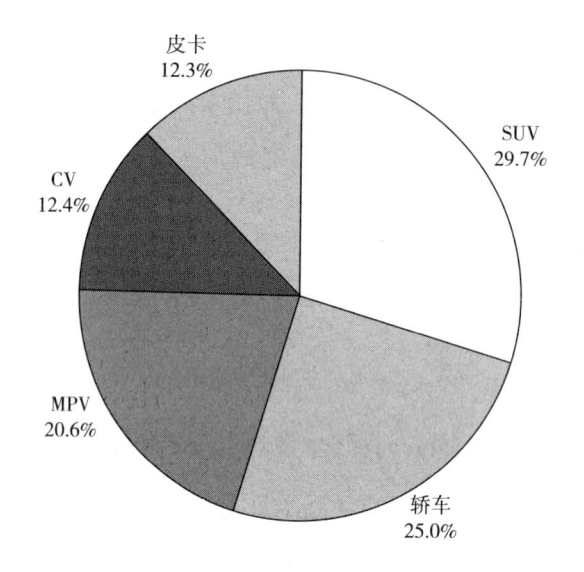

皮卡 12.3%
SUV 29.7%
CV 12.4%
MPV 20.6%
轿车 25.0%

图 3　2024 年菲律宾分车型市场份额

资料来源：中国汽车工业信息网。

四　中国汽车企业在东盟重点国家布局情况

（一）泰国

目前，众多中国汽车企业进入泰国市场，2024 年合计销量约 7.5 万辆，整体市场份额为 11.8%。比亚迪 2022 年进入泰国市场，2023 年销量呈爆发式增长，居中国企业第一位，同时也是泰国新能源汽车销量第一位（见表 12）。分品牌热销车型来看，2024 年比亚迪 Dolphin 销量超过 1 万辆，销量居中国品牌第一名，第二名是比亚迪的 Yuan PLUS／ATTO 3（见表 13）。

表 12　2022~2024 年中国汽车企业在泰国销量情况

单位：辆

企业	2022 年	2023 年	2024 年
比亚迪	379	30559	26971
上汽集团	30502	29176	17399
长城汽车	10872	13777	7958
合众新能源	71	12777	7969
吉利控股	2742	3688	3938
北汽集团	107	168	431
广汽集团	0	88	4127
江淮汽车	0	36	35
长安汽车	0	0	5888
奇瑞集团	0	0	189
小鹏汽车	0	0	178

资料来源：中国汽车工业信息网。

表 13　2024 年中国汽车品牌在泰国销量排名 TOP10 车型

单位：辆

企业	品牌	车型	燃料类型	2024 年
比亚迪	比亚迪	Dolphin	BEV	13386
比亚迪	比亚迪	Yuan PLUS / ATTO 3	BEV	7747
上汽集团	MG	MG4	BEV	5396
比亚迪	比亚迪	Haibao/Seal	BEV	5156
长安汽车	深蓝	S07	BEV	4867
合众汽车	哪吒	Neta V	BEV	4578
上汽集团	MG	MG5	燃油	4224
广汽集团	埃安	AionY	BEV	3839
长城汽车	欧拉	Good Cat / Funky Cat	BEV	2426
长城汽车	哈弗	Jolion	HEV	2413

资料来源：中国汽车工业信息网。

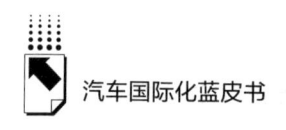

我国汽车企业加大在泰国的产能布局。长安汽车在泰国投资 88 亿泰铢（约合人民币 18.1 亿元）建设电动汽车和混合动力汽车工厂，一期年产能可达 10 万辆。工厂位于泰国罗勇府，预计 2025 年一季度投产。长安汽车计划将在泰国生产的电动汽车出口到东盟、澳大利亚、新西兰、英国和南非等海外市场。上汽、比亚迪、长城等新企业也在泰国设立新能源汽车工厂，辐射东盟（见表 14）。

表 14 我国新能源汽车企业在泰国投资建厂情况

企业	工厂地址	生产车型	产能	投资情况
长安汽车	罗勇府	长安汽车电动和混合动力车型	一期年产能 10 万辆，2025 年一季度投产	88 亿泰铢（约合人民币 18.1 亿元）
上汽集团	罗勇府	MG4 EV 等电动车型	已经投产	与泰国正大集团合资
上汽集团	罗勇府	动力电池工厂	年产 5 万块 CTP 电池	与泰国正大集团合资，总投资 5 亿泰铢
比亚迪	罗勇府	海豚、元等车型	年产能 15 万辆，2024 年 7 月已经投产	4.9 亿美元，包括整车四大工艺和零部件工厂
长城汽车	罗勇府	哈弗 SUV，欧拉	2021 年投产	占地面积 65.88 万平方米，初期年产能达 8 万辆
广汽埃安	罗勇府	Aion Y 等电动车型	2024 年 7 月投产	23 亿泰铢（约合人民币 4.6 亿元），设计年产能 5 万辆
哪吒汽车	曼谷	哪吒 V 等电动车型	2024 年 3 月投产	年产能 2 万辆，与泰国 BGAC 公司合作
奇瑞集团	罗勇府	OMODA 与 JAECOO 电动车型	2025 年投产，一阶段年产近 5 万辆	在泰国国内销售并出口至东盟、中东等市场，与泰国 KGEN 公司合作

资料来源：根据企业公开资料综合整理。

（二）马来西亚

近年来，中国汽车品牌也加大了在马来西亚的布局力度，2024 年中国汽车企业在马来西亚销量大幅增长。奇瑞集团销量增幅最高,2024年销量为16655辆,奇瑞集团在马来西亚推进本地化生产,在当地建立组装工厂,降低生产成本的同时也提高产品的价格竞争力。比亚迪依靠新能源汽车销量位居中国企业第二,2023年进入马来西亚市场,当年销量3637辆,2024年销量7278辆,保持了积极的增长势头。吉利进入马来西亚市场较早,位居中国品牌第三(见表15)。

表15 2019~2024年中国汽车品牌在马来西亚销量情况

单位:辆

企业	2019年	2020年	2021年	2022年	2023年	2024年
奇瑞集团	0	0	0	0	4493	16655
比亚迪	0	0	0	0	3637	7278
吉利控股	1883	1950	2203	3194	2729	1678
北汽集团	350	300	221	265	449	892
长安汽车	123	131	385	671	135	145
厦门金龙	55	61	64	104	189	29

资料来源:中国汽车工业信息网。

马来西亚是东盟重要的汽车生产基地,多家企业有意向在马来西亚建立工厂。在本土化布局方面,吉利汽车收购了宝腾汽车49.4%的股份,目前宝腾汽车居马来西亚市场份额第二名。广汽集团在马来西亚设立CKD组装厂,产品已经正式下线。亿纬锂能在马来西亚建立生产基地,目前正在向储能领域扩展。

(三)印度尼西亚

比亚迪2024年在印度尼西亚汽车市场表现突出,2024年销量实现15429辆(见表16)。目前,奇瑞集团、上汽集团、东风汽车、一汽集团、合众新能源和赛力斯已经在印度尼西亚布局。整体来看,印度尼西亚汽车市场潜力大,我国汽车企业未来在印度尼西亚有较大的成长空间。

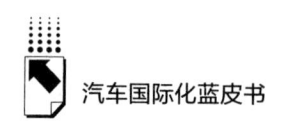

表16 2019~2024年中国汽车品牌在印度尼西亚销量情况

单位：辆

企业	2019年	2020年	2021年	2022年	2023年	2024年
奇瑞集团	0	0	0	0	4099	9191
上汽集团	0	377	1075	974	1183	3974
比亚迪	0	0	0	0	0	15429
东风汽车	3857	1947	3242	2413	1360	828
一汽集团	0	0	0	191	617	847
合众新能源	0	0	0	0	181	607
赛力斯	0	0	0	0	111	89

资料来源：中国汽车工业信息网。

在属地化发展方面，上汽通用五菱是第一家在印度尼西亚建厂的中国车企，其生产的电动车符合印度尼西亚本土化率要求，获得印度尼西亚的减税政策支持。奇瑞集团也与印度尼西亚本土企业合作组装汽车。在新能源汽车产业链方面，贝特瑞集团在印度尼西亚投资建设锂离子电池负极材料企业，年产能8万吨，已经开始批量生产供货。

五 中国—东盟汽车投资合作展望及建议

东盟拥有超过6.79亿人口，经济持续稳定发展，中产阶级人口不断增长，汽车消费潜力大。东盟区域内经济一体化水平高，内部贸易流通自由且快速增长。东盟区域内汽车产业发展基础好，劳动力价格低廉，发展汽车产业具有得天独厚的优势，中国汽车企业在东盟国家发展潜力巨大。

当前，中国—东盟自贸区3.0版谈判已结束，将在数字经济、绿色经济、新基建等合作领域迎来新的成长机遇，成员国之间的经济联系将更加紧密，国际合作将更加务实高效，国际生产要素跨境流动将更加频繁，自由贸易区红利将进一步增加，为双边汽车贸易合作提供更多可能。我国汽车企业正通过多种方式推进东盟汽车产业布局和项目落地，结合东盟国家特点以及政策趋势，我国汽车企业进入东盟市场应做好以下几方面重点工作。

一是深入研究东盟国家汽车产业政策。东盟各国结合自身汽车产业特点制定了相应的政策举措，各国在出台财税政策时，为保护本国汽车产业，均有不同程度的产业保护条款。马来西亚 NAP2020 明确支持 Proton、Perodua 和 Modenas 三家本土汽车企业，在投资政策中明确提出要达到马来西亚的本土化率以及采用本地工人的要求。如果申请获得泰国 EV3.5 政策支持，2026 年也要开启泰国本土化生产，且要满足 1∶2 的生产补偿要求。另外，泰国对于电动皮卡有特殊保护，只有泰国本地生产的皮卡才可以享受 EV3.5 政策。印度尼西亚对 CKD 组装的国产化率有明确要求，2026 年要达到 40%，2027 年要达到 60%。

二是抓住当地政策红利的机遇期。主要国家针对电动汽车出台了购置补贴和税收减免政策，为先期打开东盟国家市场的企业提供了较大的政策红利。购置补贴、所得税、消费税、增值税减免、进口关税等系列政策对于电动汽车销售起到巨大的促进作用，以泰国为例，购买纯电动乘用车最高可获得 10 万泰铢补贴，印度尼西亚投资电动车生产企业，最高可全额减免所得税。与中国新能源汽车扶持政策类似，东盟国家针对电动汽车产业的激励政策逐渐退坡。以泰国为例，最新的 EV3.5 与 EV3.0 相比在购置补贴方面有较大退坡，印度尼西亚投资电动车企业的所得税减免额度也是逐渐降低的，先期可全部减免，但是到期之后仅可减免 50%，逐渐退坡。基于此，中国汽车企业进入东盟电动车市场，应尽早布局，抓住政策红利的机遇期。

三是深入研究属地汽车产品需求特点。东盟国家数量众多，汽车产品需求差异大，我国汽车企业应结合属地消费者需求，有针对性地进行产品改进和开发。比如，印度尼西亚消费者普遍以中低收入为主，对车辆价格敏感，对经济型车辆需求较大。泰国用户对皮卡需求量大，是仅次于美国的第二大皮卡市场，我国皮卡企业数量多，且拥有较好的性价比和竞争力，结合泰国电动化政策，开发适销对路的电动皮卡可满足泰国用户的产品需求。

B.6 中国—欧盟汽车贸易及投资合作发展报告

丁倩 王惠 李新波*

摘 要： 2024年欧盟经济增长较为缓慢，面临诸多挑战。但不同国家之间的经济表现存在差异，南欧一些国家经济增长相对较好，而德国、法国等主要经济体经济增长乏力。欧盟统计局公布的初步数据显示，2024年第四季度欧盟GDP同比增长1.1%，环比增长0.1%；2024年全年欧盟GDP增长0.8%。德国是最大的汽车市场，年销量在300万辆左右；法国第二，年销量200万辆左右；意大利和西班牙市场规模在100万辆以上。目前，欧盟汽车产业政策处在快速变革中，碳排放要求持续提高，推出新电池法，对中国新能源汽车企业加征高额反补贴税。但不可否认，中国—欧盟汽车产业仍具有较大的合作潜力，比亚迪等头部企业正考虑投资设厂，以获得更大的发展空间。

关键词： 欧盟市场 投资贸易 汽车产业

一 欧盟汽车贸易环境分析

（一）受多重因素影响欧盟经济表现较低迷

受地缘政治、通胀等多重因素影响，欧盟经济表现低迷。2024年第四

---

* 丁倩，高级工程师，主要研究方向为汽车产业发展现状及趋势，现任中汽信息科技（天津）有限公司品牌咨询部国际化研究室主任；王惠，硕士，工程师，主要从事汽车产业国际化行业及市场研究工作，现任中汽信息科技（天津）有限公司品牌咨询部国际化研究室研究员；李新波，高级工程师，主要研究方向为汽车宏观经济及政策趋势，现任中汽信息科技（天津）有限公司品牌咨询部产业研究室研究员。

季度，欧盟 GDP 同比增长仅 1.1%（见图 1），环比增长仅 0.1%。受乌克兰危机影响，欧盟各国能源价格大幅波动，推高了欧盟主要国家的通胀水平，欧盟通过多次加息降低通胀水平。欧盟经济在 2024 年有所复苏，但增长速度仍然较为缓慢，通胀水平虽有所下降但仍高于目标水平（见图 2）。未来，欧盟经济仍面临诸多挑战，经济增长前景存在不确定性。

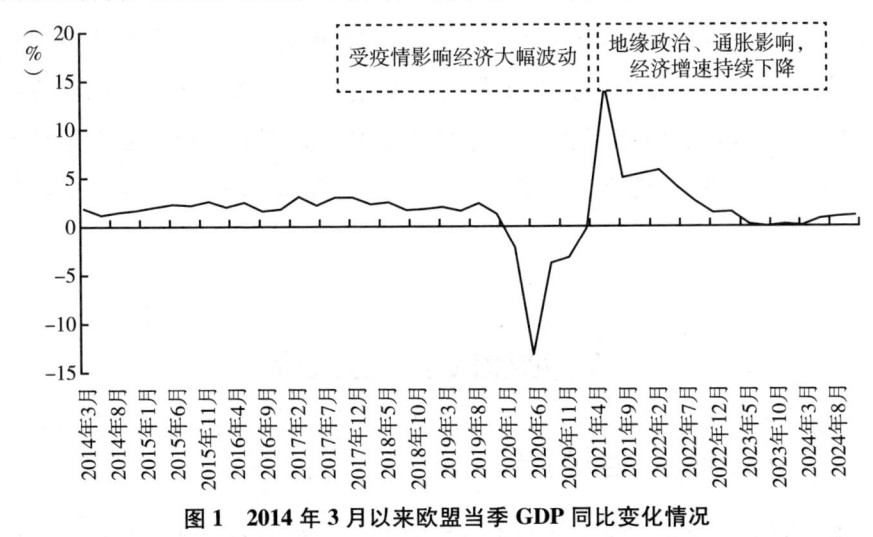

图 1　2014 年 3 月以来欧盟当季 GDP 同比变化情况

资料来源：Wind。

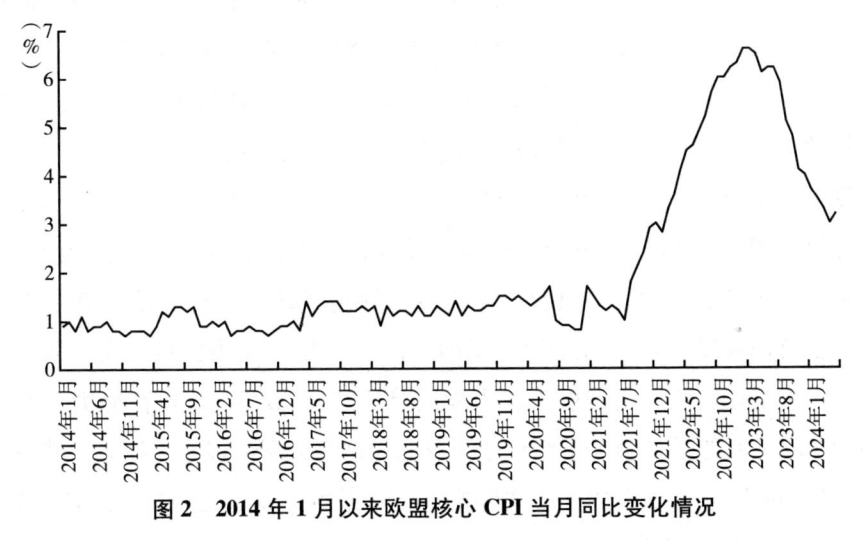

图 2　2014 年 1 月以来欧盟核心 CPI 当月同比变化情况

资料来源：Wind。

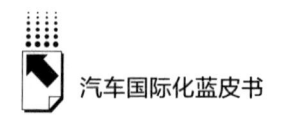

（二）中国—欧盟贸易情况

整体来看，2024年中国对欧盟的贸易继续保持良好发展态势，中欧互为重要的贸易伙伴。2024年，中欧双边贸易额进一步增长，中国继续保持欧盟第二大贸易伙伴地位。在投资方面，2024年第二季度，欧盟对华绿地投资飙升至创纪录的36亿欧元（约合39亿美元），其中德国投资占比较大。中国对欧盟的投资也保持稳定增长，特别是在新能源和高科技领域。尽管欧盟内部存在一定的贸易保护主义倾向，但中欧在绿色经济和数字经济等领域的合作潜力巨大，这有望成为未来经贸合作的新亮点。

二 欧盟汽车产业政策

（一）欧盟碳排放要求持续提升

欧盟碳排放考核标准逐步加严，2023年先后发布全新的碳排放考核标准、碳关税、新电池法等，中长期发展电动汽车的战略已经十分明确，但也从侧面反映出欧盟依托"碳壁垒"倒逼新能源产业链本地化的核心诉求。2014年，欧盟《2030年气候与能源政策框架》提出到2030年温室气体排放量较1990年降低40%；2019年《欧洲绿色新政》提出到2030年温室气体排放量较1990年下降50%~55%；《2030年气候目标计划》进一步提出到2030年温室气体排放量较1990年至少下降55%。在这些新的、全面的脱碳义务框架之下，欧盟委员会开始着手将绿色新政的细化实施计划写入法律，主要是通过2021年出台的"Fit for 55"一揽子立法提案。该一揽子计划的一个重大立法创新是引入碳边境调节机制（CBAM），旨在解决碳泄漏问题。除了欧盟委员会关于修订能源税的立法努力目前仍陷入停滞，其他所有"Fit for 55"计划下的立法文件要么已被采纳，要么已经达成政治协议。2023年，欧盟理事会批准一项法规，2035年起将禁售导致碳排放的燃油小汽车和轻型货车，不过在德国的要求下，使用碳中性燃料的新燃油车有望在2035年后继续销售（见图3）。

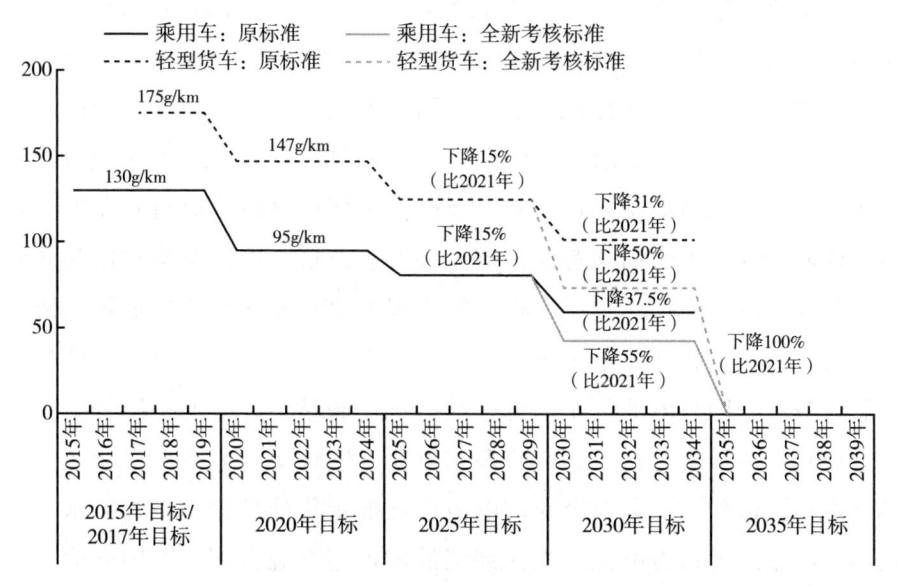

图3 欧盟针对乘用车和轻型商用车的碳排放限值要求

资料来源：欧盟2019/631号条例及其修正案。

2024年，欧盟进一步深化其在碳排放管控领域的行动。在碳排放考核标准方面，进一步细化了不同行业的排放指标，针对交通运输、制造业等重点碳排放领域，制定更为严格的阶段性减排目标，要求企业必须在规定时间内将碳排放量降低至指定水平，否则将面临高额罚款等严厉处罚。

（二）新电池法将对动力电池产业链产生深远影响

2020年12月，欧盟委员会提出《电池与废电池法规》［（EU）2023/1542］即欧盟新电池法，自2023年8月17日正式生效，重点对碳足迹、电池护照、电池和材料的回收利用等方面做出要求，2024年7月1日开始执行。新电池法对投放欧盟市场的电池实施全生命周期监管，尤其是碳足迹合规管理将加速动力电池企业在欧洲布局动力电池产能，以满足欧

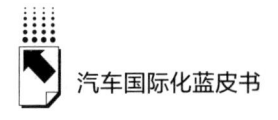

洲地区新能源汽车市场规模迅速扩大对动力电池的产能需求。合规难度大大增加，企业需增加成本和投入进行技术升级和流程改进，中国动力电池企业将面临更多挑战。一是合规难度加大。国内外政策、核算标准、碳排放数据库不统一，国内政策标准滞后于国际社会。计算方法不统一，国内碳排放因子与国际标准不统一，国际数据库中的中国碳排放因子数值偏高。二是碳足迹要求难以满足。再生原材料供应不足可能导致难以满足法规规定的最低碳足迹要求。新电池法要求电池从原材料获取到报废回收利用的全生命周期都满足碳足迹要求，目前中国在电池回收溯源和原材料回收方面仍然较弱，将影响中国电池企业达到全生命周期碳足迹的要求。三是合规成本上升。实施电池生产者责任延伸制度，产生隐形合规成本。四是电池数字信息挑战。电池碳足迹、电池护照等要求电池企业对电池信息进行收集、整理、留存，做到动力电池全产业链信息的精准与可追溯，对电池企业的电池信息数字化处理提出更高要求。新电池法的重点为动力电池全生命周期的碳足迹合规管理，中国电池企业需要重点关注法案针对电池可持续性和安全性、标签信息、废旧电池、电池护照方面的合规要求。在动力电池的全生命周期制定减碳目标，做好各个环节的碳足迹评估。

（三）欧盟对中国产电动汽车开展反补贴调查征收反补贴税

2023年9月13日，欧盟委员会正式宣布对中国电动汽车企业发起反补贴调查，并于2023年10月4日对产自中国的进口电动汽车正式启动反补贴调查程序。2024年10月29日，欧盟委员会发布对华纯电动汽车反补贴调查终裁方案（终版）文件，文件指出，欧盟委员会结束了反补贴调查，决定对从中国进口的纯电动汽车征收为期五年的最终反补贴税。税率为17.0%~35.3%不等，特斯拉适用7.8%的关税。本次反补贴调查为欧盟委员会单方面发起调查，并非由相关企业提出，也不是成员国提出，因此流程合规存在问题。

三 欧盟重点国家汽车市场分析

(一)欧盟主要国家整体市场情况

德国是欧盟最大的汽车市场,年销量在300万辆左右,英国、法国两国市场规模在200万辆左右,意大利和西班牙市场规模也在100万辆以上。其他国家汽车市场规模相对较小(见表1)。

表1　2018~2024年欧盟重点国家汽车销售情况

单位:辆

国家	2018年	2019年	2020年	2021年	2022年	2023年	2024年
德国	3764431	3957403	3219304	2921965	2910134	3140795	3139641
英国*	2733194	2685613	1930478	2008549	1900989	2250309	2313871
法国	2679100	2743154	2100021	2142409	1926701	2208529	2155163
意大利	2082721	2093927	1533353	1629590	1464973	1762262	1757719
西班牙	1563496	1485498	1018002	1019603	941984	1108994	1198412
比利时	625306	629239	502409	454704	422416	544221	486008
波兰	532001	555608	428376	446681	455826	512357	648803
荷兰	443812	446114	356051	322831	312129	369772	383602
瑞典	417817	418190	329646	343712	329770	341666	314389
奥地利	384058	372087	285685	298626	237119	269852	262633
捷克	281008	269509	219841	225669	218470	255013	242927
葡萄牙	267042	261762	173197	175427	179845	228146	218251
丹麦	258587	258690	229315	216752	175466	198514	186235
罗马尼亚	187276	200895	146385	145400	151976	168845	160982
爱尔兰	153708	145104	112122	136389	131400	154248	156058
希腊	110336	122081	87842	111337	114947	144628	137676
匈牙利	136594	157900	128021	121920	111524	107720	109391
芬兰	140381	133514	112971	115312	96678	102729	87811
斯洛伐克	107186	110001	82676	83952	86708	97110	93029
克罗地亚	60041	62938	36085	45289	44088	56697	61276

*注:英国于2020年1月31日正式脱离欧盟。

资料来源:中国汽车工业信息网。

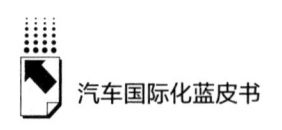

（二）德国汽车市场分析

2024年，德国汽车销量为313.96万辆，与2023年基本持平，尚未恢复到疫情前水平。分企业来看，大众集团稳居第一，2024年共销售汽车119.43万辆，市场份额高达38.04%。斯特兰蒂斯集团位居第二，戴姆勒集团和宝马集团分别居第三位和第四位（见表2）。

表2 2019~2024年德国主要汽车集团销售情况

单位：辆

企业/集团	2019年	2020年	2021年	2022年	2023年	2024年
大众集团	1388223	1126984	1018552	1033957	1160810	1194318
斯特兰蒂斯集团	305716	270841	429505	383321	402133	431536
戴姆勒集团	477601	400704	321245	326188	371381	343706
宝马集团	328561	284492	264560	248960	277921	264443
雷诺—日产	345072	288766	246906	226774	210899	207351
现代汽车集团	202651	171000	173501	181683	183452	164912
福特汽车公司	333430	239829	168528	168108	160506	156207
丰田汽车公司	92608	85442	81645	87460	84839	108864
吉利控股集团	53478	48397	46447	50253	53603	65902
马自达	71609	44313	38106	34977	46404	45267

资料来源：中国汽车工业信息网。

分品牌来看，排名前五的品牌均为德系。大众稳居第一，梅赛德斯-奔驰、宝马、斯柯达、奥迪紧随其后（见图4）。分车型来看，Golf位居第一，2024年销量达100183辆（见图5）。德国MPV销量占比较小，2024年销量仅有90017辆，占乘用车份额为3.48%，轿车占比最高，2024年销量为1266178辆，占比48.97%，SUV占比47.54%。

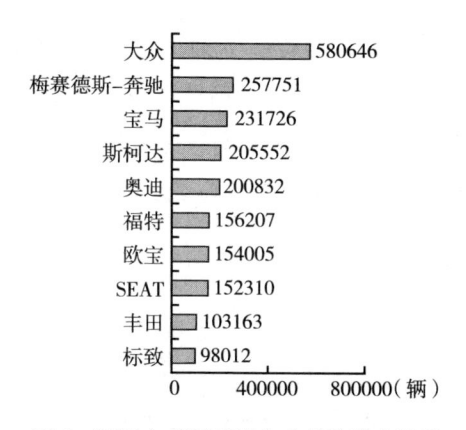

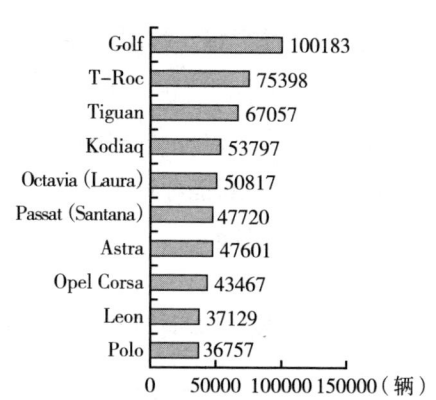

图4 2024年德国乘用车分品牌汽车销量

品牌	销量（辆）
大众	580646
梅赛德斯-奔驰	257751
宝马	231726
斯柯达	205552
奥迪	200832
福特	156207
欧宝	154005
SEAT	152310
丰田	103163
标致	98012

图5 2024年德国乘用车分车型销量

车型	销量（辆）
Golf	100183
T-Roc	75398
Tiguan	67057
Kodiaq	53797
Octavia (Laura)	50817
Passat (Santana)	47720
Astra	47601
Opel Corsa	43467
Leon	37129
Polo	36757

资料来源：中国汽车工业信息网。

分车型级别看，德国B、C、D级轿车占比84%，其份额分别达到24%、40%、20%（见图6）。SUV呈现同样的结构分布特点，但市场份额主要集中在C级SUV（见图7）。

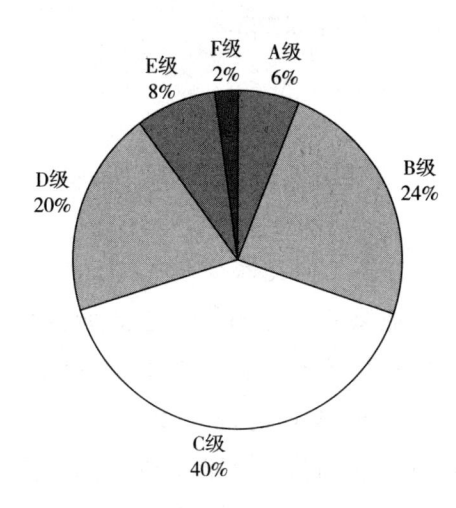

图6 2024年德国轿车分级别份额

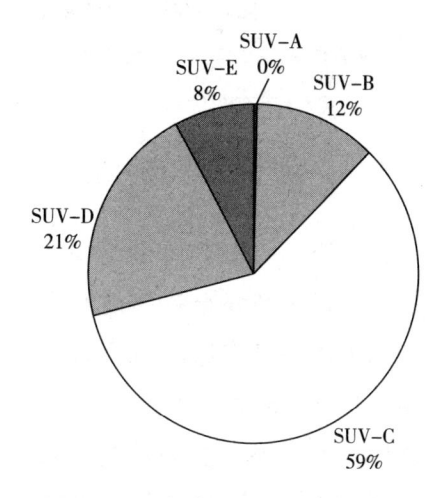

- A级 6%
- B级 24%
- C级 40%
- D级 20%
- E级 8%
- F级 2%

图7 2024年德国SUV分级别份额

- SUV-A 0%
- SUV-B 12%
- SUV-C 59%
- SUV-D 21%
- SUV-E 8%

资料来源：中国汽车工业信息网。

分能源类型来看，德国新能源汽车发展较快，2022年新能源汽车渗透率达到28.10%，2023年由于德国减少了新能源汽车的补贴，新能源汽车销量出现明显下降，2024年德国新能源汽车销量为57.14万辆，较2023年大幅减少18.22%，新能源汽车渗透率也大幅降至18.20%，比2023年下降约4个百分点（见图8）。

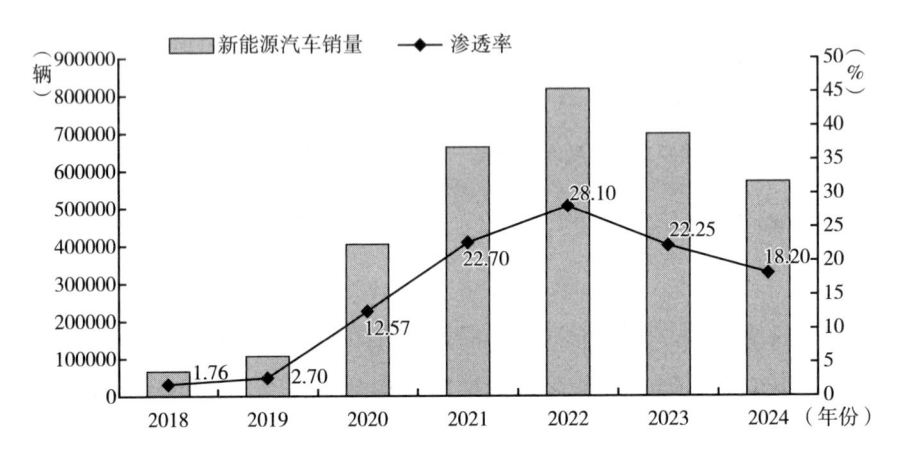

图8　2018~2024年德国新能源汽车销量及渗透率

资料来源：中国汽车工业信息网。

（三）法国汽车市场分析

2024年，法国汽车销量达215.52万辆，同比减少2.42%，法国汽车销量仍未恢复至疫情前水平。分企业来看，法国本土企业斯特兰蒂斯和雷诺—日产稳居前两名，两家汽车集团销量合计121.46万辆，份额高达56.36%。大众集团位居第三，2024年销量为29.00万辆，同比增长5.18%，保持较高的增长速度。我国汽车企业上汽集团在法国销量达2.54万辆，相比2023年跌出前十名，排名第11位（见表3）。

表3　2019~2024年法国主要汽车集团销售情况

单位：辆

企业/集团	2019年	2020年	2021年	2022年	2023年	2024年
斯特兰蒂斯集团	901947	692244	771744	641755	656953	618732
雷诺—日产	772994	592868	572061	518912	608862	595870
大众集团	322354	232689	250235	220966	275691	289981
丰田汽车公司	116637	101807	109935	112747	126445	146584
现代汽车集团	85031	73640	89460	93337	98965	89457
宝马集团	85917	67392	71306	71089	87778	86792
戴姆勒集团	112221	83874	81629	73419	76902	78254
福特汽车公司	111342	83183	72943	74071	85206	75828
特斯拉公司	7443	7372	26446	29199	63041	40703
铃木株式会社	30757	19642	22907	16575	24687	26036
上汽集团	0	656	4619	12332	33374	25444

资料来源：根据中国汽车工业信息网、中汽信科整理。

分品牌来看，前三名均为法系品牌，雷诺销量领先，2024年销量为391617辆，同比基本持平。前十大品牌中，丰田增长最快，2024年销量为139518辆，同比增长15.52%；雪铁龙、福特、菲亚特销量负增长，相较2023年均缩量10%以上，面临较大的产品转型压力（见图9）。

分车型来看，前五名均为法系品牌，雷诺DaciaSandero销量稳居第一，销量排名前三车型均为小型车，这也体现出法国对小型车的消费偏好。前十车型中，丰田Vitz实现大幅增长，2024年销量为85705辆，相较2023年销量提升30.23%（见图10）。

分级别来看，法国消费者更加偏爱小型车。B级及以下轿车销售份额高达68%，C级及以上占比仅有32%，对小型轿车的需求量大（见图11）。SUV车型需求与轿车存在较大差距，C级SUV占比最大，高达52%（见图12）。可见，法国消费者更偏爱尺寸较大的SUV车型，一般应用于假期家庭出游场景，对空间要求较高。

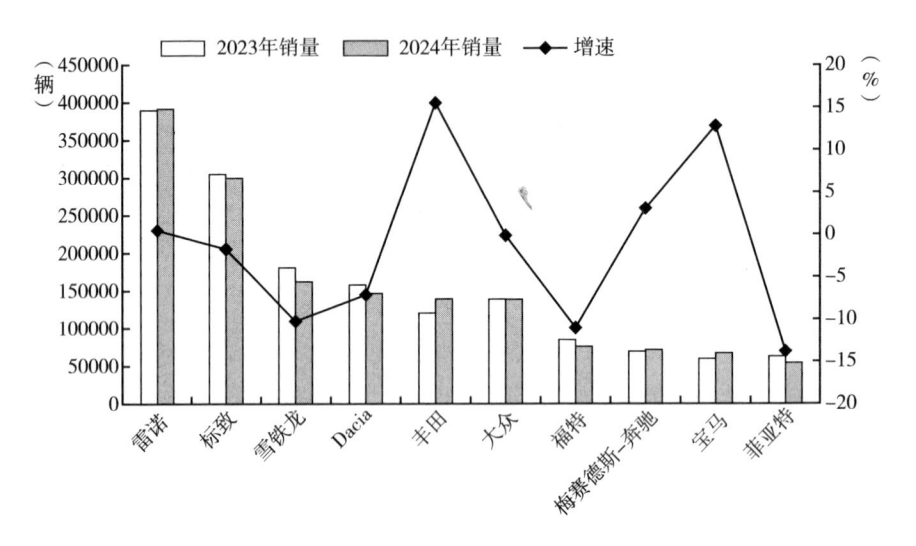

图 9　2023~2024 年法国分品牌汽车销售情况

资料来源：中国汽车工业信息网、中汽信科整理。

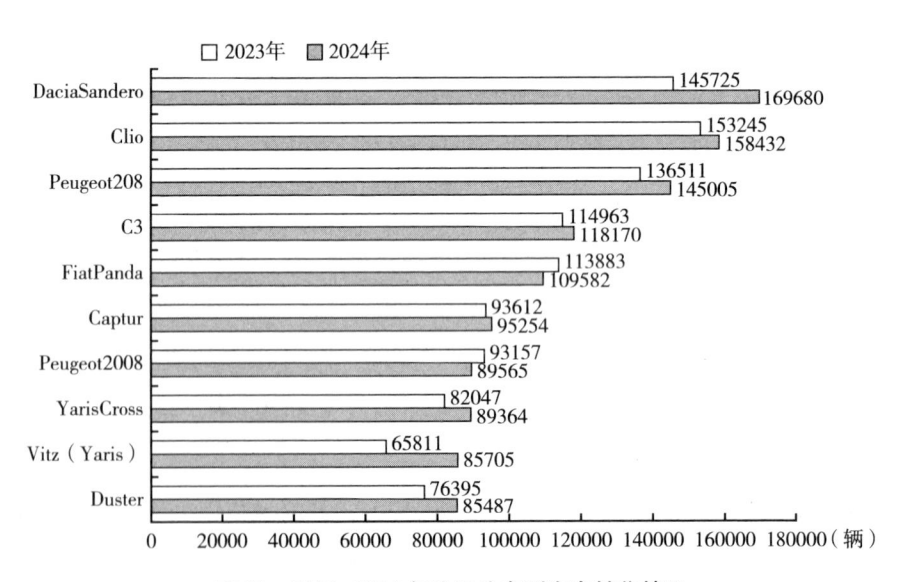

图 10　2023~2024 年法国分车型汽车销售情况

资料来源：中国汽车工业信息网、中汽信科整理。

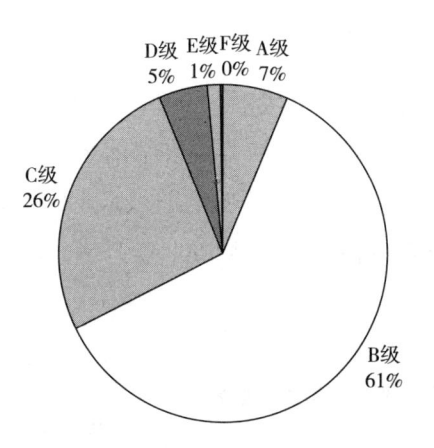

图11 2024年法国轿车分级别份额　　图12 2024年法国SUV分级别份额

资料来源：中国汽车工业信息网。

受新能源汽车补贴政策激励，法国新能源汽车渗透率稳步提升，2024年渗透率略降，新能源汽车销量达到462293辆（见图13），其中纯电动汽车316123辆，占比高达68.38%，特斯拉Model Y是销量最大的车型，雷诺旗下Peugeot208位居第二。插电式混合动力车型中奔驰GLC销量位居第一，整体来看，插电式混合动力汽车份额低于纯电动汽车，2024年占比为31.50%。

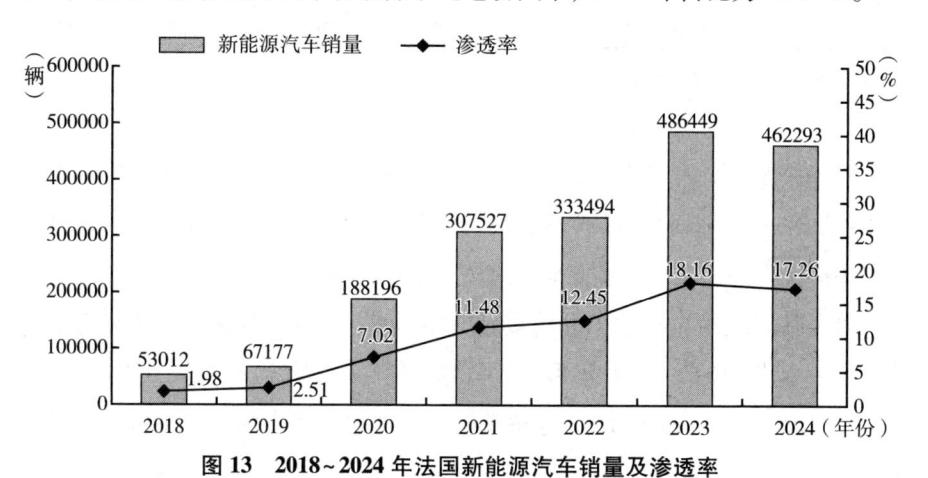

图13 2018~2024年法国新能源汽车销量及渗透率

资料来源：中国汽车工业信息网。

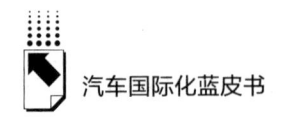

（四）意大利汽车市场分析

意大利汽车市场规模在疫情前稳定在200万辆规模，2024年汽车销量达到1757719辆，整体与2023年基本持平，但仍未恢复到疫情前水平。与其他欧洲国家类似，意大利汽车市场以欧系企业为主，排名前三企业是斯特兰蒂斯、大众集团和雷诺—日产，三家企业销量合计达106.92万辆，市场份额高达60.83%（见表4）。

表4　2019~2024年意大利主要汽车集团销售情况

单位：辆

企业/集团	2019年	2020年	2021年	2022年	2023年	2024年
斯特兰蒂斯集团	858065	621583	653046	551595	608961	548454
大众集团	310342	238094	248114	224201	270249	273431
雷诺—日产	278942	192183	189664	170978	229615	247309
丰田汽车公司	97659	77820	94323	99118	107435	135176
福特汽车公司	144139	110338	102611	95004	108632	102591
现代汽车集团	98851	69435	89391	84542	95700	97230
宝马集团	79829	62619	69947	65303	79260	83346
戴姆勒集团	106409	57981	61648	56479	63133	62975
上汽集团	0	0	921	6803	31428	41415
铃木株式会社	38284	33486	40879	23612	36964	39520

资料来源：中国汽车工业信息网。

分品牌来看，菲亚特、大众和丰田位居前三，菲亚特2024年销量为18.97万辆（见图14），品牌旗下最畅销车型为菲亚特FiatPanda，2024年销量达10.27万辆，也是销量最高的单一车型（见图15）。

分车型级别来看，意大利消费者更加偏爱小型车，B级及以下轿车份额达74%（见图16）。SUV车型与轿车差异较大，市场份额最高的是C级SUV，占比51%（见图17），与轿车相比，意大利汽车用户更加钟爱尺寸较大的SUV。

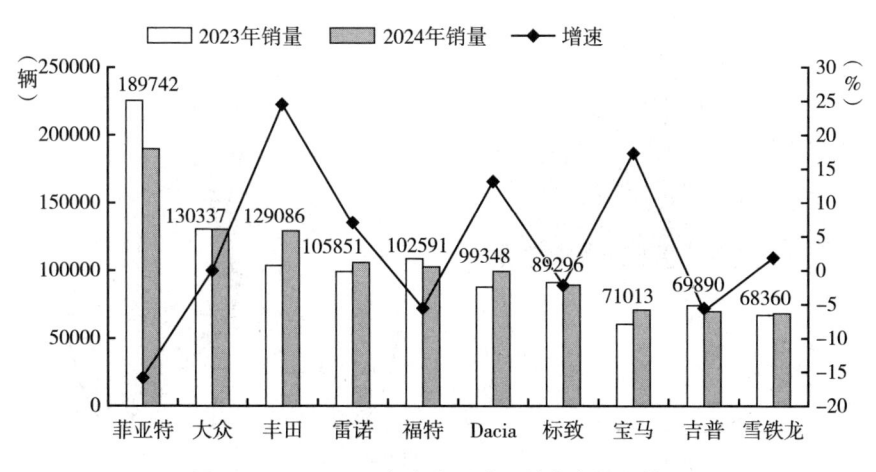

图 14　2023~2024年意大利分品牌汽车销售情况

资料来源：中国汽车工业信息网。

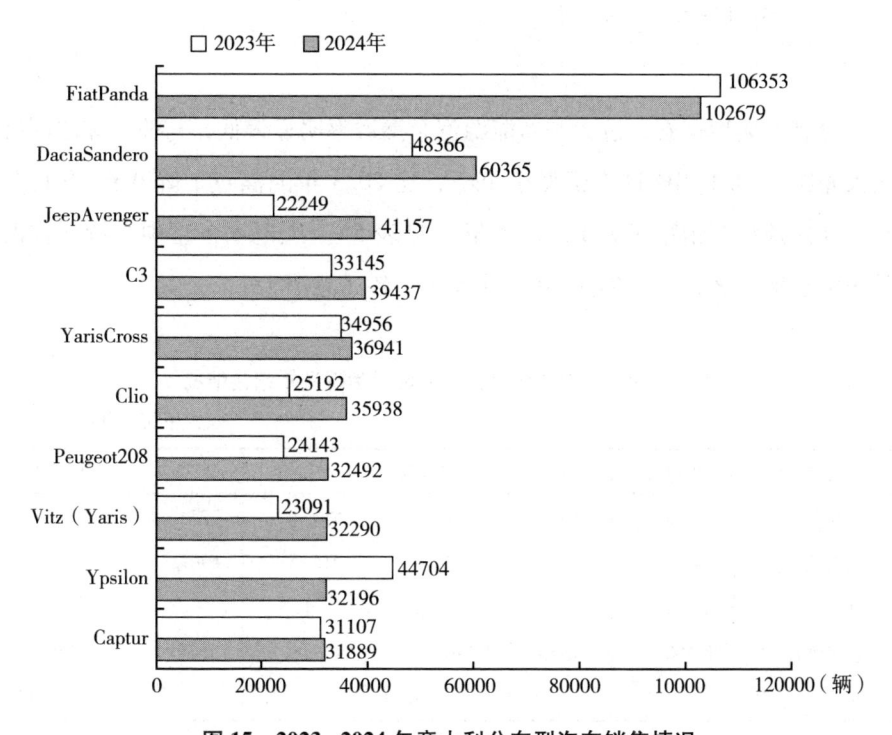

图 15　2023~2024年意大利分车型汽车销售情况

资料来源：中国汽车工业信息网。

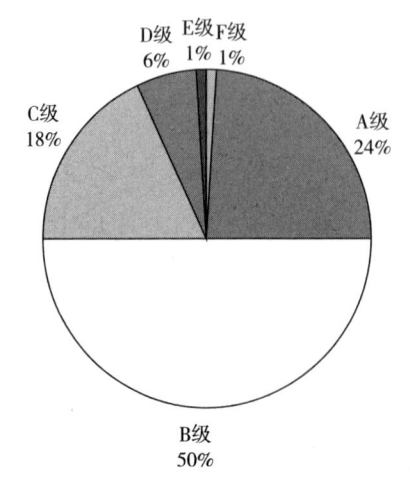

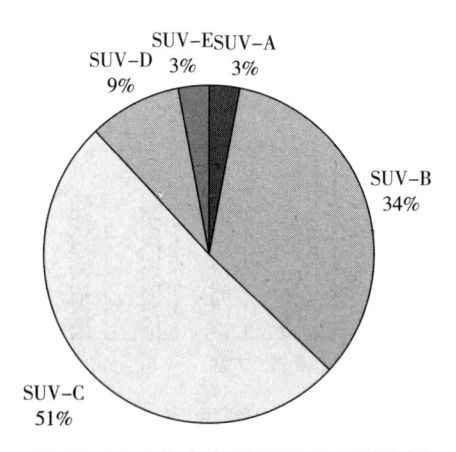

图 16　2024 年意大利轿车分级别份额　　图 17　2024 年意大利 SUV 分级别份额

资料来源：中国汽车工业信息网。

分燃料类型来看，意大利新能源汽车渗透率明显偏低，与德国和法国有较大差距，2024 年渗透率仍低于 10%，比 2023 年的高点下降 0.92 个百分点，新能源汽车销量仅为 12.22 万辆（见表 5）。纯电动车型中，特斯拉两款车型居前两名，上汽集团 MG4 进入前十名（见图 18）。

表 5　2019~2024 年意大利分燃料类型汽车销售情况

单位：辆，%

燃料类型	2019 年	2020 年	2021 年	2022 年	2023 年	2024 年
纯电动	9566	29745	67367	51637	72347	69219
插电式混合	4934	20714	42990	91500	69091	52968
燃料电池	0	0	10	11	2	1
新能源合计	14500	50459	110367	143148	141440	122188
新能源渗透率	0.70	2.42	5.30	6.87	6.79	5.87

资料来源：中国汽车工业信息网。

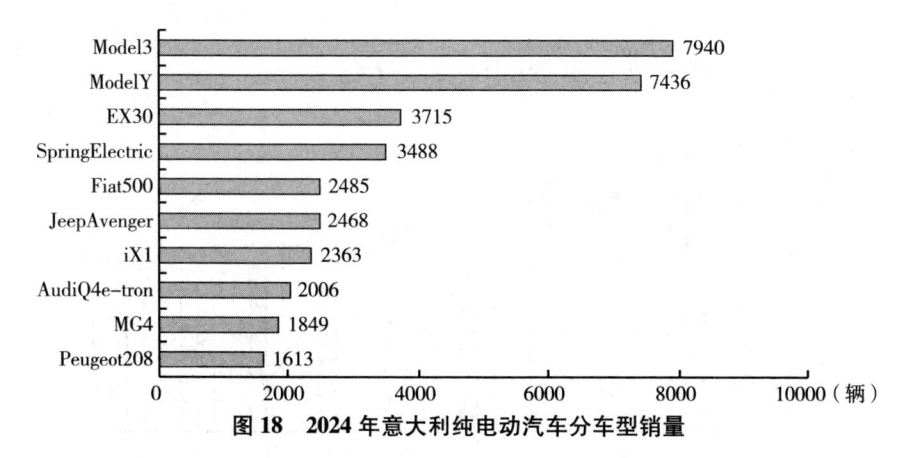

```
Model3         7940
ModelY         7436
EX30           3715
SpringElectric 3488
Fiat500        2485
JeepAvenger    2468
iX1            2363
AudiQ4e-tron   2006
MG4            1849
Peugeot208     1613
```

图 18　2024 年意大利纯电动汽车分车型销量

资料来源：中国汽车工业信息网。

（五）西班牙汽车市场分析

2024 年，西班牙汽车销量达 119.84 万辆，同比增长 8.06%，与疫情前相比仍有较大差距。分企业来看，大众集团销量位居第一，上汽集团和吉利控股也进入前十名，且呈现较好的增长态势（见表 6）。

表 6　2019~2024 年西班牙主要汽车集团销售情况

单位：辆

企业/集团	2019 年	2020 年	2021 年	2022 年	2023 年	2024 年
大众集团	312648	213664	222180	193759	233328	256220
斯特兰蒂斯集团	412287	264700	263710	220770	230425	218994
雷诺—日产	258511	169251	150785	129203	168600	191026
现代汽车集团	122342	93030	114745	122848	125118	124747
丰田汽车公司	86192	72718	77808	86280	97514	119223
戴姆勒集团	71885	53197	45189	46160	54908	58777
宝马集团	60453	44160	43626	38926	43668	53081
福特汽车公司	83754	54183	47084	44874	49513	46712
上汽集团	61	67	882	7357	29821	31384
吉利控股集团	16610	14330	14888	13935	18461	19463

资料来源：中国汽车工业信息网。

分品牌来看，丰田位居第一，2024 年销售 110064 辆，同比增长 21.84% 且增速最高（见图 19）。

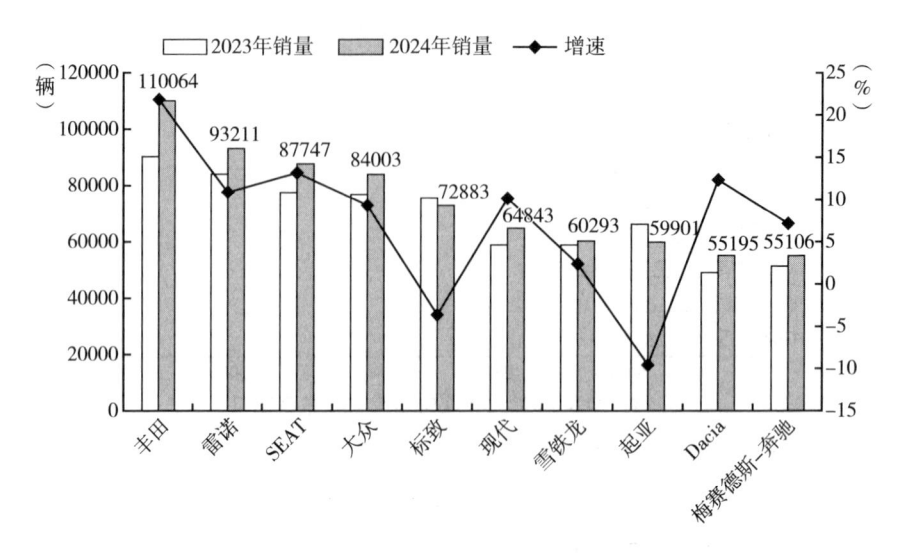

图 19　2023~2024 年西班牙分品牌汽车销售情况

资料来源：中国汽车工业信息网。

分车型来看，西班牙更加偏爱大尺寸轿车。B 级、C 级轿车占比 85%（见图 20），SUV 的车型分布也呈同样特点，C 级 SUV 份额高达 61%，B 级及以下小型 SUV 份额仅有 25%（见图 21）。

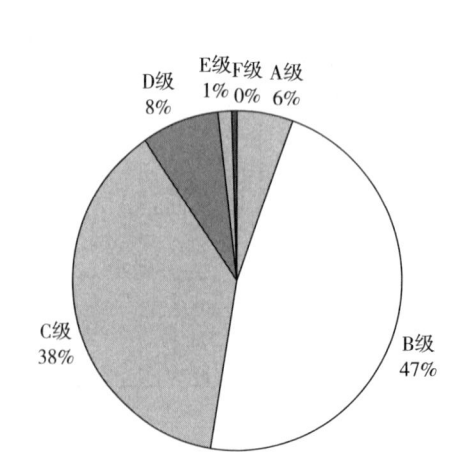

图 20　2024 年西班牙轿车分级别份额　　**图 21　2024 年西班牙 SUV 分级别份额**

资料来源：中国汽车工业信息网。

分燃料类型来看，西班牙新能源汽车渗透率同样低于10%，2024年新能源汽车销量创新高达到116006辆，渗透率为7.43%，达到历年最好水平（见表7）。分车型来看，纯电动车型销量前两位是特斯拉的Model 3和Model Y（见图22）。插电式混合动力汽车CUPRALeon销量为8690辆，位居第一（见图23）。

表7 2018~2024年西班牙分燃料类型汽车销售情况

单位：辆，%

燃料类型	2018年	2019年	2020年	2021年	2022年	2023年	2024年
纯电动	6121	9618	16003	22190	32830	56980	55929
插电式混合动力	3784	4699	15681	23421	46169	51159	60070
燃料电池	1	1	7	9	4	8	7
新能源汽车合计	9906	14318	31691	45620	79003	108147	116006
新能源汽车渗透率	0.63	0.92	2.03	2.92	5.06	6.93	7.43

资料来源：中国汽车工业信息网。

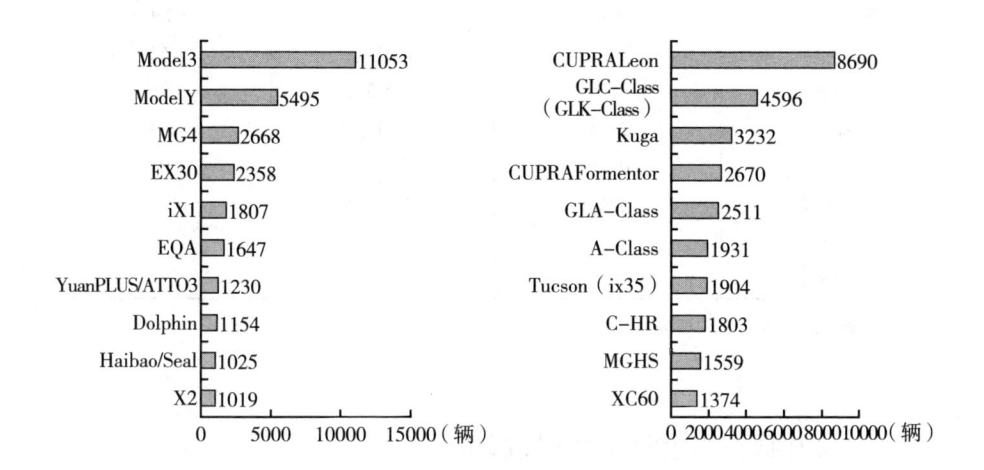

图22 2024年西班牙纯电动汽车分车型销量

- Model3: 11053
- ModelY: 5495
- MG4: 2668
- EX30: 2358
- iX1: 1807
- EQA: 1647
- YuanPLUS/ATTO3: 1230
- Dolphin: 1154
- Haibao/Seal: 1025
- X2: 1019

图23 2024西班牙PHEV分车型销量

- CUPRALeon: 8690
- GLC-Class（GLK-Class）: 4596
- Kuga: 3232
- CUPRAFormentor: 2670
- GLA-Class: 2511
- A-Class: 1931
- Tucson（ix35）: 1904
- C-HR: 1803
- MGHS: 1559
- XC60: 1374

资料来源：中国汽车工业信息网。

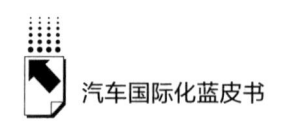

四 中国汽车企业在欧盟发展情况

近年来，我国汽车企业在欧盟出口量持续提高，尤其是新能源汽车表现亮眼，很多中国产新能源汽车在欧盟国家进入畅销车型榜单。2024年，我国向欧盟出口各类汽车77.27万辆，比利时为欧盟最大的出口目标国，全年共出口28.11万辆（见表8）。

表8 2024年我国汽车出口欧盟主要国家情况

单位：辆

国家	2024年出口量	国家	2024年出口量
比利时	281142	葡萄牙	913
西班牙	123656	丹麦	1574
意大利	108970	保加利亚	5821
德国	79037	奥地利	1786
荷兰	26633	爱沙尼亚	914
法国	26172	斯洛伐克	1081
斯洛文尼亚	41611	芬兰	730
波兰	29846	匈牙利	1529
瑞典	12115	拉脱维亚	123
捷克	2404	卢森堡	839
罗马尼亚	14603	爱尔兰	368
立陶宛	1160	塞浦路斯	149
希腊	5923	马耳他	70
克罗地亚	3257		

资料来源：中华人民共和国海关总署。

（一）中国汽车企业在德国发展情况

2024年，我国汽车企业纯电动车型在德国共销售36931辆，吉利集团旗下3个品牌共销售16922辆，位居第一，上汽集团销售14379辆居第二名，此外，长城汽车、比亚迪和蔚来汽车也实现一定销量，且呈现较高的增速（见表9）。德国属于欧盟成员国，受反补贴调查影响，后续新能源汽车销量可能会有较大波动。我国汽车在德国的销量以新能源汽车为主，2024年共销售96170辆，其中新能源汽车销量为64088辆，占比66.64%。

表9 2024年我国纯电动汽车在德国销售情况

单位：辆

所属企业	车型	2024年销量
爱驰汽车		18
	U5	18
比亚迪		2564
	Dolphin	440
	Haibao/Seal	575
	SealU	365
	Sealion07	50
	Tang	52
	YuanPLUS／ATTO3	1082
吉利控股集团(吉利旗下品牌)		3178
	Polestar2	2264
	Polestar3	233
	Polestar4	681
吉利控股集团(收购路特斯品牌)		211
	Eletre	180
	Emeya	31
吉利控股集团(收购沃尔沃汽车业务)		13533
	EC40	1057
	EX30	8777
	EX40	3598
	EX90	101
零跑汽车		178
	C10	19
	T03	159
上汽集团(上汽大通品牌)		9

续表

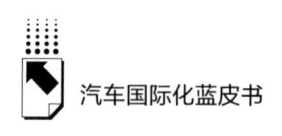

所属企业	车型	2024年销量
	MaxusMifa9	9
上汽集团(名爵品牌)		14370
	MG4	12004
	MGCyberster	18
	MGMARVELR	144
	MGZSSUV	1387
	MG-5	817
蔚来汽车		388
	NIO EL6	74
	NIO EL7	31
	NIO ES8	35
	NIO ET5	120
	NIO ET7	128
小鹏汽车		386
	XPengG6	135
	XPengG9	219
	XPengP7	32
长城汽车集团		2096
	GoodCat / FunkyCat	2007
	ORA07 / ORA Lightning	89
总　计		36931

资料来源：中国汽车工业信息网。

（二）中国汽车企业在法国发展情况

2024年，我国纯电动汽车品牌在法国销售总计43850辆，其中上汽集团、吉利控股、比亚迪3家企业在法国销量领先。MG4 2024年共销售12596辆，是最畅销的中国品牌新能源汽车（见表10）。

表10 2024年我国纯电动汽车在法国销售情况

单位：辆

所属企业	车型	2024年销量
爱驰汽车		168
	U5	168
北汽新能源		2
	ARCFOXαS	1
	ARCFOXαT	1
比亚迪		8982
	Dolphin	2589
	ETP3	206
	Haibao/Seal	2682
	Han	200
	Sealion07	115
	SealU	552
	Tang	67
	YuanPLUS/ATTO3	2571
东风汽车集团		152
	DongfengBox	49
	SERES3	46
	SERES5	57
东风汽车集团（东风风行品牌）		1
	ForthingFriday	1
吉利控股集团		16032
	EC40	1346
	Eletre	394
	Emeya	27
	EX30	11216
	EX40	2883
	EX90	166
开沃新能源汽车集团		8
	ET5	8
零跑汽车		826

续表

所属企业	车型	2024年销量
	C10	172
	T03	654
上汽集团（名爵品牌）		16704
	MG4	12596
	MG-5	1048
	MGCyberster	123
	MGMARVELR	1040
	MGZSSUV	1897
上汽集团（上汽大通品牌）		387
	Euniq5	1
	MaxuseDeliver3	119
	MaxuseDeliver7	59
	MaxuseDeliver9	200
	N/A	8
小鹏汽车		576
	XPengG6	363
	XPengG9	206
	XPengP7	7
云度新能源汽车		
	YUDOK3	
知豆电动汽车		5
	D2	5
中国一汽集团		7
	HongqiE-HS9	7
总计		43850

资料来源：中国汽车工业信息网。

（三）中国汽车企业在意大利发展情况

2024年，我国纯电动汽车品牌在意大利销售总计9376辆，其中上汽集团、吉利控股、比亚迪3家企业在意大利销量领先。EX30 2024年共销售3715辆，是最畅销的中国品牌新能源汽车（见表11）。

表11　2024年我国纯电动汽车在意大利销售情况

单位：辆

所属企业	车型	2024年销量
比亚迪		1711
	Dolphin	411
	ETP3	101
	Haibao/Seal	633
	Han	22
	YuanPLUS/ATTO3	544
东风汽车集团（东风风行品牌）		1
	ForthingFriday	1
吉利控股集团		4653
	EC40	263
	Eletre	218
	Emeya	10
	EX30	3715
	EX40	427
	EX90	20
零跑汽车		274
	C10	77
	T03	197
奇瑞汽车		13
	OMODA5	13
赛力斯集团		
	SERES3	
上汽集团（名爵品牌）		2030
	MG4	1849
	MG-5	40
	MGCyberster	7
	MGMARVELR	49
	MGZSSUV	85
上汽集团（上汽大通品牌）		378
	MaxuseDeliver3	119
	MaxuseDeliver7	59
	MaxuseDeliver9	200

续表

所属企业	车型	2024年销量
沃尔沃汽车集团（吉利控股）		316
	Polestar2	152
	Polestar3	36
	Polestar4	128
总　　计		9376

资料来源：海关总署。

（四）中国汽车企业在西班牙发展情况

2024年，我国纯电动汽车品牌在西班牙销售总计11550辆，其中上汽集团、吉利控股、比亚迪3家企业在意大利销量领先。MG4 2024年共销售2668辆，是最畅销的中国品牌新能源汽车（见表12）。比亚迪于2023年进入西班牙市场，并于2024年实现销量的急剧增长，由2023年的628辆增长到2024年的3758辆，增长498.41%。上汽集团名爵品牌销量相较于2023年则下降69.25%（见表12）。

表12　2024年我国纯电动汽车在西班牙销售情况

单位：辆

所属企业	车型	2024年销量
爱驰汽车		23
	U5	23
北汽新能源（北汽集团旗下）		2
	ARCFOXαS	1
	ARCFOXαT	1
比亚迪		3758
	Dolphin	1154
	Haibao/Seal	1025
	Han	17
	Sealion07	32

续表

所属企业	车型	2024年销量
	SealU	293
	Tang	7
	YuanPLUS/ATTO3	1230
东风汽车集团		116
	DongfengBox	49
	SERES3	10
	SERES5	57
吉利控股集团		3232
	EC40	415
	Eletre	1
	EX30	2358
	EX40	425
	EX90	33
开沃新能源汽车集团		6
	ET5	6
零跑汽车		222
	C10	23
	T03	199
奇瑞汽车		205
	OMODA5	205
上汽集团（名爵品牌）		3201
	MG4	2668
	MG-5	38
	MGCyberster	14
	MGMARVELR	122
	MGZSSUV	359
上汽集团（上汽大通品牌）		1
	Euniq5	1
沃尔沃汽车集团（吉利控股）		714
	Polestar2	559
	Polestar3	46
	Polestar4	109

续表

所属企业	车型	2024年销量
小鹏汽车		65
	XPengG6	47
	XPengG9	11
	XPengP7	7
知豆电动汽车		5
	D2	5
总　计		11550

资料来源：海关总署。

（五）中国汽车企业开始尝试在欧盟建厂

欧盟快速发展的新能源汽车市场对中国汽车企业的吸引力与日俱增，众多头部企业积极布局欧盟市场，尝试赴欧盟投资建厂，以实现属地化发展，同时有效规避欧盟针对中国汽车企业征收的反补贴税。

截至2025年初，比亚迪在匈牙利的布局取得显著进展。2024年1月30日与匈牙利塞格德市政府正式签署比亚迪匈牙利乘用车工厂的土地预购协议后，工厂建设稳步推进。目前，工厂已完成基础建设部分，设备安装正在有序进行，预计在2025年下半年正式投产。届时，该工厂将成为比亚迪在欧洲的重要新能源乘用车生产基地，产品不仅满足了匈牙利当地需求，还将辐射整个欧盟市场。

我国动力电池龙头企业宁德时代在匈牙利的项目也顺利开展。其计划建设的动力电池工厂位于德布勒森南部，占地221公顷，项目投资金额高达73.4亿欧元，规划电池产能为100GWh。截至2025年初，该项目已完成土地平整和部分基础设施建设，厂房建设正在快速推进中，预计在2025年年内完成主要厂房建设，后续将逐步进入设备调试和试生产阶段。建成投产后，将为欧洲新能源汽车产业提供强大的电池供应支持，助力欧洲新能源汽车市场的进一步发展。

五　中国—欧盟汽车产业投资合作展望及建议

欧盟较高的消费能力以及巨大的汽车市场，且正处于能源与脱碳转型的关键期，新能源汽车发展潜力大。我国汽车产品尤其是新能源汽车依靠先发优势，具有较强的产品竞争力，新能源汽车在欧盟的销量快速增长，未来潜力巨大。

当前，欧盟委员会确定对中国新能源汽车企业加征反补贴税，严重损害中欧良好的贸易合作关系。中国新能源汽车产品性价比高，体验佳，深受欧洲用户喜爱，积累了一定的产品护城河，中国汽车企业仍有其他可以规避反补贴税的路径和策略。一是积累核心技术，提高产品溢价能力。当前，中国新能源汽车在国际市场已经具备较强的竞争优势，头部企业通过提升和打磨产品竞争力，提高产品溢价，即便在一定的高关税背景下，仍可取得可观的市场份额。二是在全球市场进行多元化布局。加大全球多元化布局，避免过度依赖欧盟等单一市场，有条件的汽车企业可利用在其他国家的生产基地向欧盟出口，一定程度上规避反补贴税。三是升级出海战略，开启属地化发展。头部汽车企业在风险可控的前提下，可以开启在欧盟的属地化布局，通过本地生产拓展欧盟市场，国内已经有部分企业开始在欧盟布局生产基地，在风险可控的前提下可适当加快进程。

近期针对中国汽车企业的贸易壁垒有增多趋势，这是中国汽车企业国际化发展必须经历的成长过程。按照领先企业的经验，丰田等跨国汽车集团在国际化进程中同样遇到了各种壁垒和阻碍，但是并不影响企业的成长和海外发展。不断提升核心技术优势，提升产品竞争力，针对不同市场采取差异化的发展战略，是国际化业务做大做强的关键。

B.7
中国—南美汽车贸易及投资合作发展报告

丁倩 朱青 李新波*

摘　要： 南美以发展中国家为主，与中国一直保持较好的政治经济合作关系，双边贸易快速增长，经贸合作持续深化。近年来，南美主要国家巴西、阿根廷和智利均开启电动化转型进程，通过财税等各类政策支持电动汽车发展。汽车贸易方面，智利已加入"一带一路"倡议且与中国签订自贸协定，巴西作为全球第六大汽车市场是中国汽车企业出海主要目标，阿根廷和智利电动汽车需求快速增长，三国均为中国汽车出口提供良好机遇。投资合作方面，中国可考虑以巴西或阿根廷为区域生产制造中心辐射南美，借助当地产业链并融入汽车文化，促进中国汽车品牌提升影响力，拓展在南美的市场布局。

关键词： 南美市场　汽车贸易　汽车产业

一　南美汽车贸易环境

（一）我国汽车企业开始尝试在南美建厂，南美经济呈恢复态势

南美国家在政治和经济上受美国影响较大。从政治上看，其政治体制复

---

* 丁倩，高级工程师，主要研究方向为汽车产业发展现状及趋势，现任中汽信息科技（天津）有限公司品牌咨询部国际化研究室主任；朱青，硕士，工程师，主要研究方向为海外国家汽车产业环境，覆盖政策研究、经济研究、市场研究、竞企研究等，现任中汽信息科技（天津）有限公司品牌咨询部国际化研究室行业研究员；李新波，高级工程师，主要研究方向为汽车宏观经济及政策趋势，现任中汽信息科技（天津）有限公司品牌咨询部产业研究室研究员。

杂多样，政治局势动荡不安；从经济上看，均为发展中国家，农业以种植业为主，工业以采矿业和制造业为主，工业基础相对薄弱，基础设施建设不足。南美面积辽阔、资源丰富，拥有12个主权国家，其中巴西是南美经济总量最大、人口最多的国家，其GDP占南美的50%以上。从中长期看，南美经济呈波动发展态势，2014年GDP达到峰值后波动下降，近两年逐渐恢复。2023年，南美前五大经济体（巴西、阿根廷、哥伦比亚、智利、秘鲁）均保持较好的经济恢复态势。其中，巴西和智利的GDP名义增速均超过11%，阿根廷由于国内局势动荡，GDP名义增速仅为3.8%，在南美排名靠后（见表1）。

表1 南美主要国家经济发展情况

国家	GDP 2023年（亿美元）	GDP 2022年（亿美元）	名义增量（亿美元）	名义增速（%）	人口（万人）	2023年人均GDP（美元）
巴西	21737	19518	2218	11.4	20425	10642
阿根廷	6549	6307	242	3.8	4670	14024
哥伦比亚	3636	3453	183	5.3	5216	6972
智利	3357	3022	335	11.1	1996	16816
秘鲁	2676	2450	226	9.3	3373	7933
厄瓜多尔	1202	1166	36	3.1	1826	6582
委内瑞拉	971	921	50	5.4	2654	3659
乌拉圭	772	702	71	10.2	357	21657
玻利维亚	465	443	22	5.0	1213	3831
巴拉圭	439	420	19	4.6	756	5807
圭亚那	171	145	25	17.4	79	21472
苏里南	38	36	1	3.3	64	5885

资料来源：国际货币基金组织（IMF）2024年4月发布。

巴西是南美经济总量和人口数量均居第一的国家，巴西GDP占南美的50%以上，其与阿根廷均为金砖国家，两国也是南美经济总量最大的国家。

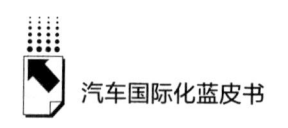

（二）中国是南美最大的贸易伙伴

中国已经成为南美最大的贸易伙伴国，与南美各国贸易合作保持较快发展态势。2023年，中国是巴西、智利等国家第一大贸易伙伴，阿根廷第四大贸易伙伴。其中，巴西对华贸易出口额达到1057.5亿美元，这意味着中国成为巴西对外贸易史上第一个出口额超过千亿美元的贸易伙伴国家，同时意味着中国连续15年成为巴西最大的贸易伙伴。巴西对华贸易出口的前五大产品依次为大豆、原油、铁矿砂、牛肉和纸浆，主要为初级产品。中国向巴西出口总计10.86亿美元的乘用车，比2022年增长482%，相关机构预计，2024年这一总额将增加一倍以上。智利对华出口总额为374.49亿美元，占智利出口总额的39%。

（三）中国与南美双边关系为汽车贸易打下良好基础

中国与南美国家保持较好的政治经济合作关系（见表2），为双边汽车贸易合作打下较好基础。其中，智利加入"一带一路"倡议，并与中国签署自贸协定。

表2 中国与南美主要国家政经关系

单位：亿美元

国家	2023年与中国双边贸易额	双边关系	经贸合作
巴西	1815.30	2012年升级为全面战略伙伴关系	2023年初，中巴签署在巴西建立人民币清算安排的合作备忘录，推动使用本币进行双边贸易结算。9月，中巴贸易首次实现人民币流程闭环交易
阿根廷	173.99	2014年升级为全面战略伙伴关系	2023年4月以来，阿根廷宣布使用人民币进行自华进口贸易结算、允许开设人民币账户和储蓄业务等扩大人民币在阿根廷使用的系列政策措施，人民币使用范围在阿根廷大幅扩大

续表

国家	2023年与中国双边贸易额	双边关系	经贸合作
哥伦比亚	187.90	2023年建立战略伙伴关系	中国是哥伦比亚第二大贸易伙伴,哥伦比亚是中国在拉美第五大贸易伙伴
智利	625.50	2016年升级为全面战略伙伴关系;智利加入中国"一带一路"倡议	中国—智利自贸区;2022年6月,智利央行作为首批参加方,签署国际清算银行发起的人民币流动性安排协议(RMBLA)
秘鲁	376.43(2022年)	2013年升级为全面战略伙伴关系	2009年4月,中秘签署自贸协定,并于2010年正式生效。2018年11月,双方启动自贸升级谈判,目前已完成5轮谈判
厄瓜多尔	136.49	2016年升级为全面战略伙伴关系	中国是厄瓜多尔第二大贸易伙伴
委内瑞拉	38.42(2022年)	2023年建立全天候战略伙伴关系	2024年5月,中国与委内瑞拉签署《关于相互促进和保护投资协定》,这是两国在经贸领域取得的又一重大务实合作成果
乌拉圭	53.17	2023年建立全面战略伙伴关系	中国是乌拉圭第一大贸易伙伴国

资料来源:外交部网站。

二 南美汽车产业政策

(一)巴西汽车产业政策

2023年12月30日,总统卢拉签署一项临时措施,正式启动"绿色出行和创新计划"(Mover)。该计划取代了2023年底到期的"Rota 2030计划",更注重支持减碳、环保技术的发展。Mover计划通过扩大对能源效率的投资、减免低碳排放车辆的工业产品税、提供金融信贷等支持措施,鼓励汽车行业减少碳排放,加快技术创新和脱碳进程,预计在未来5年内,巴西工贸部将向符合条件的企业提供共计193亿雷亚尔的金融信贷支持。Mover 计划对包括汽车制造商和供应商在内的整个产业链提出严格的节能减排要求，目标是到 2030 年将碳排放量减少 50%，并规定从 2027 年起将对在巴西销售的车辆进行"从摇篮到坟墓"的全面碳足迹测量，同时要求在汽车制造过程中使用可回收材料，最低比例尚未确定，但应高于 50%。

2023 年 11 月，巴西外贸委员会（CAMEX）正式公布新能源汽车进口关税税率和免税配额，自 2024 年 1 月起逐步恢复对新能源汽车征收进口关税。进口企业在 2026 年 6 月 30 日之前，仍可在配额范围内享受进口免税政策（见表3）。

表 3 巴西新能源汽车进口关税

单位：%，亿美元

车型	税率				免税配额		
	2024 年 1 月	2024 年 7 月	2025 年 7 月	2026 年 7 月	2024 年 6 月前	2025 年 7 月前	2026 年 6 月前
普通混合动力汽车	15	25	30	35	1.3	0.97	0.43
插电式混合动力汽车	12	20	28	35	2.26	1.69	0.75
纯电动汽车	10	18	25	35	2.83	2.26	1.41
电动货车	20	35	—	—	0.2	0.13	0.06

资料来源：中华人民共和国海关总署。

（二）阿根廷汽车产业政策

阿根廷政府非常重视汽车行业发展和电动汽车发展，发布系列相关法案，通过明确发展目标，实施税收、补贴、专项贷款等优惠措施鼓励电动汽车和零部件本地化生产，支持汽车企业新增生产线、设备、技术，加大研发和创新力度，提高汽车生产能力和质量。

2017 年 3 月，阿根廷出台汽车产业规划，预计到 2030 年每年生产 100 万辆汽车。2021 年 3 月，发布《发展可持续化交通》法案，提出限制燃油汽车销售的截止时间为 2041 年 1 月 1 日，促进电动汽车发展。2023 年 4 月，提交《促进电动和混合动力汽车生产法草案》，围绕促进电动汽车生产及出口、提振电动汽车零部件产业发展等五个方面提出优化建议。2024年9月，发布第45/2024号决议，简化加入"阿根廷大力发展汽车零配件产业计划"（第27263号法案）有关程序，将授予税收抵免券的审批期限由此前的三年压缩至80天左右，凡生产中使用30%以上阿根廷本土组件的汽车制造商可申请相关税收优惠。

与此同时，阿根廷政府积极参与国际贸易谈判，推动签订贸易协定，争取更多的市场准入机会，帮助阿根廷汽车企业降低进出口成本，扩大出口市场，提升国际竞争力。

阿根廷与巴西、巴拉圭、乌拉圭以及委内瑞拉共同建立南方共同市场，以寻求对成员国的经济进行保护。成员国间对汽车出口实施零关税的优惠政策，原则上汽车行业对外统一实行35%的关税，即阿根廷针对整车的进口关税为35%，汽车零部件进口关税则分为两类，一类是南方共同市场能生产的产品，关税一般为14%~18%；另一类是南方共同市场不能生产的产品，其关税相对较低。阿根廷为刺激汽车行业发展，鼓励汽车制造商在阿根廷本地建立更完善的供应链，促进本地化生产，2023年第二季度将整车进口关税从35%下调至14%，享受该关税优惠需要满足两个附加条件：一是以KD或部件组装形式进口的新车，五年内本地化率不低于15%~20%，且第一年本地化率要达到10%；二是享受关税优惠的汽车制造企业，自第二年起，零部件进口和成品车出口金额之间的差额应为正数。

（三）智利汽车产业政策

智利是南美经济最发达的国家之一，其汽车市场完全依赖进口且非常开放。为推动电动化转型，智利出台了比较全面的支持政策。

2021年10月，智利能源部与交通和电信部共同宣布，将新能源汽车国家战略升级为国家电动出行战略。根据这一战略，到2035年，智利国内销售的包括公交车、出租车等城市公共交通用车在内的汽车将100%实现零排放；矿业、林业、农业和建筑业等行业使用的重型机车，凡是额定功率在

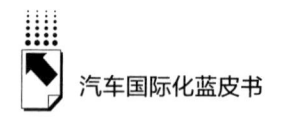

560kW以上的也要在2035年前完全实现零排放。同时，智利颁布涉及购买补贴、技术开发和人力资本等的若干激励计划。例如，智利能源部推出"我的电动出租车"计划，鼓励出租车司机将燃油车辆更换为电动汽车并安装家用充电桩。免除进口关税、车辆购置税和道路使用费，提供低利率贷款和优惠电价，允许电动汽车车主将汽车余电出售给国家电网等。智利在城乡和主要公路沿线不断完善充电设施，目前已在首都圣地亚哥建立了拉美地区最大的电动汽车充电中心，以保障电动汽车推广使用。

智利对进口汽车采取较低的关税政策，关税水平长期维持在6%左右。由于中国与智利签订了贸易协定，智利自中国进口汽车的进口关税为零，增值税税率为19%，对汽车零配件免征进口关税。无特殊进口限制，但大部分地区禁止进口二手汽车、摩托车、废旧回收轮胎。自贸区内免缴关税和所得税。此外，智利还征收绿色税和奢侈品税。其中，绿色税仅适用于新的轻型车和中型车，电动汽车免税，用户购买时按税务局的公式缴纳一定税款。若汽车市场价格超过46968美元（64UTA），则被视为奢侈品，用户购买时需要缴纳2%的奢侈品税。

与此同时，智利坚持开放包容的经济政策，整体投资环境宽松，对国内外企业投资给予同等待遇。

智利对于私人投资的优惠政策不区分国内或外资企业，对内外资企业投资的优惠政策，主要面向偏远地区、自贸区和创新研发领域开展的投资项目。根据智利《偏远地区法》，企业设立在北部阿里卡大区、塔拉帕卡大区和南部艾森大区、麦哲伦南极大区，可享受的优惠政策如下：返还部分第一类所得税（即企业所得税），返点为10%～40%。雇主可获得相当于员工应税工资17%的款项，以补贴员工薪酬支出。年营收额不超过150万美元的中小企业，可向智利生产促进局（CORFO）申请项目投资补贴，补贴额度不超投资额的20%或200万美元。

根据智利《研发税收优惠法》，从事研发领域投资的企业最高可获得35%所得税返点。此外，参与创新研发领域投资的企业，可向智利生产促进局申请一系列优惠待遇。项目前期支持投资（PRAP），为投资额大于200

万美元的项目，提供不超过投资额70%或25万美元的研究费用支持。综合发展补贴（IFI），为投资额大于200万美元的项目，提供不超过投资额30%或500万美元的补贴，用于鼓励技术研发投资和人才培训。

（四）哥伦比亚汽车产业政策

哥伦比亚重视气候变化，通过交通领域电动化转型减少碳排放。2019年，哥伦比亚2051号法令规定，进口电动汽车关税税率降至零，并取消进口配额限制。2019年颁布的1964号法令，明确了公共部门车辆电气化目标、15个城市的电动汽车充电基础设施目标以及针对电动汽车车主的激励措施。在一些城市，1964号法令规定到2025年公共服务车队购买电动汽车的比例要达到30%，到2035年实现公共领域公交全面电动化。针对电动汽车车主，出台如下激励举措：一是电动汽车在排放测试环节可以享受折扣；二是购买强制交通事故第三者责任险费率可享受10%折扣；三是为电动汽车停车提供优惠，公共实体和商业机构至少要分配2%的车位优先用于电动汽车；四是豁免电动汽车的交通管制政策。

三 南美汽车市场分析

（一）整体市场情况

表4 2018~2024年南美主要国家汽车销售情况

单位：辆

国家	2018年	2019年	2020年	2021年	2022年	2023年	2024年
巴西	2567261	2787955	2058427	2119785	2104214	2308236	2634742
阿根廷	800757	452193	337857	370783	397002	404881	356179
哥伦比亚	256655	263681	188665	250497	262600	186826	200669
智利	434074	389220	272263	434347	445937	329588	316633
乌拉圭	45774	42488	36721	52322	56112	61789	59899

资料来源：中国汽车工业信息网。

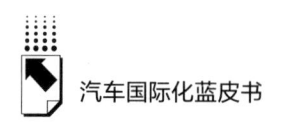

（二）巴西是南美最大的汽车市场

各跨国汽车企业在巴西均建有生产基地，2024年巴西汽车总销量达到263.5万辆，同比增长14.1%，恢复到接近疫情前水平。分企业看，斯特兰蒂斯、大众和通用位居前三，三家企业合计销量为151.9万辆，市场份额达到57.7%（见表5）。分车型看，轿车占比最高，销量为1035167辆，份额高达39%，SUV位居第二，份额为35%（见图1）。近年来，巴西加大了对新能源汽车的推广力度，但渗透率仍很低，2024年新能源汽车销量为87132辆，有较大的成长空间（见图2）。

表5 2019~2024年巴西分企业汽车销售情况

单位：辆

企业	2019年	2020年	2021年	2022年	2023年	2024年
斯特兰蒂斯集团	547873	465732	645589	656283	690758	736438
大众集团	469119	377510	369630	330109	401397	468777
通用集团	475606	338493	241700	290880	327481	313935
雷诺—日产	356749	209836	212794	202991	217038	248617
现代—起亚	215786	172970	188445	190887	189089	206741
丰田集团	215745	137461	172331	190997	191565	203916
本田集团	128185	83683	80966	56611	71318	90141
比亚迪	62	28	153	61	17292	76388
奇瑞集团	19824	19456	39741	34842	31290	60862
戴姆勒集团	57682	45569	49971	48121	43040	44949

资料来源：中国汽车工业信息网。

分品牌看，菲亚特、大众、雪佛兰销量位居前三，此外，中国汽车品牌比亚迪2024年销量为76388辆，进入巴西市场品牌销量Top10（见图3）。

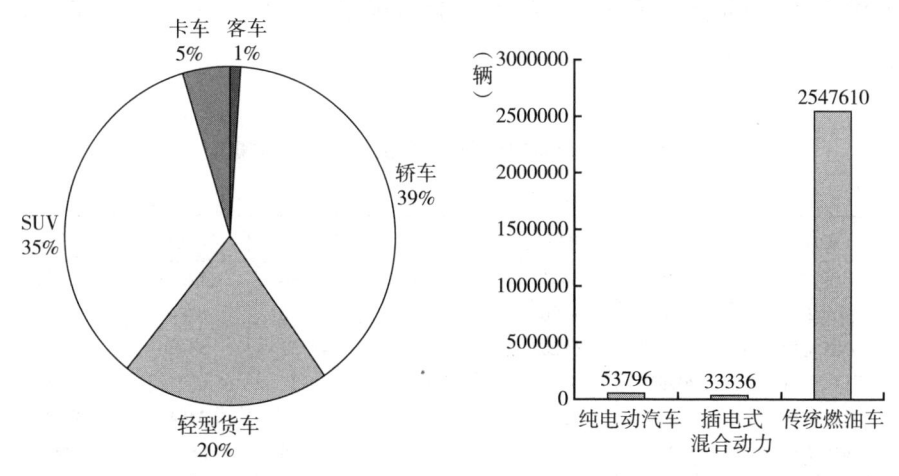

图1　2024年巴西分车型市场份额

图2　2024年巴西分燃料类型汽车销量

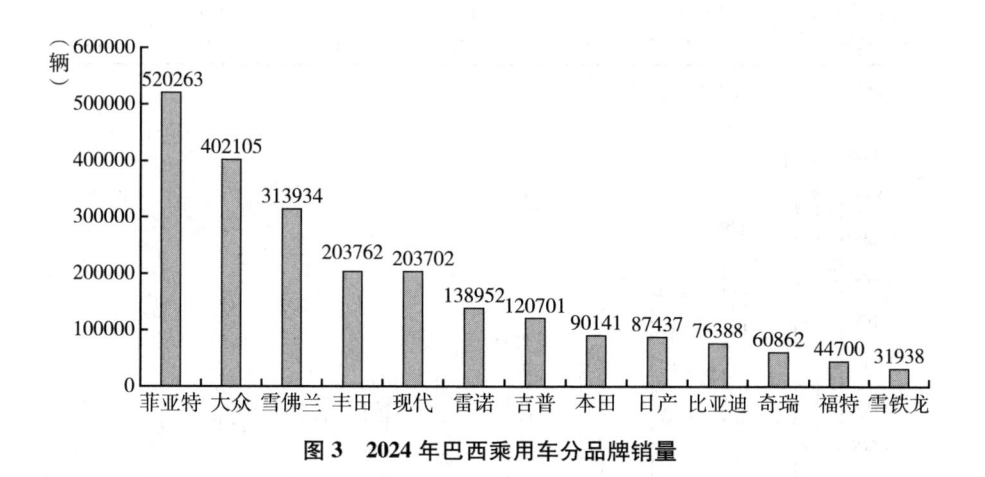

图3　2024年巴西乘用车分品牌销量

（三）阿根廷汽车市场分析

阿根廷没有自己的汽车工业，市场被国外汽车公司占据。2024年，阿根廷汽车销量为35.62万辆，比2023年缩量12.03%。分企业看，斯特兰蒂斯销量为108121辆，是唯一销量超过10万辆的企业，丰田、大众汽车销量都在5万辆以上（见表6）。前三家汽车企业销量为24.28万辆，市场份额为68.2%，其他企业销量较小。分乘用车品牌看，丰田销量为74751辆，位居第一（见图4）。

表6 2019~2024年阿根廷分企业汽车销售情况

单位：辆

企业	2019年	2020年	2021年	2022年	2023年	2024年
斯特兰蒂斯集团	102256	86717	109202	122884	114343	108121
丰田集团	65159	43906	73794	85578	89043	74964
大众集团	71134	61208	57359	48737	54466	59730
雷诺—日产	80852	55480	50996	60387	63912	39732
福特集团	51255	32869	29339	27731	34941	32003
通用集团	50886	35284	27269	29198	28206	20905
戴姆勒集团	8863	7818	11232	12023	11710	10585
本田集团	8659	5228	1809	1121	1009	2122
现代—起亚	2552	1428	1493	1215	926	1254
宝马集团	1852	1258	1064	917	956	1085

资料来源：中国汽车工业信息网。

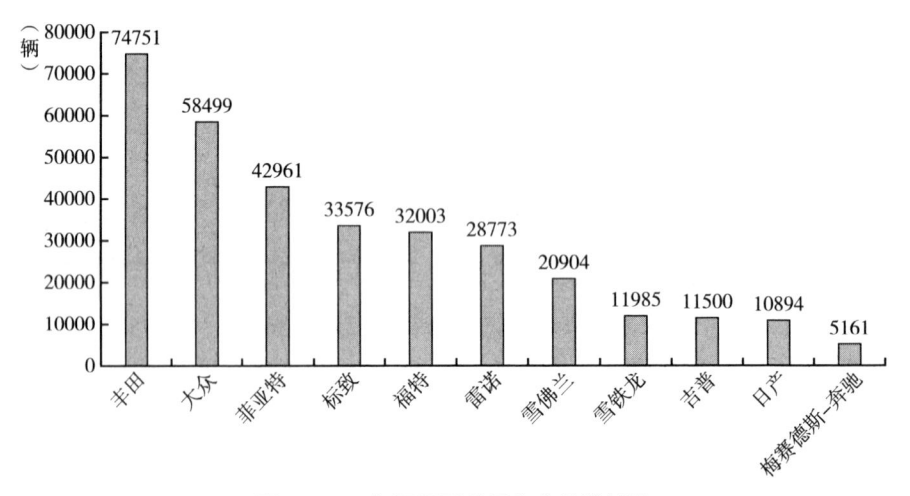

图4 2024年阿根廷乘用车分品牌销量

（四）智利汽车市场分析

智利汽车市场规模仅次于巴西和阿根廷，位居南美第三，其国内并无汽车生产,完全依赖进口。2024年,智利汽车销量为31.66万辆,相比2023年减少3.93%,各车型细分市场销量均小幅下降。分车型看,2024年客车销量为2064辆,与2023年相比大幅下降32.83%,是降幅最高的细分车型;乘用车销量为20.90万辆,与2023年基本持平;轻型卡车销量为9.34万辆,降幅为9.81%;中重型卡车销量为1.22万辆,降幅为3.53%(见表7)。

表7 2019~2024年智利分车型汽车销量

单位:辆

分车型	2019年	2020年	2021年	2022年	2023年	2024年
客车	3483	2646	1868	3122	3073	2064
乘用车	279020	187319	295650	294659	210326	208979
轻型卡车	93858	71634	119932	132118	103539	93387
中重型卡车	12859	10664	16897	16038	12650	12203
总计	389220	272263	434347	445937	329588	316633

资料来源:中国汽车工业信息网。

2024年,现代—起亚汽车销量为39970辆,市场份额为12.62%,居第一位,斯特兰蒂斯集团位居第二,市场份额为10.27%,其他企业市场份额均不足10%。中国汽车企业上汽集团、奇瑞集团、长城汽车分别位居第7、第8、第10,销量均超1万辆(见表8)。整体来看,智利汽车企业数量众多,市场份额并不集中,没有明显的优势企业。

表8 2024年智利汽车销量TOP10企业

单位:辆,%

企业/集团	2024年销量	2024年份额	企业/集团	2024年销量	2024年份额
现代—起亚	39970	12.62	铃木	19942	6.30
斯特兰蒂斯集团	32507	10.27	上汽集团	19894	6.28
丰田集团	24806	7.83	奇瑞集团	16485	5.21
雷诺—日产	22322	7.05	福特集团	15716	4.96
通用集团	21509	6.79	长城汽车	14448	4.56

资料来源:中国汽车工业信息网。

（五）哥伦比亚汽车市场分析

哥伦比亚汽车市场规模较小，叠加近年来经济不稳定，汽车销量波动较大，2024年汽车销量为20.07万辆，比2023年上升7.41%，略高于2020年疫情时期的销量水平（见图5）。

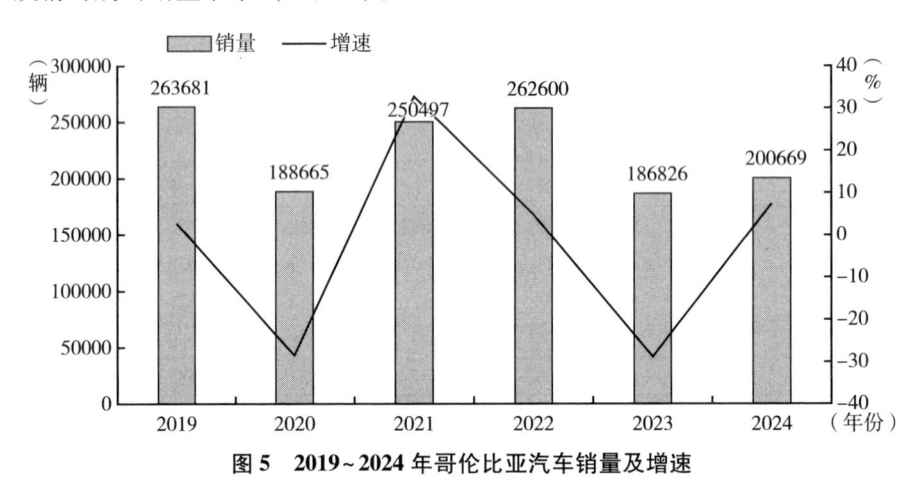

图5 2019~2024年哥伦比亚汽车销量及增速

分企业看，雷诺—日产在哥伦比亚销量第一，2024年销量为38439辆；我国汽车企业比亚迪销量进入前十名，2024年销量为4577辆（见表9）。

表9 2019~2024年哥伦比亚分企业汽车销售情况

单位：辆

企业	2019年	2020年	2021年	2022年	2023年	2024年
雷诺—日产	79781	54645	70746	61372	37212	38439
现代—起亚	25569	15852	24897	25852	20931	31443
丰田集团	18876	14657	21420	27759	27103	27426
通用集团	46109	33786	34065	41088	23857	19604
马自达	20266	16129	23740	17858	17583	17966
大众集团	15616	10559	17364	19667	10071	11135
铃木	8638	7696	14890	21589	10389	10802
福特集团	10874	6668	7755	6197	6477	7115
斯特兰蒂斯集团	7466	4782	6241	6662	5353	4772
比亚迪	138	18	380	2072	1437	4577

资料来源：中国汽车工业信息网。

（六）乌拉圭汽车市场分析

乌拉圭汽车市场规模很小，近年汽车销量在 6 万辆左右，2024 年汽车销量为 59899 辆，同比减少 3.06%。分企业看，斯特兰蒂斯销量为 13839 辆，排名第一；我国汽车企业比亚迪、奇瑞、吉利也进入销量前十名（见图 6）。分品牌看，雪佛兰为销量第一的品牌（见图 7）。

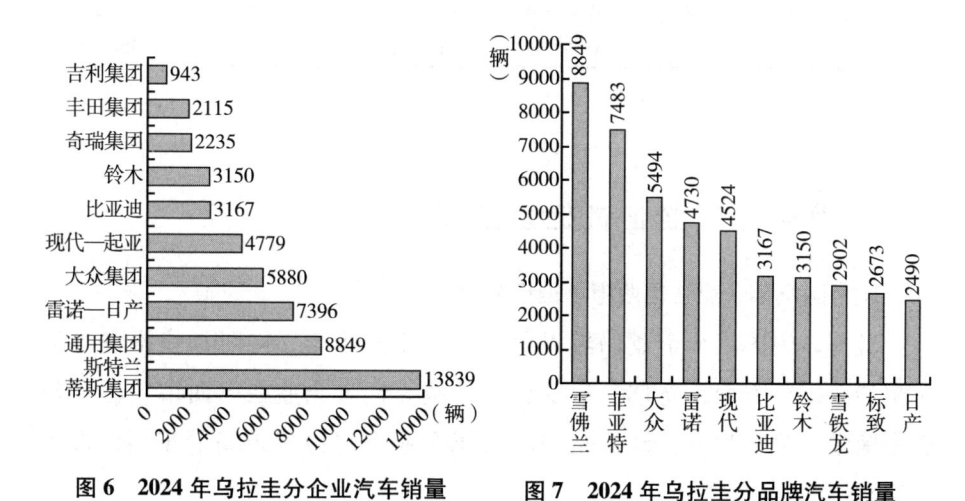

图 6　2024 年乌拉圭分企业汽车销量

图 7　2024 年乌拉圭分品牌汽车销量

四　中国—南美汽车贸易与投资现状

（一）中国汽车出口南美情况

南美是中国汽车的重要出口目标市场。2024 年，中国向南美出口汽车 566975 辆，平均单车出口金额为 1.53 万美元。巴西是我国在南美最大的出口市场，2024 年中国对巴西出口汽车 236972 辆。智利虽然汽车市场规模不大，但在中国—智利自贸区的政策助力下，出口数量仅次于巴西，2024 年出口量达 120687 辆（见表 10）。

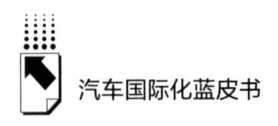

表10 2024年中国汽车出口南美主要国家情况

单位：辆，美元

国家	出口量	出口金额	国家	出口量	出口金额
巴西	236972	4402659195	阿根廷	13652	192089100
智利	120687	1458925230	玻利维亚	10719	109056165
秘鲁	71115	845211245	委内瑞拉	7894	117306475
厄瓜多尔	41593	512135483	巴拉圭	6798	85262791
哥伦比亚	31418	485423541	圭亚那	2444	92823594
乌拉圭	23174	345593927	苏里南	265	23847271

资料来源：中国汽车工业信息网。

（二）中国汽车企业在巴西发展情况

1. 中国汽车企业在巴西市场销售情况

目前，中国汽车企业仍然以贸易出口模式为主，同时加快推进本地化生产。出口方面，奇瑞、比亚迪、长城等代表企业在巴西市场已实现较高销量。分车型看，SUV是中国汽车企业出口份额最高的车型，市场占比98%。

2. 中国汽车企业加大在巴西本土化布局

我国汽车企业正加快在巴西布局生产基地，开启属地化发展，奇瑞、比亚迪、长城汽车等企业已经开始通过多种方式在巴西布局产能项目。其中，奇瑞在巴西建有两个组装厂，2025年还会投产新能源汽车。比亚迪正在巴西布局乘用车、客车和动力电池工厂（见表11）。

表11 中国汽车企业在巴西布局生产基地情况

企业	相关合作伙伴	生产车型	基地名称	产能
奇瑞集团	巴西CAOA集团	乘用车工厂，预计2025年生产新能源车型	CAOA Chery Brasil, Jacarei工厂	5万辆
		奇瑞的SUV瑞虎系列车型	CAOA Chery Brazil, Anapolis Plant	11.5万辆

续表

企业	相关合作伙伴	生产车型	基地名称	产能
比亚迪	Saga 集团、Raízen Power 等	海豚、元 PLUS、宋 PLUS 预计 2025 年投产	比亚迪 巴西 Camacari 工厂	15 万辆
		电动客车 K9	比亚迪 巴西 Campinas Plant	1720 辆
		磷酸铁锂电池系统	比亚迪动力电池工厂	—
长城汽车	巴马克集团、Mercado Livre 等	皮卡、SUV 等	长城汽车巴西 Iracemapolis 工厂	2 万辆

资料来源：中国汽车工业信息网。

（三）中国汽车企业在智利发展情况

2024 年，中国汽车企业在智利共销售 9.33 万辆，占智利汽车总销量的 29.47%。分企业看，上汽、奇瑞、长城汽车、长安汽车位居前四，四家企业销量均超过 1 万辆（见表 12）。

表 12 2024 年中国汽车企业在智利销售情况

单位：辆

企业	销量	企业	销量
上汽集团	19894	凯翼汽车	964
奇瑞集团	16485	鑫源控股	873
长城汽车集团	14448	宇通客车集团	315
长安汽车集团	10979	中国重汽集团	175
东风汽车集团	6027	中国第一汽车集团	165
江淮汽车集团	5302	合众新能源汽车	154
北汽福田	5159	金龙汽车集团	148
江铃汽车集团	3337	中通客车	143
吉利控股集团	3225	华晨汽车集团	60
广州汽车集团	2678	潍柴动力	22
北京汽车集团	1645	海格客车	15
比亚迪	1096	零跑汽车	11

资料来源：中国汽车工业信息网。

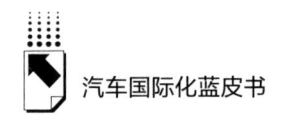

（四）中国汽车企业在阿根廷发展情况

阿根廷汽车市场规模不大，当前我国汽车企业未在阿根廷布局，以整车出口模式为主。北汽、奇瑞、长城三家企业在阿根廷销量领先，但总量不高（见图8）。

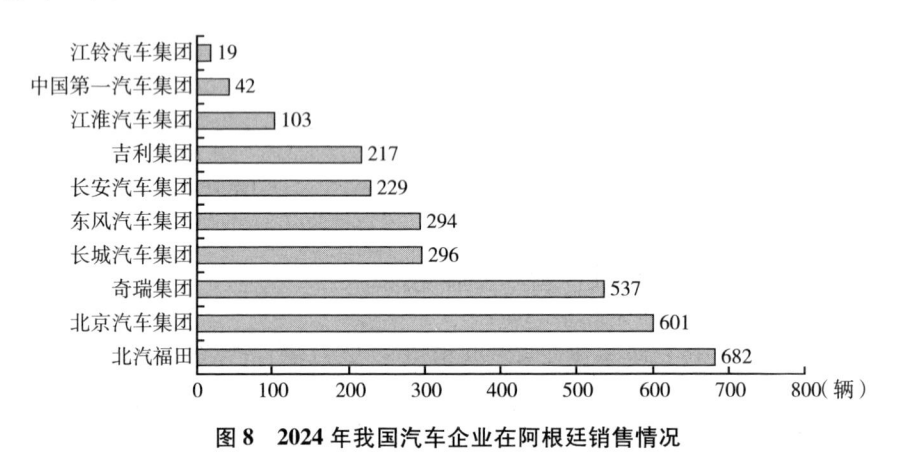

企业	销量（辆）
江铃汽车集团	19
中国第一汽车集团	42
江淮汽车集团	103
吉利集团	217
长安汽车集团	229
东风汽车集团	294
长城汽车集团	296
奇瑞集团	537
北京汽车集团	601
北汽福田	682

图8 2024年我国汽车企业在阿根廷销售情况

（五）中国汽车企业在哥伦比亚发展情况

2024年，哥伦比亚汽车销量为20.07万辆，整体市场规模小，因此汽车企业一般不会布局整车生产基地。目前，比亚迪已成为哥伦比亚新能源汽车领先企业，2024年销量为4577辆，排名第一（见表13），同时已利用日野在哥伦比亚的组装厂生产下线电动客车。该工厂位于哥伦比亚的日野Cota工厂，每年产能为5000辆。

表13 2019~2024年中国汽车企业在哥伦比亚销售情况

单位：辆

企业	2019年	2020年	2021年	2022年	2023年	2024年
比亚迪	138	18	380	2072	1437	4577
北汽福田	2444	2781	3707	5800	5014	4209
江淮汽车集团	2502	2262	2881	3760	2342	2100

续表

企业	2019年	2020年	2021年	2022年	2023年	2024年
江铃汽车集团	799	1108	1487	1828	1370	1657
吉利控股集团	1705	1432	1157	909	935	1628
东风汽车集团	1307	745	1183	1683	1059	878
长安汽车集团	96	1	991	965	615	541
奇瑞集团	597	429	6	0	0	395
中国第一汽车集团	0	0	295	265	141	245

资料来源：中国汽车工业信息网。

（六）中国汽车企业在乌拉圭发展情况

2024年，乌拉圭汽车销量仅为5.99万辆，仅有的一家组装厂位于首都蒙得维的亚，可组装雷诺、起亚、标志雪铁龙、福特等多家企业的车型，东风汽车和长安汽车也与该组装厂合作，其他企业均以整车进口的方式在乌拉圭开展业务。乌拉圭虽然市场规模小，却吸引了多家中国汽车企业布局。其中，比亚迪销量为3167辆，是乌拉圭领先的新能源汽车企业（见表14）。

表14 2019~2024年中国汽车企业在乌拉圭销售情况

单位：辆

企业	2019年	2020年	2021年	2022年	2023年	2024年
比亚迪	196	200	392	757	1017	3167
奇瑞集团	480	939	1195	1588	1927	2235
吉利控股集团	223	294	338	600	497	943
东风汽车集团	831	425	525	425	551	940
江淮汽车集团	569	479	963	873	981	933
北京汽车集团	181	167	175	337	321	605
江铃汽车集团	325	419	541	412	466	435
长安汽车集团	211	268	357	360	480	405
长城汽车集团	534	407	358	448	418	284
上汽集团	0	0	1	12	89	182
中国重汽集团	76	76	93	204	205	138

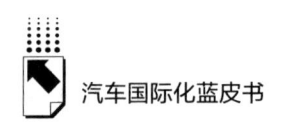

续表

企业	2019年	2020年	2021年	2022年	2023年	2024年
中国第一汽车集团	199	144	104	79	58	55
零跑汽车	0	0	0	0	13	34
三一集团	0	0	20	26	5	18
宇通客车集团	51	35	27	17	94	17

资料来源：中国汽车工业信息网。

五 中国—南美汽车投资合作展望及建议

（一）南美国家处于电动化转型初期，为中国新能源汽车企业提供机遇

南美国家正在加速推进碳中和战略，交通和出行领域的电动化和低碳化转型是其实现气候目标、可持续发展的重要路径。巴西计划2060年实现碳中和，Mover计划规定汽车产业链中所有环节的企业，包括制造商和供应商，必须在2030年前将碳排放减少50%。哥伦比亚政府推出《电动汽车法》，目标是到2030年电动车辆达到60万辆，并通过税收优惠等措施鼓励居民购买和使用电动汽车。智利政府提出国家电动出行战略，计划到2035年所有新车必须为零排放汽车，到2050年实现全部城市出租车和公交车，以及58%的私人和商用车实现电气化目标。

（二）顺应政策趋势，采取差异化的发展策略

南美各国国情有较大差异，汽车产业政策持续调整。以巴西为例，2024年开始逐步恢复对新能源汽车的进口关税。2026年6月30日之前，企业仍可在配额范围内享受进口免税，在2026年6月的缓冲期内，仍可以整车进口的方式拓展巴西市场，但是后续需要考虑在巴西布局属地化生产基地，以规避关税壁垒。比亚迪、长城和奇瑞等企业均表示加大在巴西的属地化产能

投资，布局本土产能。智利和秘鲁与中国签有高质量的自贸协定，汽车进口关税为零，且本土基本不具备产业链支撑，因此拓展智利和秘鲁汽车市场可以整车进口的方式。南方共同市场成员国包括巴西、阿根廷、乌拉圭、巴拉圭和委内瑞拉，是南美内部最大的自贸区，成员国间汽车贸易实行零关税，对于五个成员国来说，以巴西或者阿根廷为基地，建设辐射南方共同市场的生产制造中心是较优策略。

（三）中国汽车出口南美市场前景广阔

南美地缘政治较稳定，人口数量大，经济发展相对较均衡，为汽车产业带来较好的市场发展环境。同时，南美本土汽车制造业并不发达，有些国家甚至没有自己的产业链，对中国汽车产品有较大的市场需求。中国与南美国家有较好的政治经济合作基础，与多个国家建立全面战略合作伙伴关系，与智利和秘鲁签订自贸协定，畅通双边汽车产品贸易往来。

南美是中国汽车主要的出口目标市场，2024年前4个月，巴西成为仅次于俄罗斯的中国第二大汽车出口国。当前，南美国家正在推动交通领域的低碳化和电动化转型，新能源汽车将迎来大幅增长，未来巴西将超越比利时成为中国第一大新能源汽车目标市场。

B.8
中国—中东汽车贸易及投资合作发展报告

张天聪　刘玉健　贾启蒙*

摘　要： 中东地区作为全球重要的经济体，一直是全球汽车厂商竞相争夺的焦点，目前已有20余家中国汽车品牌进入中东市场，沙特阿拉伯作为中东最大的汽车市场且加速向电动化转型，备受企业青睐。一方面，中国汽车质量、汽车制造水平不断提升为拓展中东市场奠定了基础；另一方面，创新力强、快速满足客户需求是中国汽车品牌的一大优势。对于中国汽车品牌进入中东市场提出三点建议，一是重点布局沙特阿拉伯和阿联酋，加大投资力度和产品布局。二是因地制宜导入新能源产品，构建差异化优势。三是以GCC重点国家为点，尽快辐射周边汽车市场。

关键词： 中东市场　汽车投资贸易　汽车产业

一　中东汽车贸易环境分析

中东国家人均GDP高，各国差异较大。中东国家之间经济发展差异较大，汽车产业发展亦不均衡。沙特阿拉伯、阿联酋、阿曼、巴林、卡塔尔、科威特六个国家中，阿联酋和卡塔尔人均GDP领先，沙特阿拉伯是中东地区最大的国家，经济总量位居第一（见表1）。

---

* 张天聪，主要从事国内外汽车市场、出口市场、二手车保值率及团体标准等相关领域的研究工作，现供职于中国国际贸易促进委员会汽车行业分会行业发展部；刘玉健，主要从事中国汽车企业出口和海外汽车市场及相关领域的研究工作，现供职于中国国际贸易促进委员会汽车行业分会行业发展部；贾启蒙，高级工程师，主要研究方向为新能源汽车政策法规、产品技术、市场趋势、国际化战略等，现任中国汽车战略与政策研究中心新能源汽车研究部高级研究员。

表1 2023年中东主要国家经济指标

国家	GDP(亿美元)	GDP增长率(%)	人口(万人)	人均GDP(美元)
沙特阿拉伯	10675.83	-0.75	3694.70	28894.9
阿联酋	5041.73	3.40	951.69	52976.6
巴林	432.05	2.48	148.55	29084.5
阿曼	1081.92	1.30	464.44	23295.2
卡塔尔	2273.00	1.19	293.75	77378.7
科威特	1617.72	-2.23	485.90	33293.3

资料来源：根据各国家公开资料综合整理。

海湾阿拉伯国家合作委员会（GCC）成员国作为中东地区的重要经济体，一直是全球汽车厂商竞相争夺的焦点。据不完全统计，目前已有20余家中国汽车品牌进入中东市场。一方面，中国汽车质量、汽车制造水平不断提升为中国车企持续"入场"中东奠定了基础；另一方面，适配创新力强是中国汽车品牌能够在中东市场占据一席之地的重要原因。2023年，中国整车累计出口前10位的国家中，中东地区就占两个：沙特阿拉伯和阿联酋。

沙特阿拉伯是中东地区人口最多的国家，也是中东最大的汽车市场，2023年，沙特阿拉伯是中国汽车出口的第六大市场，全年整车出口21.3万辆。由于沙特阿拉伯劳动力成本高昂，缺乏汽车制造产业链和供应链，短期来看并不适合建立汽车制造工厂，目前中国汽车企业并没有在沙特阿拉伯投资建厂的计划。沙特阿拉伯地理位置优越，是连接亚、非、欧三大洲的枢纽，且进口汽车的关税仅为5%，因此很多中国汽车企业将沙特阿拉伯作为转口贸易基地，汽车经沙特阿拉伯最终被出口至伊拉克、巴林、卡塔尔等中东邻国市场。

长安汽车进入中东市场较早，多年居中东地区中国汽车品牌第一，深受合作伙伴与用户的一致好评和信赖。目前，长安汽车已在中东导入十余款车型，包括乘用车、皮卡及商用车等多种产品。未来，长安汽车将以积极开放的态度，持续深耕中东市场，加速产品销售及服务网络建设，深化属地化运营。

中东也是上汽销量最大、增速最快的海外核心市场之一。目前，上汽

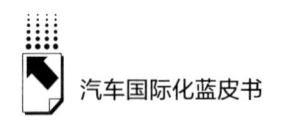

MG品牌在中东市场拥有一级销售网络近60家,服务网络数量超过70家,在售车型占据了从入门级轿车到中大型SUV、皮卡等多个细分市场。

吉利于2019年重塑中东地区经销网络,业务覆盖中东地区大部分国家,当年终端销量增长近9倍;2024年起,极氪开始在阿联酋和沙特阿拉伯销售电动汽车,推动其中东战略落地。

长城汽车宣布与卡塔尔汽车经销商Teyseer Motors达成战略合作,以便更好地了解当地消费者的需求和喜好,提供更具针对性的产品和服务,也标志着长城汽车将进一步拓展中东市场,全面覆盖GCC六国市场。

造车新势力蔚来汽车与战略投资者合作在阿联酋建立技术研发中心,并将与合作伙伴联合研发一款针对当地市场的全新车型。此外,蔚来还将与CYVN合资成立中东北非公司,并首先在阿联酋开展业务。

二 中东汽车产业关键政策

(一)沙特阿拉伯

沙特阿拉伯支持电动化转型。沙特阿拉伯作为海湾地区最大的汽车市场,在其"2030愿景"计划中把发展电动汽车产业列为重要目标。为支持新能源车辆的推广和使用,政府采取购车补贴、免税政策和充电基础设施扩建等激励措施,鼓励居民使用电动车辆或其他低排放车辆。沙特阿拉伯还设定了2030年首都利雅得电动汽车占比至少达到30%的目标。针对绿色出行,沙特阿拉伯给出了具体的政策和行动。2023年,沙特阿拉伯公共交通公司与中国深圳巴士集团签署合作备忘录,双方在公共交通电动化、智能化、自动驾驶等领域开启业务合作。

汽车关税处于较低水平。沙特阿拉伯进口新车的关税为5%,二手卡车为12%,计价基础是CIF。较低的进口关税使得沙特阿拉伯更适合整车贸易出口模式。此外,进口到沙特阿拉伯的汽车还要缴纳15%的增值税,这是汽车出口到沙特阿拉伯最主要的税费成本。

（二）阿联酋

阿联酋对电动汽车有明确规划。2021年，阿联酋宣布2050年实现碳中和目标后，政府积极推动新能源汽车的发展和推广，采取免税、减免费用、免费使用充电桩及提供电动车免费停车位等激励措施，鼓励居民购买和使用低排放车辆。预计到2050年，阿联酋道路上50%的车辆将是电动汽车。2021年以来，超过20%的阿联酋政府车队已转为使用电动汽车，阿联酋正在引领海湾地区电动汽车的发展趋势。

在绿色出行方面，"2050年迪拜公共交通净零排放"战略指出，到2030年，约10%的公共汽车将转向电动和氢能车辆，2035年这一比例扩大到20%，2040年扩大到40%，2045年扩大到80%，到2050年最终实现100%。到2030年，30%的出租车和豪华轿车将转换成电动和氢能车辆，该比例2035年将增至50%，2040年达到100%。同样，到2030年，迪拜出租车公司10%的校车将是电动和氢能车辆，2035年为30%，2040年为50%，2045年为80%，2050年实现100%。

阿联酋能源和基础设施部为了支持电动汽车行业，计划在全国范围内发展一个电动汽车充电网络。短期目标是至2025年，阿联酋的充电站数量从370个增加到1000多个。

汽车产业主要税费。企业所得税：根据阿联酋税务局《企业所得税法》（2022年第47号联邦法令），自2023年6月1日起，开始征收企业所得税。征收对象包括：在阿联酋注册成立的实体；在阿联酋开展业务或商业活动的年营业额超100万迪拉姆的个人（外国人或居民）；在阿联酋设有常设机构或在阿联酋管理的外国法人实体。年营业利润超过37.5万迪拉姆（1美元约合3.67迪拉姆）的企业，必须缴纳税率9%的企业所得税。

增值税：所有在阿联酋境内购买的新车都要征收5%的增值税。进口到阿联酋的二手汽车需缴纳5%的关税，同时缴纳一定比例的增值税。

关税：按成本、保险和运费（CIF）价值5%计算。

汽车税收与整体税法体系高度相关，阿联酋汽车相关税收如表2所示。

表 2　阿联酋主要的汽车相关税收

单位：%

计税价格	税种	税率	备注
CIF	关税	5	
	清关费用	—	属于成本,成本计价时计算
	增值税	5	
	企业所得税	9	超37.5万迪拉姆
	财富税	0	
	社会保障税	0	
	公司税	—	贸易区免征
综合税率		19	不能直接计算,分步计算

资料来源：根据公开资料整理。

（三）阿曼

阿曼汽车产品税负较低，重点支持新能源汽车推广。阿曼环保部已将"碳中和计划"分为三个阶段。第一阶段，计划投放约7000辆电动汽车，占新轻型汽车的35%，此外，通过使用本地开发的双燃烧技术，重型设备的排放量减少40%。第二阶段，目标是到2040年拥有超过2.2万辆新电动汽车，占新轻型汽车的65%。第三阶段，目标是在所有卡车和重型设备上使用氢或电动技术，以减少100%的排放。全国新的轻型车辆将全部是电动车，以实现目标比例。

阿曼财政部是唯一的税收管理部门，其税收体系较简单，税种少，企业赋税水平低，个人不用纳税。阿曼税收主要分为直接税、间接税两种。直接税即向公司、贸易和工业实体征收的收入税，以及向饭馆、酒店征收的市政税、奢侈税等。间接税只有海关关税。根据《海合会成员国统一海关法》，目前阿曼所有进口商品均按货值CIF的5%征收关税。

为鼓励民众购买电动汽车，以支持交通部门实现碳中和，阿曼政府宣布采取多项优惠政策和激励措施，主要包括：免除电动汽车的关税及登记注册费，电动汽车及配件的增值税为零。上述措施于2023年7月1日起生效，有效期3年，到期后将视情况进一步延长。

（四）卡塔尔

为支持新能源车辆的推广和使用，卡塔尔政府采取购车补贴和税收减免等激励措施，以鼓励居民使用电动车辆或其他低排放车辆。

2023年，卡塔尔投资促进署计划对电动汽车进行大规模投资，包括到2030年部署600座充电设施，建设可容纳478辆电动巴士的停车场，并安装11000块太阳能电池板。到2030年，卡塔尔电动乘用车销量预计将占市场的10%，2032年达到1.5万辆左右。卡塔尔进口关税为5%~20%不等，对少数与卡塔尔地方工业有冲突的进口商品征收较高的保护关税。

汽车关联税收与税法体系同步，卡塔尔汽车关联税收如表3所示。

表3　卡塔尔汽车关联税收

单位：%

计税价格	税种	税率	备注
CIF	关税	5	
	清关费用	—	属于成本,成本计价时计算
	增值税	—	需要与税务机关确认
	企业所得税	10	预提,非常驻机构
综合税率		15	不能直接计算,分步计算

资料来源：根据公开资料整理。

三　中东汽车市场分析

整体来看，中东主要国家汽车销量稳定增长，2023年销量均实现同比正增长。其中，沙特阿拉伯是最大的汽车市场，2023年销量达到74.45万辆，创下近年销量新高（见表4）。阿联酋是第二大汽车市场，科威特和阿曼等国销量不大。

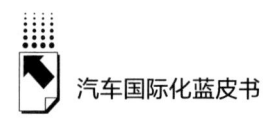

表4 2018年至2024年1~6月中东主要国家汽车销量

单位：辆

国家	2018年	2019年	2020年	2021年	2022年	2023年	2024年1~6月
沙特阿拉伯	418448	550408	467955	581282	651484	744492	256748
阿联酋	224903	222254	152797	198044	223860	262631	97401
科威特	103818	113209	86706	104774	117449	132207	—
阿曼	128170	114244	75215	75747	68456	76894	—

（一）沙特阿拉伯汽车市场分析

分企业来看，2023年丰田集团市场份额达34.7%，稳居行业领先地位。长安汽车销量达40982辆、居第三名，上汽集团进入前五名，吉利控股进入前十名（见表5）。2023年，我国汽车企业在沙特阿拉伯的市场份额为15.3%，未来仍将保持持续增长。

表5 2018~2023年沙特阿拉伯分企业汽车销量

单位：辆

企业	2018年	2019年	2020年	2021年	2022年	2023年
丰田集团	141632	161802	140136	176274	214165	258553
现代—起亚	100341	158583	109339	125516	124611	144364
长安汽车	0	12256	19990	29406	35760	40982
五十铃	20791	25176	23187	24824	36197	37293
上汽集团	4697	10109	19084	24695	30704	34647
雷诺—日产	35809	43497	38908	44353	40661	34361
福特集团	16621	15717	15247	20785	21561	33096
通用集团	31987	34586	30884	28077	31454	32620
马自达	24839	37153	28182	28126	25824	27470
吉利控股	2255	2843	4770	13542	22625	25668

资料来源：中国汽车工业信息网。

分品牌来看，丰田稳居第一，共有四个日系品牌进入前十名，上汽MG和长安汽车进入前五名（见图1）。由于地形以及经济基础因素，沙特阿拉伯对中大型车辆需求较大，中大型轿车以及SUV的市场份额较高，二者市场份额合计达71%，同时皮卡也占有较大份额，2023年市场份额达9%（见图2）。这些车型都是我国汽车企业需要重点突破的细分市场。

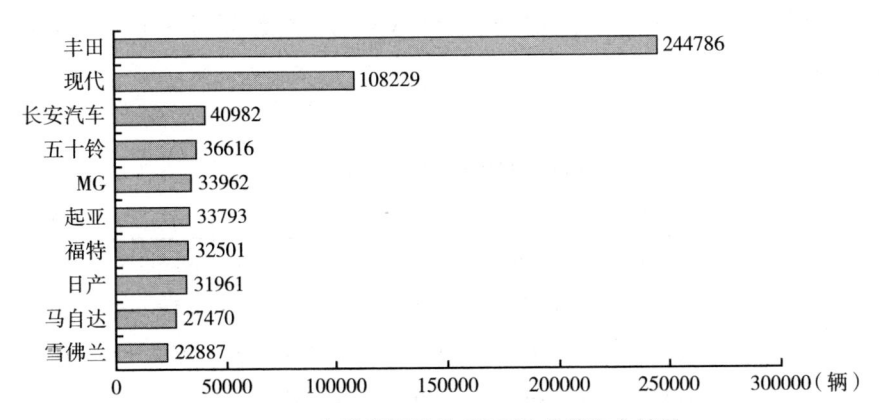

品牌	销量（辆）
丰田	244786
现代	108229
长安汽车	40982
五十铃	36616
MG	33962
起亚	33793
福特	32501
日产	31961
马自达	27470
雪佛兰	22887

图1　2023年沙特阿拉伯TOP10品牌汽车销量

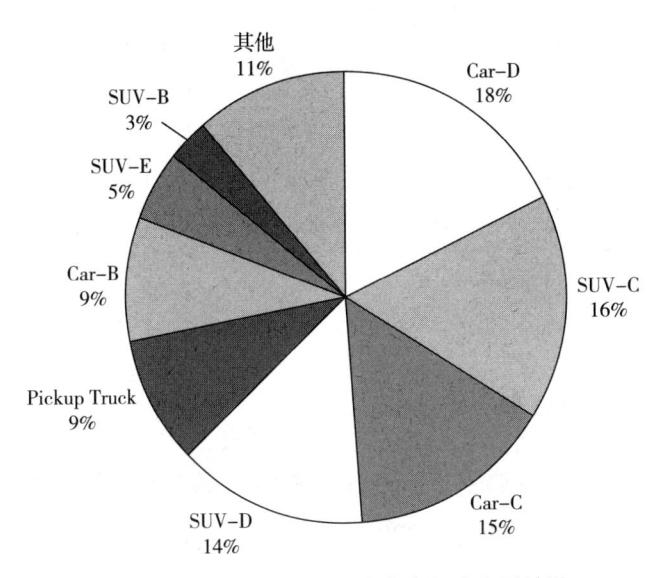

车型	份额
Car-D	18%
SUV-C	16%
Car-C	15%
SUV-D	14%
Pickup Truck	9%
Car-B	9%
SUV-E	5%
SUV-B	3%
其他	11%

图2　2023年沙特阿拉伯汽车市场分车型销量

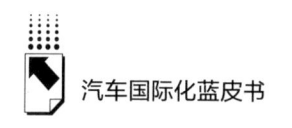

（二）阿联酋汽车市场分析

分企业来看，丰田集团同样位居阿联酋市场份额第一，前五名中有三家日系企业；上汽集团近年来在阿联酋的销量稳步增长，2023年销售10522辆、位居第六，江汽集团位居第八（见表6）。分车型来看，阿联酋消费者同样钟情于大排量车型，中大型轿车和SUV的市场份额高达72%，皮卡占8%（见图3）。

表6 2018~2023年阿联酋分企业汽车销量

单位：辆

企业	2018年	2019年	2020年	2021年	2022年	2023年
丰田集团	75566	78370	61284	68994	76550	85941
雷诺—日产	58518	51876	37280	39997	36770	46038
现代—起亚	12898	14048	10167	14835	17332	21420
三菱	29069	29131	10006	26407	29257	17077
通用集团	9461	10130	7000	9646	12798	16359
上汽集团	807	2134	1790	3260	6130	10522
斯特兰蒂斯集团	—	—	—	8456	7881	9504
江汽集团	—	—	—	—	—	8839
铃木	2246	2388	2495	6478	7378	8346
塔塔集团	5087	3769	2630	2593	4315	8127

资料来源：中国汽车工业信息网。

（三）科威特汽车市场分析

科威特汽车市场规模较小，年销量在10万辆左右。分企业来看，丰田集团稳居第一，市场份额高达39%。我国的上汽集团和吉利控股销量进入前十，但销售规模偏小（见表7）。分品牌来看，前两名均为日系品牌，丰田高居第一，上汽MG位居第八且发展势头较好（见图4）。

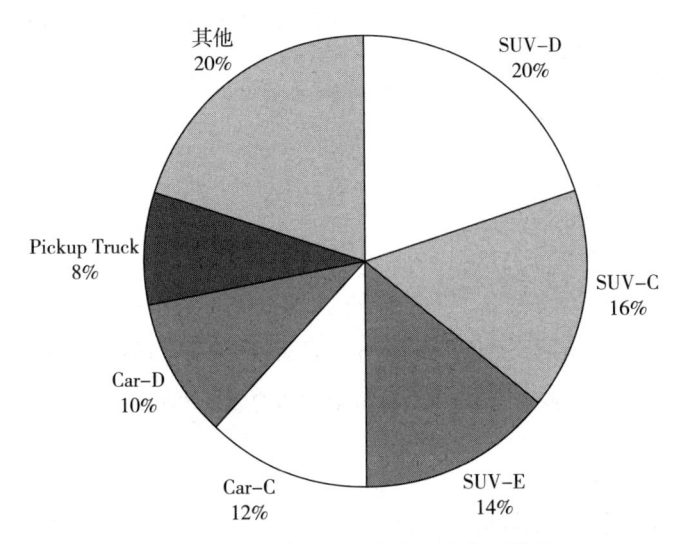

图 3 2023 年阿联酋汽车市场分车型销量

表 7 2018~2023 年科威特分企业汽车销量

单位：辆

企业	2018 年	2019 年	2020 年	2021 年	2022 年	2023 年
丰田集团	36640	41796	33460	34789	46152	51572
现代—起亚	13241	13461	9330	10000	10514	13560
通用集团	12290	12588	8948	11255	13036	13161
雷诺—日产	12873	14139	9214	12970	8391	12316
福特集团	3884	4503	4163	5580	5810	6313
三菱	9524	7282	5430	7150	6132	5676
上汽集团	857	1533	1979	2934	4766	5333
斯特兰蒂斯集团	—	—	—	5242	4087	4303
吉利控股	305	287	853	2112	3057	3665
本田	4663	5293	3907	4754	3669	3294

资料来源：中国汽车工业信息网。

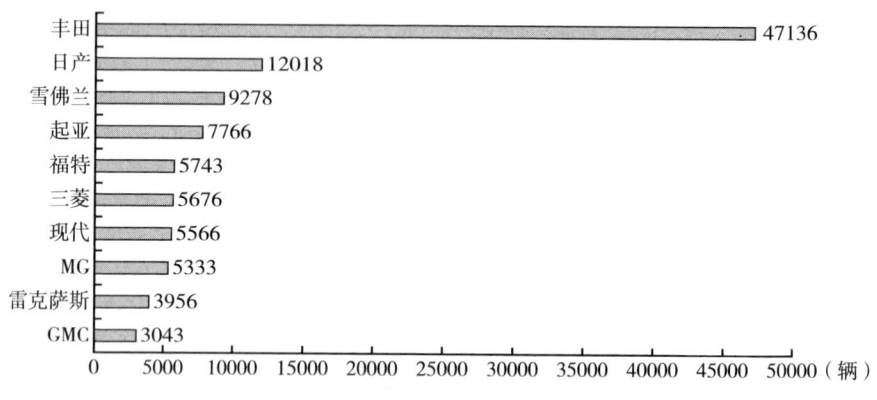

```
丰田        ▬▬▬▬▬▬▬▬▬▬▬▬▬ 47136
日产        ▬▬▬ 12018
雪佛兰      ▬▬ 9278
起亚        ▬▬ 7766
福特        ▬ 5743
三菱        ▬ 5676
现代        ▬ 5566
MG          ▬ 5333
雷克萨斯    ▬ 3956
GMC         ▬ 3043
       0  5000  10000  15000  20000  25000  30000  35000  40000  45000  50000（辆）
```

图 4　2023 年科威特 TOP10 品牌汽车销量

（四）阿曼汽车市场分析

近年，阿曼汽车市场规模在 10 万辆以下。多年来，丰田集团占据较高的市场份额，2023 年达到 57.6%，销量达 44319 辆。上汽集团进入前三名，但销量较低，2023 年销售 6818 辆（见表 8）。中国汽车企业加大了在阿曼的市场布局，2023 年中国汽车在阿曼的市场份额为 11.7%，未来仍具有较大的成长空间。

表 8　2018~2023 年阿曼分企业汽车销量

单位：辆

企业	2018 年	2019 年	2020 年	2021 年	2022 年	2023 年
丰田集团	70067	67065	37398	38261	34200	44319
现代—起亚	13124	11092	6094	6559	6461	8398
上汽集团	243	875	1719	3703	5268	6818
雷诺—日产	28524	20520	19500	13918	8015	3078
五十铃	1985	2148	1894	2613	2786	2610
长安汽车	—	—	28	668	1289	2165
通用集团	2288	2373	1282	1342	1734	1668
三菱	2384	1965	1370	1847	2106	1595
铃木	1060	1093	854	1044	1171	1493
马自达	1929	1927	908	1154	1103	1113

资料来源：中国汽车工业信息网。

四 中国汽车企业在中东市场发展建议

（一）倍道而进布局重点市场

GCC国家作为中东最发达的经济体，为减少对传统能源的依赖，实现经济可持续发展，正在积极发展清洁和可再生能源。这些国家抓住转型窗口期，通过政策引导和资金投入加快推动新能源汽车发展。以沙特阿拉伯、阿联酋两个传统汽车市场为代表，随着政策扶持力度持续加大以及相关法规不断完善，新能源汽车产品认可度也不断提升。中国汽车企业在这些重点市场应加大开拓力度，加快市场布局，在竞争中抢占先机。

（二）因地制宜投入新能源汽车产品

面对不同的消费市场，中国汽车企业应制定不同的产品策略。以卡塔尔、阿联酋、科威特等为首的高收入国家，人均GDP和消费能力位居全球前列，这些地区一直是豪华汽车的主要市场，大量年轻消费者对新技术和流行趋势更为敏感，也意味着当地市场更适合装配先进驾驶技术的高端汽车。此外，巴林、卡塔尔、阿联酋等国家国土面积较小，城市和居民区较为集中，政府规划建设充电设施的难度较小，新能源汽车有较大的发展空间。

（三）以点带面辐射更广汽车市场

中东国家之间经济发展差异较大，汽车市场的发展也不尽相同。GCC以外的国家在汽车领域的发展相对滞后，但它们与海湾国家之间的贸易关系为其发展新能源汽车提供了条件。中国汽车企业在开拓GCC重点国家的同时，也应加强对其他国家的培育，以优质的产品为载体，实现新能源汽车产品和品牌的快速传播，从而带动整个中东地区新能源汽车的发展。

政策热点篇

B.9
美国出台的系列法案对中国汽车产业影响分析

杨祥璐 刘艳 沈庆 荣雪东*

摘 要： 2018年以来，美国对中国汽车产品加征关税，提高电动汽车和锂电池的进口关税，影响中国对美汽车出口。《通胀削减法案》削弱中国动力电池及新能源汽车优势，限制中国企业在美市场竞争力。美国及其盟友通过多边贸易协定和芯片出口管制，进一步打压中国汽车产业。针对美国陆续出台实施系列法案，以及部分外资企业投资转移意向，建议从提升外资利用水平、构建内外协同的产业链供应链、加强汽车供应链服务管理、积极融入全球市场等维度综合施策，保持我国汽车市场吸引力，提升产业国际竞争

---

* 杨祥璐，高级工程师，现任中国汽车战略与政策研究中心产业政策与国际化研究部高级总监；刘艳，高级工程师，主要研究方向为汽车出口及相关政策、海外重点汽车市场及政策、关税政策、国际制裁、国际经贸规则等，现任中国汽车战略与政策研究中心产业政策与国际化研究部高级研究员；沈庆，硕士，高级工程师，主要从事汽车产业国际化政策研究等工作，现任中国汽车战略与政策研究中心产业政策与国际化研究部高级总监；荣雪东，现任长城汽车技术中心副总经理。

力，降低产业链供应链安全风险，助力汽车强国建设。

关键词： 中美贸易摩擦 关税 芯片出口管制 贸易保护主义

一 2024年中美汽车贸易发展概况

2018年中美贸易摩擦以来，中美汽车商品贸易逐步下滑，中国对美贸易顺差先降后升。2024年中美汽车贸易总额为291.3亿美元（2018年约为349.5亿美元），下降16.7%，占所有国家汽车贸易总额的9.8%（2018年为19.1%），贸易顺差102亿美元（2018年为79.8亿美元），增长27.8%。

美国是中国整车进口第三大来源国家，以SUV和小客车为主。2024年，中国整车自美国进口10.9万辆，同比下降13.5%（进口额75.4亿美元，同比下降16.3%），占比15.5%，从日本和德国分别进口22.8万辆和19.3万辆，占比分别为32.3%和27.4%，主要是宝马、奔驰、丰田等品牌的豪华车型。其中，进口新能源汽车2.7万辆，同比下降49.2%，占我国汽车进口总量的3.8%。受特斯拉国产化影响，纯电动汽车进口量大幅下降，但意大利电动汽车进口表现较强。

美国是中国汽车零部件出口第一大市场，以轮胎、轮毂等低附加值产品为主。2024年，中国汽车零部件对美出口171.5亿美元，同比增长4.1%，占比16.0%。其中，出口锂电池（包括电动汽车及其他用途）135.50亿美元，增长33.9%，占比20.8%；整车对美出口10.7万辆，同比增长58.1%，占汽车出口总量的1.8%，以上汽通用别克昂科威、福特林肯航海家、沃尔沃等合资品牌为主。其中，出口新能源汽车0.71万辆，占我国新能源汽车出口总量的0.6%，主要车型为极星2（BEV）、极星1（PHEV）和沃尔沃S90（PHEV）等。

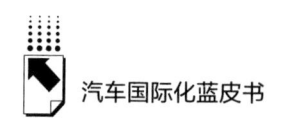

二 美国出台的系列法案及影响分析

(一)提高中国汽车产品关税

2018年以来,美国对中国进口的整车和大多数汽车零部件产品加征25%关税。2024年5月14日,美国贸易代表办公室(USTR)发布对中国加征301关税四年期复审结果,宣布在原有对中国301关税的基础上,进一步对自中国进口的电动汽车(包括纯电动乘用车、插混乘用车、纯电动客车等8个整车税号)、锂电池(8507.6000)、光伏电池、重要矿产、半导体、钢铝制品、港口起重机等产品加征关税。最终确定于2024年9月27日起,对中国电动汽车加征关税幅度从25%提升至100%,导致电动汽车关税大幅上升至102.5%;对动力电池加征关税幅度从7.5%提高到25%,导致动力电池关税从10.9%提高到28.4%。特朗普再次就任美国总统以来,2025年已对中国进口商品多次加征关税,并计划对汽车产品再次加征关税。美国针对所有中国输美商品,以保护美国工人和企业为由,自2月4日起加征10%关税;以芬太尼为由,自3月4日起再次加征10%关税,截至3月中旬,中国电动汽车和燃油车出口美国的关税已分别上涨至122.5%。

美国多次加征关税将对国内合资品牌整车和电池出口造成较大冲击,促使企业加快海外投资建厂和多元化发展。由于整车出口规模较小,其对中国品牌影响有限。但作为动力电池出口最大市场,随着美国征税税率的提高和商品价值的扩大,其将对相关企业造成较大冲击。同时,为规避贸易风险,主要电池企业正在加快海外投资建厂,提高本地化生产和发展水平。

(二)《通胀削减法案》削弱我国动力电池及新能源汽车优势

2022年8月,美国出台《通胀削减法案》,在电动汽车领域设置歧视性补贴条款。规定美国将于2023~2032年(至少)继续为符合条件的纯电动汽车(BEV)、插电式混合动力汽车(PHEV)和燃料电池汽车(FCEV)提供最高 7500 美元的税收抵免补贴。同时，取消单个车企 20 万辆销量上限，且要求整车必须在北美组装。此外，若想获得全额抵免补贴，还需满足关键矿物原材料来源地和北美本地化条件。2023 年 3 月 31 日，美国发布关于电动汽车税收抵免的电池采购要求指导意见，将 7500 美元税收抵免补贴按关键矿物和电池组件的要求平均分配，并对关键矿物、资格符合的流程、电池组件生产地提出具体要求。2023 年 12 月，美国财政部、国税局和能源部发布《〈通胀削减法案〉外国敏感实体指南》，明确指出从 2024 年 1 月开始，包含外国敏感实体制造或组装的电池组件的电动汽车将失去《通胀削减法案》提供的税收抵免资格；到 2025 年，将扩展至电池制造中所需的锂、钴和镍等关键矿物，即车辆不能含有在外国敏感实体提取加工的电池关键原材料，否则也会失去补贴资格。

上述法案从国家、企业、关键部件、上游材料等多个环节，进一步细化获取补贴的前置条件。"新规"与关税、管制、资本市场等策略结合，将形成相互叠加强化的打压政策体系。《通胀削减法案》对电动汽车电池本地化生产的要求，导致装配我国动力电池的新能源汽车在美国无法享受全额抵免补贴；同时，可能使得关键矿产原材料加工产能分流至美国或与美国签署自由贸易协定（FTA）的国家，削弱我国动力电池及原材料加工优势。特朗普就职后，立即宣布美国进入能源紧急状态，将加大传统能源开采及出口力度，并宣布撤销"电动汽车强制令"，取消《通胀削减法案》对电动汽车的税收抵免补贴等支持政策，但未明确撤销该法案。目前，我国对美国的电动汽车出口量较小，但《通胀削减法案》对我国动力电池及新能源汽车产业具有明显的政治针对性，将进一步促进美资制造业回流美国，实现美国加强对于电动汽车、动力电池、关键矿物原材料等全产业链掌控能力的目标。

（三）针对我国汽车及重点零部件形成新卡点

近年来，美国针对中国有关实体以及产品出台各种措施，包括美国商务部产业和安全局（BIS）将众多中国实体纳入实体清单。美国财政部外国资产控制办公室（OFAC）将多个政府部门、官员、企业等纳入制裁清单。美

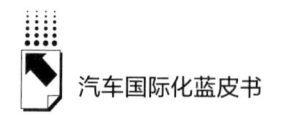

国海关与边境保护局（CBP）对来自新疆的番茄、棉花、光伏多晶硅料及其下游产品等采取暂扣令。美国国务院、财政部、商务部、国土安全部（DHS）、贸易代表办公室和劳工部联合发布针对新疆的产业链商业咨询建议等。2024年2月，美国海关以"零部件涉嫌违反对华制裁"为由扣押保时捷、宾利、奥迪等大众集团高端车型，大众被迫紧急替换相关零部件。2024年6月，多名美国国会共和党议员敦促行政部门将国轩高科和宁德时代两家中国电池企业列入 UFLPA 实体清单，并禁止其产品进入美国。美国政府规定，从2027年10月起禁止国防部从宁德时代、比亚迪、亿纬锂能、国轩高科等采购电池，暂未扩展至其他商业采购。

随着我国汽车产品出口的快速增长，针对我国汽车及重点零部件可能形成新卡点。美国执法部门在认定过程中有宽泛的自由裁量权和解释权，因此，若美国继续针对我国汽车商品，我国具备领先优势的新能源汽车和动力电池将无法进入美国市场，特别是宁德时代、赣锋锂业等全球市场份额较大、配套车企较多的动力电池头部企业，仍可能成为美国打压的目标。

（四）美国及其盟友以多重手段打压我国产业高质量发展

美西方国家通过多/双边自贸协定重塑国际经贸规则。《全面与进步跨太平洋伙伴关系协定》（CPTPP）、《美墨加协定》（USMCA）等超大规模、跨区域的自贸协定相继生效，并呈现高标准、全方位、广覆盖和强排他性等特征。如 USMCA 不仅对原产地规则提出更高要求，还存在针对性的"毒丸条款"，抑制我国汽车零部件对该地区出口。此外，特朗普上任后，推行"美国优先"的贸易保护主义政策，宣称将对所有贸易伙伴征收"对等关税"，对墨西哥和加拿大的商品加征25%关税，之后虽多次延迟实施，但实际上仍有多半加墨商品被加税。此举直接影响在墨加的各国汽车企业和在中国的美国合资企业的返美销售计划，也阻碍了中国汽车和零部件对美的转口贸易。同时，"国有企业""商业考虑""非歧视原则""非商业援助"等条款导致我国车企在国际化发展过程中受到严格监管。

美国联合盟友逐步加强芯片把控，意欲主导全球芯片产业链重构，从设计工具、关键生产设备、代工企业、芯片成品等全链条打压中国芯片产业。2021年起，美国逐渐加强对芯片领域的把控，加紧构建"印太经济框架"（IPEF），还拉拢日本、韩国和中国台湾地区组建芯片四方联盟（Chip4）。此外，美国还聚焦芯片相关领域持续加码出口管制措施。2018年以来，为确保在技术上对我国保持领先优势，美国以"安全"为由，在芯片产业领域持续加严对我国的出口管制。美国先后向荷兰、日本施压阻止对我国出口极紫外线光刻机（EUV）和深紫外光刻机（DUV），并禁止电子设计自动化软件（EDA，主要用于芯片设计）出口中国，还将金刚石、氧化镓两种芯片关键原材料加入商业管制清单。2022年10月，美国再次对芯片领域升级管制，要求美国企业未取得商务部许可证前，不得为我国提供先进的运算芯片、芯片制造设备以及其他相关产品。2024年，荷兰在2023年半导体出口管制的基础上扩大对光刻机的管制；同年，日本也升级出口管制政策，新增5项芯片技术相关的管制物项。2024年以来，美国主要从限制对华高科技行业投资、限制和禁止对华出口高端AI芯片、加速美国芯片产业链"去中国化"，并限制台积电向中国供应先进工艺芯片代工服务等方面进行打压，尤其是12月2日，将140家中国半导体相关公司列入"实体清单"，是美国对华芯片出口管制以来新增"实体清单"公司数量最多、规模最大的一次。

这些国际经贸规则变化、构建"去中国化"的"小圈子"以及对芯片产业链出口管制等措施，将严重掣肘和阻碍我国芯片产业发展，并扩展影响到汽车产业。芯片是现代高技术产业的核心基础，汽车芯片是汽车产业实现电动化、智能化转型升级的重要零部件，现已成为国际竞争的焦点和热点。美西方这些措施从设计开发、生产制造、关键物料供给、关键设备等多个维度限制我国芯片产业高质量发展，进而影响我国汽车产业的电动化、智能化转型升级。

三 政策建议

针对美国陆续出台实施系列法案，以及部分外资企业投资转移意向，建

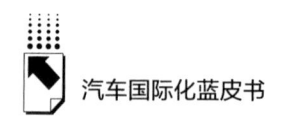

议从提升外资利用水平、构建内外协同的产业链供应链、加强汽车供应链服务管理、积极融入全球市场等维度综合施策,保持我国汽车市场吸引力,提升产业国际竞争力,降低产业链供应链安全风险,助力汽车强国建设。

(一)提升外资利用水平并推动产业强化国际竞争力

一是加强对外开放环境建设,推动制定新时期的外资利用战略。联合汽车产业和外贸主管部门,推动建立汽车外资企业定期交流机制,共同研讨和引导外资企业调整在华发展战略。

二是推动我国汽车领域利用外资政策调整,更好地吸引和留用外资。结合关税、出口退税、研发支持等措施,针对外资车企制定储备政策,并鼓励我国车企均衡对待中外资零部件的应用。要保护好已有存量,建议政府出台具体意见指导已在美建厂企业防范风险。观察特朗普再次就任美国总统后的对华政策走向,强化赴墨发展风险预期。

三是强化自身"造血"能力,加强短板和薄弱环节的技术创新研发,多措并举减缓产业转移进程。支持和鼓励外资企业持续升级和改造既有产能,支持外资企业在国内开展我国关键急缺产品,特别是车规级芯片、高端装备、软件等短板弱项的技术研发、生产制造等。

四是加快培育行业跨国龙头企业。综合应用多种措施,支持和培育行业龙头企业,进一步强化国际竞争力。实施民族汽车品牌向上战略,支持优势新能源汽车企业加速做大做优做强。

(二)构建内外协同的汽车产业链供应链

一是持续推进国内强链稳链保供能力建设。继续加强对新体系电池、车规级芯片、智能计算平台、操作系统等关键核心技术的攻关和产业化,推动电池关键矿物材料的国外布局和国内开采投产并举,探索建立车规级芯片、电池关键矿物等领域的国家战略储备和商业储备相结合的储备体系,加快补短板强韧性,保障国内汽车产业链供应链稳定供给。

二是通过自贸协定构建区域多元化产业体系。深化 RCEP 合作,聚焦关键产品研究调整暂定税率，扩大调整范围和受惠产品范围。引导汽车企业充分利用 RCEP 等自贸协定，加大对 RCEP 等成员国的投资布局力度，共创共享跨境产业园，促进区域产业链、供应链和价值链融合，构建区域多元化产业体系。

三是支持企业联合加大海外市场布局。支持整车、动力电池、关键原材料企业开展全球战略布局，联合开拓海外市场，积极参与全球竞争，在美国或与美国有自贸协定的国家投资建厂，以保持全球竞争力，巩固中国先发产业的竞争优势。

四是合理加强关键环节出口管制。通过关键核心零部件的出口管制、新增出口关税、提升进口关税等方式，强化稀土、激光雷达等优势战略矿产资源和技术的领先优势，强化与出口目标国或地区产业链供应链的贸易联系，构建本国汽车产业国际竞争的安全体系。

（三）化解汽车供应链安全风险，完善海外市场服务体系

一是加快国际技术自主化转化，化解汽车产业链供应链安全风险。建议企业加快科技创新能力建设，识别国际并购先进技术和产品的涉外风险，加快实现自主创新和知识产权保护，防范和化解外部势力的"长臂管辖"安全问题。

二是加快开展报废动力电池回收利用。建议行业主管部门进一步推动报废动力电池回收利用体系建设，择机开展大规模示范试点，合法规范报废动力电池回收行业秩序，提升电池关键矿物原材料的回收利用能力与水平，增强锂钴镍等关键资源的循环利用保障能力，从回收利用层面强化我国汽车产业整体竞争力。

三是完善海外市场服务体系。聚焦 RCEP 及欧美等国外重点市场的贸易保护及关税变动，加强对中资企业出海发展的服务与支撑，以外贸企业为主要对象，及时开展重点海外市场国家关税等相关专题培训，并提示涉美、涉欧等潜在的外贸安全风险，支持企业做好应对预案。

四是支持外贸企业多轨运行。建议汽车外贸企业创新"走出去"发展

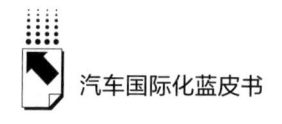

模式，利用多/双边经贸协议、转口贸易等措施，规避潜在经贸风险。研究制定针对特定地区的汽车产业链供应链多轨运行机制，围绕国内、国际两个市场逐步建立长效风险应对机制，提振国内市场的内需消费消纳特定地区的产出。

（四）创造良好外部环境，推动中国方案"走出去"

一是维护多边贸易体制的公正性、权威性。针对个别国家对我国加征关税等贸易保护主义的做法，通过双边协商、在 WTO 框架下采用 WTO 争端解决机制等方式妥善解决问题。

二是切实推进自贸区提升战略。推进 CPTPP、《数字经济伙伴关系协定》（DEPA）、中国—东盟自贸区 3.0 版、中国—海合会等贸易协定谈判或升级谈判，有效联通国内、国际两个市场、两种资源。针对目前目标市场关税较高、降税周期较长且关税明显高于其他相关自由化程度更高的自由贸易协定的关键核心零部件进行重点谈判，力争在中韩第二阶段及中国—东盟自贸区 3.0 版升级谈判中实现切实降税。

三是紧抓共建"一带一路"国家基础设施建设和汽车产业发展机遇，大力开拓共建国家和新兴市场。推动中高端车型和新能源汽车进入发达国家市场，提高优势产品的市场占有率，引导企业在产业基础好、潜力大的重点国家适时建立海外工厂和产业园区，积极推进本地化生产，削减关税壁垒。

四是尽快研究加入《1958 年协定书》。开展深入评估、适时加入《1958 年协定书》研究工作，削减认证壁垒、缩短认证周期、降低出口成本，助力重点企业进一步扩大海外市场。

B.10
欧盟新电池法对中国新能源汽车出口的影响分析

范柏余 孙昱晗 刘雪峰*

摘　要： 为应对全球气候变化和维护产业利益，欧盟酝酿出台新电池法及拓展细则，通过计算动力电池全生命周期的碳足迹、要求材料回收率以及再生材料使用率等，形成了事实上的绿色技术壁垒，大幅提升了进口电动汽车的合规成本，对我国电动汽车出口欧盟地区造成重大影响。为此，中国新能源汽车产业应健全动力电池碳足迹政策法规体系及数据体系，完善我国电池回收利用体系。

关键词： 欧盟电池法规　碳足迹　合规成本　汽车出口

一　出台背景、主要内容和核心要求

《电池与废电池法规》（以下简称"新电池法"）法是欧盟为应对全球气候变化和推动电池供应链可持续发展所推行的全新环境立法。该法规以欧盟委员会在2020年12月10日的提案为基础，并在2023年1月18日达成欧盟委员会、欧洲议会与欧盟理事会三方之间的最终协定，于2023年8月17日正式生效，2024年4月底欧盟发布电动汽车电池碳足迹计算方法和实施细则。

---

* 范柏余，工程师，主要研究方向为新能源汽车及动力电池产业政策，现任中国汽车战略与政策研究中心低碳经济研究部研究员；孙昱晗，工程师，主要研究方向为新能源汽车及动力电池产业政策，现任中国汽车战略与政策研究中心新能源汽车研究部研究员；刘雪峰，高级工程师，主要研究方向为汽车政策，现任中国汽车战略与政策研究中心智库研究部部长。

（一）实施范围涵盖包含电动汽车动力电池在内的五类电池

新电池法旨在通过对电池的整个生命周期进行监管，发展循环经济，即覆盖电池从生产到废弃回收的整个生命周期，并确保"安全、可持续、有竞争力"。管理范围主要包括五类电池：电动汽车动力电池，轻型运输工具电池，启动、照明和点火电池，工业电池以及便携式电池。无论是在欧盟本土生产还是进口，无论是单独使用还是集成到电气和电子设备与交通工具等最终产品中，未经组装但投入市场使用的电池，都将纳入管制范围。

（二）电池碳足迹实施"先报数、后定级、再设限"的分阶段管理

电池碳足迹值是指电池全生命周期内所产生的温室气体排放总量的具体数值，通常使用二氧化碳当量（CO_2e）作为度量单位。法规对电池碳足迹实施分阶段管理，可概括为"先报数、后定级、再设限"。制造商需先上报碳足迹声明，内容包含电池碳足迹值、电池制造商等信息。欧盟委员会将依据碳足迹声明数据上报情况制定法案规定碳足迹性能等级和限值。电动汽车动力电池的碳足迹声明、性能等级和限值要求分别在法规生效后的18个月、36个月和54个月开始实施（见表1）。未满足法规相关要求的电池将被禁止进入欧盟市场。

表 1 电动汽车动力电池碳足迹要求时间

要求阶段	生效时间节点要求
一、先报数	以二者最晚者为准： ①2025年2月18日 ②计算规则发布后12个月（征求意见稿于2024年4月发布，正式稿尚未发布）
二、后定级	以二者最晚者为准： ①2026年8月18日 ②等级规则发布后18个月（暂未发布，原计划2025年2月18日发布）

续表

要求阶段	生效时间节点要求
三、再设限	以二者最晚者为准： ①2028年2月18日 ②限值规则发布后18个月（暂未发布，原计划2026年8月18日发布）

碳足迹值根据"欧盟产品环境足迹方法"（Product Environmental Footprint method，PEF）和"产品环境足迹分类规则"（Product Environmental Footprint Category Rules，PEFCRs）进行计算。核算边界主要包含原材料获取与加工，电池产品生产制造，产品分销（主要指运输）以及报废、拆解、回收、处置等四个方面。

（三）对电池和材料回收率及再生材料利用率提出具体要求

法规要求，到2025年底，废旧铅酸、锂基、镍镉和其他电池的最低回收率应分别达到75%、65%、80%和50%；到2030年底，铅酸电池和锂基电池的回收率将进一步提高至80%和70%。在材料回收方面，法规要求钴、铜、铅和镍四种金属材料的回收率在2031年底需要达到95%以上，并设定锂的回收率到2027年底达到50%，到2031年底达到80%，实施中将根据市场和技术发展以及锂的供应情况对回收率目标进行修正。

为了提高材料循环利用率，法规要求在制造新的动力电池时必须使用一定比例的钴、铅、锂、镍再生材料。法规生效后60个月，电池制造商需披露各型号电池的活性材料中钴、铅、锂、镍的重量信息。法规生效后96个月和156个月，需满足再生材料的最低含量要求。

二 对中国新能源汽车产业及出口的影响

（一）中国动力电池和整车出口将受到限制

欧洲是我国动力电池产品出口的主要市场之一，欧盟对动力电池碳足迹声明、性能等级、限值以及材料回收利用等方面做出的明确要求将直接影响我国动力电池和新能源整车产品出口。据韩国市场调研机构 SNE Research 的数据，中国动力电池在欧洲的市场份额已经从 2020 年的 14.9% 上升至 2023 年的 34%。欧盟对动力电池碳足迹声明、性能等级、限值以及材料回收利用等方面做出明确要求，法国政府计划对低碳足迹的汽车进行补贴，意大利或将效仿法国将整车碳足迹与补贴挂钩。目前，我国动力电池行业尚无统一的碳足迹核算标准、法规、因子数据，相关研究也较为欠缺，无法满足欧盟等国家和地区碳足迹相关的硬性要求，将导致我国动力电池无法进入部分海外市场，搭载动力电池的整车出口同样受到限制。另外，政策体系、产业体系的不完善同样会导致出口受到限制。目前，我国促进再生材料使用的政策体系尚不完善，再生材料使用存在认证流程不全、材料供给不足等问题，未来可能难以满足法规规定的最低限值要求，进一步阻碍我国动力电池和整车产品出口。

（二）出口企业为达到合规要求成本大幅提升

总体来说，我国动力电池和整车出口企业将因不同地域复杂的管理政策、认证体系而面临较大的合规风险。新电池法对我国新能源汽车及电池出口有较大的影响。新电池法对碳足迹、电池回收、回收材料使用、尽职调查等可持续发展议题提出明确的要求，中国新能源汽车及电池出口到欧洲将面临很多问题。国内动力电池和整车出口企业开展国际贸易前，需跟踪、解读法规动态，还需熟悉法规涉及的电池制造商、授权代表、进口商、分销商以及履行服务提供者等多方主体的合规责任和义务，开展电池全生命周期管理并编制相关报告，甚至还需获得外国指定机构认证。企业将投入大量的时间和资金，付出较大合规成本。

三 政策建议

（一）健全动力电池碳足迹政策法规体系及数据体系

建立国内动力电池产品碳排放管理体系。近年来，在全球碳减排背景下，新电池法等相关法规对碳足迹设置一定门槛。我国动力电池产业要想保持出口优势，加强碳足迹管理势在必行。目前，包括宁德时代、亿纬锂能、远景动力、欣达、蜂巢能源在内的电池企业已在碳足迹、数字电池护照等领域开展积极行动。不过，降碳压力不能仅局限于电池企业，碳足迹贯穿动力电池全生命周期，这要求上游如资源开采、前驱体、正负极、电解液、隔膜等，以及下游回收再利用环节同样注重碳足迹管理，实现电池全生命周期的可查询、可追溯。应借助产业链完善、应用数据丰富的优势，加快我国电池碳足迹方法论研究。同时，与欧盟积极沟通，建立合作交流机制，推动中欧电池产品碳足迹方法论的协调与互认。

（二）健全完善我国电池回收利用体系

完善顶层设计，及时完善退役动力电池、再生材料等进口标准和政策，加快动力电池回收立法进程。我国现在已初步建立以生产者责任延伸制度为基本原则的动力电池回收利用政策体系，但缺少成体系的电池行业全链条管理的法律体系，缺少动力电池行业的监管规则。新电池法生效后，中国电池制造商若想在欧洲市场立足，需要适应更严格的环境和审查要求，国内动力电池的规范性文件应该逐步跟上欧美的节奏，与世界市场接轨。相关企业也应做好准备，建议提高企业内部控制和风险管理能力，加大废旧动力电池回收、再生材料使用等方面合规培训和教育力度，提升合规经营管理水平，保障企业持续健康发展。

B.11 欧盟碳边境调节机制对中国汽车企业海外市场发展的影响分析

石红 范柏余 李静怡[*]

摘　要： 欧盟碳边境调节机制（CBAM）旨在确保进口产品与本地产品承担相同的碳排放成本。CBAM实施将增加中国对欧出口企业的成本，降低产品在欧市场竞争力。中国车企需加强碳排放管理，提升低碳竞争力，以应对欧盟绿色贸易壁垒。

关键词： 碳边境调节机制　碳排放成本　低碳竞争力　绿色贸易壁垒

一　CBAM出台目的

CBAM于2026年正式实施，覆盖钢铁、铝、水泥、化肥、电力和氢等六类产品，本质是确保欧盟进口产品与本地产品承担相同的碳排放成本。

（一）争夺全球应对气候变化的主导权，推动全球应对气候行动

欧盟旨在通过CBAM彰显自身在应对气候变化领域的雄心壮志，同时敦促世界各国将碳价和减排力度提升至与欧盟相同的水平。在欧盟关于建立

---

[*] 石红，高级工程师，主要研究方向为汽车双碳战略及经济政策，现任中国汽车技术研究中心有限公司首席专家，中国汽车战略与政策研究中心低碳经济研究部部长；范柏余，工程师，主要研究方向为新能源汽车及动力电池产业政策，现任中国汽车战略与政策研究中心低碳经济研究部研究员；李静怡，工程师，主要研究方向为汽车产业政策，现任中国汽车战略与政策研究中心智库研究部研究员。

碳边境调整机制法案通过的同期，美国民主党参议员于 2022 年 6 月 7 日向参议院金融委员会提交《清洁竞争法案》，英国、日本、加拿大也在加紧酝酿出台自身的碳关税方案。欧美同步在"碳关税"上发力，西方似乎达成某种"碳俱乐部"的共识，旨在争夺全球应对气候变化的主导权，推动全球共同应对气候行动，利用碳价国际传导，强化欧美国家在全球碳定价机制中的核心地位，构建新型绿色贸易壁垒。

（二）扩大欧盟财政收入来源，转移气候治理成本

经济社会完成低碳化转型需要政府和社会投入巨额资金，政府财政面临巨大压力，而实施碳边境调节机制可将气候治理成本转移到全球，尤其是发展中国家。据欧盟估计，实施该机制每年可为欧盟增加 5 亿~140 亿欧元的财政收入，用以投资欧盟绿色环保产业，降低财政压力。

（三）重塑市场竞争环境，提高本地产品竞争力

由于碳交易价格高昂，欧盟相关行业本地企业的碳排放合规成本高于其他国家，一定程度上导致本地产品竞争力不足，相关行业也一直借此反对欧盟实施更严苛的气候法规。实施碳边境调节机制可直接拉平进口产品和本地产品的碳排放合规成本。

（四）重塑产业链供应链，促进制造业回流

欧盟法规目前仅约束本地企业，易使本地企业将碳排放较高的生产制造环节转移至碳排放管制较宽松的国家，造成"碳泄漏"。表面上实施碳边境调节机制可减少"碳泄漏"，实际上是减少资本外流和岗位流失。此外，欧盟碳交易价格是体现欧盟地区技术、能源、人力、治理的综合成本指标。对进口商按欧盟碳交易价格征收，变相削弱了其他国家的人力、能源、监管等成本优势，倒逼企业回流欧盟，尤其是制造业企业。

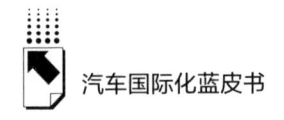

（五）作为新型贸易手段重塑国际经贸规则

碳边境调节机制作为新型贸易手段，必将对全球贸易格局产生深远影响。欧盟等发达国家长期以来通过占据全球高端价值链，向全球攫取高额利润。但在全球价值链转型升级趋势下，以我国为代表的新兴国家正在快速崛起。我国在动力电池、新能源汽车、新一代信息技术等领域已具备全球领先优势，正在向全球价值链中高端攀升，欧盟在全球价值链中的优势地位面临挑战。在此背景下，欧盟试图利用气候治理优势换道超车，通过主导全球气候治理格局重塑国际经贸规则，借此重新抢夺国际话语权。

二 对我国汽车企业海外市场发展的影响

（一）对欧出口企业均将面临成本上升压力

2023年10月1日至2025年12月31日为CBAM过渡期。过渡期结束前，欧盟委员会将对CBAM进行评估，确认是否进一步扩大征收范围和核算范围，以覆盖更多行业产品及其间接排放。因此，我国所有对欧出口企业在与欧盟进行商品贸易前均需密切跟踪CBAM政策动向，并对CBAM造成的影响进行研究评估。钢铁、铝等已进入CBAM覆盖范围的行业企业则需要立即实施碳排放管理，并获取欧盟指定机构的碳排放认证。CBAM的实施将迫使企业投入更多时间和精力用于合规，无形中给企业增加了成本。另外，CBAM要求进口商支付碳排放费用，过渡期内我国受影响的产品主要是钢铁和铝。CBAM将直接引起钢铁、铝等行业企业对欧出口的产品成本上升，进而导致产品在欧市场竞争力下降。此外，我国在欧投资建厂企业如果选择从欧盟外进口钢铁、铝等原材料，也需承担该部分进口原材料的碳排放成本，将面临更高的经营成本。整体来看，我国对欧出口企业和在欧投资建厂企业均将面临成本上升压力，CBAM的实施将使我国企业对欧贸易和投资产生顾虑。

（二）我国相关汽车企业面临的国际竞争压力将进一步增大

目前，欧盟 CBAM 适用范围尚未涉及汽车相关产品，我国汽车企业受该政策直接冲击较小，但因国际化车企低碳竞赛加速带来的间接影响正进一步凸显。宝马、大众、博世等欧洲企业正在加紧制定更加激进的碳中和目标，其汽车产品的低碳竞争力将在短期内获得快速提升，进而对我国汽车企业形成新的产品竞争优势。除加强自身节能减碳外，宝马、大众等欧洲企业也在积极推动上游供应链的深度脱碳，并将自身企业标准要求传递至国内合资企业和供应链企业。我国汽车零部件企业面临来自欧洲整车企业客户的层层减碳压力，不得不以高价购买低碳资源或切换为欧盟本地供应商的方式来满足客户低碳要求，这严重削弱了企业前期构筑的竞争优势。

（三）长远来看，CBAM 将成为我国汽车企业进入欧盟市场的"贸易壁垒"

汽车产业是欧盟重要的支柱性产业，总产值占 GDP 比重超过 7%。长期以来，欧盟凭借不断构筑技术门槛变相保护本地汽车市场。然而电动化低碳化浪潮下，特斯拉、比亚迪、蔚来等企业技术水平及品牌美誉度显著提升，原技术门槛已不足以形成壁垒，欧洲本地汽车企业正面临前所未有的国际竞争。长期来看，欧盟未来可通过精确调整碳边境调节机制征收范围，来保护欧洲引以为傲的汽车产业，成为我国汽车企业进入欧盟市场的"贸易壁垒"。

三 政策建议

建议充分研判 CBAM 影响，强化协同应对，并以此为契机，全面提升行业碳管理能力，引领行业绿色低碳转型。

（一）完善汽车行业碳管理体系

建议以落实"双碳"为契机，借鉴国际碳管理经验及要求，进一步完

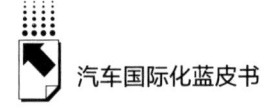

善行业碳管理体系,从战略引领、技术创新、资源整合协同、示范工程引领等方面形成一整套激励约束机制,以激励约束机制推动汽车等相关领域企业加快绿色低碳转型步伐,加快锻造汽车产业低碳竞争优势。

(二)鼓励汽车企业绿色低碳发展

支持企业建立可实施的碳排放管理制度,及时监控核查生产过程及供应链环节碳排放。引导企业在综合考虑生产成本的情况下加强与低碳供应链企业的合作,促进企业低碳生产闭环管理,推进产业链供应链低碳发展。支持企业绿色低碳转型,推动绿色制造技术创新和产业应用示范。

(三)加强企业产业链协同

推动建立汽车企业间低碳产业资源的信息共享、沟通、协调机制,进一步挖掘企业的低碳资源供应潜力,优先保障以欧盟为主要市场的企业获取低碳资源,切实降低企业进入欧盟市场的合规成本,提高我国企业在欧盟市场的产品竞争力。

B.12 欧盟对中国电动汽车反补贴的影响和应对

王英荻 马胜 凌云 杨准营 许焕之*

摘　要： 2024年10月29日，欧盟委员会正式公布针对中国电动汽车开展反补贴调查的最终裁定结果。根据这一裁定，自中国进口的电动汽车将被征收长达五年的最终反补贴税，税率从7.8%至35.3%不等。欧盟对中国电动汽车发起反补贴调查，征收反补贴税，影响中国电动汽车在欧市场竞争力。中国车企需加快在欧洲投资建厂，利用海外生产基地及欧盟自贸伙伴网络辐射欧盟市场，积极与欧盟就价格承诺进行磋商。

关键词： 反补贴调查　反补贴税　本地化生产　价格承诺　市场竞争力

一　欧盟反补贴调查的过程和结果

（一）调查过程

2023年10月，欧盟针对中国电动汽车发起反补贴调查。2024年6月发布初裁结果披露公告，明确了征收临时反补贴税的具体水平。2024年7月欧盟发布初裁公告，正式决定对从中国进口的电动汽车征收临时反补贴税。2024年10月29日，欧盟公布反补贴调查终裁结果（见表1）。

---

* 王英荻，工程师，现任中国汽车战略与政策研究中心产业政策与国际化研究部研究员；马胜，高级工程师，主要研究方向为国际化战略及海外市场政策，现任中国汽车战略与政策研究中心产业政策与国际化研究部高级研究员；凌云，硕士，工程师，现任中国汽车战略与政策研究中心产业政策与国际化研究部高级研究员；杨准营，现任长城汽车技术中心部长；许焕之，现任长城汽车股份有限公司国际营销总监。

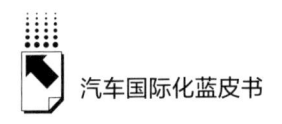

表 1　欧盟反补贴调查时间线

时间	事件
2023 年 6 月	法国主张向中国电动汽车企业施压,积极推动欧盟对中国电动汽车发起"双反"调查
2023 年 9 月	冯德莱恩在欧洲议会的年度欧盟咨情演讲中将矛头对准中国电动汽车
2023 年 10 月	欧盟委员会正式开启反补贴调查
2023 年 10 月	欧盟委员会将三家中国企业确定为首批调查对象,即比亚迪、上汽集团和吉利
2024 年 1 月	欧盟委员会表示 2023 年 10 月发放的所有问卷均已回复,并将启动针对比亚迪、吉利和上汽集团的实地调查,不迟于 4 月 11 日之前结束
2024 年 3 月	欧盟委员会对中国政府部门开展调研
2024 年 3 月	欧盟委员会公布 EU 2024/785 号实施条例,中国产电动汽车自 3 月 7 日起出口欧盟国家需进行为期 9 个月的海关登记
2024 年 5 月	欧盟委员会再次通过 Politico 等媒体警告比亚迪、吉利和上汽集团,表示三家企业没有提供有关补贴、运营和供应链的足够信息,并表示可能将面临更严厉的关税措施
2024 年 5 月	欧盟推迟是否对中国电动汽车征反补贴税的决定,延至 6 月 9 日欧洲议会选举之后
2024 年 6 月	欧盟委员会得出初步结论,称中国电动汽车价值链受益于不公平补贴,并威胁到欧盟电动汽车产业发展,披露中国产电动汽车的临时反补贴税率水平
2024 年 6 月	欧盟委员会执行副主席东布罗夫斯基斯和中国商务部部长就欧盟对中国生产的纯电动汽车开展的反补贴调查进行坦诚和建设性的通话
2024 年 7 月	对中国产电动汽车加征临时反补贴关税
2024 年 10 月	欧委会公布对华电动汽车反补贴调查终裁结果,将对中国进口纯电动汽车征收为期五年的反补贴税,税率在 7.8%~35.3%不等

资料来源:根据欧盟委员会及公开资料整理。

(二)调查结果

本次征收反补贴税的产品是运载 9 人及以下原产于中国的新型纯电动汽车,欧盟海关 CN 编码为 8703.80.10,不包括根据第 168/2013 号法规

(EU)规定的L6①和L7②类车辆以及摩托车。该类车辆(不区分驱动轮数量模式)仅由一个或多个电动机驱动,包括带有内燃增程器(辅助动力装置)的电动机。

在评估反补贴税征税水平时,欧盟委员会综合考量了多种因素,包括企业的合作态度、在欧洲的投资布局以及企业所有权类型等。具体来说,一是比亚迪、吉利等抽样企业配合调查程度高,加征税率较低。此外,参与调查但未抽样企业税率同样低于其他未参与调查企业。二是比亚迪、吉利等计划在欧建厂或已经开展投资布局的企业,因被认为能够显著促进当地经济发展,对其征收反补贴税税率相对较低。三是在欧洲市场出口规模较大的企业,如上汽集团(包括五菱品牌),面临较高的税率。四是上汽集团因属国有企业,被认为更有可能获得中国政府的补贴,其税率较高。具体征税情况如表2所示。

表2 不同类型企业反补贴税税率情况

单位:%

企业/类别	临时反补贴税水平
比亚迪	17.0
吉利	18.8
上汽	35.3
其他合作公司(包括爱驰、江淮、宝马、奇瑞、一汽、长安、东风、长城、零跑、南京金龙、蔚来和小鹏)	20.7
所有不合作公司(广汽、理想、合众、五菱等)	35.3
特斯拉	7.8

资料来源:根据欧盟委员会公告整理。

(三)本次反补贴调查特点

欧盟此次反补贴调查采用"有罪推定"模式,并且不顾中国企业的

---

① L6类车辆:运载质量不超过425公斤,最高车速不超过45公里/小时,点燃式发动机排量不超过50cm³,压燃式发动机排量不超过500cm³,座椅数量不超过2个的轻型四轮车。
② L7类车辆:载客质量不超过400公斤,载货质量不超过600公斤,不能归类为L6车辆的重型四轮车。

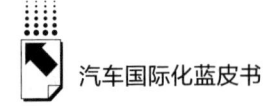

抗辩，存在较强的政治意图。从发起调查原因来看，正常情况下贸易救济调查多由相关产业主动发起，但此次调查不是由欧盟产业界主动申诉，而是欧盟委员会自行判定可能存在威胁，并依职权开启调查。欧盟内部对本次调查的态度呈现严重分歧。法国由于对中国市场依存度较低，积极推动此次调查；与之相反，德国汽车产业深度依赖中国市场，担忧中国采取相应反制举措，因而坚决反对。此外，在调查过程中，欧盟对中国企业提出诸多不合理要求，超出企业正常举证范畴，破坏了公平公正的调查环境。

二 欧盟反补贴调查的影响

（一）加快中国车企在欧洲投资建厂

推动中国品牌以及在华面向欧洲市场的外资品牌，加速在欧盟区域实现本地化发展。同时，众多欧洲国家积极吸引中国电动汽车制造商前往设厂。例如，2024年2月，比亚迪与匈牙利达成乘用车工厂土地预购协议，大力推进欧洲本地化战略；同年4月，奇瑞在西班牙签署电动汽车生产协议，计划投产欧萌达车型。沃尔沃也计划将部分原产于中国的电动汽车转移至欧洲制造，以应对欧盟对中国电动汽车加征反补贴税。

（二）欧盟可能考虑使用更多政策工具限制中国电动汽车发展

随着中国电动汽车产业在海外市场持续加速拓展，若现行反补贴税未能有效抑制中国汽车在欧盟区域的发展势头，欧盟委员会或将探寻其他限制手段。2024年4月，欧盟竞争事务专员玛格丽特·维斯塔格在普林斯顿大学的演讲中，倡导在七国集团范围内推行基于碳足迹、劳工权益、网络安全以及数据安全等维度的"可信度"标准，这一举措可能被用于限制中国电动汽车的发展。

三 政策建议

一是支持企业在欧洲本地化发展，重点市场以本地化生产代替产品出口，避免贸易摩擦。单纯以产品贸易形式开拓市场易招致贸易摩擦，日本也是以日美贸易摩擦为转折点走向全球产能布局的国际化道路，通过在海外建立生产基地，实现产能的全球布局，减少对单一市场的依赖。应引导我国电动汽车及动力电池企业在审慎研判的基础上，有策略、分级分步开展欧洲本地化生产和经营，深度融入欧洲电动汽车产业链供应链。

二是积极利用海外生产基地及欧盟自贸伙伴网络辐射欧盟市场。当前，我国汽车企业已在东盟、拉美等多个市场建立电动汽车生产基地；中国品牌可利用海外工厂位置优势，特别是位于欧盟自贸伙伴国家的工厂，研究利用当地与欧盟自贸伙伴协定政策，将符合原产地规则的纯电动汽车产品出口至欧盟市场。

三是积极与欧盟就价格承诺进行磋商。自2024年8月起，中方代表已向欧盟委员会提交多轮价格承诺方案，中国车企也应积极参与并提出抗辩意见。中方代表可联合大众、奔驰、宝马等明确提出反对意见的欧洲车企，同时，与德国、瑞典、匈牙利等反对反补贴税的欧盟国家积极沟通，推动达成有利于中国车企的价格承诺方案。

B.13
欧盟数据监管规则对中国汽车产业的影响分析

赵嘉睿 赵佳 刘宇*

摘　要： 欧盟已形成汽车行业管理政策体系和数据监管政策体系的双重监管模式，各成员国结合国情还形成了不同的监管要求。一方面促进欧盟之间的数据流动，另一方面对于"白名单"之外国家和地区建立严格的审查机制，尤其是在产品准入、运营服务、数据跨境和地理信息保护等方面，这对于中国汽车进入欧盟市场提出了新的挑战。中国车企需加强与欧盟图商和相关机构的合作，确保数据合规传输和使用，降低数据安全风险。

关键词： 跨境流通　数据监管　GDPR　地理信息保护

一 欧盟数据监管制度现状

（一）欧盟数据监管政策体系

目前，欧盟已经形成欧盟和成员国协同的两级汽车数据监管体系。欧盟主要聚焦在制定汽车产品数据监管法规和政策，成员国主导解决汽

---

* 赵嘉睿，硕士，现任中国汽车战略与政策研究中心智能网联研究部研究员；赵佳，经济师，主要研究方向为汽车行业数据安全政策法规、数据安全技术、数据价值挖掘与应用等，现任中国汽车战略与政策研究中心智能网联车研究部总监；刘宇，高级工程师，主要研究方向为汽车数据治理和智能网联汽车产业政策，现任中国汽车战略与政策研究中心智能网联汽车研究部高级研究员。

车交通管理面临的数据监管问题，以及落实欧盟在相关方面的数据监管政策。经过长期政策体系建设，欧盟已经形成汽车行业管理政策体系、数据监管政策体系双轨监管局面。汽车行业管理政策主要从产品安全、交通安全角度提出数据监管政策要求，数据监管政策主要将其要求落实到汽车领域。

当前，联合国、欧盟与各成员国在汽车数据监管方面形成了各有侧重的政策管理体系。欧盟层面出台覆盖欧盟的数据监管法规、汽车产品管理法规（含数据监管要求）、交通管理原则（含数据监管要求）。成员国层面（以德国为例），遵守欧盟数据监管法规，遵从汽车产品管理技术法规要求；但在交通管理方面则按照欧盟出台的交通管理原则和德国实际情况，出台适用于德国交通管理的个性化法律法规。

（二）欧盟数据跨境监管政策分析

在汽车数据跨境监管法规方面，欧盟始终坚持高标准保护的原则。欧盟在数据领域的核心监管措施包括 2018 年颁布的《通用数据保护条例》（GDPR）和《非个人数据自由流动条例》，这些条例详细规定了欧盟个人数据的跨境流动以及非个人数据在欧盟境内的流通要求。此外，《数据法案》则进一步对非个人数据跨境流动做出了严格限制，填补了相关规则的空白。

在汽车数据跨境监管路径方面，GDPR 并不直接限制数据流动，而是通过评估数据接收方的保护水平是否达标来实现对数据流动的间接管控。在数据跨境流动过程中，欧盟以充分性认定机制为基准，个人数据可在欧盟成员国之间自由流通，不受任何限制，而非欧盟成员国若想从欧盟成员国获取个人信息数据，则必须达到适足性、充分性标准。只有当欧盟数据保护委员会认定第三国在保护被转移数据方面能够达到 GDPR 所规定的标准时，其与欧盟成员国之间的数据转移才无须特别授权。在其他情况下，欧盟数据保护委员会均会对第三国的数据保护水平进行评估，包括评估第三国在人权和自由方面的立法是否完善、是否加入并履行了与个人数据保护相关的国际协议或承诺，以及政府当局在数据转移、数据控制方面的管理水平等。GDPR 对

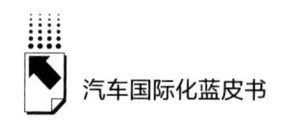

欧盟内部及整个国际数字贸易市场的影响差异显著。它不仅统一并规范了欧盟的数据市场，还促使欧盟以其成员国间的市场标准在全球事务中发挥重要作用。

在境外汽车数据监管方面，欧盟已确立了一套严谨的数据安全国家认可机制，这套机制筛选出与欧盟个人数据保护标准相匹敌的国家名单，当某国或国际组织的数据保护标准得到欧盟的充分性认定后，个人数据即可在欧盟与该国家或组织之间自由流通，无须额外满足特定的合规要求。目前，获得充分性认定的国家有15个：安道尔、阿根廷、加拿大［根据《个人信息保护和电子文件法》（PIPEDA），仅适用于商业机构］、法罗群岛、根西岛、以色列、马恩岛、日本、泽西岛、新西兰、韩国、瑞士、英国、美国（根据欧盟—美国数据隐私框架认证的商业组织）和乌拉圭。其他想要获得认定的国家或地区在进行有关个人信息数据保护立法时向欧盟标准靠拢，进而扩大欧盟数据流动范式的辐射范围，如贝林、泰国、突尼斯、智利、巴西、加拿大等国更新了数据保护法或提出立法草案，究其立法模式和立法内容，明显深受GDPR影响。

在非个人数据跨国访问和传输保护方面，《非个人数据自由流动条例》是欧洲议会于2018年投票通过的一项重要法规，其核心目标在于推动欧盟内部非个人数据的自由流通，并消除成员国对数据本地化的限制。该条例为欧盟全域的数据存储和处理设定了统一框架，明确禁止任何形式的数据本地化限制措施。在涉及公共部门数据的特殊场景下，成员国必须将现有的或计划中的数据本地化限制措施通知给委员会。且这一规定并不影响GDPR的适用，因其范围仅限于非个人数据。

此外，条例还确保数据在欧盟境内能够因监管目的而实现跨境使用。成员国政府机构为履行监管职责，应能够访问在欧盟境内任何地方存储和处理的数据。对于拒绝向成员国相关机构提供数据访问权限的用户（即使数据存储或处理于另一成员国），该成员国有权对其进行制裁，并可要求数据所在国的监管机构提供协助以调取数据，除非这违反数据所在国的公共秩序。

中国不属于欧盟认可的数据安全"白名单"国家，因此如果要将在欧盟境内收集的个人信息传输到中国，需要采用其他方式证明在中国的接收方运用了足够的数据安全保护措施。

二 欧盟对汽车企业数据监管的措施

欧盟主要从产品准入、运营服务、数据跨境和地理信息保护四个方面加强对汽车企业的数据监管。

（一）汽车产品准入环节增加数据监管内容

欧盟主要从汽车产品管理环节提出数据监管政策，这些政策主要通过立法的形式进行约束，影响汽车的型式批准环节。具体的表现形式为框架性指令及技术法规。

欧盟汽车型式批准框架性技术指令主要包括：2020年9月发布并实施的（EU）2018/858《关于对机动车及其挂车和应用于车辆的系统、部件、单独技术单元的批准和市场监督的欧盟议会和欧盟理事会法规》（汽车整车型式批准框架性技术指令）和（EU）2019/2144《关于就一般安全、车辆乘员和弱势道路使用者对机动车及其挂车和车辆上系统、部件、单独技术单元进行型式批准的要求》（零部件型式批准框架性技术指令）。上述两个技术法规给出了构建欧盟汽车型式认证技术法规框架的基本要求，同时也从汽车型式批准的角度提出了对数据技术的强制性要求。在两大型式批准框架性技术指令规定下，大批技术性指令被纳入汽车型式批准的强制性要求中。

欧盟具体技术法规主要包括：2021年6月，联合国世界车辆法规协调论坛（UN/WP.29）发布的3项关于智能网联汽车相关的重要技术法规，R155信息安全（Cybersecurity）、R156软件升级（Software Updates）和R157自动车道保持系统（ALKS），引用并纳入欧盟汽车产品管理技术指令框架体系。上述法规适用于与数据监管相关的M类、N类、部分O类及L3级及以上车辆，并提出对网络安全管理体系（CSMS）认证、软件升级管理体系（SUMS）认证和车辆型式审批（VTA）要求。汽车企业必须完成上述

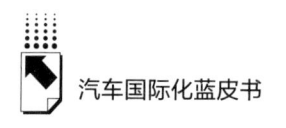

相关认证，产品方可进入欧盟市场。2022年7月起适用于新车型，2024年7月起适用于所有车型。其中，R157法规于2021年1月起生效，2022年6月22日进行修订，修订后的法规基本覆盖高速公路点到点自动驾驶全场景，适用范围由M1类车辆扩展到M类和N类车辆，并将特定交通环境中的自动驾驶系统（ADS）车速上限从当前的60km/h扩展到130km/h。以上法规对整车数据监管提出了较高要求，提高了中国车企进入欧盟市场的门槛。

（二）强化汽车个人信息数据处理流程方法的运营服务监管

GDPR和《数据法案》都同等适用于个人汽车数据保护，同时《数据法案》还进一步拓展了GDPR的相关规定。根据GDPR第20条，数据主体有权接收其个人数据，这些数据应以结构化、通用和机器可读的格式提供给数据控制者。此外，数据主体还有权在不受数据控制者阻碍的情况下，将个人数据传输至另一数据控制者。《数据法案》在此基础上，进一步明确了用户在汽车等物联网数据方面的访问权。该法案规定，用户有权接收因使用产品或服务而产生的数据，包括个人数据和非个人数据，并有权将这些数据传输给第三方。在遵循GDPR的前提下，《数据法案》通过制定统一的规则，实质上扩大了用户的数据控制权，实现对数据流转中个人信息的动态保护。这一举措有助于确保个人数据在流转过程中的安全和隐私。

（三）强化地理信息保护

欧盟一直高度重视地理信息保护工作，通过一系列政策措施来确保其安全性和隐私性。早在2001年，欧盟就提出欧洲空间信息基础框架行动计划，旨在生产一致、高质量的地理信息。2002年1月，欧盟公布《关于网络和信息安全领域通用方法和特殊行动的决议》，对欧盟所有成员国提出加强共同体内与国际网络和信息安全事件的信息交流等。2002年4月的《关于对信息系统攻击的委员会框架决议》，旨在促使成员国在信息系统攻击领域的法律法规上实现最大限度的协调。2002年6月，欧盟发布《电子欧洲2005行动计划》，明确提出要构建安全的信息基础设施。

在推动地理空间信息资源共享方面,欧盟致力于构建国家及跨国的空间信息基础设施。2007 年,欧盟启动"欧盟空间信息基础设施"建设工作,并计划在 2019 年全面落地实施。该系统的建设目标是在欧盟范围内实现机构与公众之间的环境空间信息共享,提升公众获取和使用这些资源的便捷性。其中第 13 条明确规定,在涉及国际关系、公共安全或国防等重大利益,以及保护公共机构机密信息、工商业机密、珍稀物种地区等特定领域时,成员国可以限制公众获取某些空间数据集和服务。这些措施在维护信息自由流通的同时,也确保了国家的核心利益和公共安全不受损害。

三 政策建议

(一)积极推动汽车数据国际技术标准协同合作

我国应积极寻求与欧盟在数据相关技术标准上的深度协同与合作,通过标准协同等创新模式,主动参与并推动我国与欧盟在汽车技术标准领域的全面协调,特别是在新能源、智能网联和数据技术等前沿领域,以共同提升全球汽车产业的技术水平和竞争力。

(二)积极参与国际数据监管规则的协商

我国应积极参与国际数据流动、国际数据交易规则等关键领域的协商与合作,通过加强与各国的协同合作,降低国内车企出海的成本壁垒,为进入欧盟市场的我国汽车企业提供有力支持,帮助其满足欧盟的监管要求,促进国际市场的公平竞争与合作。

(三)积极签订双/多边协议,加强区域合作

借鉴其他数据强国缔结双边协议的成功经验,拓展"数据朋友圈"。深入分析各国在数据治理领域的博弈立场,基于诉求,增进理解,扩大共识,积极推动与各国的协议谈判进程。争取在双边协议中确立明确的框架和原

则,积极参与多边协议的谈判,加强区域合作,以双/多边协议的签订为契机,形成"以双边促进多边,以区域带动整体"的有利格局,共同推动全球数据治理体系的完善与发展。

(四)汽车企业应加强与欧盟图商和相关机构的合作

我国车企应加强与欧盟境内图商和相关机构在地图测绘、应用等方面的合作。在合规的前提下,积极推动与国外机构的数据共享,将地理信息数据区分为公开共享与限制公开两类。同时,应用各种密码技术维护地理信息的安全,减少和消除在定位追踪和数据集成过程中产生的违规风险,确保合作安全。

汽车金融篇

B.14 国际金融业支持汽车产业可持续发展研究

凌晨冰 孙晓行 齐亮 杨熹*

摘 要： 中国汽车产业的高质量发展离不开可持续发展战略的驱动，而金融业在汽车产业可持续发展中扮演着不可或缺的角色。鉴于全球环境保护意识的普遍增强与碳减排承诺的日益凸显，汽车产业正在经历前所未有的转型考验与紧迫性要求。汽车产业通过绿色金融产品获得充足的资金与资源支持，加快绿色转型步伐，向可持续发展道路迈进。通过国际金融业支持汽车产业可持续发展的案例研究，能够详细分析不同国家和地区的金融机构如何通过绿色金融业务，为汽车产业的绿色转型提供资金支持。这些案例不仅能够揭示金融政策与产业政策间的协同机制，更可作为绿色金融领域的创新实践，为汽车产业的发展策略制定提供重要参考。

---

* 凌晨冰，工程师，主要从事汽车绿色金融研究工作，现任中汽碳（北京）数字技术中心有限公司研究员；孙晓行，工程师，主要从事汽车绿色金融研究工作，现任中汽碳（北京）数字技术中心有限公司研究员；齐亮，高级工程师，主要从事汽车领域可持续发展和碳金融、绿色金融研究工作，现任中汽碳（北京）数字技术中心有限公司环境金融室主任；杨熹，工程师，主要从事可持续发展和绿色金融研究工作，现供职于中汽碳（北京）数字技术中心有限公司。

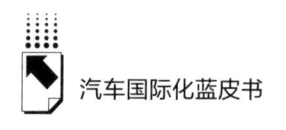

关键词： 汽车产业　可持续发展　国际金融业

一　国际金融业推动汽车产业可持续发展

（一）新能源汽车市场迅速扩张，汽车产业机遇与挑战共存

全球新一轮科技革命中，新能源汽车深度融合绿色能源、人工智能等技术变革，引领汽车产业转型升级新方向。在此背景下，全球新能源汽车市场展现出蓬勃的发展态势。以中国为例，2024年新能源汽车产销量分别达到1288.8万辆和1286.6万辆，同比分别增长34.4%和35.5%，市场占有率达40.9%。新能源汽车出口量达到128.4万辆，同比增长6.7%。其中，纯电动汽车和插电式混合动力汽车分别出口98.7万辆和29.7万辆，新能源汽车出口创历史新高（见图1）。

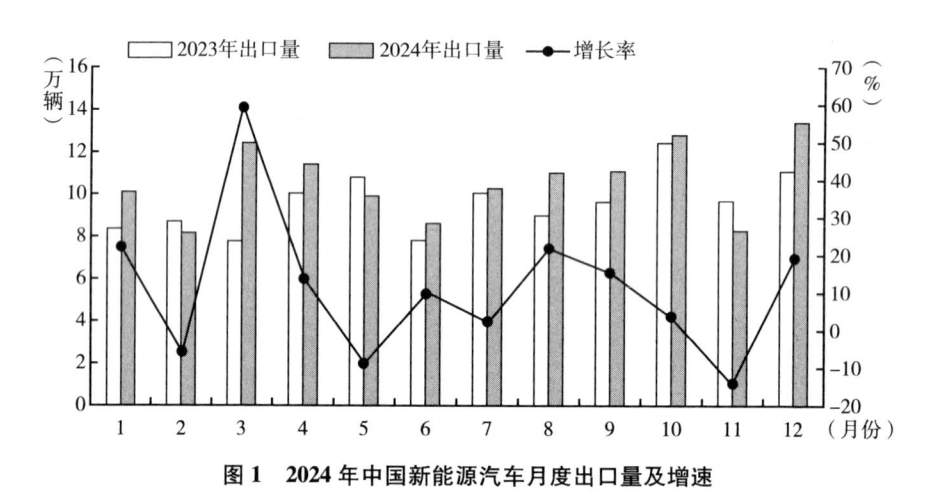

图1　2024年中国新能源汽车月度出口量及增速

资料来源：中国汽车工业协会。

中国新能源汽车企业历经产品出海、产能出海、产业链出海三大阶段，从成本优势到技术壁垒，再到全球产业链优化，中国汽车企业正从"单一

产品出口"迈向"产能全球化布局+产业链深度出海",在全球汽车产业中的地位与影响力不断提升。

1. 产品出海

迈入电动化新纪元,中国新能源车企在电力驱动、电池技术、电控系统等核心技术上确立领先优势,精准捕捉海外市场需求缺口,迎来整车产品出海黄金期。

2024年中国新能源汽车出口的头部企业中,比亚迪以405786辆的出口量稳居榜首,特斯拉以259558辆的出口量排名第二,名爵以63280辆的出口量位列第三,但与前两名的差距明显。奇瑞、极星、沃尔沃以超过4万辆的出口量跻身第4~6名,小鹏、哪吒汽车、荣威、五菱汽车,则以1.9万~2.4万辆的出口量居第7~10名(见图2)。

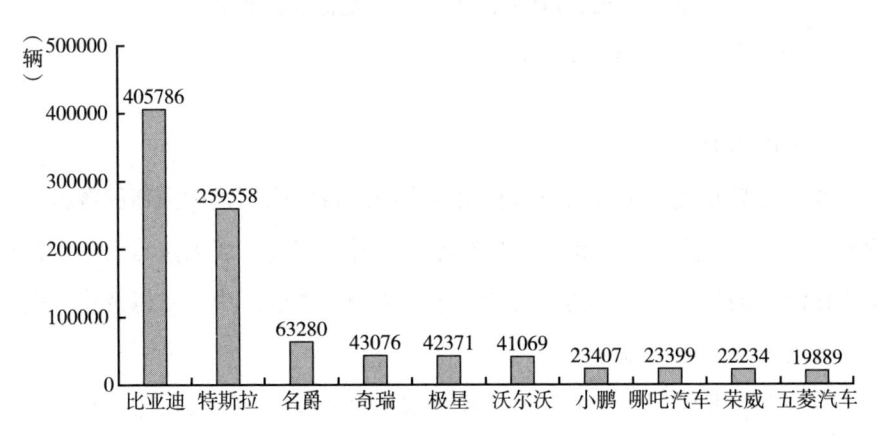

图2 2024年中国新能源汽车出口品牌TOP10

资料来源:乘用车市场信息联席会。

车型出口方面,2024年中国新能源汽车车型出口量前三名中,特斯拉两款车型上榜,Model 3以183178辆稳居第一,Model Y以76380辆的出口量位居第三;比亚迪的宋PLUS以116937辆的成绩排名第二。

从出口目的地看,根据2024年中国新能源汽车出口国销量数据,中国新能源汽车主要出口西欧和东南亚市场,近两年西欧和南欧的比利时、西班

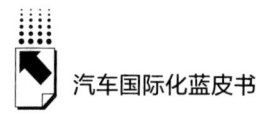

牙、斯洛文尼亚和英国等发达国家持续成为出口亮点，巴西等美洲国家走强（见图3）。

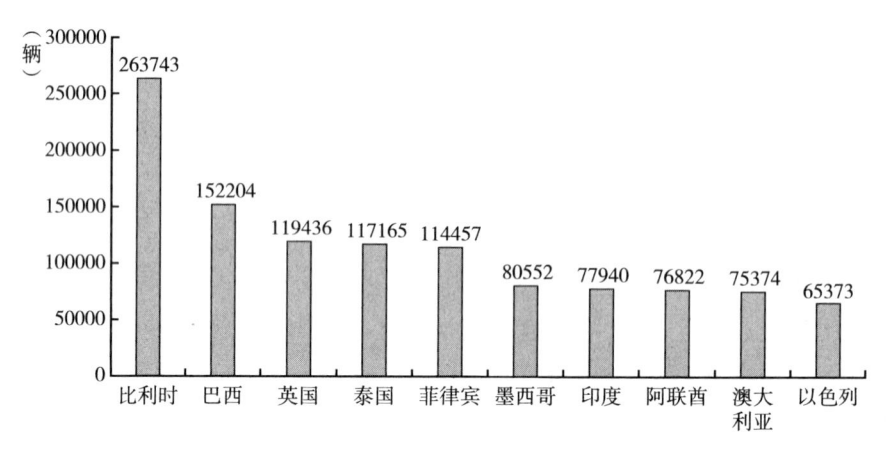

图3 2024年中国新能源汽车出口国销量TOP10

比利时 263743
巴西 152204
英国 119436
泰国 117165
菲律宾 114457
墨西哥 80552
印度 77940
阿联酋 76822
澳大利亚 75374
以色列 65373

资料来源：乘用车市场信息联席会。

2. 产能出海

欧美贸易政策对中国汽车直接出口实施严苛的限制，中国新能源汽车企业积极探索多元化的国际市场拓展策略，海外投资建厂成为焦点。中国汽车企业在海外的工厂布局已初具规模，主要集中于泰国、中东欧以及拉丁美洲等具有发展潜力的区域。

对整车企业而言，产能出海在经济效益上展现出更为突出的优势。通过产能出海，汽车企业能够更好地满足不同国家和地区的市场需求，利用当地的资源和优势，降低生产成本，提高市场竞争力，同时也有助于推动企业的国际化发展，提升品牌的全球影响力。

3. 产业链出海

在新能源汽车产业的全球化布局中，车企建厂尤为重视配套体系的完善性，涵盖电池制造、零部件供应链等全方位配套建设。中国新能源车企海外产能扩张带动产业链上下游企业海外设厂，就近开展市场布局，共谋行业发展新潮流。此举不仅有利于国内成功生产模式的海外复制，还能享受国外提供的关税优惠等激励政策，实现零部件企业出海效益的最大化。

中国新能源汽车产业的迅猛发展，为汽车企业全球化进程与国际化战略的深化奠定了坚实基础。凭借技术创新、完整产业链及市场规模的优势，中国汽车企业在国际市场上竞争力显著增强。同时，"一带一路"倡议的深化实施，不仅拓宽了企业的海外发展空间，还依托共建国家的基础设施建设需求，释放了巨大的市场潜力。

中国汽车企业出海也面临新的挑战，尤其在金融支持方面。一是资金需求庞大，涵盖研发、生产基地建设、销售网络拓展及售后服务体系构建等；二是融资渠道受限，海外融资难度大且成本高，特别是产业链上下游的中小型企业；三是跨境融资复杂，涉及外汇管理、资金流动监管及汇率波动等金融风险。为应对这些挑战，企业需构建完善的风险管理体系，优化供应链金融以提升资金效率，并与金融机构实现稳固合作，以获取更多金融支持与服务。

（二）推动汽车产业可持续发展，金融业发挥重要作用

中国汽车企业国际化与可持续发展，是在国内市场竞争激烈以及全球经济一体化趋势下，积极响应国家"走出去"战略和"一带一路"倡议，寻求海外市场扩张与资源优化配置的必然路径。在此过程中，汽车企业不仅需要应对全球市场的挑战，还需要顺应环境保护和可持续发展的国际趋势，推动产业升级，以满足日益严格的环保标准和市场需求。

在此背景下，国际金融业不仅是资金提供者，更是绿色与可持续发展理念的倡导者，在推动汽车产业可持续发展和开拓国际市场方面提供强劲动力。金融业通过提供资金支持、创新金融产品、加强市场机制建设等方式，缓解汽车产业在转型过程中遇到的资金难题。金融业为新能源汽车的研发、生产和基础设施建设提供资金，还通过绿色金融工具和市场机制促进环保技术的创新和应用，为汽车产业的绿色转型和升级提供了必要的金融资源。通过一系列产品和服务，国际金融业在推动汽车产业可持续发展方面发挥着重要作用。

二 国际金融业助力产业发展的案例研究

国际金融业绿色金融产品涵盖一系列旨在推动全球可持续发展的金融工具，如绿色信贷、绿色债券等。该类产品在为投资者提供经济回报的同时支持环保和气候变化项目，促进全球经济向低碳、可持续方向转型。

当前，欧美等发达国家的绿色金融体系相对成熟，以欧盟为代表的发达国家绿色金融发展更是具有领先优势。欧美国家在法制框架、市场参与主体及绿色金融工具创新上，已构建起较为完善的体系。中国也已构建以绿色贷款、绿色债券为主，辅以绿色基金、绿色保险、绿色信托等多元化产品的金融市场体系。2024年三季度末，中国绿色贷款存量规模超过35万亿元，绿色债券累计发行规模超过3.9万亿元，位于世界前列。

绿色金融政策方面，各国政府及央行不断深化顶层设计，出台一系列法律法规与政策措施，以推动绿色债券、绿色信贷等金融产品的完善。国际金融机构也积极发行与实践绿色金融产品，助力全球绿色金融市场发展。

欧盟作为绿色金融领域的引领者，构建了以《可持续发展融资行动计划》和《欧洲绿色协议》为核心的顶层设计框架，明确了绿色转型目标及政策导向。其可持续金融政策不仅细化了绿色金融活动分类与信息披露标准，还通过发布一系列报告如《欧盟可持续金融分类方案》等为绿色发展提供明确界定与参考。政府层面的政策支持与激励机制，如税收优惠、政府担保以及引导政策性金融机构参与，有效促进了社会资本向绿色金融的流动，加快欧盟绿色经济的转型进程。

美国联邦与州政府合作构建了全面的绿色金融制度体系，设立了专门组织如环境金融中心和顾问委员会，以强化绿色金融法律政策执行。银行业积极参与，为绿色产业提供贷款支持，并通过绿色产业项目担保等举措拉动绿色金融发展。同时，美国还创新多样化的绿色金融产品，如无抵押优惠贷款、绿色银行和环保保险等，采用创新商业模式吸引民间资本，全方位推动绿色经济增长。

2024年3月，中国人民银行等七部门发布的《关于进一步强化金融支持绿色低碳发展的指导意见》，是在既有绿色金融框架上的深化与拓展，旨在适应国家绿色低碳发展新需求，针对绿色金融市场新态势，全面优化绿色金融体系关键支柱，旨在提升绿色金融规模与质量，并积极探索转型金融、碳金融等新兴领域，以推动绿色金融体系的全面升级与创新发展。

国内外在绿色金融领域展现出显著的差异性。第一，在政策工具的应用上，中国侧重于政府主导的"自上而下"模式，通过政府产业基金、绿色补贴及结构性货币政策等手段推动绿色发展。而国外则更加多元化，不仅设立绿色基金与补贴，还引入绿色担保、绿色采购机制，并依托碳税与碳市场作为绿色金融发展的重要支撑点。第二，从市场活跃度来看，中国虽已成为全球最大的绿色信贷市场与第二大绿色债券市场，但在市场创新、碳交易活跃度及市场参与者主动性等方面，相较于国际领先市场仍显不足。第三，在绿色金融标准的制定上，中国绿色金融标准的制定方主要包括政府部门、金融监管机构、行业协会等。例如，中国人民银行、中国证监会等部门发布相关绿色金融政策和标准，中国金融学会绿色金融专业委员会等行业协会也积极参与绿色金融标准的制定和推广。而国外则呈现更为开放和多元化的参与格局，包括国际组织、专业机构及企业在内的多方力量也发挥重要作用。

在推动汽车产业可持续发展过程中，绿色金融通过支持电动汽车研发、强化充电设施建设、推动清洁能源应用以及优化可持续供应链管理，全方位引领汽车产业转型，促进产业结构的整体优化与升级。

（一）创新绿色信贷，鼓励绿色消费需求

绿色信贷是指银行或其他金融机构向符合环保要求的项目或企业提供的贷款。绿色信贷不仅是一种金融服务，更是一种推动环境保护和承担社会责任的金融创新产品。国际金融机构注重绿色金融产品创新，面向汽车产业的国际绿色信贷产品很好地发挥了金融引导汽车产业低碳转型的作用，有利于引导消费者形成绿色消费理念。

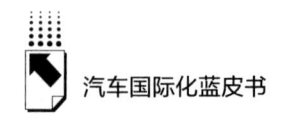

案例一 创新绿色信贷：MECU 银行推行"Go Green 汽车贷款"

澳大利亚 MECU 银行推行的"Go Green 汽车贷款"计划，要求贷款者通过种树来吸收私家汽车的碳排放（见表1）。

表1 MECU 银行推行"Go Green 汽车贷款"案例

项目	内容
背景	➢澳大利亚政府高度重视环境保护和可持续发展,出台一系列政策和措施,鼓励绿色能源、低碳交通和环保产业的发展
举措	➢"Go Green 汽车贷款"产品,对市场上的车款进行能效和排放评估及分级； ➢根据不同级别设定贷款利率,同时要求贷款者以种树方式来吸收汽车碳排放
成效	➢"Go Green 汽车贷款"产品的推出,旨在鼓励消费者购买新能源汽车,减少交通领域的碳排放,对环境和社会可持续发展产生积极影响； ➢该贷款产品推出后,MECU 银行车贷增长 45%,金融机构可利用资金支持更多汽车产业的低碳转型发展

绿色消费引领消费领域低碳转型，创新推广面向消费者的绿色金融产品，有效普及并实践绿色消费理念，并与供给端绿色金融形成合力，共同促进低碳转型。面向消费端的绿色金融作为一种有效的激励机制，可以引导个人增加低碳行为，带动更多人选择低碳生活方式。

另外，通过消费端推行创新绿色信贷产品引导和鼓励绿色需求，不仅能够在消费端促进碳减排，也有利于激励供给端实现绿色低碳转型，进而促进碳减排。消费者绿色消费需求的增长，强力驱动汽车企业研发低碳产品，聚焦低碳转型，加速汽车行业可持续发展。

（二）发行绿色债券，助力产业发展

在绿色金融体系内，绿色债券展现出显著的成长潜力。其一，绿色债券产品中的企业债、公司债及资产支持证券（ABS）等多元产品，能够将社会盈余资金直接引入绿色产业。同时，绿色债券可以拓宽企业绿色项目的融资渠道，成为企业塑造正面形象、提升品牌影响力的有力工具。其二，相较于依赖政府补贴及政策性银行融资的传统模式，绿色债券更能激发企业的内在动力,推动企业在绿色金融领域探索更具经济效益的运营模式,并依据自身实际情况,实施灵活且适度的融资策略。

1. 案例一 支持产业发展:吉利发行首只中国汽车行业离岸绿色债券

2016年5月,吉利成为中国汽车行业首家成功发行离岸绿色债券的公司,总额达4亿美元,用于支持其英国子公司伦敦出租车公司研发零排放的经典伦敦黑色出租车(见表2)。

表2 吉利发行首只中国汽车行业离岸绿色债券案例

项目	内容
背景	➢吉利子公司LTC GB Limited发行,规模为4亿美元,年利率为2.75%;最终的订单金额超过23亿美元,实现超额认购近6倍
举措	➢募集资金用于开发新一代伦敦出租车,以及新建位于英国安斯蒂地区的研发中心和工厂
成效	➢资金支持零排放车辆研发生产,促进零排放交通工具的推广和应用,有助于减少交通运输领域的碳排放; ➢吉利计划将伦敦出租车公司打造为绿色交通领域的领军企业,推动整个行业向低碳、零排放方向转型,从而在更大范围内产生碳减排的连锁效应

2. 案例二 支持产业发展:大众集团发行20亿欧元绿色债券

大众集团于2020年9月发行20亿欧元的绿色债券,所得资金用于电动化转型(见表3)。

表3 大众集团发行20亿欧元绿色债券案例

项目	内容
背景	➢大众集团提出全面电动化战略,计划在未来几年内推出一系列纯电动汽车,减少碳排放并提高能源效率; ➢规模为20亿欧元,绿色债券分为两种,分别为8年期和10年期,年利率分别为0.875%和1.25%
举措	➢所得资金用于电动汽车模块化平台(MEB)的投资、新纯电动车型ID.3和ID.4的发布以及充电站建设等项目; ➢收益使用情况和环境效益将通过年度报告的形式向投资者公开

续表

项目	内容
成效	➢资金用于电动化转型,包括电动汽车模块化平台、新的纯电动车型以及充电站建设。这将直接促进电动汽车的生产和推广,减少燃油车的使用,从而降低交通领域的碳排放; ➢绿色债券相对较低的年利率有助于降低大众集团的融资成本,提高资金使用效率,有助于企业投资新的绿色项目,促进企业可持续发展; ➢大众集团的绿色债券发行和电动化转型举措可能带动整个汽车行业向绿色、低碳方向发展,形成行业示范效应

3. 案例三 支持产业发展：福特汽车发行美企有史以来最大规模绿色债券

福特汽车于2021年11月发行25亿美元的绿色债券,这是福特在其电动汽车转型过程中的重要举措,同时也创下美国企业有史以来规模最大的绿色债券发行纪录（见表4）。

表4 福特汽车发行美企有史以来最大规模绿色债券案例

项目	内容
背景	➢福特汽车正在有序推进到2050年前在汽车产品、运营和供应链等方面全面实现碳中和目标; ➢规模为25亿美元,绿色债券的票息为3.25%,到期日为2032年
举措	➢通过债券募集到的净收入将专门用于投资福特不断增长的纯电动汽车业务; ➢巴克莱、法国巴黎银行、美国银行等众多金融机构共同负责此次债券发售
成效	➢利润用于投资纯电动汽车业务,有利于加快电动汽车的研发、生产和推广,减少传统燃油汽车的排放,对降低交通领域的碳足迹具有直接作用; ➢资金用于扩展充电基础设施,提高电动汽车的使用便利性,促进更多消费者选择电动汽车,从而间接减少因燃油车使用而产生的碳排放; ➢为公司向生产电动汽车转型提供充足资金,推动业务结构调整和优化,适应未来汽车市场的绿色发展趋势

4. 案例四 支持产业发展：梅赛德斯-奔驰首度发行"绿色熊猫"债券

2022年,梅赛德斯-奔驰汽车金融有限公司在中国银行间债券市场成功发行首只"绿色熊猫"债券,规模为 5 亿元,成为首个在中国发行的外资汽车企业(见表 5)。

表 5　梅赛德斯-奔驰首度发行"绿色熊猫"债券案例

项目	内容
背景	➢"绿色熊猫"债券由梅赛德斯-奔驰集团股份公司担保,超额认购 3.1 倍; ➢发行规模为 5 亿元,期限为两年,票面利率为 2.9%; ➢Ambition 2039 的战略目标,即到 2039 年实现全面碳中和
举措	➢净收益将捐给中国子公司梅赛德斯-奔驰租赁有限公司,资金用于为新能源汽车的新客户租赁合同融资
成效	➢低利率有助于降低企业融资成本,在中国债券市场的成功发行,为公司开辟了新的融资渠道,多样化支持企业的绿色转型; ➢利用资金为新客户提供电动车租赁服务,进一步推动新能源汽车的市场渗透和应用,加速中国市场向低碳出行转型; ➢作为第一家在中国发行绿色债券的外资非金融企业,为行业树立了榜样,推动更多汽车企业关注绿色金融,促进行业绿色发展

在绿色金融赋能产业低碳转型的过程中,汽车企业和金融机构既是重要的参与者,也是有力的推动者。一方面,汽车企业作为绿色金融的需求侧,利用绿色金融支持深化新能源汽车研发、加速碳减排技术创新,实现绿色低碳转型。另一方面,金融机构凭借其强大的资本优势,参与绿色金融市场的投融资,为绿色项目和企业提供资金支持,为行业可持续发展注入活力。

(三)可持续供应链金融,推动产业低碳转型

在可持续发展理念逐步深化、政策指导趋于密集、市场实践加快发展的背景下,如何更好地发挥核心企业的带头作用和金融业的支持作用,将可持续发展理念融入汽车产业的低碳转型过程中,带动汽车产业减碳脱碳,是下一步需要解决的重要议题。基于可持续发展理念运用的场景,未来供应链金融与可持续发展理念的融合发展是推动产业低碳转型的重要路径。

1. 案例一　助力产业转型:国内汽车金融行业首单 ESG 挂钩银团贷款

2022 年 7 月,汇丰协助吉利控股集团旗下的吉致汽车金融有限公司成功完成国内汽车金融行业首单可持续发展挂钩银团贷款(见表 6)。

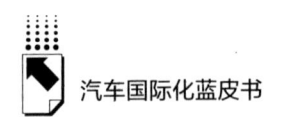

表6 国内汽车金融行业首单ESG挂钩银团贷款案例

项目	内容
背景	➤随着全球对ESG标准的重视加深,可持续发展挂钩贷款作为创新金融工具,通过挂钩贷款成本与ESG绩效目标,激励企业实现可持续发展
举措	➤汇丰中国与吉致汽车金融携手制定ESG目标及KPI,涵盖减排、资源效率提升及社会责任等方面的具体要求; ➤吉致汽车金融实现ESG绩效目标后,将享受贷款利率优惠,既降低融资成本又获得经济激励,推进可持续发展
成效	➤通过这笔贷款,吉致汽车金融有限公司能够更好地支持其母公司吉利控股集团在新能源汽车领域的发展,加速低碳转型进程; ➤这一创新金融工具也为其他行业和企业提供了有益的借鉴,展示了通过金融创新推动可持续发展的可能性和潜力

2. 案例二 助力产业转型:"渣打迅连"ESG方案提升企业供应链可持续性

2023年12月,联易融携手渣打银行,成功落地首笔可持续挂钩深层供应链融资项目(见表7)。

表7 "渣打迅连"ESG方案提升企业供应链可持续性案例

项目	内容
背景	➤随着全球对ESG标准的重视加深,企业和金融机构都在寻求将可持续发展目标融入业务运营的有效途径,"渣打迅连"平台旨在通过金融科技和ESG评级提升供应链的整体可持续性
举措	➤"渣打迅连"平台通过收集和分析供应商的ESG评级,为其核心企业客户及其子公司提供深层供应链金融服务; ➤平台引入第三方评级机构的ESG评估标准和机制,确保评级的专业性和科学性; ➤联易融和渣打银行向供应链上的供应商提供专业全面的ESG评级,并将其与融资激励机制挂钩
成效	➤供应链企业参与该项目可获得专业的ESG评级报告,全面了解自身在各个维度的表现,并据此改进和提升,有助于企业的可持续发展; ➤核心企业利用供应商ESG报告识别供应链风险,帮助企业加强供应链管理,实现从供应链融资到供应链管理的转型需求; ➤引入权威ESG评估标准,核心企业评估供应链伙伴表现并融入治理框架,共筑绿色供应链生态圈

可持续发展指标的量化和 ESG 评估可在供应链可持续发展中发挥关键作用。随着可持续发展理念的深入推进，与可持续发展挂钩的供应链金融模式具备广阔的应用空间。在新能源汽车领域，可持续供应链金融可面向汽车全生命周期提供金融支持，尤其在原材料及零部件、工厂生产、运行使用、回收报废等关键环节，创新的绿色金融产品可进一步挖掘供应链联动带来的减碳潜力。联合更多的核心企业、供应链企业和金融机构推广借鉴这一经验，对于推动供应链金融向更高效、更可持续的方向发展具有重要意义。通过不断完善和推广这种创新的融资模式，汽车产业供应链能够更好地应对环境和社会挑战，实现可持续发展目标。

（四）创新绿色金融服务，提供解决新方案

绿色服务相关领域，商业银行通过自行研发或联合外部机构提供绿色咨询方案，以及提供碳账户存托管服务，并参与碳市场的分配、拍卖和衍生品交易服务等方式，发挥更多的能动性，积极参与和开发多种多样的绿色服务方案。持续提升绿色金融服务质效，探索绿色金融的产品创新。

1. 案例一 创新绿色金融服务：首个应对欧盟碳关税金融产品

中国银河国际控股有限公司于 2023 年推出欧盟碳排放权期货合约跨境碳收益互换（TRS）产品，TRS 产品提供 1~5 倍交易杠杆，可以降低企业资金成本（见表 8）。

表 8 首个应对欧盟碳关税金融产品案例

项目	内容
背景	➢CBAM 定价暂定与欧盟碳排放配额拍卖价格挂钩，CBAM 为进口产品的碳含量乘以欧盟碳价与出口国碳价的差额，碳价的价格波动会给企业带来风险； ➢预期各国会参照欧盟相继推出碳关税，但不同国家定价挂钩的碳配额种类可能存在差异，企业难以提前预测将以何种形式缴纳碳关税
举措	➢实现方式为境内客户同期货子公司银河德睿签署 SAC"主协议"与 SAC"补充协议"，签署协议约定的互换标的是欧盟碳期货； ➢引导客户资金通过银河国际投资管理部投资境外碳排放权，银河德睿则负责将碳期货收益全部分配给客户

续表

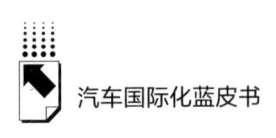

项目	内容
成效	➢为中国境内企业提供了交易欧盟碳排放权期货合约的通道,碳关税征收范围内的企业可通过本产品进行套期保值; ➢通过该通道交易可以让更多的中国企业深入了解欧盟碳市场机制,提前掌握欧盟碳价格(与欧盟碳关税挂钩)的波动机制,为未来规避碳关税风险提供有力支持

2. 案例二 创新绿色金融服务：瑞穗银行绿色存款计划

瑞穗银行绿色存款，是指其资金用途限定于可再生能源及节能产业等环保事业融资的专项募集存款（绿色授信）。瑞穗银行募集的该存款将全部投放于绿色授信，企业可通过间接为绿色授信融资提供资金，实现对ESG投入的支持。丰田工业（昆山）有限公司于2023年9月、2024年2月两度在瑞穗银行成交绿色存款（见表9）。

表9 瑞穗银行绿色存款计划案例

项目	内容
背景	➢在中国推动实现"双碳"目标的大背景下,汽车企业支持绿色低碳发展; ➢绿色存款机制匹配存贷款需求,促进企业财务可持续发展,同时为绿色低碳项目提供更多金融支持
举措	➢通过绿色存款计划,将企业盈余资金投放至可再生能源及节能产业等有利于环境改善的绿色项目中; ➢存款方通过间接为绿色授信融资提供资金,来实现公司对ESG的投入,以及低碳环保和节能减排的目标
成效	➢通过将资金引导至低碳项目,有助于减少碳排放,降低对环境的负面影响,推动企业向低碳经济转型; ➢参与绿色存款计划可以提升企业的绿色形象和声誉,向利益相关方展示企业在可持续发展方面的积极态度和行动; ➢通过与金融机构合作,企业的绿色行为可以获得更多的资金和资源支持,推动绿色技术的研发和应用

推动企业自身和汽车产业的可持续发展，离不开汽车企业与金融机构的通力协作，合作开发创新绿色金融工具。对于金融机构而言，强化金融创新

产品设计，可为汽车企业实现可持续发展提供多元化和充足的资金支持，满足汽车产业复杂多样的金融需求。

三 案例分析与比较

国际上支持汽车产业发展的绿色金融产品日益多样化，每种金融产品都在特定的领域发挥着关键作用。绿色信贷提供了灵活的融资解决方案以实现绿色目标；绿色债券为大型项目筹集资金并确保其环境效益；可持续供应链金融通过供应链管理提升整体可持续性；创新绿色金融服务则为汽车企业实现可持续发展的多元化需求提供支持。这些绿色金融产品通过金融手段推动汽车产业向绿色、可持续转型，促进汽车产业可持续发展目标的实现。

（一）金融服务及产品类别分析

1. 绿色信贷

绿色信贷的特点在于其具备明确的政策导向，旨在引导资金流向有利于环境保护和可持续发展的领域。在信贷审批中，会将项目或企业的环境影响和风险评估作为重要考量因素，从而促使借款方更加注重环保和可持续经营。同时，为了激励绿色项目的发展，绿色信贷通常会为其提供优惠利率、更高的贷款额度等支持。此外，绿色信贷还强调信息披露，要求借款企业履行环境相关披露义务，以提高透明度。

此外，绿色信贷相关风险管理也是国际金融机构关注的重要议题之一，在绿色信贷的风险与环境保护评估框架内，国际金融机构采取三大核心策略来强化风险防控，为绿色信贷的稳健发展注入强劲动力。第一，构建一套科学严谨的环境评估及信贷审批体系，确保信贷决策与环境标准紧密挂钩。第二，通过设立专注于绿色信贷的专业机构或部门，来提供专业的风险评估指导，增强银行在绿色信贷领域的专业能力。第三，引入环境压力测试作为量化评估环境风险的工具，实现环境风险管理的精细化与数据化，为绿色信贷的差异化决策提供科学依据（见表10）。

表10　国际金融机构绿色信贷环境风险评估案例

银行	主要内容
花旗银行	基于"赤道原则",构建环境与社会风险管理体系,涵盖贷前审核、贷后监控及环境政策培训、风险管理、外部合作与环保业务开发等全方位机制
荷兰银行	构建环境因素分析库,研究各行业环境影响与风险,制定绿色贷款排除名单,并依据荷兰银行SRI分级项目风险,实施差异化尽职调查以指导绿色信贷决策
巴克莱银行	巴克莱通过定性与定量评估项目环境效益,并编制综合社会与环境的信贷指引,向全球170多家金融机构推广绿色信贷实践

面向汽车产业的绿色信贷业务,全面覆盖产品多元化、激励机制优化、金融工具创新、国际标准与本土融合及新能源汽车专项支持等领域(见图4)。构建全面的绿色信贷体系,融合企业、个人信贷等多类型服务,并通过可持续发展挂钩贷款、绿色信用卡等金融创新,将绿色金融优惠与可量化的环保绩效挂钩,激励企业和个人参与绿色转型。此外,积极探索环境权益、碳资产等新型抵质押方式,结合金融科技提升服务效能,既遵循国际标准又兼顾本土需求,为新能源汽车消费与生产提供精准金融支持,加快汽车产业绿色、低碳、可持续发展进程。

2. 绿色债券

绿色债券具有资金用途明确、认证和透明披露、融资成本低和市场接受度高的特点。所有募集资金必须用于符合绿色标准的项目,发行公司需经过独立第三方认证,并定期披露资金使用情况和项目环境效益。这种透明性增强了投资者信心,市场信任度高。同时,政府和国际组织的政策支持和财政激励降低了融资成本,吸引更多企业和投资者参与。全球绿色债券市场迅速发展,投资者不仅看中其稳定回报,还因为其符合绿色和可持续相关标准,提升了投资组合的可持续性。

汽车企业通过国际金融业的绿色债券实现国际化,主要是通过利用绿色金融工具来支持其在全球范围内的电动化和可持续发展战略。这些企业发行绿色债券,不仅能够筹集大量资金用于技术研发和基础设施建设,还能借此向全球投资者展示其对环保和可持续发展的承诺。绿色债券的发行通常符合

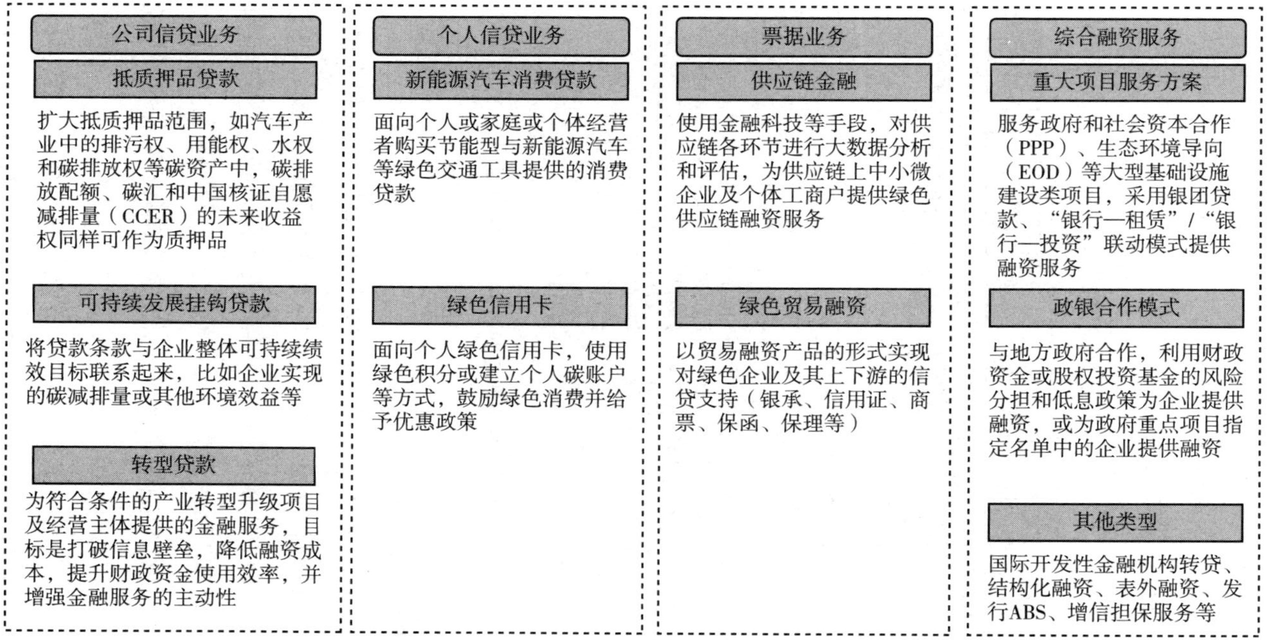

公司信贷业务	个人信贷业务	票据业务	综合融资服务
抵质押品贷款：扩大抵质押品范围，如汽车产业中的排污权、用能权、水权和碳排放权等碳资产，中和碳排放配额、碳汇和中国核证自愿减排量（CCER）的未来收益权可同样作为质押物	**新能源汽车消费贷款**：面向个人或家庭或个体经营者购买新能源型新能源汽车等绿色交通工具提供的消费贷款	**供应链金融**：使用金融科技等手段，对供应链各环节进行大数据分析和评估，为供应链上中小微企业及个体工商户提供绿色供应链融资服务	**重大项目服务方案**：服务政府和社会资本合作（PPP）、生态环境导向（EOD）等大型基础设施建设类项目，采用银团贷款、"银行+租赁"/"银行+投资"联动模式提供融资服务
可持续发展挂钩贷款：将贷款条款与企业整体可持续转型项目目标挂钩起来，比如企业实现降低碳排放量或其他环境效益等	**绿色信用卡**：面向个人绿色信用卡，使用绿色积分或建立个人碳账户等方式，鼓励绿色消费并给予优惠政策	**绿色贸易融资**：以贸易融资产品的形式实现对绿色企业及其上下游的信贷支持（银保函，信用证，商票，保理等）	**政银合作模式**：与地方政府合作，利用财政资金或股权投资基金政策为企业提供分担利低息政策，或为政府重点项目指定名单中的企业提供融资融资服务
转型贷款：为符合条件的产业转型升级项目及经营主体提供的金融服务，目的是打破信息壁垒，降低融资成本，提升财政资金的使用效率，增强金融服务的主动性			**其他类型**：国际开发性金融机构转贷、结构化融资、表外融资、发行ABS、增信担保服务等

图 4 面向汽车产业的绿色信贷业务

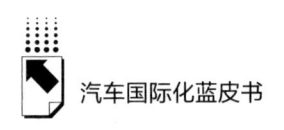

国际绿色金融标准，确保资金使用的透明性和环境效益，从而吸引更多国际投资者的关注和支持。

未来，商业银行在创新绿色债券相关产品时，可以考虑配置创新品种，拓展绿色债券的可持续发展外延（见图5）。

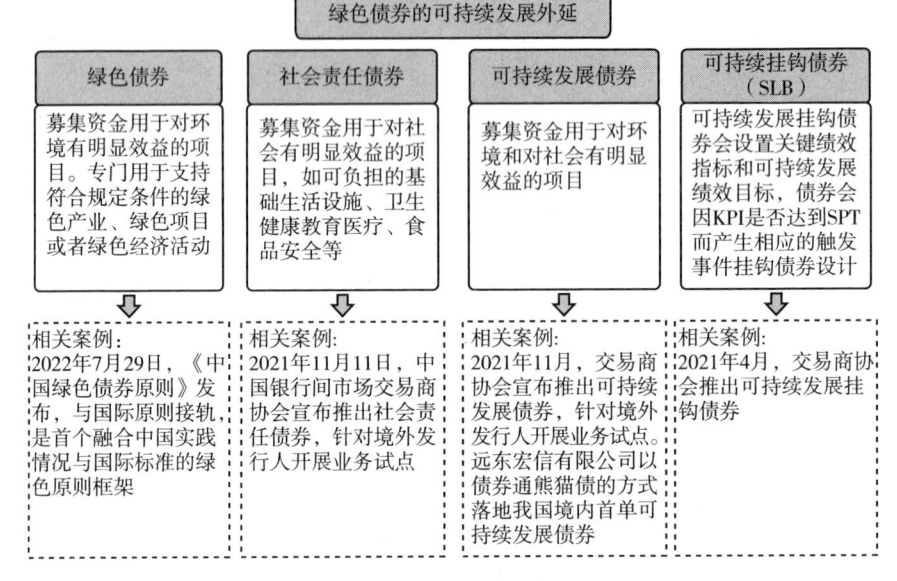

绿色债券	社会责任债券	可持续发展债券	可持续挂钩债券（SLB）
募集资金用于对环境有明显效益的项目。专门用于支持符合规定条件的绿色产业、绿色项目或者绿色经济活动	募集资金用于对社会有明显效益的项目，如可负担的基础生活设施、卫生健康教育医疗、食品安全等	募集资金用于对环境和对社会有明显效益的项目	可持续发展挂钩债券会设置关键绩效指标和可持续发展绩效目标，债券会因KPI是否达到SPT而产生相应的触发事件挂钩债券设计
相关案例：2022年7月29日，《中国绿色债券原则》发布，与国际原则接轨，是首个融合中国实践情况与国际标准的绿色原则框架	相关案例：2021年11月11日，中国银行间市场交易商协会宣布推出社会责任债券，针对境外发行人开展业务试点	相关案例：2021年11月，交易商协会宣布推出可持续发展债券，针对境外发行人开展业务试点。远东宏信有限公司以债券通熊猫债的方式落地我国境内首单可持续发展债券	相关案例：2021年4月，交易商协会推出可持续发展挂钩债券

图5 绿色债券的可持续发展外延

3.可持续供应链金融

可持续供应链金融是一种将可持续发展理念融入供应链金融运作的创新模式，注重供应链的长期稳定性，利用金融工具激励企业采取可持续经营策略。同时，对供应链中的企业进行更全面的风险评估，不仅关注财务指标，还纳入ESG表现等非财务因素。这种模式促进了供应链各环节的信息共享和透明度提升，使得金融资源能够更精准地流向具有可持续发展潜力的企业和项目。

面向汽车产业的可持续供应链金融，依托核心企业，借助外部第三方机构的数据优势，精准解决上下游中小企业因渠道不畅通、信息缺失等而面临的融资挑战，成为惠及小微企业的有效金融产品。同时，供应链金融与绿色金融的深度融合，促使资金精准地向绿色生态流动，优化金融资源在绿色生产中的配置，实现产业链各节点企业与金融机构在绿色环保投融资领域的协同合作。

国际金融业已成功推出可持续供应链金融产品和服务，紧密跟踪绿色行业动态，围绕绿色核心企业的减碳战略，精准对接企业实际需求与业务运营，实现定制化服务。这些银行还根据供应商的可持续发展表现，灵活提供多样化的融资方案，推动整个供应链的绿色转型与可持续发展（见表11）。

表11 可持续供应链金融产品创新案例

银行	创新产品内容
法国巴黎银行	2016年，法国巴黎银行携手国际金融公司与彪马推出绿色供应链融资计划，以1亿美元资金差异化支持彪马全球300余家供货商，依据其环境与可持续发展评级，激励提升可持续绩效
汇丰银行	汇丰银行与沃尔玛合作推出"可持续供应链融资计划"，根据供货商碳减排成效提供差异化融资利率，助力消费品行业推动可持续发展
花旗银行（中国）	2022年1月，花旗银行（中国）为汉高供应商提供依据其可持续发展表现的差异化融资服务，推动化工行业的绿色转型

国际金融业以可持续供应链金融产品和服务创新方式支持产业发展相关领域实践，产品和服务分类较为完善。针对汽车产业，可持续供应链金融需关注小微企业绿色高质量发展需求，加强产品创新，实现丰富供给；强化科技赋能，加强风险防范，服务安全有序降碳；建立内部管理机制，发挥金融资源配置作用，引导企业绿色低碳发展。

（二）面临的挑战与问题

1. 国际金融市场的竞争与标准对接

随着全球对可持续金融的关注加深，国际金融市场已建立一套严格的绿色金融标准和认证体系，旨在确保资金使用能真正促进环境保护和可持续发展。国内金融业在支持汽车产业可持续发展时，必须确保其融资项目符合这些国际标准。这要求金融机构提升自身评估、监测和报告能力，包括建立环境影响评估机制、加强项目跟踪和监督、定期发布ESG报告等。此外，这一提升需要政策支持和行业协作，通过法规制定、政策激励以及行业经验分享，共同提升绿色金融水平。面对国际金融市场的竞争，国内金融机构需积极对接国际标准，提升自身能力，以更好地支持汽车产业可持续发展，吸引更多国际资本，推动国内绿色金融发展。

2. 风险识别与管理能力的提升

中国汽车产业链中供应商的ESG风险显著增加，过去五年总体风险增长近3倍，环境和社会风险分别增长7倍和近5倍。供应链末端的ESG风险管理薄弱，随着层级降低，管理难度增加。大型企业的ESG违规风险高于中小企业，特别是社会风险方面，但其分散风险的能力较强，小企业在社会风险管理上更脆弱，需采用适应规模的风险管理策略。

金融机构在投资汽车产业时需重点关注ESG方面的潜在风险，建立精细化的技术评估体系，确保技术成熟度和可行性；完善的市场风险评估机制，通过市场调研和行业分析，准确把握市场动态；动态的政策风险监控机制，提前预判政策变化并制定应对策略。通过全面的风险识别和管理，金融机构可以确保资金安全与投资高效，推动汽车产业健康发展，为绿色经济和智能出行目标提供有力支持。

3. 资金成本与长期投资的平衡

汽车产业可持续领域相关项目因其长期性且大量的资金需求，面临金融市场短期逐利行为的挑战，长期投资受到一定限制，进而制约了项目发展和产业绿色转型。为此，金融机构借助绿色融资工具，如绿色债券、股权融资和资产证券化，吸引长期资本参与。同时，合理控制融资成本，避免企业负担过重，利用低息贷款和政府补贴等方式助力企业降低资金成本。通过实现资金成本与长期投资的平衡，推动汽车产业可持续领域相关项目顺利进行。

4. 政策协调与国际合作

汽车产业的可持续发展涉及多国政策、标准和市场的协同，国内金融业在推进国际化进程时，需密切关注国际贸易规则和国际碳定价机制的变化，并加强与国际相关机构的交流与合作。及时了解和应对国际贸易规则调整，尤其是环保标准和碳排放法规的变化，可衍生出新的产品或融资需求，如欧盟的 CBAM 对国内企业的出口成本和竞争力产生直接影响。金融机构可对应开发碳金融产品，提供创新金融产品支持，帮助企业应对碳成本和碳价波动风险。此外，可通过联合设立绿色投资基金和引入国际绿色金融标准，提升绿色金融服务能力，推动跨国界项目融资和风险管理。同时，积极参与国际绿色金融标准制定和推广，推动国内外绿色金融政策对接和协同，加强多层次沟通与协调。

5. 绿色金融产品和服务创新

绿色金融产品和服务的创新是推动汽车产业可持续发展的关键因素。虽然国内已推出绿色信贷和绿色债券等产品，但在支持汽车产业链中小企业资金需求方面的产品创新和个性化服务仍显不足，需要进一步加大创新力度以满足多样化的融资需求。

四　国际金融业支持汽车产业可持续发展的启示与建议

国际金融业在支持汽车产业可持续发展方面积累了丰富的经验，这些经验为国内外汽车产业与金融机构提供了宝贵的产品思路。具体的策略与建议可总结为以下几个方面。

（一）加强风险管理能力建设

为了应对国际 ESG 尽职调查和国内汽车行业供应链可持续发展的需要，加强风险管理能力建设，金融机构可考虑将 ESG 因素纳入信贷评审和投资决策的流程，通过激励约束机制调动金融机构开展绿色金融业务的积极性，保障绿色金融业务的有序开展。截至 2021 年 9 月，包括中国在内的 43 个新兴市场国家已发布 282 条与可持续融资相关的政策文件，旨在改善环境和社会风险管理并促进资本流动。通过全面评估企业的 ESG 结构，金融机构能够更准确地识别和管理潜在风险。建立专业的 ESG 评估团队和专门的风险管理工具，通过定期跟踪和透明报告，金融机构可以有效支持可持续发展项

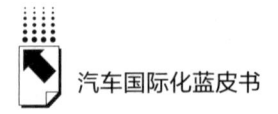

目，增强市场信任和企业声誉。有助于提升对可持续发展项目风险与机遇的识别与管理能力，同时推动金融体系的稳健发展。

（二）创新金融产品和服务

产品和市场体系是绿色金融支持实体经济的直接载体，丰富的金融产品可以扩大潜在的投资标的范围。据CBI统计，截至2023年底，全球绿色债券、社会责任债券、可持续发展债券和可持续发展挂钩债券的累计发行量已达5.5万亿美元。

为响应国内外汽车产业对可持续发展的需求，金融机构可创新定制化的绿色金融产品，涵盖绿色供应链金融解决方案及碳排放绩效挂钩融资机制。其中，绿色供应链金融为产业链上下游企业提供优惠利率贷款或绿色债券发行服务，而碳排放挂钩融资策略则通过贷款利率与企业碳减排成效直接关联，激发企业采取减排行动，优化环境表现。精准应对汽车产业转型期的挑战，加速整个供应链向绿色、低碳化转型的进程。

（三）加强数据与技术应用

为促进汽车产业绿色、可持续发展，深化数据与技术融合应用尤为关键。在"双碳"战略指引下，产品全生命周期的碳排放管理已成为重要任务。2023年6月，国际可持续准则理事会（ISSB）正式发布两项可持续披露准则（IFRS S1和IFRS S2），明确要求企业披露包含上游和下游整个价值链的碳排放信息。标志着可持续信息披露从以自愿披露为主向强制披露要求的重大转变，对中国车企及供应链企业提出了更高的要求。

汽车产业链碳足迹等可持续相关信息的披露机制有助于金融机构更准确地了解产业链上下游企业的经营状况和潜在风险，通过提高信息披露的透明度、准确性和及时性，打破企业与金融机构间的数据壁垒，使企业需求以及可持续相关信息流通更加通畅。

（四）主动参与国际标准制定

国际协作框架提高了绿色金融标准与产品的全球接纳度，并拓展其市场融入深度。如欧盟 2020 年提交的《欧盟可持续金融分类方案》，细化界定并拓宽评估边界，引领绿色金融标准化与国际化。国际组织如 G20 可持续金融工作组、UNEP FI、NGFS 和 IPSF 等，通过多边平台推动绿色金融国际交流和深化合作。

主动参与国际标准制定对于提升中国金融业在全球绿色金融领域的话语权和影响力至关重要。中国金融机构积极参与国际绿色金融标准和规则的制定过程，可使我国的声音和诉求在国际舞台上得到充分体现。通过分享经验和创新成果，中国金融机构可以提升国际地位，推动国际规则公平合理，保障我国在全球市场的利益。此外，参与国际标准制定有助于国内相关机构更好地构建符合国内发展现状、具备产业特色的 ESG 评价体系，提升国际竞争力，获得更多国际投资者的认可和支持。

参考文献

中国汽车工业协会：《数据简报｜2024 年 12 月新能源汽车产销情况简析》。
乘用车市场信息联席会，https：//data.cpcadata.com/ManRank。
毕马威中国：《助力实现"双碳"目标 绿色金融大有可为》，2021 年 9 月。
中国人民银行：《2024 年三季度金融机构贷款投向统计报告》，http：//www.pbc.gov.cn/goutongjiaoliu/113456/113469/5501508/index.html，2024 年 11 月 8 日。
中国人民银行、国家发展改革委、工业和信息化部等：《关于进一步强化金融支持绿色低碳发展的指导意见》，2024 年 3 月 27 日。
北京绿色金融与可持续发展研究院等：《供应链金融支持绿色金融与普惠金融融合发展研究报告》，2023 年 3 月。
中汽数据：《产业链视角下的汽车企业 ESG 风险剖析》。

B.15
全球汽车产业碳金融发展报告

王文恺 刘焕然 齐 亮*

摘　要： 在全球积极应对气候变化的背景下，汽车作为温室气体排放的主要来源之一，低碳化转型的重要性日益凸显。碳金融作为一种促进绿色低碳发展的金融工具，正逐步融入汽车产业链中，加速汽车产业的可持续转型。本报告深入剖析了全球汽车产业碳金融的现状，同时直面其面临的挑战，并展望其未来发展趋势。首先，全球碳金融市场正经历一场快速扩张的浪潮，以欧盟 ETS 2 提出正式纳入交通运输行业及中国地方碳市场纳入相关汽车主机厂为标志，交通与汽车产业启动融入碳市场的进程。其次，随着 CDM 机制的落幕，国际自愿减排市场经历快速发展后回归理性，市场对高质量碳信用的渴求日益凸显，市场对汽车产业的高质量抱有期待。同时，中国的主要碳市场逐步走向成熟，纳入汽车产业指日可待。然而，由于技术与经验的累积，中国主要碳市场中的碳金融工具仍有待进一步完善和发展。最后，全国自愿减排市场的重新启动，以及地方碳普惠市场的快速发展，为汽车产业融入这一体系提供了广阔的舞台。在这场汽车产业与碳金融深度融合的变革中，汽车产业迎来前所未有的发展机遇，也将直面考核压力和技术挑战。

关键词： 碳金融　碳交易　碳市场　碳资产　自愿减排

---

* 王文恺，工程师，主要从事碳市场、碳计量研究工作，现任中汽碳（北京）数字技术中心有限公司研究员；刘焕然，工程师，主要从事汽车领域碳金融及产品碳足迹研究工作，现任中汽碳（北京）数字技术中心有限公司主管；齐亮，高级工程师，主要从事汽车领域可持续发展和碳金融、绿色金融研究工作，现任中汽碳（北京）数字技术中心有限公司环境金融室主任。

一 全球碳金融与汽车：全球碳金融快速发展壮大，汽车产业蓄势待发

（一）交易市场蓄势待发，欧洲市场先行试点

1. 全球碳市场快速扩张，地域行业迅速覆盖

碳金融近年来展现出前所未有的活力与潜力，逐渐成为全球应对气候变化行动的核心组成部分。碳定价作为碳金融的基础，通过各国政府为碳排放设定价格，促进相关金融产品和市场的发展；而碳金融则通过多样化的投资工具放大了碳定价的政策效果，两者相辅相成，共同推动全球低碳转型。一种高效政策杠杆已由十年前仅覆盖全球7%排放量的边缘地位，跃升至今日影响约全球24%碳排放量的主流政策工具。截至2023年，全球已有75项碳定价机制投入运作，收入达1040亿美元。

近期，澳大利亚、墨西哥、巴西、印度、土耳其等关键区域经济体在碳排放交易机制上均取得实质性进展，全球碳交易与管控体系正跨越地域与人口边界，迈向普及与深度整合阶段。碳排放管理与碳金融也正从传统的高排放行业，如能源、金属制造、水泥生产等领域，加速扩展至航空、道路运输、航运及废弃物管理等行业。汽车产业作为交通运输的重要产业之一，日益成为金融市场及各参与主体瞩目的焦点。

2. 欧盟ETS2启动在即，成熟市场试验先行

建立于2005年的欧盟碳排放交易体系（EU Emissions Trading System, EU ETS），作为发展最早、最为成熟的碳市场，现已囊括欧盟27国以及冰岛、列支敦士登和挪威，监管能源部门及制造业约10000个固定排放设施和欧盟境内航空排放，覆盖欧盟约40%的碳排放，是目前全球规模最大、交易量占比最高的碳排放交易体系。

随着《欧洲绿色协议》的推进，欧盟在2023年提出建立第二套排放交易体系（ETS2），旨在覆盖包括建筑和道路运输在内的排放源，其中道路运

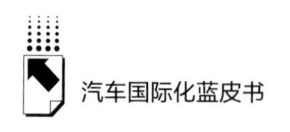

输行业针对燃料供应商要求监测和报告碳排放量。ETS2 计划于 2025 年正式启动排放监测与报告，2026 年设立社会气候基金，2027 年全面实施配额管理制度，其中 30%的配额将通过拍卖形式分配。

这一政策变革对汽车产业具有深远意义：它将直接增加传统内燃机车辆的运营成本，迫使运输公司和汽车制造商寻求低排放解决方案，加速低碳技术与可持续供应链的资本注入，促进新能源汽车快速发展。同时，汽车产业将迎来碳金融工具与机制的革新潮，为低碳技术的推进提供金融支撑，加速低碳技术的商业化进程与市场应用，推动汽车产业向低碳模式转型，并深度融入不断发展的碳交易机制中。

（二）国际自愿减排市场迎接挑战，汽车产业有待充分发展

1. CDM 高开低走，机制新旧更替

清洁发展机制（CDM），作为《京都议定书》框架下的灵活机制之一，是最早、应用最广泛的自愿减排机制。CDM 早期备受国际资本市场青睐，核证减排量（CERs）的市场价格于 2008 年快速上涨到每单位 25 欧元，注册项目数量在 2012 年（第一承诺期末）就已超过 7000 个。

CDM 在全球范围内促进了可再生能源项目的蓬勃发展（约占项目总数的 85%），但在汽车产业的发展相对有限，其在方法学上的开发与项目实施规模均未达到同等水平。根据 CDM 项目注册数据，汽车产业的相关项目仅 7 个，其中 71%的项目、90%的注册减排量都依据同一方法学开发。

在 CDM 快速发展、新能源汽车市场快速扩张时，一系列国际不利因素起到共同作用：2009 年哥本哈根峰会成果未达预期导致市场信心缺失、2010 年欧债危机引发经济衰退及碳配额供过于求、2011 年加拿大退出《京都议定书》、2012 年欧盟对 CERs 要求收严，这些因素共同导致碳减排需求急剧萎缩，核证减排量价格也从 2009 年的 20 美元/吨剧降至 2012 年不足 1 美元/吨的低谷。剧烈的市场变化使得项目开发动力大幅减弱，2012 年之后全球新注册 CDM 项目不足 800 个，仅占历史开发项目总数的 9.5%。CDM 汽车相关项目的注册与开发也在第一承诺期结束后陷入停滞。

随着《京都议定书》第二承诺期的结束，以及《巴黎协定》第六条细则在COP26会议上基本敲定，CDM正式迎来落幕。新的机制，基于国家的国际转让减缓成果（ITMO）和可持续发展机制（Sustainable Development Mechanism，SDM），预计将在2030年前基本建成。SDM不仅继承并发展了CDM的框架，还整合了联合履约机制（JI）的元素，为碳信用全球市场的构建提供一个连贯且进化的平台。

2. 自愿减排市场回归理性，需求驱动高质量发展

自愿减排市场（Voluntary Carbon Market，VCM）的概念兴起相较于CDM稍晚。自愿减排市场并非由国际条约直接规定，而是随着气候变化意识的提升以及环境友好型商业实践的需求增长而发展，其市场规模在CDM停滞期间快速扩大，并于2021年达到注册量顶峰。然而，低质量碳信用的泛滥以及在《巴黎协定》机制中的定位不明确，导致自愿减排市场的注销价格大幅降低。2023年价格持续走低至平均5.8美元/吨二氧化碳当量，同比下降28%。价格的持续低迷降低了企业的开发意愿，据统计，2023年全球自愿减排市场的注册总量约3.08亿吨，同比下降12.7%，进一步映射出市场在调整期所面临的挑战与困难。

尽管自愿减排市场面临碳信用质量争议和价格下行压力，但市场需求展现出一定韧性。2023年，碳信用总注销量与前两年相比保持相对稳定，这表明买家仍将碳信用视作企业气候战略实现的一部分。同时，相关研究显示，市场参与者更倾向于选择与实际排放年份相匹配的碳信用，因为这类新项目与更严格的新方法学、更高的环境诚信度及更先进的减排技术应用相关性更高。买家对碳信用的持续需求及对高品质项目的偏好，将引导市场向着更加高质量、高透明度的方向演进。

同CDM一样，自愿减排市场中汽车产业的发展相对有限。相关报告统计，整体交通行业在2021年和2022年碳信用市场中的份额仅占1%和0.7‰，2022年交通项目的碳信用发行量相比2021年大幅下滑97%。然而，碳信用平均价格却在2022年实现277%的显著增长，由每吨1.16美元攀升至4.37美元。这些变化揭示了市场对高质量汽车产业减排项目的强烈偏好，

预示着市场对方法学及项目质量的要求将进一步提升。

汽车产业的自愿减排市场方法学正在快速多元发展中：基于CDM的方法学，如AMS-Ⅲ.C，仍在VCS等体系中发挥主导作用，占据碳信用发行量的63%；同时，为满足市场对高质量碳信用的迫切需求，一系列更严格、更具创新性的新方法学正在加速开发中，目前VCS下至少有三项新方法学处于开发或审核流程中（见表1）。

表1 VCS汽车产业方法学清单

方法学名称	种类	状态
VM0019—车队燃料乙醇化	特色方法学	可用
VM0038—电动车充电系统方法	特色方法学	可用
AMS-Ⅲ.C—电动和混合动力汽车减排	CDM方法学	可用
VM0028—拼车方法	特色方法学	停用
AM0031—快速公交方法	CDM方法学	2023年9月11日停用
AMS-Ⅲ.AK—生物柴油的生产和运输应用	CDM方法学	2023年9月11日停用
AMS-Ⅲ.AP—通过使用适配后的怠速停止装置提高交通能效	CDM方法学	2023年9月11日停用
AMS-Ⅲ.AT—商业货运车队安装数字行车记录仪系统	CDM方法学	2023年9月11日停用
AMS-Ⅲ.BQ—氢燃料电池汽车	CDM方法学	2023年9月11日停用
AMS-Ⅲ.S—向商用车队引入低排放车辆/技术	CDM方法学	2023年9月11日停用
AMS-Ⅲ.C—电动和混合动力汽车减排（第16版）	特色方法学	概念审查
公路和非公路移动电动汽车及设备充电方法	特色方法学	概念审查
提高车队车辆和内燃机效率的方法	特色方法学	Verra审查

相较CDM的地域局限性，自愿减排市场项目开发展现出全球参与特性。以VCS为例，其汽车相关项目遍布全球。区域间项目因经济发展差异与碳减排策略不同而产生显著的异质性。随着更多创新方法学的引入和市场的持续成熟，汽车产业在自愿减排市场中的参与度有望获得提升。这些进步不仅能拓宽碳信用项目的地理边界，还将促进不同地区间的合作与经验交流，共同推动全球碳减排事业的深化发展，实现更广泛、更均衡的环境效益。汽车产业的自愿减排市场也有望跨越现有的地域与经济界限，迈向一个更加广阔和包容的未来。

二 中国碳金融与汽车：中国碳市场独辟蹊径，汽车与碳金融待时而动

（一）中国主要碳市场发展平稳，扩容条件逐渐成熟

自 2010 年我国首次提出建立碳市场以来，中国碳排放权交易体系已经历 10 多年的发展（见表 2）。2013 年，多个地方碳试点作为全国碳排放市场的实验点相继建立，为市场与管理体系完善、金融工具创新提供了实践基础；2017 年，全国碳排放权交易市场正式启动，初期仅纳入发电行业，便已成为全球最大的碳市场；2024 年，《碳排放权交易管理暂行条例》（以下简称《条例》）的出台和生效，进一步完善了碳市场的制度管理体系。

表 2 中国碳市场发展重大事件

时间	重大事件
2010 年	《关于加快培育和发展战略性新兴产业的决定》首次提出要建立和完善碳排放交易制度；《"十二五"控制温室气体排放工作方案》提出逐步建立碳排放权交易市场
2011 年	《关于开展碳排放权交易试点工作的通知》批准京津沪渝粤鄂深七省市开展碳排放权交易试点
2013~2014 年	北京、天津、上海、广东、深圳、湖北、重庆碳市场相继启动
2015 年	印发《生态文明体制改革总体方案》，逐步建立全国碳排放权交易市场，研究制订交易总量设定与配额分配方案
2016 年	《关于切实做好全国碳排放权交易市场启动重点工作的通知》提出纳入全国碳市场的八大重点排放行业，要求对拟纳入企业的历史碳排放进行摸底
2017 年	《全国碳排放权交易市场建设方案（发电行业）》发布，发电行业率先纳入全国碳排放权交易体系
2020 年	"3060"目标提出，生态环境部发布《碳排放权交易管理办法（试行）》
2021 年	全国碳排放权交易市场正式启动上线交易
2024 年	《碳排放权交易管理暂行条例》发布并生效，上位条例替代办法

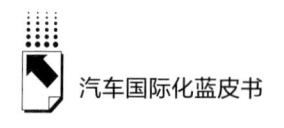

1. 地方市场分化显著，全国碳市场量价齐升

地方碳市场作为先行试点，已经在多个地区取得显著的成效。2023年，各地碳市场稳定发展，地方试点碳市场的总成交量相较2022年显著反弹，上涨34.2%，由5224万吨上涨至7012万吨。各试点碳市场的交易活跃度及碳价的分化态势明显：福建、湖北和重庆的成交量较2022年分别增长242%、43%和56%，天津和北京的成交量相对稳定，广东、深圳和上海的成交量则较2022年分别下跌33%、27%和30%（见图1）。与此同时，福建、湖北和重庆市场的碳价分别下跌6%、4.1%和16.5%，天津下降6.3%；北京、广东、深圳和上海市场的碳价分别上涨3.2%、5.1%、25.9%和35.2%。地方碳市场的分化明显受到区域产业布局与经济发展速度影响，相对发达省市碳价显著较高且碳市场规模较大。

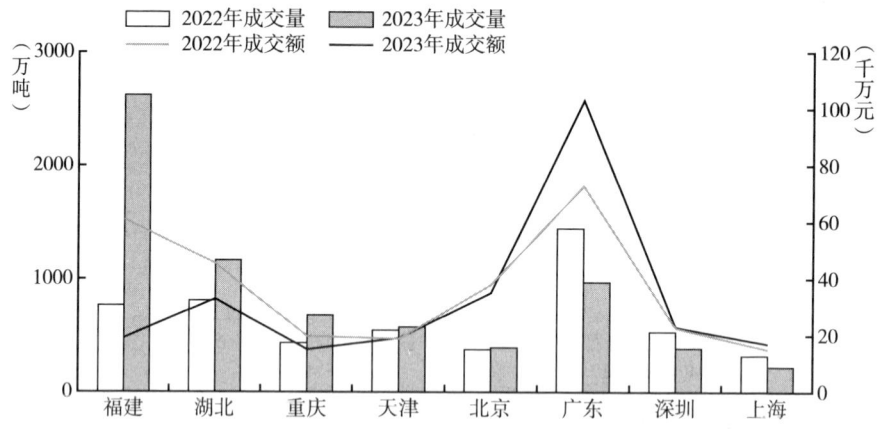

图1　2022~2023年地方碳市场交易数据

资料来源：地方试点碳市场交易所、中央财经大学绿色金融国际研究院。

全国碳市场的启动使中国碳市场的覆盖范围迅速扩张，也使得中国碳市场快速成为全球最大规模的碳市场。在两个周期中，全国碳市场价量齐升，市场活跃度显著上升。在第一个履约周期（2019~2020年），发电行业的2162家重点排放单位被纳入，覆盖约45亿吨的二氧化碳排放量。全国市场的规模也在稳定发展：第二个履约周期的重点排放单位增加4.4%，年覆盖碳排放量增长约13.3%，达到51亿吨，成交量增加19%，碳价上涨约66%，成交额增长89%。企业的市场参与度较第一履约周期显著上升，参与交易的企业增加近50%，占总数的82%。

2. 探索调控机制，行业扩容在即

考虑到经济发展因素与覆盖范围，目前全国碳市场均为免费分配。然而，基于碳强度的总量设定与配额分配要求精密的数据管理和先进的相关技术积累，不可避免地限制了其应用范围。目前，仅电力行业被纳入全国碳市场中。

当前，全国碳市场扩容工作正在加速推进。生态环境部聚焦钢铁、石化、化工、有色、建材、民航、造纸等重点排放行业，邀请行业内外专家召开会议，围绕市场纳入核心问题深入探讨。在首届全国碳市场模拟交易大赛上，多个非履约主体的高碳排放行业企业参与模拟交易，为全国碳市场的扩容奠定了基础。2023年10月，生态环境部发布针对钢铁生产、铝冶炼、水泥熟料生产企业的温室气体排放核算与报告填报说明。《条例》中也明确提出"符合国家有关规定的其他主体，可以参与碳排放权交易"，以预留未来市场参与主体的拓展空间。这一系列举措预示碳交易体系的行业覆盖范畴正稳步向纵深推进。

地方碳市场也积极探索碳排放权交易市场的参与主体范围。重庆市于2023年6月将碳市场准入门槛调整为相同的排放量标准。湖北省于2024年1月正式下调重点排放单位的纳入标准至1.3万吨二氧化碳当量。此外，广东省于2023年8月发布实施方案，计划将多个新行业纳入碳排放管理，并在2024年1月的配额分配方案中正式纳入陶瓷、交通（港口）、数据中心三大行业。

同时，由于地方碳市场发展较为成熟，部分地方碳市场已经采用有偿分配的手段（配额拍卖）并探索多种调节机制，如上海、重庆、北京等地方碳市场已多次采用有偿拍卖的方式分配配额。北京设定价格走廊、拍卖底价、成本控制储备、限制涨跌幅、限制最高价或最低价等调控手段，其中涨跌幅限制、最高价及最低价限制等手段均未被世界上其他市场所采用，属于我国原创性调整手段。这些举措为未来全国市场的有偿分配与调节机制创新

积累了试点经验。

3. 地方碳金融创新发展，全国市场待时而动

根据2022年4月中国证监会发布的《碳金融产品》行业标准，碳金融产品被明确分为三类：①碳市场融资工具，碳债券、碳资产抵质押融资、碳资产回购、碳资产托管等。该类产品可以为碳资产提供估值和变现的途径，有效为资产持有者盘活碳资产，提高企业授信与融资效率，在拓宽融资渠道的基础上降低融资成本。②碳市场交易工具，碳远期、碳期货、碳期权、碳掉期、碳借贷等。该类产品能够显著提升碳金融市场的稳定性和确定性，为投资者提供对冲价格波动风险的手段，实现套期保值和投机操作。③碳市场支持工具，碳指数、碳保险、碳基金等。这类产品反映碳市场或某类碳资产的市场变化，为降低开发或交易风险提供保障。

地方碳市场在碳金融工具的实践方面已经积累相当丰富的经验（见表3）。然而，由于各地方碳市场相对割裂、市场规模有限且规则不统一，许多碳金融工具的应用受到限制。据分析报告，目前国内常规应用的碳金融工具主要包括碳质押贷款和碳远期交易，而其他工具在初步尝试后未能得到广泛推广。

表3 碳金融产品及市场分布

产品种类 城市	融资工具				交易工具					支持工具		
	碳资产抵质押融资	碳资产回购	碳资产托管	碳债券	碳远期	碳期权	碳掉期	碳借贷	碳期货	碳基金	碳保险	碳指数
全国	√			√								
北京	√	√				√	√			√		√
上海	√	√			√			√		√	√	
深圳	√	√	√	√	√					√		
广东	√	√	√		√						√	√
湖北	√				√					√	√	
天津		√										
重庆	√											
福建	√	√	√							√		

资料来源：中央财经大学绿色金融国际研究院。

全国碳市场自2021年以来积极鼓励碳金融活动发展，2023年有6家证券公司陆续收到中国证监会《关于中国国际金融股份有限公司自营参与碳排放权交易的无异议函》，这表示证监会对这些公司在境内合法交易场所自愿参与碳排放权交易无异议，但是要想真正进入全国碳市场交易仍需生态环境部的细则出台与最终许可。

（二）全国自愿减排市场重启，地方自愿减排积极尝试

2012年，在CDM发展受限的情况下，我国开始着手建立自愿核证减排机制（CCER），将其作为碳排放权交易体系中的一个重要补充，旨在通过市场机制激励非强制减排领域的温室气体减排活动，促进全社会更广泛地参与到减排活动中。

2012~2017年为CCER市场的初创探索期，其间伴随国内碳交易试点的推进，项目逐步增多，但因市场机制不成熟、供需失衡、项目管理不规范等，CCER的价格相对较低。2017年，发展改革委宣布"暂缓申请"新项目，以整顿市场秩序，提升项目质量。2021年，随着全国碳市场推出、"双碳"目标的提出、第一履约期抵消机制细则（即可以使用5%的CCER替代CEA履约）的发布，CCER市场需求激增，市场缺口凸显，价格也迅速向配额靠拢。2023年，生态环境部和市场监管总局发布《温室气体自愿减排交易管理办法（试行）》，并公布首批新方法学，2024年初CCER市场正式重新启动。

作为全国碳市场第二个履约清缴年，2023年四季度CCER交易活跃度大幅上升，年内CCER成交量达1530万吨，同比上涨92.2%（见图2）。而2023年CCER的成交量仍明显低于2018~2021年的平均水平，主要原因是自2017年起项目备案和减排量签发暂停，且地方试点配额碳市场的履约清缴消耗了CCE存量，导致市场中可供交易的CCER总量大幅减少。

地方上，自2016年起多地陆续出台自愿减排管理办法与碳普惠方法学，鼓励公众及小微企业在日常生活中进行低碳行为，如使用公共交通、节约能源、参与回收等，以此提升社会整体的碳减排意识和参与度。2023年，各

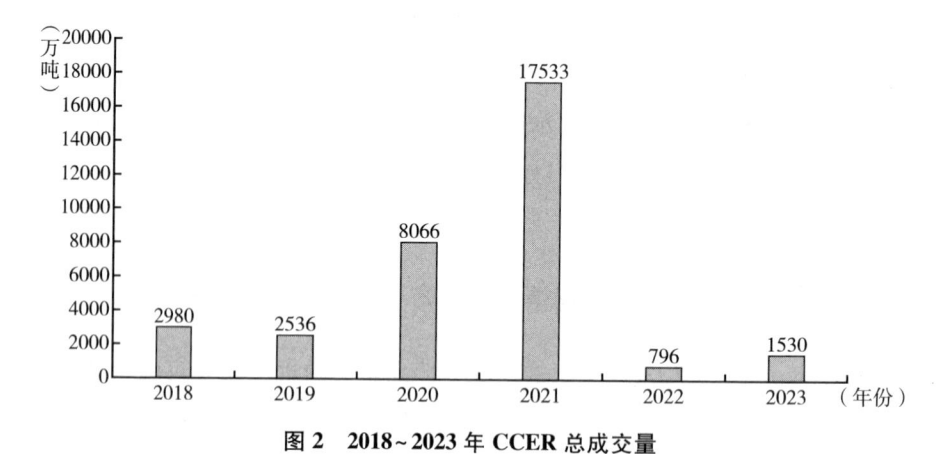

图 2　2018~2023 年 CCER 总成交量

资料来源：中央财经大学绿色金融国际研究院。

地方碳自愿减排市场的预期价格均较 2022 年显著上升，北京和上海试点碳市场、广州试点碳市场与其余试点碳市场的平均预期价格同比分别上涨 15.4%、8.1% 和 12.6%；不同地方碳市场间的年内价格出现分化趋势，北京、上海、广州碳市场的预期价格在年内平稳下降，而其他地方碳市场的预期价格则在下半年大幅上升（见图3）。

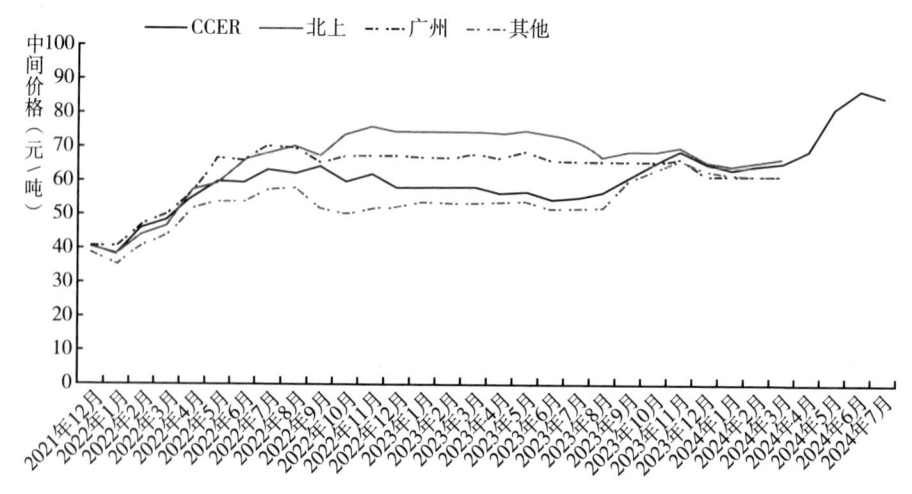

图 3　2021 年 12 月至 2024 年 7 月单月 CCER 及地方自愿减排市场价格波动

资料来源：复旦大学可持续发展研究中心。

市场发展也不断拓宽碳市场的行业边界，汽车产业便在这一进程中积极融入并发挥了重要作用。北京、重庆、上海等城市发布一系列汽车产业相关的碳普惠方法学，例如《共享网约车出行温室气体减排方法学》《北京油改电小客车出行碳减排方法学（试行）》《城市公共交通汽车出行温室气体减排方法学》等。这些方法学的出台，不仅丰富了碳普惠机制的应用场景，而且为汽车制造商、运营商以及相关服务提供商创造了参与碳交易市场的机会，推动汽车产业从生产到消费全链条的低碳转型。

三 汽车碳金融实践：国内外案例分析，汽车产业大有可为

（一）特斯拉国际领先，碳营收持续增长破百亿

2009年以来，特斯拉通过向其他电动汽车（EV）制造商出售碳信用额度创造了90亿美元营收。碳交易战略已逐步成为其商业模式中的重要组成部分。2023年，特斯拉碳信用销售额达到17.9亿美元，创造了历史新高（见图4）。总体来看，特斯拉在碳信用收益方面的表现得益于多种因素。

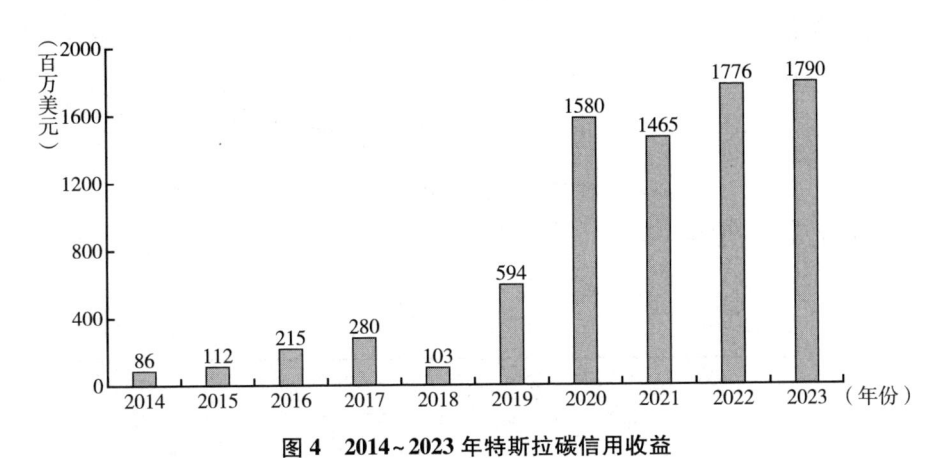

图4 2014~2023年特斯拉碳信用收益

资料来源：Tesla。

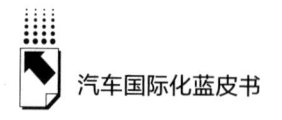

深度参与碳管控政策：特斯拉深度参与全球各国的碳管控政策，通过生产和销售零排放汽车积累相关碳排放额度/积分，并将超额权益出售给未达标的制造商以获取额外收入。例如，特斯拉在加州的零排放汽车（ZEV）计划和中国乘用车双积分制度下积累了大量积分。除此之外，特斯拉充分利用其市场地位，通过扩大碳市场参与范围，进一步增加其碳信用收益，如2024年特斯拉通过游说获准进入韩国碳信用市场，年碳信用额度价值预计可达1.45亿美元。

碳信用市场需求上升：随着全球对气候变化的关注持续高涨，各国相应的法规政策不断加大对碳排放的控制力度。例如，美国加利福尼亚州已要求制造商最低ZEV信用比例从2020年的9.5%逐步提升至2023年的17%，并要求在2025年达到22%。这些严格的政策措施共同推动市场对碳信用需求的急剧上升，为特斯拉等新能源先行公司带来稳定的碳信用需求。尤其是在福特等竞争对手推迟120亿美元的电动汽车项目投资的情况下，特斯拉的技术与市场优势显得更为突出。

与此同时，特斯拉在全球新能源汽车舞台上的主导地位面临中国新能源汽车制造商的挑战。2023年第四季度，比亚迪的销量赶超特斯拉，问鼎全球电动汽车销售冠军（见图5），其产量实现近乎翻番的惊人增长，达到约

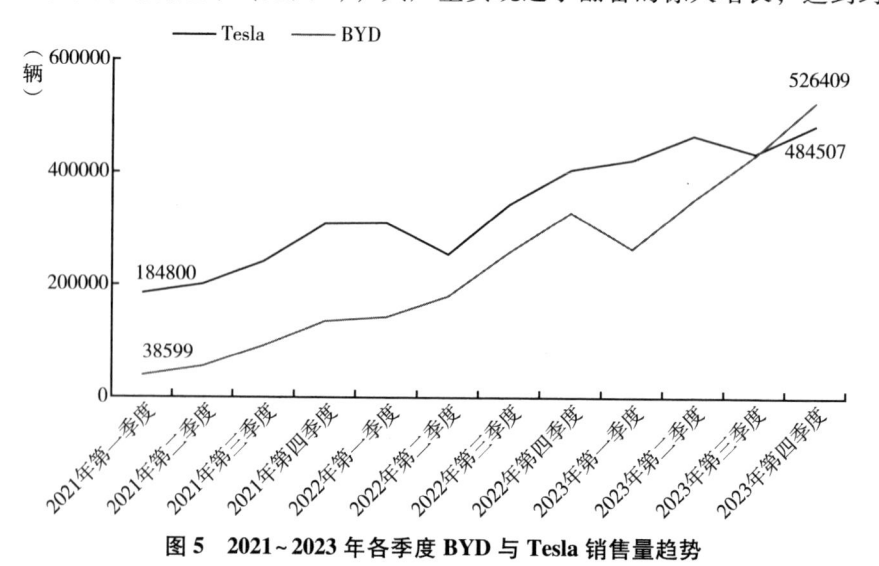

图5 2021~2023年各季度BYD与Tesla销售量趋势

资料来源：BYD、Tesla。

302万辆（其中约140万辆为混合动力车型）。此外，通用汽车重返混合动力领域的举措也进一步搅动了市场格局，使得整个电动汽车产业的竞争态势愈演愈烈。

（二）国内厂商大有可为，寻径市场转化价值

中国新能源汽车产业近年来快速发展，成功实现弯道超车，并在国际市场上崭露头角。在2023年中国乘用车双积分排名中，以比亚迪为代表的中国新能源汽车厂商积分数量明显领先于国外厂商（见图6），这充分展现了本土厂商在新能源汽车技术领域的深厚底蕴与中国厂商出海拓展碳信用领域的巨大潜力。

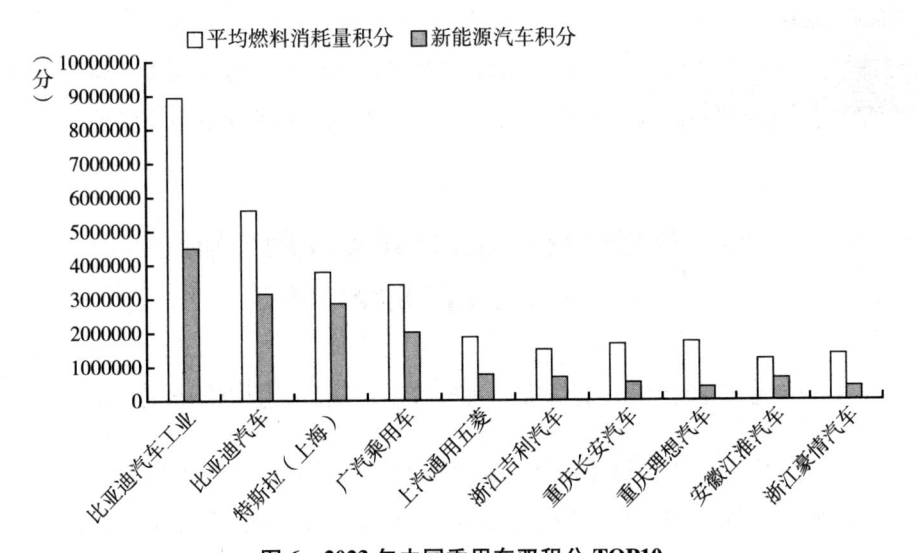

图6　2023年中国乘用车双积分TOP10

资料来源：工业和信息化部。

同时，中国汽车厂商也开始深刻认识到碳金融的价值，并积极寻求将这一价值转化为市场动能的路径。中国厂商正在积极尝试通过碳资产项目的开发交易来实现价值转化。以吉利为例，该公司旗下的浙江绿色智能联动有限公司（Green Intelligent Link）2021年引入电动卡车和厢式货车替代传统燃

油车辆，并于 2023 年开发相应的 VCS 碳自愿减排项目。项目依据方法学 AMS-III.C—电动和混合动力汽车的减排（第 16 版）开发，通过智能控制平台监测车辆信息，包括车辆类别、牌照、车辆识别号码（VIN）、使用情况等，以保证数据质量与审核要求。项目共有 2771 辆轻卡（年均行驶里程约 3.2 万公里）、541 辆微卡（年均行驶里程约 2.4 万公里）和 4074 辆电动厢式货车（年均行驶里程约 2.3 万公里），预计每年可减少约 3.7 万吨二氧化碳排放，在未来 10 年内将累计减少 37 万吨二氧化碳排放，以 5 美元每吨计，则该项目预计每年带来约 18.5 万美元的营收。

随着全球对气候变化问题的关注度日益提升，碳交易市场的前景愈发广阔。对于国内新能源汽车制造商而言，积极参与碳交易市场不仅能够增加营收，还能进一步扩大企业的品牌影响力，树立绿色、环保的企业形象。展望未来，国内新能源汽车制造商应持续加大在碳交易领域的投入与布局，不断探索和创新碳交易模式与机制，以应对日益激烈的市场竞争和环保挑战。

四 趋势研判：碳金融市场发展革新，推动汽车产业绿色转型

（一）全球碳市场快速发展扩张，加速低碳转型格局形成

全球碳市场近年来迅速发展，其覆盖范围已显著扩大近 3.5 倍，展现出跨区域整合与深化的趋势。特别是欧盟 ETS2 体系，将道路运输行业纳入碳市场管理体系，进一步强化了交通行业低碳转型的政策引导力。这一措施延续了欧盟长期推动道路车辆零排放的战略，通过间接增加燃料成本的方式推动低碳技术创新和清洁能源车辆的普及，同时避免对本地汽车制造业造成直接冲击。类似的政策趋势逐步在北美、中国和日韩等主要经济体中显现，表明全球碳市场对汽车产业的约束和推动作用不断增强。这一趋势不仅在政策层面影响汽车企业的战略选择，更在技术、市场和产业链层面重塑全球汽车产业的格局。

其他主要经济体如北美、中国和日韩等也逐步加强碳市场与汽车行业的融合。北美通过州际合作推进交通行业碳排放标准，而中国则在地方碳市场和国际减排机制中积极探索适配汽车产业的创新方法学。未来，全球碳市场政策将继续深刻影响汽车行业的技术路线选择和产业竞争格局。

（二）汽车碳金融市场风险与机遇并存，推动企业构建碳管理能力

汽车行业与碳金融的深度融合正成为全球低碳转型的重要趋势。碳市场的发展为技术领先的企业创造了前所未有的机遇。例如，特斯拉通过碳积分交易获得百亿元的收入，这成为其核心收入之一。此外，碳金融工具（如碳债券、碳基金等）的创新，为企业提供了更加多元化的融资渠道，有效降低融资成本，支持低碳技术的研发与应用。同时，碳市场的发展也伴随着显著的风险。各国碳市场规则的不一致性、碳资产的流动性限制以及对碳信用质量要求的提高，均对企业提出了更高的合规和管理要求。此外，国际市场对碳资产的认可标准不断提升，技术能力不足或战略准备不充分的企业可能面临被淘汰的风险。因此，汽车企业需在技术储备、碳资产管理以及国际规则对接上持续发力，以在全球竞争中保持领先地位。

（三）中国汽车行业碳金融驱动不足，市场化机制加速完善

中国汽车行业在碳金融领域的发展过程中仍存在驱动不足的问题。首先，国内碳减排方法学的标准化程度较低，与国际碳市场接轨的核算规则和相关方法仍在构建完善中。国际公认的新型方法学尚未确立，同时地方碳市场碳资产的消纳能力相对有限，国际自愿减排市场的价格波动较大，这些因素导致国内企业实现碳资产转化变现的路径并不明确。其次，各区域碳市场规则的不一致性增加企业在交易中的复杂性，进一步削弱国内碳金融产品的国际竞争力与产品开发意愿。最后，部分企业在碳管理能力上较为薄弱，无论是碳排放测算、核查，还是碳资产开发，都未达到国际市场的高质量要求。面对越来越多的"碳门槛"要求，可预见的是地方碳市场试点将深入推进汽车领域碳排放管理、汽车领域绿色金融工具的构建与推广以及相关碳

减排方法学的编制与完善,中国汽车行业的碳金融市场化进程会在市场下加速,形成更加强大的驱动力,推动企业绿色转型并进一步提升自身竞争力。

(四)中国汽车行业碳金融潜能巨大,助力行业竞争出海

作为新能源汽车技术的全球领跑者,中国汽车产业在碳金融领域展现了巨大的发展潜力。得益于完善的产业链体系和技术积累,国内企业在新能源货车等细分市场中的探索显著增强了碳资产开发能力,能够迅速为碳金融市场注入新的活力。此外,政府对新能源汽车行业的政策支持,包括提供补贴、推广绿色贷款和碳债券等金融工具,为企业提供了坚实的资本后盾。展望未来,随着碳市场规则的进一步完善以及国际碳市场需求的不断增长,中国汽车产业有望将碳资产的潜在价值转化为实际收益。这不仅将为企业开辟新的盈利渠道,也将成为推动行业绿色转型的关键力量。通过不断加强技术储备、优化碳资产管理以及深化国际合作,中国汽车产业在全球汽车产业和碳金融市场中的地位将更加举足轻重。

参考文献

World Bank,"State and Trends of Carbon Pricing 2023,"2023, https://openknowledge.worldbank.org/entities/publication/58f2a409-9bb7-4ee6-899d-be47835c838f.

World Bank,"State and Trends of Carbon Pricing 2024,"2024, https://openknowledge.worldbank.org/entities/publication/b0d66765-299c-4fb8-921f-61f6bb979087.

Climate Focus,"Voluntary Carbon Market 2023 Review,"2024, https://climatefocus.com/publications/vcm-2023-review/.

Forest Trends'Ecosystem Marketplace,"State of the Voluntary Carbon Market 2024,"2024, https://www.ecosystemmarketplace.com/publications/2024-state-of-the-voluntary-carbon-markets-sovcm/.

中央财经大学绿色金融国际研究院(IIGF):《2022 中国气候融资报告》,https://iigf.cufe.edu.cn/info/1014/8733.htm,2024 年 5 月 5 日。

中央财经大学绿色金融国际研究院(IIGF):《2023 中国气候融资报告》,https://iigf.cufe.edu.cn/info/1014/8734.htm,2024 年 5 月 15 日。

《生态环境部发布〈全国碳排放权交易市场第一个履约周期告〉》，https：//www.mee.gov.cn/ywgz/ydqhbh/wsqtkz/202301/t20230101_1009228.shtml，2023年1月1日。

第一财经研究院：《中国碳市场年报2022年&2023年》，https：//img.cbnri.org/files/2024/05/638525794369200000.pdf，2024年5月。

中国核算碳数据库：《新兴经济体二氧化碳排放报告2023》，https：//www.ceads.net.cn/news/20231417.html，2023年12月27日。

物流篇

B.16 中国汽车出口物流发展现状及趋势分析

梁永祥*

摘　要： 随着中国汽车工业的快速发展和全球汽车市场的不断扩大，汽车海运量快速增长，全球汽车物流在某种程度上也限制了出口量的进一步增长。汽车出口主要有远洋海运、铁路班列、公路汽车等运输方式。其中，海运运量排在首位，包括滚装船、集装箱船、多用途船+专用框架等方式，而滚装船是最主要的运输方式。中国汽车出口物流面临滚装船运力不足、港口设施不足、地缘政治风险和新能源汽车运输风险等问题。中国汽车出口物流面临汽车出口需求持续增长、滚装船运力供给与结构优化、全球滚装船市场前景向好的形势，同时，汽车出口物流运输呈现新趋势，包括优化海外投资与布局、多元化的市场布局、全程物流需求和数字化在物流中的应用。

关键词： 滚装船　全球汽车物流供应链　汽车出口

---

* 梁永祥，硕士，经济师，主要研究方向为航运市场及经营分析、航运行业客户行为及满意度评价体系等，现任中远海运特种运输股份有限公司运营与营销管理部收益分析经理。

一 中国汽车出口物流发展现状

（一）中国汽车出口持续增长

2023年，随着中国汽车产品竞争力的提升，中国汽车出口增长迅猛。全年出口量①达到491.0万辆，同比增长57.9%，实现连续三年强劲增长。欧洲、亚洲和北美洲分别成为中国汽车出口的第一、第二和第三大市场。2021年开始，中国汽车出口已经连续三年保持强劲增长，每年的增量超过100万辆，且绝对增量逐年加大（见图1）。国产汽车出口大爆发，其背后是汽车制造业整体量变与质变，特别是在新能源汽车领域，依托完备的产业链供应链和强大的三电企业，新能源汽车已经成为"中国制造"走向世界的一张亮丽名片。

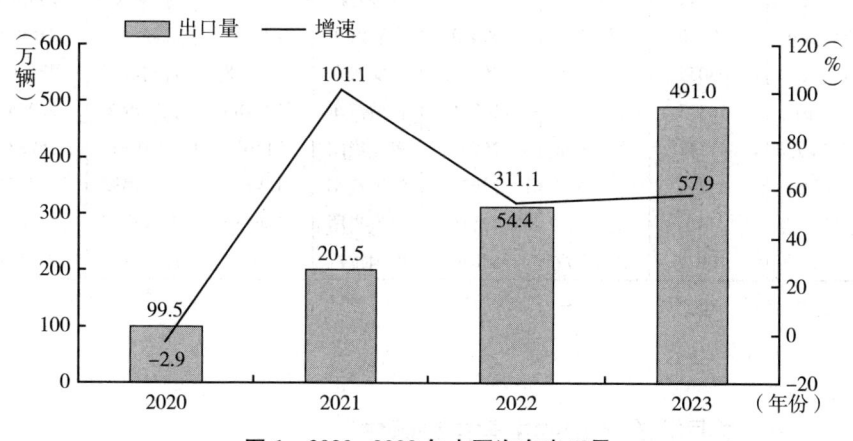

图1 2020~2023年中国汽车出口量

资料来源：中国汽车工业协会。

（二）中国汽车出口的主要主机厂

2020~2023年，上汽集团连续四年位居全国汽车出口销量第一，并且逐

---

① 由于资料来源不同，出口数据有较大差异。

年稳定增长，2023年首次超过100万辆，接近110万辆。其次是奇瑞汽车，2023年同比增长105%，达92.5万辆（占奇瑞汽车2023年全部销量188.1万辆的49%），连续四年位列第二。特斯拉从中国的生产基地出口34.4万辆，已连续三年位列第三。比亚迪2023年出口25.2万辆，虽然出口销量仅位列第七，但同比增长334%，增幅巨大。2020~2023年中国汽车出口销量前十企业见表1。

表1　2020~2023年中国汽车出口销量前十企业

单位：辆

2020年		2021年		2022年		2023年	
企业	出口销量	企业	出口销量	企业	出口销量	企业	出口销量
上汽集团	323176	上汽集团	594874	上汽集团	906123	上汽集团	1098811
奇瑞汽车	113762	奇瑞汽车	268046	奇瑞汽车	451658	奇瑞汽车	924875
吉利汽车	72691	特斯拉	152335	特斯拉	271095	特斯拉	344078
长城汽车	70110	长城汽车	140479	吉利汽车	198259	长城汽车	316018
长安汽车	65035	长安汽车	126551	长安汽车	186158	吉利汽车	275866
北汽集团	50373	吉利汽车	116231	长城汽车	173180	长安汽车	262758
沃尔沃	41342	北汽集团	76506	东风集团	115631	比亚迪	252339
江淮汽车	35790	江淮汽车	73602	江淮汽车	114181	北汽集团	183634
东风集团	34416	东风集团	72518	北汽集团	106159	东风集团	169813
中国重汽	30972	中国重汽	53834	中国重汽	79872	江淮汽车	168151

资料来源：中国汽车工业协会。

（三）中国汽车出口的主要市场区域

2023年，包括长安汽车、比亚迪在内的中国车企锚定泰国作为重要基地，加速进军东南亚和全球右舵车市场，这一年我国汽车出口量达491.0万辆，保持近60%的同比增速，超越日本跻身全球第一大汽车出口国。中国对外出口的汽车包括新能源和燃油车型，其中燃油车占主导地位。在2023年出口的491.0万辆汽车中，燃油车数量为370.7万辆，新能源汽车数量为120.3万辆，二者间的比例大概是3∶1；2024年出口的585.9万辆汽车中，燃油车数量为457.4万辆，新能源汽车数量为128.4万辆。中国新能源汽车产业具有显著优势，车企纷纷布局海外市场。然而，实际上在过去两年中，出口数量增长最多的仍然是燃油车。中国汽车出口最多的两个国家俄罗斯、墨西哥，以及增长迅猛的中东地区（沙特阿拉伯、阿联酋），基本上主要采购的是燃油车（见图2）。尤其是沙特阿拉伯，新能源汽车市场份额非常少。2023年这四个国家合计从中国进口大约170万辆燃油车，这一数字占到中国燃油车出口总量的四成多。

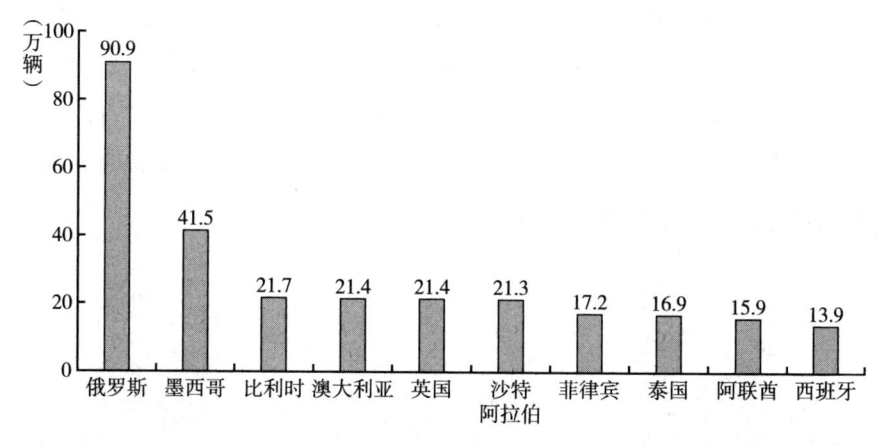

图2　2023年中国汽车出口量前十国家

资料来源：中国汽车工业协会。

1. 俄罗斯成为中国汽车出口第一大市场

2023年中国对俄罗斯的汽车出口达到90.9万辆，同比增长459%。究其原因，与乌克兰危机有关。冲突爆发后，跨国车企撤出大约50%的市场。俄罗斯本土品牌占据一部分，剩下的基本由中国车企占据。其中，奇瑞汽车在俄罗斯的销量超21万辆，长城汽车超10万辆，再往后是吉利、长安汽车。2023年，有6个中国汽车品牌进入俄罗斯销量前十。主要是由于其他国家的汽车品牌这两年绝大部分退出俄罗斯市场，中国汽车品牌迅速填补了这一供给缺口，销量出现大幅增长。这部分汽车出口主要由中欧班列承担。

2. 中国汽车对西欧出口持续提升

中国汽车对西欧出口量由2020年的9万辆提升至2023年的83万辆。2023年中国对比利时、英国、西班牙等发达国家分别出口汽车21.7万辆、21.4万辆及13.9万辆，这些国家也是中国汽车出口欧洲的主要目的地。由于西欧消费水平较高，中国汽车对西欧出口仍然保持较快增长，且电动汽车的比例较高（见图3）。2024年，我国新能源汽车出口128.4万辆，同比增长6.7%。2021~2022年对西欧出口增长主要源于特斯拉出口和缺芯导致本地供应不足。中国汽车对西欧出口以西方品牌为主，德系、法系等本地车系市占率保持稳定的领先地位。中系车中，仅有欧洲背景的名爵实现较高的市占率，而中国乘用车对西欧的出口大部分仍是西方品牌，如特斯拉、极星等。西方车企利用中国产业链优势，在中国生产后出口到西欧以降低成本，如在西欧销售的特斯拉Model3等车型几乎全部产自中国。

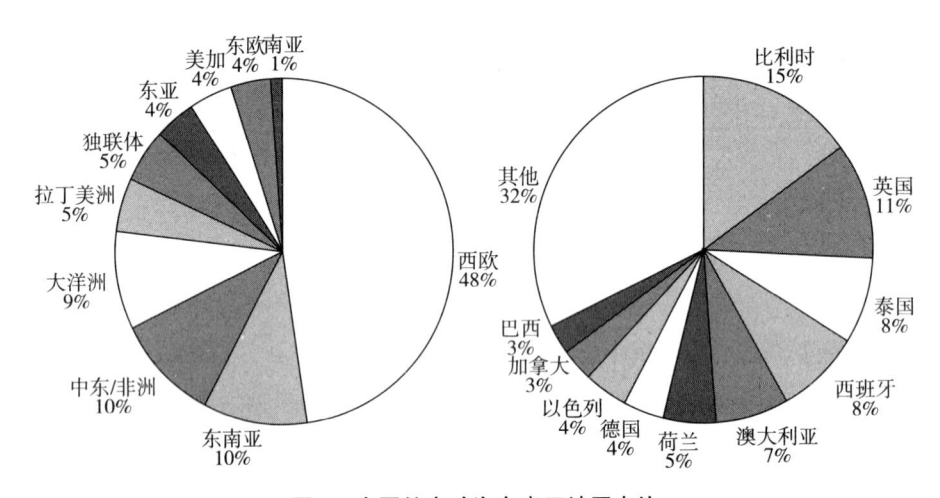

图3 中国纯电动汽车出口地区占比

资料来源：中华人民共和国海关总署、国泰君安证券。

3. 中国品牌汽车在中东地区的销量持续增长

中东地区是中国汽车出口的重要市场之一，近年来中国品牌汽车在中东地区的销量持续增长。沙特阿拉伯是中国第六大整车出口市场，中国品牌汽车占沙特阿拉伯市场份额超过10%。阿联酋则是中国第九大整车出口市场，2023年中国向阿联酋出口整车15.9万辆。中东地区对高品质汽车有一定的需求，且市场潜力巨大。中国车企通过在中东地区设立销售网络、提供售后服务等方式，逐步提升在该地区的品牌影响力。中国车企还积极与当地合作伙伴开展合作，共同开拓中东市场。例如，长城汽车在中东的首家配件中心在阿联酋启动运营，进一步提升其在该地区的售后服务能力。

4. 中国新能源汽车在东南亚开辟新兴航路

东南亚地区已经成为中国汽车出口的新方向，特别是泰国、印度尼西亚、马来西亚等东盟国家，对中国新能源汽车的需求不断增长。中国汽车对东南亚出口量由2022年的19万辆提升至2023年的25万辆。2023年中国对东南亚的汽车出口加大，其中，向泰国出口汽车16.9万辆，占比最高，几乎全部是新能源汽车，这主要得益于当地的激励政策。泰国对新能源汽车采取补贴、降低进口关税、降低消费税等一系列激励措施，使得国产新能源汽车出口增长迅速。在激励措施以及中国平价新能源汽车出海的推动下，2023年比亚迪在泰国销售30650辆新车，在电动车市场的份额达到40%。中国电动车在泰国新能源汽车领域占据80%的市场。东南亚国家正大力扶持汽车电动化转型，为中国新能源汽车企业在当地建厂、采购和销售提供了有利条件。泰国、印度尼西亚等东盟国家的市场条件较为宽松，成为众多中国车企布局东南亚的重点市场之一。此外，巴西等部分发展中国家也实行新能源汽车激励措施，中国新能源汽车对其出口量也较大。

（四）中国汽车出口运输市场份额

1. 全球汽车运输船市场份额

全球滚装船市场呈现多元化的竞争格局，当前市场存在明显的集中趋势，日本、挪威和韩国等国的船东占据主导地位，占据了大部分市场份额。截至2023年底，全球在营汽车运输船数量为765艘，合计运力407.02万车位，较年初仅增长1%。其中，日本船东占据全球汽车运输船市场41%的份额，挪威占比27%，韩国占比14%；相比之下，中国主要参与者的滚装船总量相对较少，仅为80艘左右，远洋滚装船数量更是稀缺，中国滚装船运力在全球占比约5%（见图4）。中国虽然在全球汽车产量和销量上均占据重要地位，但在汽车运输船市场的份额相对较低，与国内汽车运输船产业的发展和规模有关。

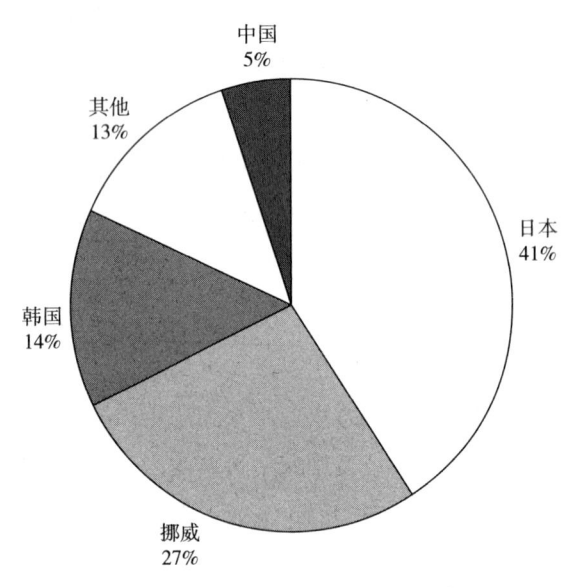

图4 全球汽车运输市场份额分布

资料来源：克拉克森研究。

2. 主要船公司承运量

多年以来，中国商品车出口市场主要由国际七大汽车船公司提供服务，分别为日本邮船（NYK）、川崎汽船（K-LINE）、商船三井（MOL）、欧高（EUKOR）、现代格罗唯视（GLOVIS）、华轮威尔森（WWL）和礼诺航运（HOEGH），但其运力仅部分服务于中国市场。2023年，这种状况仍然基本延续。中远海运（COSCO）通过各港口数据分析显示，承运中国汽车出口的主要船公司仍然是日韩和挪威的滚装船公司，并且从排名来看，汽车运输市场呈现一定的集中度，少数几家船公司占据了大部分市场份额。2023年全年，现代格罗唯视（GLOVIS）、欧高（EUKOR）、华轮威尔森（WWL）

分别承运 36.5 万辆、27.5 万辆、23.8 万辆汽车，无论是在 12 月单月数据还是全年累计数据中，其运输量均占比较高，显示出强大的市场竞争力。但值得注意的是，一些中国船公司如中远海运（COSCO）汽车船公司、安吉航运公司分别以 10.1 万辆、9.4 万辆汽车承运量进入前十（见图5）。尽管在中国汽车运输市场占据的份额较小，但显示出中国汽车出口运输市场的活力和潜力。随着中国汽车出口量的持续增长，汽车运输市场仍有巨大的发展潜力，国内各滚装船公司应抓住机遇，加大投入，提升服务质量，以赢得更多市场份额。

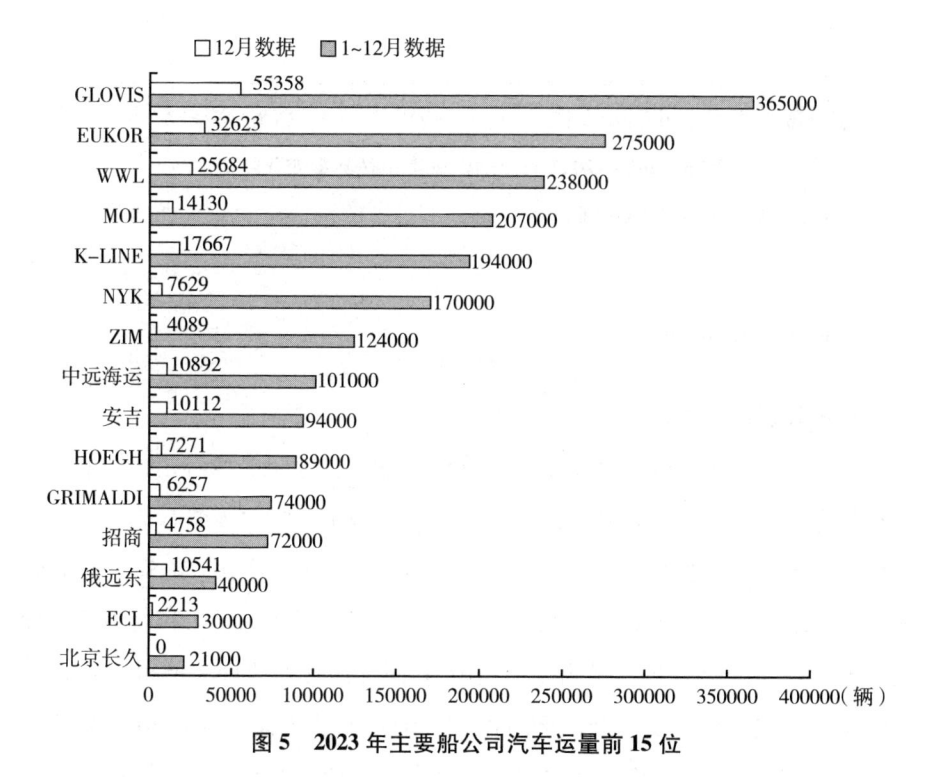

图 5 2023 年主要船公司汽车运量前 15 位

3. 全球汽车船运力与供需关系

根据《汽车运输船市场报告 2024》和中国海关总署统计，2023 年全球汽车海运贸易量同比增长 17%，达到创历史纪录的 2884 万辆（见图6）。其中，中国汽车海运出口总量达 443.5 万辆，同比增长 65.9%。这一数据表明，滚装船在全球汽车物流供应链中承担巨大的运输量，预计未来几年内，汽车运输市场需求会持续增长。

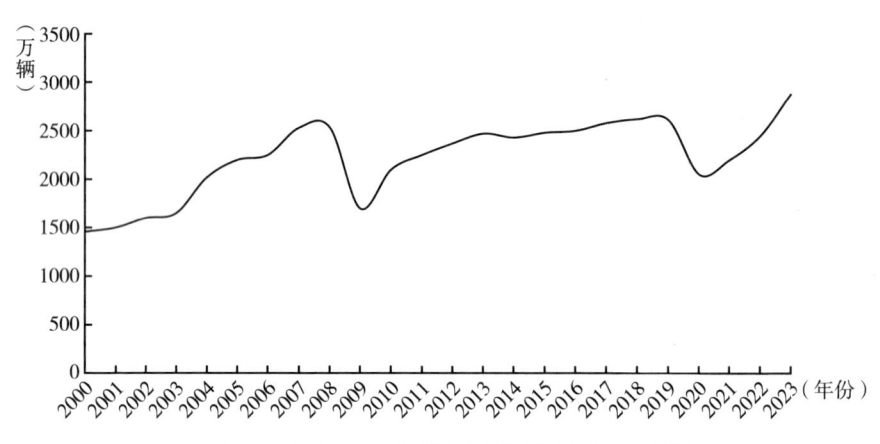

图6　2000~2023年全球汽车海运贸易量变化趋势

资料来源：中国船舶工业行业协会。

（五）存在的问题

1. 滚装船运力不足

海外市场需求井喷的背景下却面临严重的供应链阻滞障碍，特别是运送汽车的专业滚装船舱位短缺、运力不足、运费疯涨，加之疫情与国际形势的动荡，在运输环节给中国商品车"出海"制造了不少难题，破解物流瓶颈成为当务之急。尽管市场需求旺盛，但全球滚装船运力却显得相对不足，导致运力紧张、运费飙升。据统计，2010年后极其有限的订单使得近年来汽车运输船新船交付极少，当前全球汽车运输船船队规模仅较2020年初增长不到2%。2023年全球汽车运输船船队运力增长依旧有限，截至2023年底，全球在营汽车运输船数量为765艘，合计运力407.02万车位，较年初仅增长1%，而中国主要参与者的滚装船总量相对较少。克拉克森研究数据显示，继2021年及2022年签订共计115艘、合85万标准车位订单之后，2023年新签订单达到80艘、合67万标准车位。相比之下，2016~2020年年均订单数量仅为4艘。得益于汽车运输船市场屡创新高，2023年汽车运输船新签订单持续快速增长，船厂纷纷加大滚装船建造力度，以满足未来市场需求。

2. 港口设施不足造成塞港

参考日本、韩国等国家的大型车企拓展国际市场的经验，这些国家的大型航运企业经过几十年的布局，已在全球主要汽车贸易区域投资建设专业的汽车码头，形成海运、仓储、分拨配送、增值服务等一系列成熟的汽车供应链服务体系。尤其是专业的汽车码头是供应链服务体系中一个至关重要的节点资源。相比之下，我国航运企业自身的全球汽车供应链服务体系尚未建立，影响了对中国汽车"走出去"战略的支持。2021~2023年，在欧洲、墨西哥等的基本港，我国企业经常面临码头堆场不足、物流分拨资源受限等问题。这些问题导致我国船舶及所承运的汽车经常延误，港口的拥堵导致平均装卸时间延长约30%。

3. 地缘政治风险导致运输周期拉长

贸易摩擦等可能会导致关税增加和贸易壁垒提升，从而增加运输成本和时间。乌克兰危机、巴以冲突等地缘政治事件影响红海地区航运安全，为了避开危险区域，船舶不得不选择绕航，这增加了运输时间和经济成本。地缘政治动荡对我国汽车船队的运输安全造成威胁。为避免风险，船舶可能需要绕行，这不仅延长了运输周期，还可能导致货物延误和供应链堵塞。对我国汽车船队而言，这意味着需要承担更高的运营成本和市场风险。

4. 新能源汽车运输风险

新能源汽车运输过程中面临多种风险，包括电池风险、物流运输风险、环境风险和法律合规风险。这些风险不仅影响运输过程本身，还可能影响整个供应链的效率和安全性。例如，极端天气条件如高温、低温、潮湿等，都可能对新能源汽车和电池的性能产生影响。此外，运输途中的颠簸和震动可能对车辆的结构和电池系统造成损害，锂离子电池在运输过程中可能因过热、短路或机械损坏而引发事故。2023年，全球运输中约有5%的新能源汽车因运输损坏而影响交付，主要原因是装卸不当和运输途中的颠簸。此外，

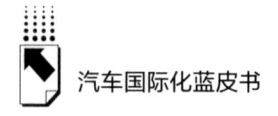

锂电池属于危险品，不同国家和地区对新能源汽车运输的环保要求可能不同，运输过程中还需要遵守严格的国内和国际法规。

5. 主机厂造船的营运风险

2021年以来，中国汽车出口面临滚装船运力短缺的问题，导致国内车企纷纷下场造船。然而，车企自身在航运专业化运营方面能力不足，导致自建的运力与货源难以实现持续匹配。此外，企业在造船、船舶管理、安全管理方面水平也不高，如车企持续盲目造船并无序地与专业的航运企业竞争，将给整个汽车运输行业和供应链带来潜在的破坏，航运企业也无法充分发挥自身的运力和航线网络优势。主机厂直接参与造船并经营船队进行汽车运输虽然可以提高物流的控制力，甚至降低运输成本，但是也面临许多风险和挑战。一是汽车制造商需要投入大量的资金进行船舶建造，造成一定的资金流动性风险；二是船舶的运营需要专业的团队和管理人员，目前大多数企业缺乏船舶维护和管理经验；三是不同国家和地区有不同的航运法规和环保标准，缺乏相关地区港口停靠经验等；四是全球汽车运输市场和运输需求波动可能会导致船舶利用率不稳定，增加市场波动风险。长此以往，中国汽车出口运输行业将渐呈无序发展状态。

二 中国汽车出口物流发展趋势

（一）汽车出口需求分析

1. 中国汽车出口量增长带来运输需求持续增加

近年来，中国汽车出口量持续增长，尤其是2021年以来，出口量大幅提升。中国汽车工业协会数据显示，2023年中国汽车出口量达到491万辆，同比增长显著。根据中国海关总署2016~2023年中国汽车出口统计数据，中国汽车出口量呈现明显波动。2016~2019年，出口量基本稳定，其中2020年出口量比2019年减少13%。然而，从2021年开始，增长率大幅提升，并在2021年达到102%的最高增长率。2022年和2023年，出口量继续上升,分别增长54%和48%,表明出口量在这两年继续实现快速增长。随后几年,虽然同比增长率有所下降,但仍保持在较高水平,说明汽车出口持续扩大。当下,国际化战略是中国汽车行业企业未来的重点规划方向,汽车出口呈现积极向上的趋势,根据中国汽车工业协会数据,2024年中国汽车整车出口585.9万辆,同比增长19.3%;中汽协预测2025年中国汽车出口620万辆,将同比增长5.8%(见图7)。根据各大车企未来的出口计划以及中国新能源汽车和新势力崛起,预计2030年中国汽车出口将达到1000万辆,滚装船汽车运力的需求将保持旺盛态势。

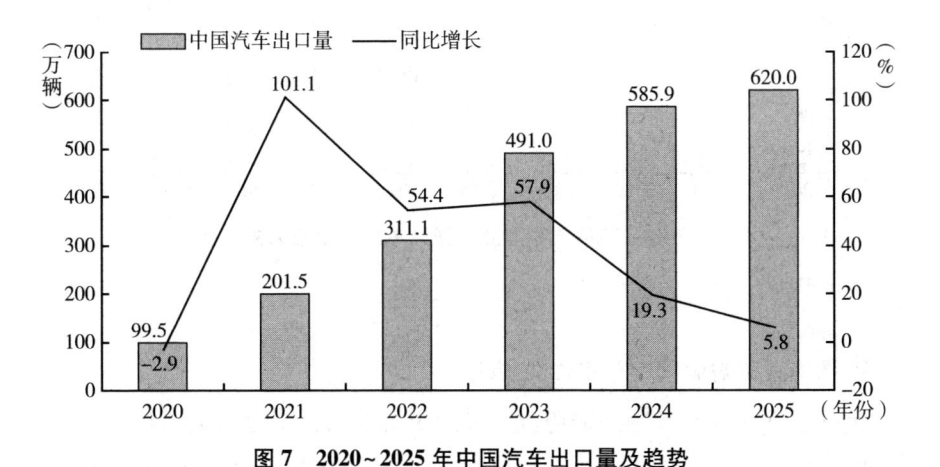

图7 2020~2025年中国汽车出口量及趋势

资料来源:中国汽车工业协会。

新能源汽车已经成为推动我国汽车出口增长的重要引擎,其出口量的快速增长不仅反映了我国新能源汽车产业的强大竞争力,也催生了对航运和滚装船运输的巨大需求。2018~2023年,中国新能源汽车的出口量经历明显波动。2018~2020年,出口量波动较小。从2020年开始,出口量逐年增加,且增长幅度较大;2023年,新能源汽车出口量达到120.3万辆,同比增长77.2%,占出口汽车总量的24.5%;2024年,新能源汽车出口量达200万辆;预计到2030年,中国新能源汽车出口量将达到460万辆,较2023年增长约282%(见图8)。随着中国新能源汽车产业的快速发展,出口量逐年增加,这为滚装船和汽车船提供了巨大的市场需求。根据数据显示，中国汽车出口已经连续多年位居世界前列，特别是新能源汽车的出口增长尤为显著。预计未来几年内，随着全球贸易的持续增长和新能源汽车等产业的快速发展，滚装船和汽车船等航运市场的需求将继续保持增长态势。

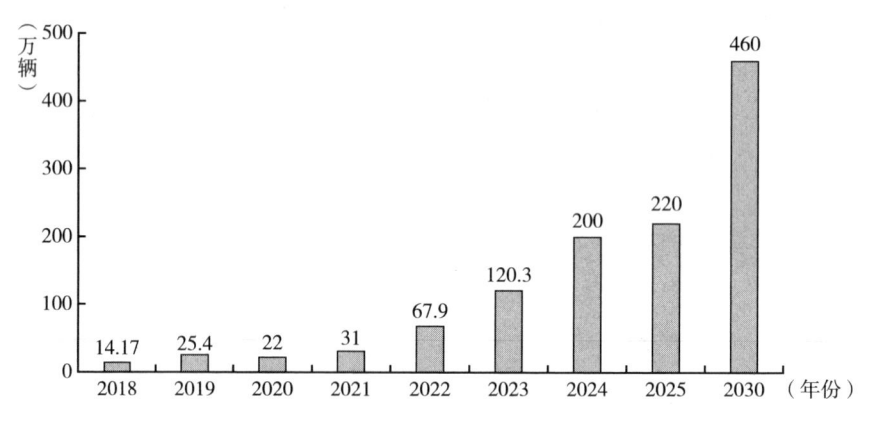

图8 2018~2030年中国新能源汽车出口量及未来趋势

资料来源：中国汽车工业协会。

2.欧美政策对中国汽车出口的影响

美国、欧盟等对我国新能源汽车发起无端攻击，主要从以下几个方面限制我国新能源汽车的出口：一是加征关税。美国宣布于2024年8月1日起大幅提高从我国进口的汽车、锂电池等产品的关税，并将电动汽车的关税提升至100%。欧盟宣布于2024年7月4日起征收临时关税，主要针对比亚迪、吉利、上汽等公司。二是出台"双反调查""碳关税"等限制性政策削弱我国新能源汽车的市场竞争力。三是亲美国家限制，对我国新能源汽车进一步加征关税。四是欧美针对我国动力电池出台一系列限制性政策法规，间接限制我国新能源汽车的出口。区域保护政策限制我国新能源汽车进入其市场，直接削弱了我国新能源汽车在欧美市场的竞争力，导致出口量下降。进而影响我国汽车船队前往欧美地区的运输需求，对未来运价和运力布局产生不利影响。2024年，中国对欧盟的纯电动汽车出口总量约57万辆，同比下降10%。

（二）滚装船运力供给与结构优化

根据克拉克森研究数据，2021~2023年，我国船厂新承接的汽车运输船订单分别为29艘、65艘和71艘，占全球汽车运输船成交比例分别为74.3%、84.4%和83.5%，预计未来几年内，我国汽车运输船规模和在全球汽车运输市场的份额会有较大提升。据统计，截至2024年5月末，全球船厂共交付13艘汽车运输船，合8.2万标准车位，已超过2023年全年交付量，全球汽车运输船共计782艘，合416万标准车位，较年初增长2.3%。随着中国汽车出口量的持续增长和新船订单量的增加，全球滚装船运力将迎来规模式增长。我国将积极扩张汽车滚装船队的市场规模，接入新船以提升运力。同时，我国将优化全球运力布局，确保运输网络的完整性和安全性，这将有助于缓解运力供需失衡的问题，降低运输成本。然而，短期内国内滚装船运力难以得到有效缓解，2024年国际汽车船运力供给依然紧张。随着新船下水数量增加，运力紧张状况会逐步缓解。克拉克森研究数据显示，截至2024年底，全球汽车运输船共824艘，合计约441.1万标准车位。目前，汽车运输船在手订单共202艘，约161万标准车位。以标准车位计，当前手持订单占现有船队比例为36.5%，手持订单中98%的船舶采用替代燃料或预留方案，老旧非环保船型将加速淘汰，进一步影响未来运力结构。预计2025年将下水交付68艘船，推动船队规模增长11.8%至493万标准车位；2026~2028年预计下水交付127艘船，约103万标准车位。

（三）全球滚装船市场趋势判断：长期供需平衡稳固，前景向好

尽管2024~2025年新造订单陆续交付，但是总体订单规模仅相当于现存船队运力的15%左右，2025年以前的船厂产能非常紧张，运力难以在短时间大幅度扩张。公约对新的能效评价指标EEXI及碳排放强度的要求，将影响船舶速度，降低运营效率，实际有效运力将进一步减少。

低碳环保因素将加快部分老旧船只的淘汰进程，叠加船舶自然淘汰，因此需要更多新运力来替代。

汽车生产尽管在短期内受国际地缘政治形势影响，可能有所波动，但是实际市场对汽车的消费需求依然旺盛，被抑制的消费需求可能被延后，促进全球汽车产销不断增长。相对于汽车出口需求，运力缺口依然明显。

中国汽车出口已正式进入"爆发期"。2024年，汽车运输市场将迎来一个非常稳健的发展期。

新能源汽车加速发展，将成为汽车海运贸易的新增长点，因此对新型汽车船的需求将不断增加。

（四）汽车出口物流运输新趋势

1. 优化海外投资与布局

新能源汽车出口的快速增长对航运和滚装船运输产生显著影响，既带来市场机遇也带来挑战。地缘政治动荡、区域保护政策等限制性因素增加我国新能源汽车出口的技术门槛和成本，降低我国新能源汽车市场竞争力，进而影响汽车船队的运输需求、市场布局、运价和安全，给全球汽车海运贸易前景带来不确定性影响。随着中国汽车走向世界、出口数量快速增长，我国航运企业不仅在发展船舶运力和提供海运解决方案方面发挥作用，而且需要提前布局在海外的港口、码头资源。通过加强在海外建设专业码头、仓储、陆运等物流资源，可以提高我国汽车出口供应链的安全性和韧性。这将有助于降低地缘政治因素对滚装船远洋海运的影响，从而保障汽车运输航运业健康发展。

2. 多元化的市场布局

为降低单一市场风险，我国汽车出口将加强多元化市场布局。在巩固欧美市场的同时，积极开拓东南亚、中东、非洲等新兴市场，出口市场的分散化有利于降低部分地区政策变动的风险。这将有助于降低对欧美市场的依赖度，减少区域保护政策对我国汽车出口的影响。同时，根据不同市场的特点和需求，制定灵活的出口策略和定价策略，根据市场变化及时调整出口策略，将进一步增强我国汽车在全球市场的竞争力，降低对单一市场的依赖度。

3. 全程物流需求

提供全程物流是未来汽车物流运输的新趋势，多式联运方案将整合海运、铁路、公路和航空等运输方式，利用智能化手段，实现无缝衔接，优化运输路径，降低成本。在目的地港口附近建立智能仓储和配送中心，优化库存管理和提高配送效率。同时，与当地清关代理合作，确保清关流程高效、合法，减少延误。为了应对市场变化和供应链中断，航运企业将注重建立灵活的供应链结构，制订应急预案，以提升整体应对能力，推动全程物流的高效、智能和可持续发展，确保从汽车工厂到供销商的运输过程更加顺畅和高效。国内一些滚装船公司已经开始加快向海运两段业务延伸，包括国内段和海外段的服务，甚至建设属于船公司的 PDI 中心。譬如，2023 年中远海运就在太仓成立了船公司的国内首个 PDI 中心，用于快速处置汽车项目作业中出现的质损、美容等相关需求，最大限度地降低汽车整车物流成本和时间成本，保障每辆汽车都能及时发运。海外段服务方面，中远海运以比港为枢纽，通过支线滚装船和钻石快航等服务，每月多批次中转至意大利、西班牙、北非及土耳其等中国汽车热销的国家和地区。

4. 数字化在汽车出口物流的应用

数字化是服务中国汽车出海的核心能力之一。一方面，需要主机厂、船公司提升自身的数字化水平；另一方面，作为产业链的上下游节点，更需要实现双方系统数据的交换，从而使船公司更好地支持主机厂系统的生态发展，为客户提供更准确、高效、便利的服务。一是通过物联网设备和集成的数字平台，利用数字化技术实时跟踪、监控运输过程和货物状态，实现物流的智能监控。二是利用大数据和人工智能对运输路线、需求预测、库存水平等进行分析，预测潜在的物流风险，如自然灾害、供应链中断等，并提前预警和制订应急预案，减少风险对物流的影响，提供智能航线方案。三是依托人工配载方法和经验，借助智能算法技术，实现货物的智能配载、船舶航行过程中的智能化感知与控制。四是运用区块链技术，签发区块链电子提单，充分发挥区块链电子提单安全和高效的优势，大幅度提升车企在供应链管理方面的效率，降低操作成本，为其带来更加安全、便捷的服务体验。综合来

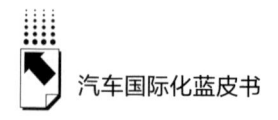

看，数字化技术的广泛应用不仅可以提高汽车出口物流的效率和灵活性，还会推动未来全程物流解决方案的高效、智能和可持续发展。

综上所述，滚装船远洋海运在全球汽车物流供应链中发挥着不可替代的作用，面对当前的市场需求和挑战，滚装船行业正朝着大型化、高效化、智能化、绿色环保以及多元化服务方向发展。随着全球贸易的持续发展和汽车出口量的持续增长，滚装船市场将迎来更加广阔的发展空间。我国汽车船队将积极扩大市场规模，加快新造汽车船下水速度，提升滚装船运力，同时优化全球运力布局，确保运输网络的完整性和安全性，实现资源优化配置。

B.17
红海航道危机对全球汽车物流运输的影响分析

鞠楠楠*

摘　要： 2023年以来，巴以冲突风险外溢至红海，胡塞武装宣称将对以色列境内目标和途经也门海岸的"以色列船只"发动袭击，越来越多的船舶选择暂停经过红海区域，转而绕行其他地区。2024年3月6日，红海危机首次造成船员死亡，在汽车海运端敲响警钟。红海地区的持续动荡对载有汽车的船舶驶入欧洲等地造成较大的安全威胁，增加运输时间与经济成本，影响货物的正常交付，给全球汽车物流运输带来一定阻碍。

关键词： 红海危机　汽车物流　全球海运

一　持续爆发的红海航道危机：扼住全球贸易的"咽喉"

（一）红海地区对全球海运的重要性

红海位于非洲东北部与阿拉伯半岛之间，独特的地理位置使其成为连接亚、非、欧三大洲的交通枢纽。红海北部经由苏伊士运河与地中海紧密相连，南部通过曼德海峡与亚丁湾相接，扼守世界上最繁忙的贸易航线。红海不仅是船只往返大西洋和印度洋的必经之路，更被誉为世界上最繁忙、最重要、最具争议的水道之一。

---

* 鞠楠楠，硕士，现任中远海运特种运输股份有限公司运营与营销管理部收益分析主管。

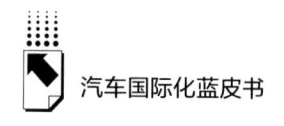

与红海相连的苏伊士运河连接了亚、非、欧三洲的贸易大动脉。有关数据显示，苏伊士运河承载全球超过20%的海运集装箱贸易、20%的海运汽车贸易以及12%的石油贸易。其中，10%的原油和15%的石油制品，经过这条运河运往世界各地。此外，11%的化工品贸易、9%的液化天然气（LNG）、6%的干散货以及5%的液化石油气，也都通过苏伊士运河运输。

（二）红海航道危机爆发对全球海运构成直接冲击

自2023年10月巴以冲突爆发以来，新一轮紧张局势逐渐蔓延至红海地区。也门胡塞武装开始对途经红海的"与以色列有关的船只"实施袭击，随后这一行动甚至扩大至所有驶向以色列的船只。这一连串的袭击不仅严重影响了海运要塞苏伊士运河往来船舶的通行安全，更使得原本繁忙的红海航线陷入了一片混乱。

红海南端的曼德海峡是红海航道危机较为集中的发生地，也是从亚丁湾进入红海的咽喉要道，往返苏伊士运河的商船必须经过此地。自红海航道危机爆发以来，红海航线上的商船运输活动大幅减少，通行苏伊士运河的船舶总吨位和船舶数量也随之下滑。面对严峻局面，多数航运公司不得不做出艰难的选择：通过绕行非洲好望角以规避安全风险。然而，这一选择依然面临较大代价：根据测算数据，一艘大型商船每次绕道将增加约100万美元的燃油成本和10天以上的时间成本，不仅延长航运时间，更导致商船和集装箱流转出现连锁反应。网络集装箱物流平台艾世捷（Container xChange）指出：由于订单量猛增，中国的集装箱工厂在2024年3月已接近满负荷运转，充分显示当前对集装箱需求的激增。绕航也会导致航运成本大幅上涨，货物交付出现延期，全球海运供应链因此受到严重扰乱。

此外，苏伊士运河的"过路费"长期以来一直是埃及国家财政和外汇收入的重要来源。随着红海航道危机的持续和船流量的缩减，苏伊士运河的通行费也大幅减少，对埃及经济造成重大影响。在美元短缺的背景下，进一步加剧了埃及的债务危机。

红海航道危机不仅影响全球海运贸易的正常运行，更是对相关国家的经济稳定造成严重破坏。如何尽快解决这一危机，恢复红海航线的正常通行，已成为当前国际社会亟待解决的问题。

二 汽车海运热度居高不下，中国汽车出口屡获突破

尽管红海航道危机持续，但放眼全球范围内，汽车对海运的依赖性仍然较大，全球汽车海运热度居高不下。根据克拉克森研究公司（Clarksons Research）发布的《2023年汽车船贸易与海运》报告，2023年，汽车海运市场呈现前所未有的繁荣景象，不仅超越了2018年的辉煌纪录，更是达到历史新高。随着我国经济步入常态化恢复轨道，国内汽车产业也借此东风，实现对外出口的历史性突破（见图1）。2023年全年，中国汽车出口量高达491.0万辆，同比增长57.9%，这一数字不仅刷新了我国汽车出口的历史纪录，更让中国首次登上世界第一汽车出口大国的宝座。这一成就不仅是中国汽车产业实力的体现，更是中国制造业"出海"战略的重要里程碑。中国汽车出口持续呈现激增态势，不仅推动全球海运汽车贸易量的增长，也为全球汽车市场的复苏注入强劲动力。

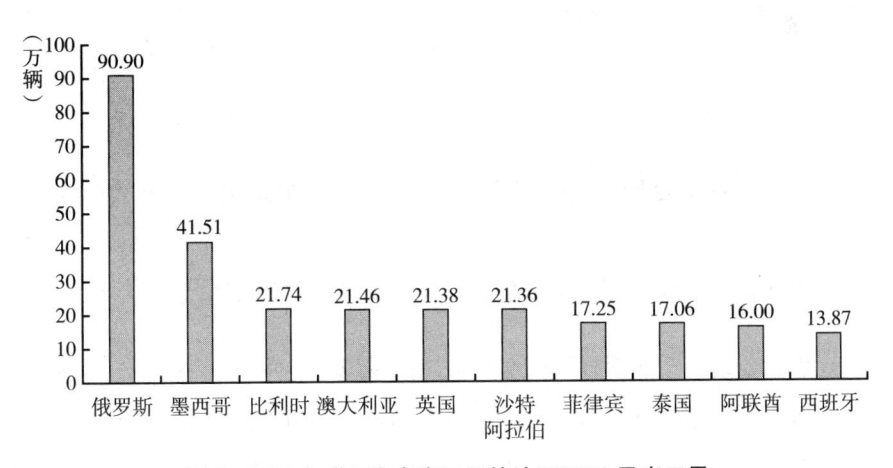

图1 2023年中国汽车出口目的地TOP10及出口量

国家	出口量（万辆）
俄罗斯	90.90
墨西哥	41.51
比利时	21.74
澳大利亚	21.46
英国	21.38
沙特阿拉伯	21.36
菲律宾	17.25
泰国	17.06
阿联酋	16.00
西班牙	13.87

资料来源：金十数据。

根据中国汽车工业协会数据，2024年中国汽车出口585.9万辆，同比增长19.3%，增长态势保持稳固（见图2）。随着中国制造的品牌竞争力不断增强，中国汽车在全球市场的地位将进一步提升，中国汽车出口市场的火爆态势仍将延续，全球汽车海运市场也将持续升温，无论是航运公司还是主机厂商都在加大订船造船力度，优化运力投放与布局，全力支持中国制造"走出去"，助力汽车产业高质量发展。

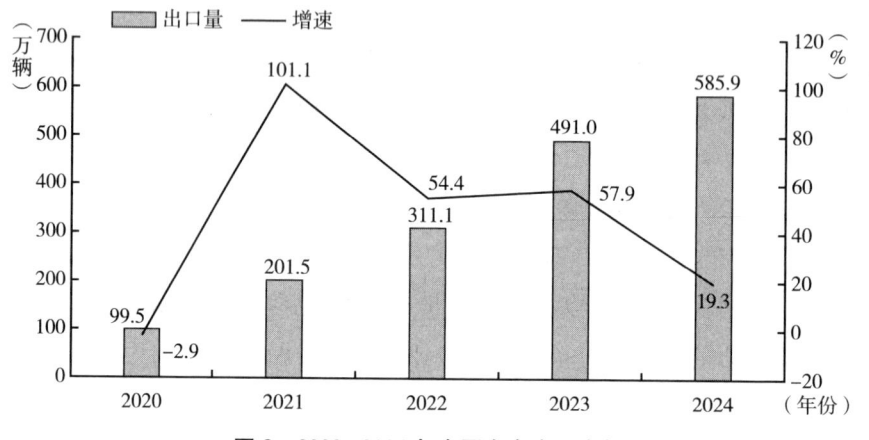

图2 2020~2024年中国汽车出口走势

资料来源：中国汽车工业协会。

三 红海航道危机影响下全球汽车物流运输呈现新特点

（一）汽车海运运力适配不足，运价与租金持续飙升

1. 班轮公司忙于应对风险，客户被迫接受成本转嫁

红海局势依然动荡不安，加上航运旺季的到来和亚洲地区频繁出现的恶劣天气等多重因素叠加，对部分远洋主要航线的贸易流量构成显著冲击。在此背景下，班轮公司不得不采取一系列应对措施，包括跳过某些港口、减少在港口的停靠时间，甚至避免装载空集装箱，以确保船舶按时、安全地完成

交付任务。

与此同时，胡塞武装在红海和苏伊士运河区域的频繁袭击，进一步加剧了紧张局势。受到不安全、不稳定因素影响，大量班轮公司选择绕行非洲好望角前往欧洲，这一选择虽然提升了安全性，但增加了航运的长度，提高了燃油消耗和管理成本，也延长了货物的交付时间，为客户贸易带来了额外的负担。

由于选择通过红海和苏伊士运河的船舶数量锐减，国际海运运力出现严重不足，多家船公司发布涨价函，对主要航线的费率进行上调。以亚洲至拉美部分地区的航线为例，原本每40英尺箱的运价在2000美元左右，现在已经飙升至9000~10000美元，而欧洲、北美等航线的运费也几乎翻了一番。2024年12月27日，中国出口集装箱运价综合指数为1515.07，全年最小值为936.83，最大值为2180.69，中位数为1465.16，平均值为1550.59；相比于2023年中位数上升62.35%，平均值上升65.43%。如果红海航道危机不断深入且集装箱运价上升趋势持续显著，不仅将对国际贸易的正常运行造成严重影响，还可能对国际海运秩序的健康发展产生长远的阻碍，特别是对汽车等依赖海运的行业而言，更是巨大的挑战。

从绕航的具体情况来看，截至2024年5月28日，通过苏伊士运河的船舶数量较上一年同期下降54.2%，按吨量统计的缺口高达68.0%，约为370万吨。从该数据可以看出，虽然部分船舶仍然选择通过苏伊士运河，但其吨位普遍较小，或者存在较高的空箱率，是港口拥挤、工作效率下降以及集装箱空箱库存短缺等多种因素共同作用的结果。虽然高昂的运价有望推动主要航运公司的信用评级上升，但在利润分配方面仍然需要航运公司保持警惕，特别是那些往年对船坞投资力度较大的航运公司，在当前集装箱空箱短缺日益严重的情况下，可能需要调整其经营策略以适应市场的变化。

2.租船市场受运力紧缺影响行情看涨

班轮公司纷纷选择避开红海区域，使得好望角的通行船舶数量和吨量较2023年同期有所增长，但它们在弥补苏伊士运河吨量缺口方面仍显得力不从心，这也进一步凸显了当前国际海运市场的复杂性和不确定性。为了弥补

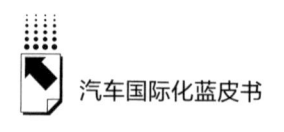

红海绕航策略所引发的运力缺口，部分航运公司正积极寻求国内集运船只租赁市场的支持。

随着租船需求的增长，咨询公司 Alphaliner 在其市场周报中明确指出：集装箱租船市场表现活跃，众多船舶迅速被租赁出去。以大型船型中的好望角型船为例，这种船型因其适应长途航线的能力而备受青睐。截至 2024 年 5 月 31 日，好望角型船的租赁价格已攀升至 27345 美元/天，这一价格水平仅次于 2021 年的高点（30976 美元/天）。而在船型选择上，市场并非仅青睐大型船舶。尽管对各类尺寸的船舶均存在租赁需求，但根据市场反馈，中小型船舶的租赁交易更为频繁。主要是因为当前市场上可供租赁的大型船舶数量相对较少，而中小型船舶则因其灵活性和经济性更受航运公司的青睐。业内分析机构 Linerlytica 进一步证实了这一趋势：尽管未来将有 60 万标准箱的新船交付，但其中可供租赁的船舶数量却相当有限，不足 10 艘。这意味着，在船舶供应相对紧张的情况下，运价仍有进一步上涨的空间。对于航运公司而言，租赁船舶虽然能够暂时填补运力缺口，但需要承担更高的运营成本。因此，在未来的运营策略中，如何平衡成本和运力将是航运公司需要重点考虑的问题。而对于船舶租赁市场而言，这也将是一个充满机遇的时期。

（二）车企下海造船，汽车船行业出现无序竞争

中国的汽车船运力在全球市场中仅占不到 3% 的比例，这一微薄的份额远不能满足近年来国内车企出口业务迅猛增长的实际需求。此外，新造汽车船运力在 2024 年下半年才开始逐步投入运营，且部分汽车船存在延迟交付现象，从而加剧了当前的运力短缺状况。红海地区的危机和地缘政治冲突，国际局势不断动荡，导致船舶的航行距离被迫拉长，周转效率大幅下降；在袭击之前，汽车船租金就已经上涨至历史高位，红海问题导致运力进一步收紧，期租租金进一步上涨，这些因素相互交织，使得原本捉襟见肘的汽车船运力变得更为紧张。

2020 年之前，中国商品车的出口量尚未达到如今的体量，国际七大汽

车船公司在满足日韩市场需求后,有余力将空余舱位投放至中国市场;然而,由于当时汽车船市场整体运力过剩,加之对造船的经济性考量,中国本土船公司未能大规模扩张运力,也为如今的运力紧缺埋下了伏笔。当前,全球汽车海运量的20%通过苏伊士运河,在红海航道危机长期持续的背景下,原本通过苏伊士运河的船舶70%以上会绕行,预计每绕行1个月,全年需求将增长约0.6%。

目前,国内多家主机厂及地方港航公司纷纷制订新造船计划,但这些计划如果没有得到合理的协调和管理,极易形成无序竞争。车企在航运专业化运营方面的能力相对不足,自身运力与货源的匹配度难以持续;同时,其造船、船舶管理、安全管理水平也亟待提升。倘若车企持续盲目造船,与专业的航运企业展开无序竞争,不仅会对汽车运输行业造成潜在的破坏,还会影响整个供应链的稳定性。这种无序竞争也将使得航运企业难以充分发挥其运力和航线网络的优势,对于汽车与海运等诸多行业的长远发展都将产生不利影响。

(三)运输持续受阻,全球汽车供应链逐步紊乱

1. 汽车关键零部件运输受到扰动

在全球贸易中,海运占据了九成以上的运输份额,因此,海运一旦受阻,就会直接导致全球供应链失衡,进而引发一系列连锁反应。与班轮市场类似,汽车贸易本身不会变化,只能选择绕行,从而收紧运力,甚至影响汽车产业链供应链。红海航道危机不仅对整车运输造成冲击,更是在多个层面给全球汽车物流运输带来深刻的影响。亚洲作为全球汽车零部件出口市场的主要供应方,占据了市场多数份额,近年中国汽车零部件出口金额和增速如表3所示。特别是新能源汽车的电池与零部件,其总体占比高达约90%。红海航道受阻,使得这些关键零部件的运输受到严重影响,整个汽车供应链也因此陷入困境。如今,欧洲的车厂已经切实感受到了这种影响:此前,特斯拉、沃尔沃等汽车巨头都因零部件短缺而不得不暂时停产。诸如此类的大型汽车制造商通常采用及时库存管理策略,库存量大约只相当于54天的销售

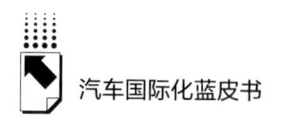

量,即便零部件仅延误 10 天,都可能成为一个不容忽视的问题,对于新能源汽车行业而言,这种影响可能更为严重。

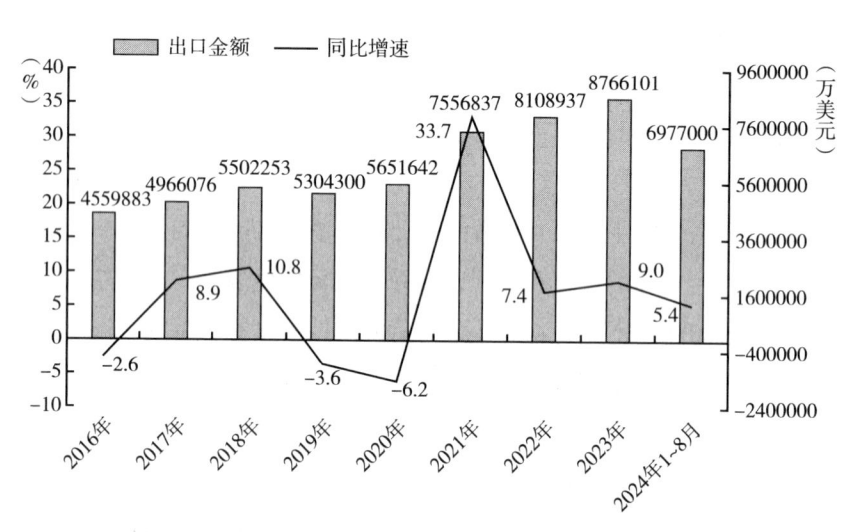

图3 2016年至2024年8月中国汽车零部件出口金额和增速

资料来源:华经产业研究院、中国汽车工业协会。

2. 车企品牌推广至全球难度剧增

近年来,欧洲已经成为中国新能源汽车出口的重要市场,其中比利时、西班牙、斯洛文尼亚和英国等更是出口的重点国家。红海航道危机的出现使得这些出口车辆不得不绕行其他航线,不仅大大增加了时间和运输成本,还使得企业面临更多的不确定性。例如,一辆由上海工厂生产的特斯拉,改道后从中国运输至欧洲的成本将至少增加20%,这会直接反映在市场售价上,极易引发当地消费者的情绪波动。从2023年数据来看,上海生产的特斯拉在欧洲市场的销量占比较高,超过40%;而上汽名爵在欧洲的销量更是占据了中国品牌在欧销量的85%。对于比亚迪、蔚来、小鹏这些近几年才进入欧洲市场的中国品牌而言,红海航道危机导致的海运不畅,给它们的市场拓展之路带来了不小的挑战。这些品牌目前正处于扩大品牌影响力的关键时期,海运不畅增加其进入市场的难度。如果红海航道危机问题长时间无法解决,全球汽车物流供应链体系将逐渐瓦解,汽车国际贸易的健康发展也将受到严重阻碍。因此，各国应共同努力，寻找解决方案，应对这一地缘政治冲突引发的全球性挑战。

四 对策建议

（一）汽车船：持续夯实运力储备，深化绿色低碳赋能

红海航道危机持续加剧，对全球汽车海运构成严峻挑战，导致汽车船运力紧缺问题凸显。在此背景下，全球汽车运输船市场迎来了前所未有的发展机遇：2021~2023年，新签订单量持续增长，其中2021年全球新签37艘，同比增长1750%；2022年增至78艘，同比增长110.8%；2023年保持上升趋势，达到85艘。进入2024年，市场需求依然旺盛，行业前景持续繁荣。

中国造船业在此轮市场爆发中表现卓越，连续三年占据全球汽车运输船市场的主导地位。2021~2023年，我国新接汽车运输船订单量分别为29艘、65艘、71艘，分别占全球总成交量的78.37%、83.33%、83.52%。根据克拉克森数据，截至2025年2月中旬，全球汽车运输船共824艘，合计约445.7万标准车位；汽车运输船在手订单共202艘，约160.8万标准车位；以标准车位计，当前手持订单占现有船队比例为36.1%，广船国际、招商工业南京金陵等我国造船头部企业成为全球汽车船生产市场的领跑者。

随着全球对环保议题的日益重视，原有高碳排放的汽车运输船面临淘汰风险，而新造环保型汽车船则成为市场新宠。在此背景下，建议汽车船船东与制造商加强合作，共同推动大型环保型汽车船的建造，以满足"双碳"目标要求，并适应不断增长的汽车出口需求；同时，只有不断提升服务质量与水平，为主机厂商提供更佳的服务体验，才能更好地助力国产汽车走向国际市场。

（二）港口码头：稳步提升作业效率，打通堵点优化流程

胡塞武装冲突持续发酵，红海地区局势动荡不安，对亚欧航线运力周转率造成严重影响。航次天数延长、准班率下降等问题频发，对港口作业效率和生产计划造成巨大冲击。以亚洲港口为例，从欧洲返回的班轮因在新加坡长时间延误，在抵达中国港口时严重脱班，增加了换船操作的压力和成本。此外，东南亚港口拥堵导致部分货物转运至中国港口，进一步加剧了中转箱量的增长。

针对上述问题，建议港口码头密切关注红海航道危机的发展动态以及区域形势变化，加快新型外贸基础设施建设步伐；优化通关流程，提高作业效率，降低物流成本。具体措施包括：加强信息化建设，提升港口智能化水平；引入先进设备和技术，提高装卸效率；加强与航运公司、货代等上下游企业的沟通协作，形成合力，共同应对市场挑战。

（三）车企：精准把握市场趋势，推进资源整合共享

红海局势的长期动荡，不仅影响汽车运输，更扰乱了汽车零部件供应链的布局。运输成本的增加和时间的延误对车企而言是巨大的挑战。特别是亚洲作为燃油车、混合动力汽车和电动汽车零部件的关键制造中心，其供应链的稳定性对全球汽车行业至关重要，一旦亚欧航线因红海航道危机爆发而中断，将导致全球汽车零部件物流延误，进而影响欧洲汽车装配厂的生产进度，对车企造成一定损失。

面对市场挑战，建议中国车企精准研判红海航道危机与供应链转移趋势，把握市场机遇。具体措施包括：加快汽车出口进度，以应对欧洲贸易保护主义等相关影响；与航运公司等运输服务商签订长期 COA 合同，锁定稳定的舱位供给；增加国际贸易合同中的风险管理条款，减少因运输延误导致的违约责任；推进资源整合共享，建立多元化、灵活高效的供应链体系，以提升车企应对市场变化的综合能力。

B.18
物流供应商评估及管控相关研究

唐安宁 冯庆旺[*]

摘 要： 针对全球范围内物流供应链的复杂性和竞争性，本报告通过分析物流供应商的各项能力，提出了一套全面的物流供应商评估指标体系，以帮助企业有效选择和管理物流供应商，确保供应链的高效运作和持续发展。物流供应商评估及管控也面临挑战与机遇，包括供应链管理复杂性、数据收集问题、技术发展变化、国际合作与标准化障碍等。

关键词： 物流供应商评估 供应链管理 管控机制

一 概述

随着全球物流业的迅猛发展，物流供应商在供应链中的重要性日益凸显。通过精细化的物流管理不仅能显著降低企业成本，还能加速产品流通，提升市场竞争力。然而，物流供应商的服务质量参差不齐，选择与管理成为企业面临的一大挑战。本报告将通过分析物流供应商对汽车企业的影响引出物流供应商评估与管控的研究意义和目的。

（一）物流供应商对汽车企业的影响

近年我国汽车产销量及增长率如图1所示。汽车市场的快速发展对汽车

---

[*] 唐安宁，硕士研究生，高级物流师，主要研究方向为乘用车、重卡、光伏、风电等供应链管理，现任青岛诚通新能源有限公司副总经理（主持工作）；冯庆旺，硕士，主要研究方向为乘用车、商用车和工程机械等物流规划，现为中国诚通供应链服务有限公司市场开发部员工。

整车物流行业的快速发展起着直接的带动作用。同时，物流行业对汽车产业的整体效率提升也起到关键的支撑作用。

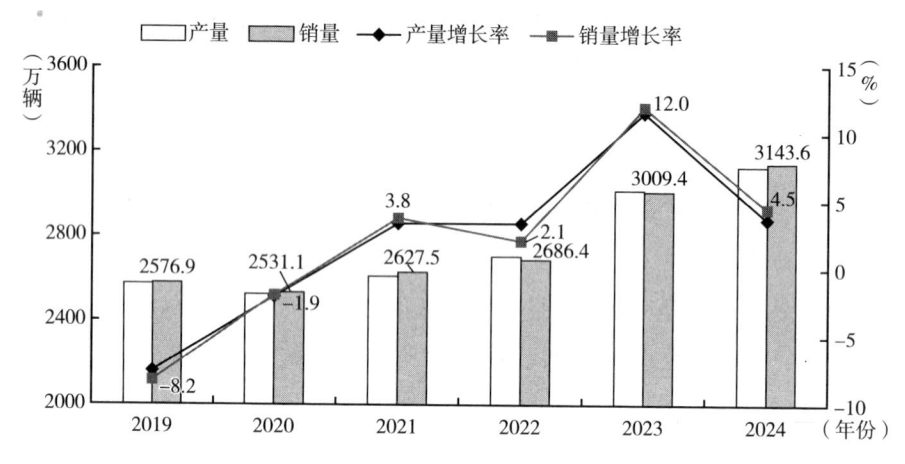

图1 2019~2024年中国汽车产销量及增长率

资料来源：中国汽车工业协会。

作为汽车产业链的重要一环，物流供应商的高效运作直接影响着汽车的生产和销售流程。据统计，通过高效的物流管理，汽车制造商可以将库存成本降低10%~20%。此外，优化的物流流程有助于缩短从生产到市场的周期，平均可以节省15%~25%的时间效益。在汽车产业中，物流成本通常占到整车成本的5%~10%，选择一个优质的物流供应商可以显著降低运输和仓储成本，保证产品快速、准时交付，增加市场响应速度，从而提高客户满意度和品牌信誉。

（二）物流供应商评估与管控的研究意义和目的

首先，汽车物流行业快速发展，但物流供应商服务质量却参差不齐。一些企业为了追求利润，采用低质量的运输方式和设备，导致车辆损坏、零部件丢失等问题。其次，汽车物流行业的信息化水平还有待提高。一些企业仍然采用传统的物流管理方式，缺乏现代化的信息系统支持，导致运输效率低、成本高昂等问题。

在汽车制造业中，对物流供应商的系统性评估与严格管控，是保障供应链运作效率的核心要素。此过程通过全面考量物流供应商的综合实力，评选出具备卓越服务品质、高效物流运输、成本优化策略、前沿技术创新以及全面风险控制能力的合作伙伴，并对其各项能力进行管控和持续提升，使企业构建一个坚实又富有弹性的物流网络架构，帮助企业灵活适应市场动态，确保产品品质的卓越性与对交付期限的严格遵守。

对物流供应商的评估与管控，不仅是对其服务能力的严格审核，更是企业提升自身供应链管理效能、强化市场竞争优势的关键策略。通过精心挑选与企业战略相契合的物流合作伙伴，并在管控过程中对其物流体系进行优化，实现成本效益最大化，从而在竞争激烈的市场环境中保持稳健的发展态势。

二 物流供应商评估指标分析

为了确保供应链的高效运作和可持续发展，一套全面而科学的物流供应商评估指标体系显得尤为重要。本部分将深入探讨物流供应商评估的多维度指标，旨在为企业提供一套可操作的评估工具，帮助其精准识别并选择优质物流供应商，进而优化供应链管理，提升整体运营效能。

（一）供应商服务能力的多维度评估

1. 仓储管理水平

仓储管理水平评价指标如图 2 所示，其中部分指标分析如下。

安全库存水平：评估供应商设置的安全库存水平是否合理，以应对需求波动和供应不确定性。安全库存的设置应平衡库存成本和缺货风险，通过历史数据分析和需求预测模型来确定。

库存预测准确性：分析供应商使用的需求预测方法和工具的准确性。准确的预测可以减少过剩库存和缺货情况，提高库存利用率。可以通过比较预测需求与实际需求的差异来评估。

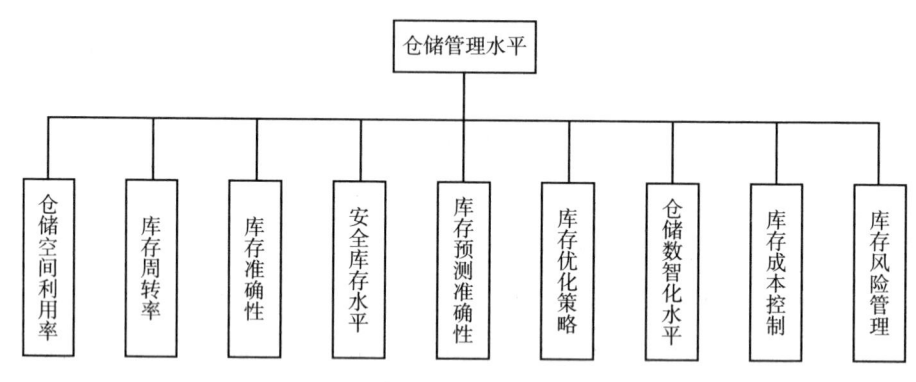

```
                        仓储管理水平
    ┌────┬────┬────┬────┼────┬────┬────┬────┬────┐
  仓储  库存  库存  安全  库存  库存  仓储  库存  库存
  空间  周转  准确  库存  预测  优化  数智  成本  风险
  利用  率    性    水平  准确  策略  化水  控制  管理
  率                      性          平
```

图 2　仓储管理水平评价指标

库存优化策略：评估供应商是否采用先进的库存优化策略，如 ABC 分析、经济订货量（EOQ）模型、多级库存优化等。

库存成本控制：评估供应商在库资金占用成本、订购成本和缺货成本方面的控制能力。通过成本分析，可以了解供应商在库存管理方面的经济效益。

库存风险管理：分析供应商对库存风险的识别、评估和缓解措施，包括对呆滞、损坏、盗窃或市场变化等风险的应对策略。

2. 物流能力水平

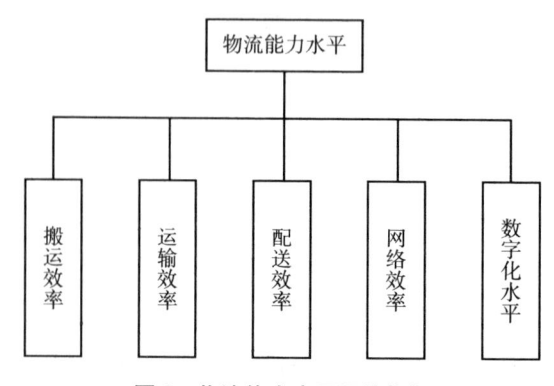

```
            物流能力水平
    ┌────┬────┼────┬────┐
  搬运  运输  配送  网络  数字
  效率  效率  效率  效率  化水
                          平
```

图 3　物流能力水平评价指标

搬运效率：搬运效率涉及货物在仓库内部或不同物流节点之间的移动。搬运设备效率是评估的重点，包括叉车、输送带等搬运工具的性能和维护状况，高效的搬运设备能够大幅提升搬运作业的速度和安全性。搬运作业效率则关注搬运作业的流程优化，包括装卸速度、作业人员的熟练程度等，这些因素直接影响货物在搬运过程中的流畅性和效率。

运输效率：评估运输效率时，关注运输时间的长短，不仅包括货物从发货点到收货点的总时间，还涉及是否能满足客户的紧急需求。此外，运输效率还体现在可靠性和准时率中，比如物流供应商在面对天气变化、交通管制等突发事件时的应对能力。

配送效率：配送准时率是衡量配送服务质量的重要指标，它反映了物流供应商能否按照约定时间将货物送达客户手中。"最后一公里"配送是配送效率中的难点，它要求物流供应商在城市复杂的环境中，高效、准确地完成配送任务。

网络效率：包括物流网络布局、运输和配送路线优化以及网络协同能力的评估，一个高效的物流网络能够确保货物在不同节点之间快速、顺畅地流动。

数字化水平：评估物流供应商能否通过先进的信息系统实时跟踪物流状态，确保信息流与物流的无缝对接。具备将运输数据进行可视化转换和大数据分析的能力，从而规划和优化路线，以提高运输效率和减少运输成本。

3. 总成本控制能力

采购成本控制：查看供应商是否有有效的采购策略，如集中采购、长期合作等，以降低采购成本。

行政成本控制：考察供应商是否有高效的管理团队和精简的行政体系，以降低行政成本。

技术与信息化投入：评估供应商是否通过合理的技术和信息化投入，提高物流过程的自动化、智能化水平，从而降低人力成本和错误率。

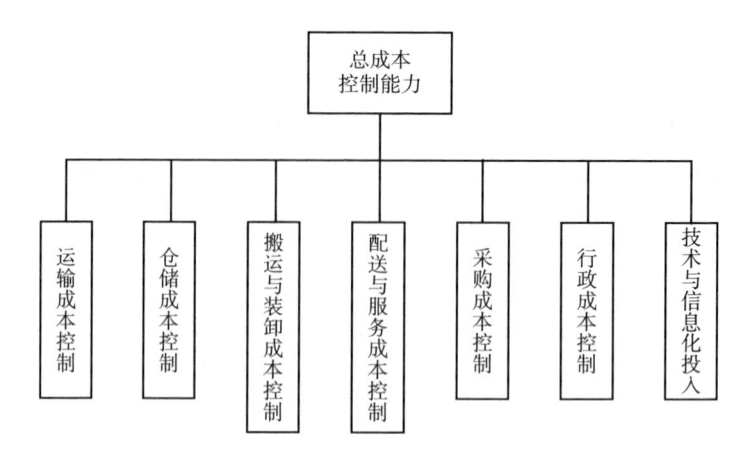

图4　总成本控制能力评价指标

（总成本控制能力 → 运输成本控制、仓储成本控制、搬运与装卸成本控制、配送与服务成本控制、采购成本控制、行政成本控制、技术与信息化投入）

（二）质量与安全管理评估

1. 质量与安全风险控制能力

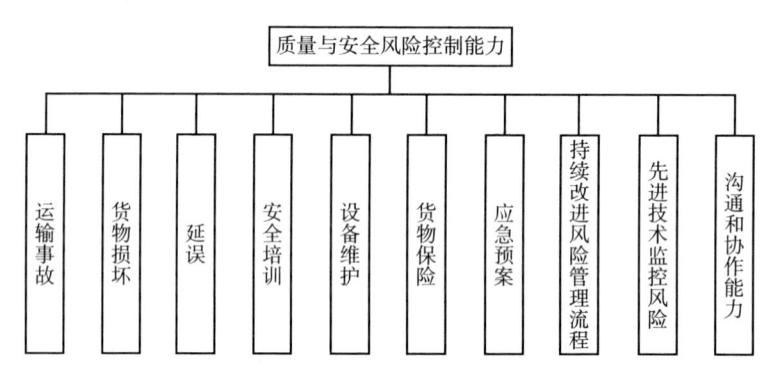

图5　质量与安全风险控制能力评价指标

（质量与安全风险控制能力 → 运输事故、货物损坏、延误、安全培训、设备维护、货物保险、应急预案、持续改进风险管理流程、先进技术监控风险、沟通和协作能力）

评估物流供应商的质量与安全风险控制能力涉及多个方面。首先，考察其能否全面识别并定量评估物流过程中可能遇到的各类风险，如运输事故、货物损坏、延误等。其次，考察其是否制定了有效的预防措施和应急应对策略，例如，是否有安全培训、设备维护、货物保险以及应急预案等。最后，物流供应商是否注重持续改进风险管理流程，是否遵守相关法律法规，是否能利用先进技术加强风险监控，以及在风险管理中与各方的沟通和协作能力，也是评估的重要内容。深入分析这些关键点，可以全面评估物流供应商的质量与安全风险控制能力。

2. 仓储质量与安全

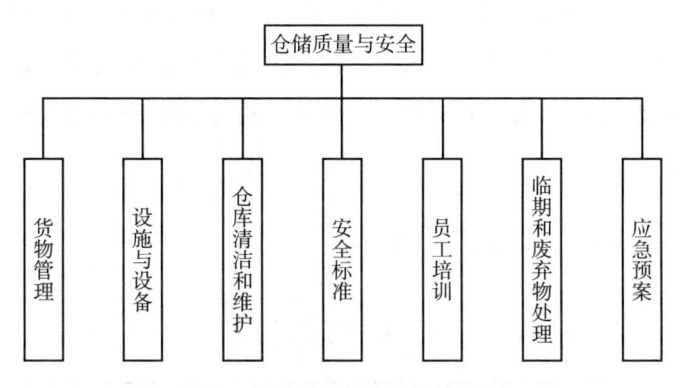

图6　仓储质量与安全评价指标

（仓储质量与安全：货物管理、设施与设备、仓库清洁和维护、安全标准、员工培训、临期和废弃物处理、应急预案）

在评估仓储质量与安全时，需关注其货物管理水平，确保分类、标签、存放和盘点规范，并有防止损坏和丢失的措施。同时，评估仓库设施是否完善，包括储存空间、搬运设备、环境条件以及是否定期开展仓库清洁和设施维护。安全标准方面，需确保供应商遵循行业规定，如消防、防盗措施。此外，评估员工的质量安全培训是否到位。最后，评估供应商处理临期和废弃物的方式，以及其应急预案的合理性。

3. 运输质量与安全

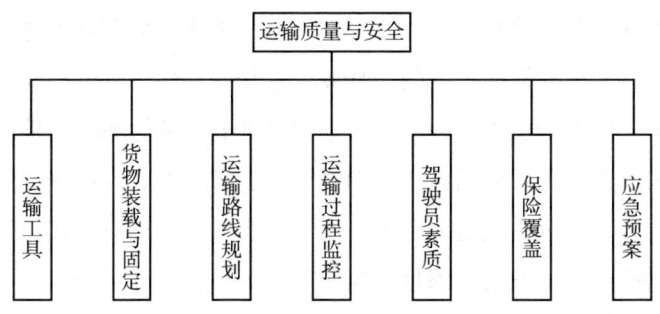

图7　运输质量与安全评价指标

（运输质量与安全：运输工具、货物装载与固定、运输路线规划、运输过程监控、驾驶员素质、保险覆盖、应急预案）

在评估物流供应商的运输质量与安全时，需关注以下几点：运输工具定期维护检查，车辆安全记录良好（如事故率低于行业平均水平）。货物装载与固定需专业，确保损坏和丢失率低。运输路线规划应合理，避免拥堵与危险区域，提高运输效率。普及实时监控系统，确保货物追踪率达100%。驾驶员需具备专业技能和安全意识，培训频率控制在合理范围内。保险覆盖应全面，以降低潜在风险。此外，应急预案应完备，能有效应对突发情况，如交通事故和货物损坏，确保在遭遇问题时能迅速响应，将损失降至最低。

（三）技术与创新能力评估

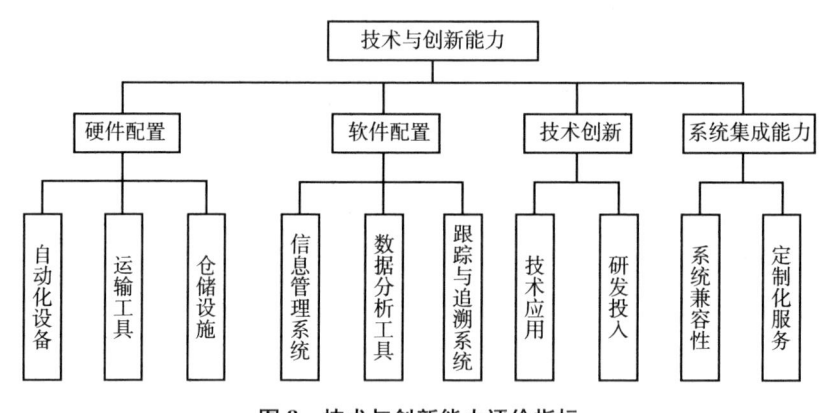

图8 技术与创新能力评价指标

在评估物流供应商的技术与创新能力时，需全面审视其硬件配置、软件配置、技术创新及系统集成能力。硬件方面，供应商应配备先进的自动化设备、运输工具和仓储设施，以确保高效作业与安全性。软件层面，应评估信息管理系统、数据分析工具和跟踪与追溯系统的完备性和功能性。技术创新是关键，供应商应积极应用新技术如物联网、云计算和区块链，同时注重研发投入。此外，系统集成能力也至关重要，确保能无缝对接客户系统，且提供定制化软硬件配置方案，满足多样化需求。

（四）管理水平和组织能力评估

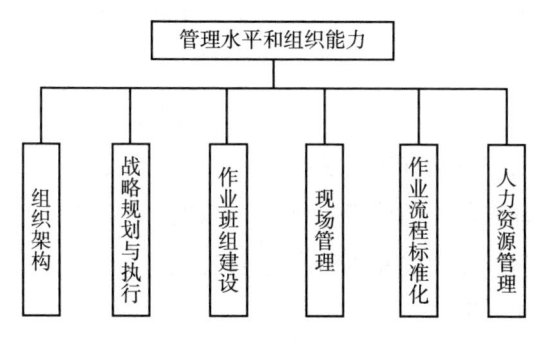

图9　管理水平和组织能力评价指标

1.组织架构

考察各部门职责的明确性，以及跨部门协作的流畅度，关注供应商是否拥有灵活的组织架构调整机制，能够根据业务发展和技术进步，适时进行结构优化和流程再造。

2.战略规划与执行

评估供应商是否有清晰的物流战略规划，包括市场定位、服务范围、成本控制等。并考察供应商的战略执行能力，是否能有效实施规划，以应对市场变化。

3.作业班组建设

考察作业班组人员的专业技能和操作能力，包括是否接受了充分的职业培训，是否具备处理各类物流任务的技能；了解作业班组的结构和人员配置，是否符合业务需求且能有效应对高峰期的业务压力。

4.现场管理

关注现场布局的合理性，包括货物存储、搬运路径、设备摆放等是否得到科学规划，以减少不必要的移动和等待时间。

考察现场作业流程的标准化程度，是否存在清晰的操作指南和作业指导书，确保每个环节都能高效、准确地执行。

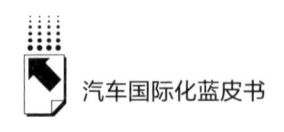

评估现场的安全管理措施,包括是否严格执行安全操作规程,是否定期进行安全培训和演练,以及是否有应急预案以应对突发事件。

关注现场的 6S 管理实施情况,了解工作环境的整洁度和员工的职业素养。

分析现场的监控和反馈机制,如是否使用现代信息技术进行实时监控,以及是否有有效的质量检查和问题反馈流程。

考察现场管理人员的领导能力和问题解决能力,是否能够及时发现并解决现场问题,保持作业的连续性和稳定性。

5. 作业流程标准化

首先审查物流供应商是否建立了全面的作业流程标准,这些标准是否覆盖从订单接收到货物配送的每一个环节。

考察这些标准流程是否经过精心设计,制定和描述是否合理、具体,是否具有可操作性,是否考虑到不同运输环境和需求的差异性,以及是否综合考虑了运输效率、成本控制、可靠性、安全性等方面的要求。

评估标准流程的文档化程度,包括是否有详细的作业指导书、操作手册和检查清单,以及这些文档是否易于理解和遵循。

分析标准流程的执行情况,员工是否严格按照标准操作,管理层是否定期进行流程审计和绩效评估。

关注流程的灵活性,即在面对特殊情况或客户需求变化时,标准流程是否能够快速调整而不丢失其核心原则。

6. 人力资源管理

合理的人力资源配置可以提高工作效率和顺畅性。评估供应商是否根据业务需求和规模合理配置人力资源。考察员工数量是否与业务量相匹配,是否有足够的人员来处理不同环节和任务。

评估供应商的员工素质是否符合业务需求,即是否具备所需的专业知识、技能和经验。可以通过员工的教育背景、培训经历和工作经验来评估。

评估供应商是否有完善的员工培训与发展机制。包括培训计划的制订、培训方法和资源的提供,以及员工个人发展和职业晋升的机会。

评估供应商的员工激励和绩效管理体系是否有效,包括员工激励政策、奖励机制和绩效评估方法。

(五)环境责任与社会责任评估

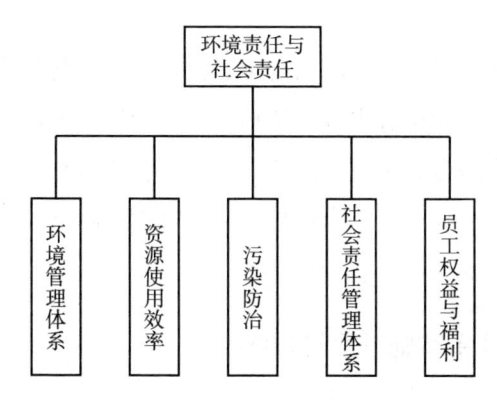

图 10 环境责任与社会责任评价指标

1. 环境管理体系

是否建立了环境管理体系,如 ISO 14001 认证,是否有明确的环境政策和目标,以及实现这些目标的计划和措施,是否定期进行环境绩效评估和审计。

2. 资源使用效率

在运输、仓储和包装过程中是否采取了节能减排措施,是否使用可再生能源或低碳能源,是否有废物减量和回收利用的策略。

3. 污染防治

是否有控制和减少污染排放的措施,如减少废气、废水和固体废物的排放,是否有应对环境事故的应急预案。

4. 社会责任管理体系

是否建立了社会责任管理体系,如 SA 8000 认证,是否有明确的社会责任政策和目标,是否定期进行社会责任绩效评估和审计。

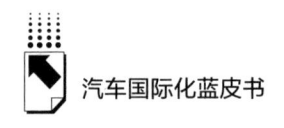

5. 员工权益与福利

是否遵守劳动法规,提供公平的薪酬和福利,是否有良好的工作环境和职业健康安全措施,是否提供员工培训和发展机会。

三 物流供应商评估体系构建

本报告将从评估目标与标准的确定、信息收集与初步筛选、能力评估的具体实施到现场考察和综合评价与选择,详细阐述评估体系的实施过程与方法。通过构建一个综合、多维度的评估体系,企业能够更加全面、客观地评估物流供应商的能力与潜力,为优化供应链管理、降低运营成本、提高市场响应速度提供有力支持。

(一)评估体系实施过程与方法

确定评估目标与标准 → 收集信息与初步筛选 → 能力评估 → 现场考察 → 综合评价与选择

图 11 物流供应商评估实施过程

1. 确定评估目标与标准

开始评估之前,需要明确评估的目标,比如成本效益、服务质量、技术创新、可持续发展等。同时制定一套评估标准,这些标准应与企业的战略目标和需求相匹配。

2. 收集信息与初步筛选

通过市场调研、供应商自我报告、第三方评价等方式收集潜在物流供应商的信息。根据预设的标准进行初步筛选,排除不符合基本要求的供应商。

3. 能力评估

对初步筛选后的供应商进行深入的能力评估,具体参照综合评估指标体系。

4. 现场考察

对关键的供应商进行现场考察，以验证其提供信息的真实性，并深入了解其运营状况。

5. 综合评价与选择

根据收集的信息和现场考察的结果，对供应商进行综合评分。可以采用加权评分法，根据不同评估指标的重要性赋予不同的权重。最终，选出得分最高的供应商或供应商组合。

（二）综合评估指标体系

本报告参考《物流企业分类与评估指标》（GB/T 19680-2013）、《口岸物流服务质量规范》（GB/T 28580-2023）、《第三方物流服务质量要求》（GB/T 24359-2009）、《仓储绩效指标体系》（GB/T 30331-2021）等国家标准，梳理出物流供应商综合能力评估指标体系，包括一级指标 5 项、二级指标 21 项、三级指标 82 项，具体指标体系如表 1 所示。

表1 物流供应商综合能力评估指标体系

一级指标	二级指标	三级指标	一级指标	二级指标	三级指标
基础能力	仓储管理水平	仓储空间利用率	基础能力	总成本控制能力	运输成本控制
		库存周转率			仓储成本控制
		库存准确性			搬运与装卸成本控制
		安全库存水平			配送与服务成本控制
		库存预测准确性			采购成本控制
		库存优化策略			行政成本控制
		仓储数智化水平			技术与信息化投入
		库存成本控制	质量与安全管理	质量与安全风险控制能力	运输事故
		库存风险管理			货物损坏
	物流能力水平	搬运效率			延误
		运输效率			安全培训
		配送效率			设备维护
		网络效率			货物保险
		数字化水平			应急预案
					持续改进风险管理流程
					先进技术监控风险
					沟通和协作能力

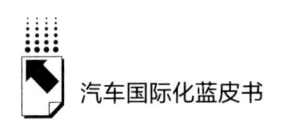

续表

一级指标	二级指标	三级指标	一级指标	二级指标	三级指标
质量与安全管理	仓储质量与安全	货物管理	管理水平和组织能力	作业班组建设	作业人员专业性
		设施与设备			班组结构和配置
		仓库清洁和维护		现场管理	现场布局合理性
		安全标准			流程标准化程度
		员工培训			安全管理措施
		临期和废弃物处理			6S管理实施情况
		应急预案			监控和反馈机制
	运输质量与安全	运输工具			管理人员能力
		货物装载与固定		作业流程标准化	作业标准体系
		运输路线规划			操作标准合理程度
		运输过程监控			文档化程度
		驾驶员素质			执行落实情况
		保险覆盖			定制化业务灵活性标准
		应急预案		人力资源管理	员工配比合理性
技术与创新能力	硬件配置	自动化设备			员工素质
		运输工具			员工培训与发展机制
		仓储设施			激励和绩效管理体系
	软件配置	信息管理系统	环境责任与社会责任	环境管理体系	环境管理体系
		数据分析工具		资源使用效率	节能减排措施
		跟踪与追溯系统		污染防治	污染防治措施
	技术创新	技术应用		社会责任管理体系	社会责任管理体系
		研发投入		员工权益与福利	薪酬福利与员工发展
	系统集成能力	系统兼容性			
		定制化服务			
管理水平和组织能力	组织架构	明确的部门职责			
		跨部门协作			
		组织架构调整机制			
	战略规划与执行	物流战略规划			
		战略执行能力			

（三）物流供应商管控机制

本部分将深入探讨物流供应商的管控机制，首先明确管控的目标，旨在通过精准定位和持续监控，保障服务质量、优化资源配置，并实现成本效益最大化。随后，详细阐述管控策略，从目标导向、数据驱动的管理系统构建，到服务流程的持续优化与风险管理的强化，为企业提供一套切实可行的管控框架。

1. 管控目标

在供应链管理的战略布局中，管控目标的精准定位是确保运营效率与服务质量的关键。首先，确保服务水平协议（SLA）的严格执行，保障服务质量的可靠性和准确性。其次，通过持续监控与评估，不断优化服务流程，激励物流供应商实现持续改进。同时，在保障服务品质的前提下，通过优化资源配置、运输路线等手段，实现成本效益最大化，提升企业竞争力。再次，建立风险预警与应对机制，预测并识别潜在风险，以迅速反应减少损失。利用先进的数据分析工具，进行实时监控和精准决策，实现数据驱动的供应链管理。最后，通过有效的管控措施，与物流供应商建立长期稳定的战略合作关系，共同应对市场挑战，实现双方的长期共赢发展。

2. 管控策略

管控的核心思路在于建立一个以目标为导向、以数据为驱动的闭环管理系统，旨在确保物流供应商的性能与企业的战略目标对接。这一过程涉及制定清晰的服务水平标准和协议，实施实时性能监控以及定期绩效评估来保证服务质量符合预设期望。通过有效的沟通与反馈机制，确保信息的透明流通和问题的及时解决。此外，深入分析服务中出现的问题，并采取针对性的改进措施来优化供应链管理，同时通过风险管理策略来应对潜在挑战，维护供应链的稳健运作。在此基础上，建立激励与约束机制进一步保证管控措施的有效执行，促进供应商的持续改进和卓越服务。

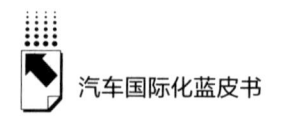

四 对物流供应商的管控内容

为确保物流服务的质量、效率和成本效益,需要对物流供应商进行全面管控。从实物流、信息流和整体提升三个方面分析,需开展业务管控、数据与账务管控和风险管控与优化提升(见图12)。

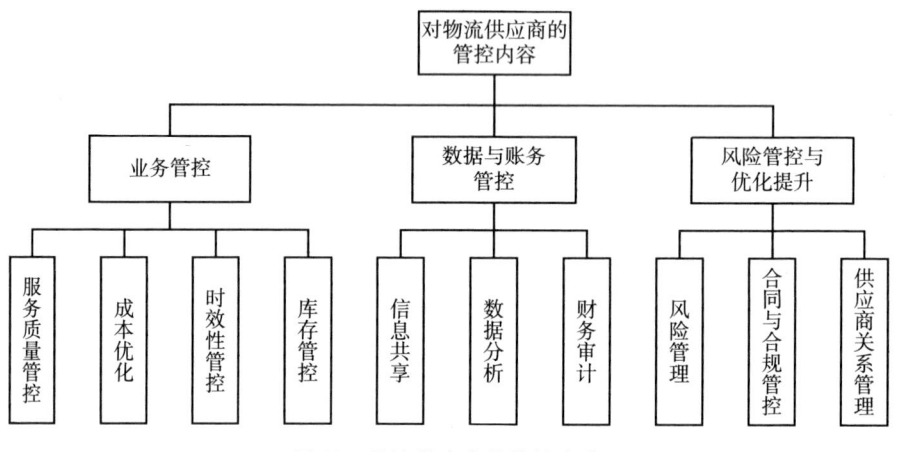

图 12 物流供应商的管控内容

在风险管控与优化提升部分,风险管理需要定期的风险评估,识别潜在的物流风险,如自然灾害、政治不稳定等,并制订应急计划,以便在风险事件发生时迅速采取行动,减少损失。在维护供应商关系时,可以与物流供应商定期举行会议,讨论绩效、问题和改进措施,并设定关键绩效指标,如准时交货率、客户投诉率、库存周转率等,要求物流供应商根据关键指标提供定期的绩效报告,以便企业及时了解服务状况。为更直观真实地了解服务现状,定期对物流供应商的设施和操作进行现场审计,确保其符合标准,并建立客户反馈机制,将客户意见反馈给物流供应商,促进服务改进。最后根据供应商的绩效,实施激励或惩罚措施,对于表现优秀的物流供应商,可以给予奖励,如长期合同、额外业务等。对于未能达到SLA的供应商,实施相应的惩罚措施,如罚款、合同终止等,以促进其持续改进。

五　物流供应商评估及管控的挑战与机遇

本报告将深入剖析物流供应商评估及管控过程中遇到的关键挑战，如供应链管理复杂性、数据收集与整合难题、技术快速迭代背景下的适应性问题以及国际合作与标准化障碍等。同时，探讨这些挑战背后所蕴含的机遇，如通过优化评估与管控机制实现降本增效、提升市场响应速度、增强企业竞争力以及推动国际物流数智化发展等。通过全面审视挑战与机遇，本报告旨在为企业在物流供应商评估及管控方面提供策略性指导，助其在复杂多变的市场环境中稳健前行。

（一）当前挑战分析

复杂的供应链管理。在物流供应链中，企业面临供应链的复杂性和不透明性等挑战。供应链涉及多个环节和多个层级的供应网络，跨越不同地域和部门。因此，企业需要实施有效的监控和管理，以确保供应链的顺畅运作和流程的可控性。

数据收集问题。评估过程中，数据的不一致性可能导致评估结果的不准确，从而影响企业的决策。因此，企业需要制定数据收集和整合的规范和标准，采用先进的技术工具确保数据的准确性和可靠性。

市场与技术的发展变化。市场条件的动态变化以及技术的不断进步要求企业具备快速适应和更新管控策略的能力。企业需要及时调整和优化供应商评估与管控的方法和流程，以应对外部环境的变化和挑战，并保持竞争优势。

沟通与协调。维持与物流供应商的良好关系，并且执行严格的性能标准和改进要求之间需要细致的平衡。企业需要与供应商建立紧密合作的伙伴关系，通过精确的沟通和协调技巧，确保供应链的顺畅运作。

风险识别与应对机制。潜在的风险，如自然灾害、经济波动、政治不确定性等因素提高了管控过程的复杂度。需要建立高效的风险识别和应对机

制,以应对各种不可预见的风险事件,并保障供应链的连续性和稳定性。

在多变且高度互联的环境下,企业需不断更新其评估工具和管控技术,确保与物流供应商的协同,共同实现供应链的优化和可持续性。

(二)机遇与发展趋势

降本增效。评估和管控过程促使企业深化对供应链的理解,通过评估物流供应商的绩效和效益,基于数据驱动制定更精确的战略和计划,从而提高整体运营效率和降低成本。

提高响应速度。数据驱动的决策能力使企业能够更准确地预测市场需求,并提高对市场变化的响应速度。通过评估供应商的能力和弹性,企业能够及时调整供应链策略,提前满足市场需求,提高市场适应性和客户满意度。

增强竞争力。与物流供应商建立起稳定且互惠的合作关系,有助于缓解供应链风险。通过深化与供应商的合作,共享技术和业务,企业能够开拓新的服务模式和业务领域,提供创新性的解决方案,增强竞争力和提高市场份额。

物流供应商的评估及管控不仅是企业内部管理的需求,更是企业在未来市场中保持竞争力、实现长期发展的关键。通过持续优化评估工具和管控策略,企业能够更好地利用物流供应商的优势,抓住机遇,实现自身发展目标。

B.19
国际物流数智化发展相关研究

唐安宁 冯庆旺[*]

摘 要： 本报告采用综合文献综述和案例分析的方法，对国际物流数智化发展进行深入研究。从技术角度分析物联网、人工智能、大数据分析等数智化技术在国际物流中的应用现状和前景，探讨数智化技术对国际物流供应链的整合和协同优化、智能运输和配送、数据驱动的供应链决策以及可持续发展等方面的影响。国际物流数智化发展呈现全球供应链的整合和协同优化、智能运输和配送、数据驱动的供应链决策以及可持续发展要求等宏观趋势，也面临技术挑战、经济挑战、国际合作与标准化问题以及组织与管理挑战。

关键词： 国际物流 数智化 物联网 人工智能 大数据分析

一 概述

在全球经济一体化加速推进的今天，国际物流作为全球经济运行的血脉，其数智化发展已成为行业转型升级的关键驱动力。

（一）研究背景

随着国际化程度的不断提高，国际贸易越来越成为各国之间的重要组成部分。世界贸易组织在2024年10月发布的《全球贸易展望与统计》报告

---

[*] 唐安宁，硕士，高级物流师，主要研究方向为乘用车、重卡、光伏、风电等供应链管理，现任青岛诚通新能源有限公司副总经理（主持工作）；冯庆旺，硕士，主要研究方向为乘用车、商用车和工程机械等物流规划，现为中国诚通供应链服务有限公司市场开发部员工。

中，将2024年全球货物贸易量增速预测从4月的2.6%上调至2.7%，全球进出口总值预计为48.47万亿美元。根据中华人民共和国海关总署统计数据，2024年中国进出口总值达6.15万亿美元，预计全球占比12.68%，占比较上年提升0.1个百分点；出口规模首次突破25万亿元，达到25.45万亿元，同比增长7.1%，连续8年保持增长。《2024年1至12月部分出口商品主要贸易方式量值表（人民币值）》显示，2024年汽车（包括底盘）及汽车零配件出口14994.13亿元，占出口总额的5.89%，且呈上升趋势（见图1）。

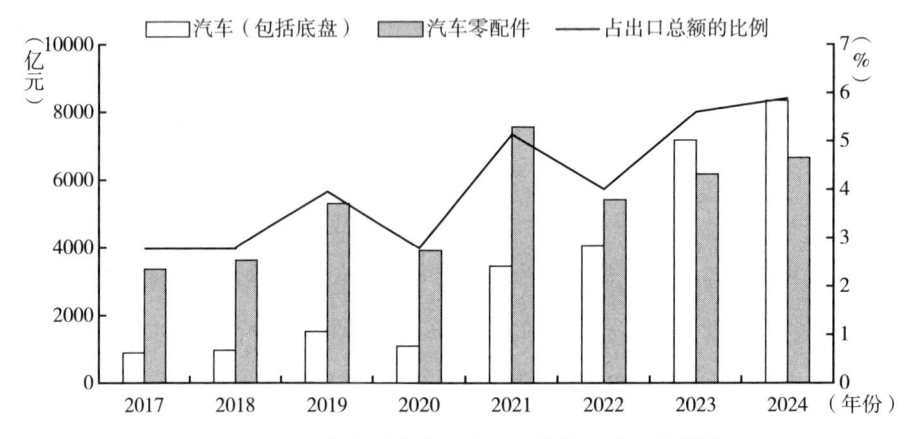

图1 2017~2024年中国汽车产品出口量及占出口总额的比例

资料来源：中华人民共和国海关总署。

国际贸易量的提升促进国际物流行业的规模扩张，为适应业务量的增长并提升竞争力，各物流企业采用数智化转型的方式提升效率，全球数据咨询公司Bridgenext统计分析了2023年大型物流企业优化发展的数智化技术（见图2）。

DHL公司会定期发布物流行业趋势分析报告，最新一期是2022年11月推出的物流发展趋势雷达图6.0版。这份报告深入探讨了未来十年内，预计将对全球物流行业产生重大影响的40个关键趋势，这些趋势涵盖商业、社会和技术等多个层面。其中物流数智化发展方面，5年以内可以实现并且影响程度较高的技术包括云技术、大数据分析、边缘计算、AGV等；5~10年

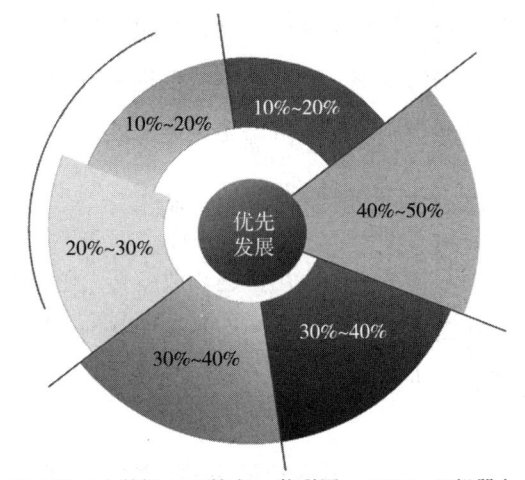

图 2　2023 年世界大型物流企业物流技术发展方向

资料来源：Bridgenext。

可以实现并且影响程度较高的技术包括交互式 AI、无人机、无人驾驶、下一代包装等。

（二）研究目的与意义

在全球化的时代背景下，国际物流作为全球经济运行的重要支撑，其数智化发展趋势愈发显著，数智化技术正以前所未有的速度渗透到物流行业的各个环节，推动国际物流的深刻变革，数智化技术的应用对于提高物流效率、降低物流成本、优化资源配置等具有显著作用。通过研究数字化与智能化技术在物流领域的应用及其对全球供应链管理的影响，系统分析揭示其发展趋势、动因及面临的挑战，可为物流行业的战略规划和政策制定提供科学依据，帮助企业识别数智化转型中的关键要素，并提供数智化发展参考路径，从而降低整体物流成本，提高效率，在进出口贸易上更具竞争力。

二　国际物流数智化发展现状

国际物流正在步入数智化新时代，技术革新正深刻重塑行业面貌。本报

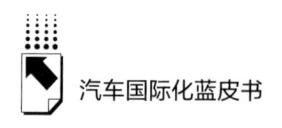

告将深入探讨国际物流数智化发展的现状,通过数据分析与案例研究,展现数智化技术如何提升物流效率、降低成本并促进可持续发展。了解这些最新趋势,对把握行业脉搏、制定前瞻战略至关重要。

(一)数智化技术在国际物流中的应用

数智化技术在国际物流中的应用正逐步改变传统物流的运作模式,提高效率,降低成本,并提高供应链的透明度和响应能力。数智化技术在国际物流中的关键应用如表1所示。

表1 数智化技术在国际物流中的关键应用

分类	技术	应用场景	实现功能
数字化	大数据分析	需求预测	通过分析历史数据和市场趋势,预测未来的物流需求,帮助企业提前做好库存和运输规划
	人工智能(AI)	供应链优化	使用AI算法分析供应链数据,识别瓶颈和优化机会,提高整体供应链效率
	云计算	云物流平台	通过云平台整合供应链各环节的数据和资源,实现信息的实时共享和协同作业
	边缘计算	边缘计算	在物流现场部署边缘计算设备,处理实时数据,减少数据传输延迟,提高决策速度
	区块链技术	供应链透明化	通过区块链记录物流过程中的每一步交易和操作,确保数据不可篡改,提高供应链的透明度和可信度
		智能合约	自动执行合同条款,简化支付和结算流程,减少人为错误和欺诈风险
	电子数据交换(EDI)	信息共享	通过EDI系统实现供应链各参与方之间的标准化信息交换,提高信息传递的效率和准确性
	物联网(IoT)	智能运输管理	利用IoT设备收集的数据,优化运输路线,减少燃料消耗和运输时间
		货物追踪	通过在货物和运输工具上安装传感器,实时监控货物的位置、温度、湿度等状态,确保货物安全和质量

续表

分类	技术	应用场景	实现功能
智能化	自动化和机器人技术	自动化立体仓库系统	通过使用自动化存储和检索系统(AS/RS)、自动导引车(AGV)和机器人,实现仓库内货物的快速、准确处理
		自动分拣系统	利用高速分拣机和视觉识别技术,自动分类和分拣包裹,提高分拣效率和准确性
		无人配送设施	在偏远地区或紧急情况下,使用无人机等进行快速配送
		自动驾驶卡车	在长途运输中使用自动驾驶卡车,减少人力成本,提高运输安全性

这些数智化技术的应用不仅提高了国际物流的效率和可靠性,还帮助企业更好地应对市场变化和客户需求。随着技术的不断进步和创新,未来国际物流的数智化水平将进一步提高,为全球供应链管理带来更多可能性。

(二)全球视角下的数智化发展现状

从市场规模和增长速度来看,全球范围内的国际物流数智化市场呈现持续扩大的态势。随着技术的不断进步和应用场景的不断拓展,越来越多的物流企业开始重视数智化转型,并积极投入研发和应用。这种趋势不仅推动物流行业的整体发展,也为全球经济注入新的活力。

从技术应用和创新来看,国际物流数智化正在引领行业的技术创新和发展方向。物联网、大数据、人工智能等先进技术的应用,使得物流信息的采集、传输、处理和分析变得更加高效和精准。这些技术的应用不仅提高了物流效率,降低了成本,还优化了物流服务的质量和体验。

从全球合作和竞争来看,国际物流数智化发展促进了全球物流网络的构建和优化。各国之间的物流合作日益紧密,物流资源和信息共享成为可能。同时,数智化技术也使得物流企业之间的竞争加剧,推动行业内的创新和升级。这种竞争和合作并存的状态,促进了全球物流行业的健康发展。

从国家战略和经济发展的角度来看,国际物流数智化对于国家经济的增

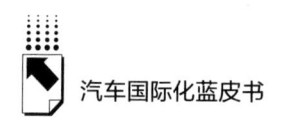

长和国际竞争力的提升具有重要意义。通过数智化转型，物流企业能够更好地适应市场需求的变化，提高服务质量和效率。同时，数智化技术也能够帮助国家优化资源配置，提高产业链的协同效率，从而推动国家经济的整体发展。

（三）主要国家与地区的发展比较

物流领域的数智化发展正以前所未有的速度推进，这一变革在北美、欧洲和俄罗斯等地区尤为显著。

1. 北美

北美地区的物流数智化发展得益于其强大的科技实力和创新环境。在美国，物流巨头如亚马逊、联邦快递和联合包裹服务公司（UPS）等正在引领物流技术的革新。亚马逊的自动化仓库系统，如 Kiva 机器人，已经实现高效的库内搬运作业。此外，亚马逊还在积极测试无人机配送服务，如 Prime Air，以实现 30 分钟内的快速配送。联邦快递和 UPS 也在其配送网络中引入自动驾驶车辆和智能路线规划系统，以减少配送时间和成本。

在数据分析方面，北美的物流企业广泛使用高级分析工具和机器学习算法来优化库存管理和需求预测。这些技术能够实时监控供应链状态，预测潜在的物流瓶颈，并自动调整物流计划。此外，区块链技术在北美的物流行业中也得到应用，尤其是在提高供应链透明度和防止欺诈方面。

2. 欧洲

欧洲的物流数智化发展强调可持续性和环境友好。德国作为欧洲的物流中心，其物流企业如 DHL 正在推动电动和氢燃料车辆的广泛使用，以减少物流活动对环境的影响。荷兰的鹿特丹港和比利时的安特卫普港等欧洲主要港口也采用智能港口管理系统，通过自动化和数据分析提高港口运营效率。

在技术应用方面，欧洲的物流企业使用先进的物流管理软件（如 SAP 和 Oracle）来提供供应链管理解决方案，利用实时跟踪技术（如 GPS 和物联网设备）来监控货物状态和优化配送路线。此外，欧洲的物流数智化还包括电子数据交换系统，这些系统能够实现供应链各环节的无缝对接和信息共享。

3.俄罗斯

俄罗斯的物流数智化发展虽然起步较晚,但近年来政府和企业开始加大投入。俄罗斯的地理特点,如广阔的国土面积和复杂的气候条件,对物流数智化提出了特殊要求。俄罗斯的物流企业正在引入自动化仓库系统,如自动分拣机和机器人,以提高仓库操作效率。智能物流规划软件也在俄罗斯得到应用,帮助企业优化运输路线和减少运输成本。

俄罗斯政府在推动物流基础设施现代化方面发挥了重要作用,例如通过建设新的物流中心和改善交通网络来支持物流数智化发展。此外,俄罗斯的物流企业也在探索使用电子数据交换系统和区块链技术来提高供应链的透明度和安全性。

总结来看,北美、欧洲和俄罗斯都在物流数智化方面不断推进技术创新和应用,以提高物流效率、降低成本并增强供应链的灵活性和响应能力。这些地区的物流数智化发展不仅反映了各自的经济和技术特点,也展示了全球物流行业向智能化和自动化转型的趋势。随着技术的不断进步,未来物流领域的数智化发展将更加深入和广泛。

三 国际物流数智化技术研究

国际物流的数智化进程正在引领行业的深刻变革。本部分将聚焦数智化技术的核心要素,深入剖析物联网、大数据、人工智能等关键技术在国际物流领域的应用与实践。通过探讨这些技术的创新机制及其对物流效率、成本控制、风险管理和客户服务等方面的积极影响,本报告旨在为行业提供一套全面的数智化解决方案和技术路径。

(一)物联网技术

物联网技术在国际物流中的应用日益广泛,其核心在于通过连接各种设备和传感器,实现数据的实时收集和交换,从而提高物流过程的透明度和

效率。

物联网技术在货物追踪方面发挥了重要作用。通过在货物和集装箱上安装传感器,物流公司能够实时监控货物的位置和状态,确保货物在运输过程中的安全。这些传感器可以检测温度、湿度、震动等环境因素,对于需要特殊环境条件的货物(如食品、药品等),这种监控尤为重要。此外,通过集成 GPS 和移动通信技术,物流公司可以提供精确的货物位置信息,帮助客户更好地规划和调整供应链。

物联网技术在仓库管理中的应用日益成熟。自动化仓库系统通过使用无线射频识别(RFID)和条形码扫描技术,实现货物的快速入库、存储和出库。这些技术不仅提高了仓库操作的效率,还减少了人为错误,确保库存数据的准确性。此外,通过与仓库管理系统(WMS)的集成,物联网技术可以实现库存水平的实时监控和自动补货,进一步优化库存管理。

物联网技术在运输管理中的应用显著提升了物流效率。通过在运输车辆上安装传感器和 GPS 设备,物流公司可以实时监控车辆的位置、速度和行驶路线,优化运输路线,减少运输时间和成本。同时,这些数据还可以用于预测维护需求,避免车辆故障导致的延误。

物联网技术促进了物流行业的数据分析和决策支持。通过收集和分析大量的物流数据,企业可以更好地理解供应链的运作情况,预测市场需求,优化库存配置,提高客户服务水平。此外,物联网技术还可以与其他技术(如大数据、人工智能)结合,进一步拓展数据分析的深度和广度,为物流决策提供更有力的支持。

(二)大数据与云计算

在现代物流行业中,大数据与云计算的协同作用已经成为推动效率提升和成本降低的核心动力。根据国际数据公司(IDC)的报告,到 2024 年,全球物流行业中采用大数据分析的企业将实现运营成本降低 15%,同时提升客户满意度 20%。

大数据技术在物流需求预测方面展现出显著优势。通过深入分析历史销售数据、市场趋势以及消费者行为，物流企业能够实现对未来货物需求的精准预测。例如，沃尔玛利用大数据分析，成功预测了特定地区的季节性商品需求，其库存周转率提高40%，显著降低库存积压和缺货风险。

云计算平台为物流企业提供强大的计算能力和灵活的资源配置。通过云服务，物流企业能够实时处理和分析海量数据，优化运输路线和调度计划。例如，联邦快递采用云计算服务，实现对全球物流网络的动态管理，其运输效率提升25%，同时减少12%的运营成本。

大数据与云计算的结合在风险管理方面也发挥了关键作用。通过实时监控和历史数据分析，物流企业能够及时识别并应对运输过程中的潜在风险。例如，马士基集团（Maersk）利用大数据分析技术，成功预测了海运途中的天气变化，从而避免了因恶劣天气导致的货物损失，减少约20%的损失。

（三）人工智能与机器学习

人工智能与机器学习通过高级数据分析和自主决策能力极大地提高了物流运营的效率和可靠性。根据麦肯锡的报告，人工智能与机器学习的应用预计到2025年将帮助物流和供应链行业创造1.3万亿~2万亿美元的价值。

在仓库管理中，AI系统通过分析库存流动性、商品的季节性需求，为库存优化提供了革命性的解决方案。例如，通过部署人工智能系统，日本物流公司Nittsu降低了仓库的存货水平，提高了28%的存储空间利用率。机器学习算法通过预测分析能够帮助企业降低至少20%的过剩库存。

在运输规划方面，机器学习模型可以根据实时交通状况、天气信息和货物跟踪数据来优化路径规划。DHL运用AI和机器学习技术，对国际货运路径进行优化，根据实际案例数据，其交货准时率提升15%，运输时间缩短10%，显著提升运输效率和客户满意度。

智能货运排序是AI在物流行业的另一突出应用。联合包裹服务公司通过机器学习算法改进其包裹分拣过程，根据公司公布的数据，该系统已在数个处理中心实现部署，将分拣错误率降低至少50%，显著提高包裹处理速度和精确度。

另外，AI 和机器学习还优化了物流行业的客户服务体验，比如利用自然语言处理（NLP）和聊天机器人，能够提供 24 小时即时客户服务。

（四）区块链技术

区块链技术通过其不可篡改的分布式账本特性，为物流行业提供了一个高度透明和可信的数据记录平台。例如，IBM 和马士基合作推出的 TradeLens 平台，利用区块链技术追踪全球货物的流动。该平台已经吸引超过 100 个组织参与，处理超过 1000 万个集装箱的运输数据，实现从发货到收货全过程的实时可见性。

区块链技术在确保供应链数据完整性方面发挥了重要作用。通过在区块链上记录每一笔交易，可以有效防止数据篡改和欺诈行为。例如，沃尔玛与中国电商巨头京东合作，利用区块链技术追踪食品供应链，确保食品安全。这一系统使得食品溯源的时间从几天缩短到几秒钟，显著提高了食品安全的管理效率。

区块链技术还能优化物流过程中的支付和结算流程。通过智能合约，区块链可以自动执行合同条款，减少人工干预和错误，加快资金流转。例如，澳大利亚 Blockfreight 公司利用区块链技术处理集装箱运输的支付和结算，据称能够减少 50% 的结算成本和时间。

区块链技术在提高物流行业的整体效率和降低成本方面潜力巨大。根据德勤的一项研究，通过区块链技术优化供应链管理，企业可以节省 70% 的运营成本。这一技术的应用不仅能够提升物流效率，还能够强化客户信任和提高满意度，为物流行业带来革命性的变化。

（五）高级仿真与数字孪生技术

高级仿真与数字孪生技术在物流领域已经开始发挥重要作用，特别是在优化操作流程、提高效率和降低成本方面。

高级仿真技术能够创建复杂物流系统的计算模型，用以模拟各种操作和条件下的系统行为。例如，亚马逊利用仿真技术在无人仓库中为自动搬运机器人设计最优路径。通过模拟不同布局和流程的效果，亚马逊成功将其取货时间降低25%以及运输时间减少20%。

数字孪生技术为物流管理带来新的可能性。数字孪生指的是创建一个实体的虚拟模型，以实时反映其状态和行为。德国邮政DHL目前正在开发一个名为"SmartPort Logistics"的数字孪生方案，这个方案主要用于模拟和优化港口物流操作，初步实施结果表明港口吞吐效率提高10%。

数字孪生技术也有助于提高供应链的透明度和可预测性。例如，世界知名汽车制造商宝马设立了一个供应链数字孪生，该孪生在供应链所有环节都有实时数据反馈，这使得宝马可以在供应链异常时快速响应与调整，根据公司报告，这项技术的实施使得宝马面对供应链风险时的响应时间缩短30%。

高级仿真与数字孪生技术在物流领域的应用，已经在流程优化、效率提升和风险管理等方面取得显著成绩。随着更多物流及供应链公司开始调集这两项技术，未来其会为物流行业带来更大的改变和价值。

（六）自动化与机器人技术

自动化仓库系统的发展和应用成为物流自动化的重要标志。亚马逊的Kiva机器人是一个突出例子，这些机器人在仓库内自主移动，搬运货架到拣选员处，大大减少了人员的往返移动时间。据报道，Kiva机器人使亚马逊的仓库操作效率提高至少20%。此外，自动化的包裹分拣系统也极大地提升了处理速度，DHL的一项调查显示，引入自动化分拣系统后，其处理速度比传统方法快了3倍。

机器人技术的发展为物流领域带来更多可能性。自动引导车（AGV）和无人搬运车（AMR）在各大仓库和生产线上的广泛应用，使得货物的搬运更加灵活和高效。例如，一家主要的电子商务物流公司引入AMR后，单件货物的处理时间从原来的15~20分钟缩短到5分钟内，而且减少对人工的依赖。

无人机的使用也是自动化技术在物流领域的一个创新点。UPS和谷歌母公司Alphabet的Wing等公司已经开始在特定区域测试无人机递送包裹，

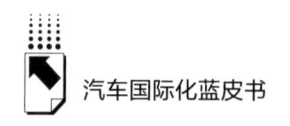

初步结果显示,无人机递送能显著减少递送时间和成本。随着技术的成熟和监管政策的完善,无人机递送在未来的物流领域将扮演越来越重要的角色。

四 国际物流数智化发展的影响因素

国际物流数智化的快速推进受到多方面因素的深刻影响。本报告将深入探讨这些关键因素,包括经济环境、技术发展、政策法规及市场需求等,分析其如何共同作用于国际物流数智化进程。通过详细剖析各影响因素的内在逻辑和相互作用机制,了解国际物流数智化发展的动力源泉与制约条件。

(一)经济环境影响分析

国际物流数智化发展受到多种影响因素的驱动,其中经济环境的影响尤为显著。经济环境作为外部条件,直接影响企业的运营成本、市场需求、投资意愿以及技术发展水平。

在宏观经济层面,全球经济的增长为物流业务提供了扩张的机遇,经济的繁荣增加了跨国贸易量,并对海运、空运和陆运等传统物流服务提出更高的要求,迫使国际物流企业转向数智化,以提高效率和灵活性,满足日益增长的市场需求。

在产业层面,数字技术的进步降低了物流自动化和智能化的成本。计算机处理能力的提高和存储成本的降低使得复杂数据分析变得更加可行,直接支持了物流数智化技术的应用。此外,经济的波动也影响了企业对于数智化投资的决策,经济向好时企业通常更积极投资新技术,以寻求竞争优势和效率提升。反之,在经济衰退期,企业可能会减缓投资步伐,影响数智化的推进速度。

在微观经济层面,企业的资金状况、利润率和投资回报率也是决定数智化投资的关键。足够的现金流和健康的财务状况使企业能够承担初期数智化转型的高昂成本,并通过自动化提升长期运营效率。企业财务的稳健状况直接影响其研发新技术和购买先进设备的能力,从而影响物流数智化的进程。

在投资环境层面，稳定和有利的经济政策环境，诸如政府补贴、税收优惠和宽松的信贷政策，均有助于刺激企业对数智化的投资。举例来说，许多国家推出鼓励企业数字化转型的政策措施，这些政策不仅减少了企业的经济负担，还加速了数智化技术在物流行业的普及和应用。

国际物流数智化发展受到经济环境多方面因素的影响。宏观经济增长、产业技术进步、微观经济状况和投资环境均对企业数智化转型起着关键作用。在这些因素共同作用下，国际物流数智化将不断向前推进，同时也会因应经济环境的变化进行相应的调整和优化。

（二）技术发展影响分析

数据分析和云计算技术的突破为物流数智化奠定了基础。大数据分析可以对海量物流数据进行挖掘，预测市场趋势，优化库存管理，减少运输成本。云计算使得这些数据分析服务更加弹性和可扩展，而不受企业自身硬件限制。例如，通过机器学习算法，物流公司可以优化运输路线和货物分配策略，根据实时数据动态调整计划，从而显著降低运输时间和成本。

物联网的应用彻底改变了物流领域的追踪和监测方法。传感器和 RFID 标签能在全球范围内实时追踪货物的位置和状态，确保供应链的透明度，同时显著降低货物丢失和损坏的风险。据统计，运用 IoT 技术后，一些物流企业的货物追踪精度提高近 40%。

人工智能和机器学习正在重新定义物流自动化和决策制定过程。AI 可以模拟专业物流人员的决策，在处理复杂问题时表现出超人的速度和准确性。例如在货物分拣和配送中，通过 AI 的优化算法，企业不仅提高了作业效率，而且减少了物流过程中的人力需求。

自动化和机器人技术的扩展也是技术影响下不可忽视的一环。自动化仓库系统和无人运输车辆（如无人机和自动驾驶货车）逐渐取代传统的人工作业，极大地提高了物流操作的速度和稳定性。

技术发展以其强大的数据处理能力、实时的追踪监控、智能化的决策支持以及自动化的操作效率，为物流数智化提供了坚实的基石，从而推动国际

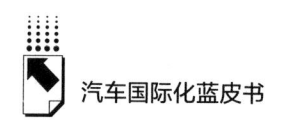

物流业向更高效、透明、响应性强的方向发展。未来，随着技术的持续革新，物流数智化将进一步深化，为全球贸易和经济发展贡献更大的力量。

（三）政策法规影响分析

对于跨国物流活动，不同国家和地区的进出口政策、关税制度及贸易限制等均对物流数智化的实施和效能产生重大影响。例如，通过边境通关自动化系统，美国海关与边境保护局（CBP）的自动化商业环境（Automated Commercial Environment，ACE），使得货物的跨国运输更加迅速和透明，显著提升了物流效率和安全性。同时，这也要求国际物流企业必须遵守相关政策规定，在全球供应链中实现高水平的合规性。

数据保护法规对国际物流数智化亦有深远影响。随着物流行业对数据的依赖日益加深，如何保护这些数据的安全与隐私成为重要问题。欧盟的《通用数据保护条例》（GDPR）和美国加州的《消费者隐私法案》（CCPA）等法规，对企业的数据处理和用户隐私保护提出严格要求。这些规定要求物流公司在处理个人和贸易数据时，必须采取充分的安全措施，并确保跨境数据传输的合法性，这对物流系统的数智化技术选择和数据管理策略产生不小的影响。

技术标准和合规性政策也是推动物流数智化的重要因素。国际标准化组织（ISO）、国际电信联盟（ITU）等机构发布的各种标准，让物流自动化设备和系统的设计、生产和测试有了统一的规范，保障了设备和系统的互操作性和安全性。同时，各国政府针对智能物流设备如无人驾驶车辆、无人机的应用也制定了相应的安全和飞行操作规定，从而在提升物流效率的同时保证公众的安全和利益。

政策法规对于国际物流数智化发展起着基础性和导向性的作用。这些政策不仅定义了技术的应用边界，也推动物流业务的创新和转型，通过法规的制定和执行保护企业和消费者的权益，促进整个物流行业的健康稳定发展。随着全球经济一体化的深入和技术创新的持续，未来的政策环境将更加复杂多变，而对这些变化的应对将是物流企业数智化转型成功的关键。

(四)市场需求影响分析

市场需求的动态变化正在迫使物流企业快速适应并实施数智化转型。首先,宏观经济波动和政治事件导致市场需求快速变化,物流企业需借助先进的预测模型和分析工具提高对市场波动的敏感度,从而确保在供应链各环节能够迅速响应市场变化。此外,库存管理的核心位置日益凸显,智能化库存系统通过实时数据跟踪,能有效优化补货策略,同时降低存货成本,减少过剩或缺货风险。运输作为物流的关键一环,其效率的提高直接关系到服务品质及时效性,现代物流企业通过整合人工智能和自动化技术,如AI驱动的路线规划以及自动化装货系统,不断提升货物运输效率。在成本控制方面,面对市场给予的压力,数智化有助于物流企业通过算法模型精细化运算得出成本最优的物流解决方案。同时,随着环境可持续性越来越受到重视,物流企业采用的数智化手段也助力于减少对环境的影响,并且确保业务的绿色合规性。最后,个性化客户服务的需求不断增加,物流企业利用数智化手段分析顾客数据,提供量身定制的解决方案,这不仅提升了客户的忠诚度,也增强了企业的市场竞争力。总之,在市场需求的推动下,国际大宗商品物流正以数智化为核心,加速其业务流程的优化,这不仅应对了市场的即时变化,也为物流行业的长远发展奠定了坚实的基础。

五 国际物流数智化面临的挑战与对策

国际物流数智化发展虽然前景广阔,但在推进过程中也面临诸多挑战。本部分将深入剖析这些挑战,揭示物流数智化进程中的潜在阻碍。同时,提出一系列应对策略和建议。通过深入探讨挑战与对策,旨在为国际物流数智化的稳健推进提供有力支持,助力行业跨越障碍,实现高质量发展。

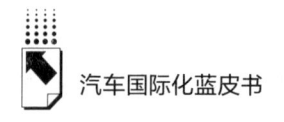

（一）技术挑战与对策

国际物流数智化在带来行业革新的同时，也面临一系列技术挑战。这些挑战的核心在于如何合理投资和有效集成高新技术，以及确保数据安全和隐私保护。首先，技术应用成本高昂是一个重要挑战。数智化物流需要大量资本投入用于购买高端设备和软件系统。面对此问题，企业可以考虑构建合作模式，比如与技术供应商建立长期战略伙伴关系，共担风险与收益，或通过政府补贴和贷款等金融工具分担初始投资。此外，还应注重技术的选择和适宜性，采用可以为企业带来长期效益和竞争优势的技术方案。

其次，技术集成的复杂性不容忽视。国际物流涉及复杂的供应链网络，不同系统间的兼容和数据集成构成了另一大难题。对策上，企业应致力于建立一体化信息平台，运用标准化协议和开放式架构实现各系统的无缝对接。同时，采用云计算等技术推动数据在全球范围内流动，提高系统集成效率。

再次，数据安全和隐私保护是技术挑战中的一大关注点。随着物流数智化程度的加深，企业收集和存储大量敏感数据，一旦发生数据泄露，就会导致重大的财务损失和信誉损害。对于这一挑战，物流企业必须采取坚固的网络安全措施，如定期进行网络安全评估，使用先进的加密技术，开展员工的数据安全培训，以及制订详细的应急预案来应对数据泄露事件。

最后，新上市人才缺乏亦是一个不容忽视的问题。高水平的技术专家和经验丰富的运维人员对于数字化物流系统的稳定运行至关重要。因此，物流企业必须通过高薪吸引专业人才，加强内部培训，与教育机构合作，培养适应未来物流发展趋势的技术和管理人才。

尽管国际物流数智化面临种种技术挑战，但通过合理的投资决策、技术集成优化、数据安全保障措施以及人才培养和引进，企业能够有效应对这些挑战，从而不仅能确保物流服务的高效与安全，也能促进物流企业在全球范围内的长远发展和竞争力提升。

（二）经济挑战与对策

国际物流行业在追求数字化和智能化升级的道路上，不可避免地面临诸多经济挑战。首先，初期资金投入巨大，数智化设备和系统的搭建需要大量的资本支持，而对于大多数物流企业而言，这可能会给现有的财务状况带来重大压力。有效的对策包括优先投资那些能够带来即时效益的技术，如云计算服务、物联网设备等。

其次，经济挑战也体现在对投资回报率（ROI）的预测不确定性上。技术投资需要时间来孕育效益，尤其是全球范围内的大规模操作与实施。企业应实施精细的财务预测，包括成本节约、效率提升、市场扩张等方面，为投资决策提供更加可靠的数据支持。同时，通过实施风险管理和策略调整，适应市场变化和经济波动，保障投资的稳定回报。

再次，物流数智化过程中企业需要面对技术快速迭代所带来的经济负担，旧有的设备和系统可能很快就变得过时。应对这一挑战的策略是，采用模块化、可扩展的技术架构设计，以便企业逐步升级其系统，而不是频繁进行全面更换。这不仅有助于降低长期的维护和升级成本，也能够提高企业对新技术的适应能力。

最后，融资难是物流企业普遍面临的问题，特别是在经济不景气或资本市场紧缩的时期。多元化融资渠道是解决资金问题的有效途径，如通过合作伙伴关系、政府资助项目、创新金融产品等方式，为企业的数智化进程提供必要的资金支持。

总结来说，应对国际物流数智化在经济方面的挑战，需要采取精细化财务管理、选择性投资、风险分散和多元化融资策略。这些策略的实施将为物流企业的数字化转型提供坚实的经济基础，并减少技术迭代所造成的经济冲击，确保企业在竞争激烈的国际市场中保持稳健和可持续发展。

（三）国际合作和标准化挑战与对策

在国际物流数智化的推进过程中，国际合作与标准化问题尤为突出，这

些问题直接关系到全球物流网络的协同效率和信息流通的顺畅性。

国际合作的关键挑战之一是缺乏统一的技术标准和操作规范。不同国家和地区的物流企业往往采用不同的技术平台和数据格式,这导致信息交换障碍和操作流程不兼容。为解决这一问题,国际组织如国际标准化组织和国际电信联盟等发挥领导作用,推动制定全球通用的物流技术标准和数据交换协议。同时,各国政府和行业协会也应加强合作,通过政策引导和行业指导,促进这些标准的广泛采纳和实施。

国际合作中的法律和监管差异也是一大挑战。不同国家对于数据保护、隐私法规和跨境数据流动的规定各不相同,这可能限制了国际物流合作中的数据共享和信息透明度。对此,国际合作需要建立在相互尊重和理解的基础上,通过双边或多边协议,协调法律和监管框架,确保数据的安全和合规流动。同时,企业也应积极适应这些国际规则,通过内部政策和流程的调整,确保其国际业务符合各国的法律要求。

技术兼容性和系统集成的问题也是国际合作中不可忽视的挑战。随着物流技术的快速发展,不同系统间的兼容性问题日益凸显。为应对这一挑战,企业应采用模块化、可扩展的技术架构,以便与不同系统集成。此外,推动开放标准和技术的共享也是关键,通过建立开放的 API 接口和数据交换平台,促进不同技术系统之间的无缝对接和数据共享。

(四)组织和管理挑战与对策

组织结构和流程的适应性是物流企业面临的首要挑战。随着数智化技术的引入,传统的层级式管理结构和线性流程往往难以适应快速变化的市场需求和复杂的供应链环境。为应对这一挑战,企业需要进行组织结构的扁平化改革,推动跨部门协作和信息共享,同时优化流程设计,引入敏捷管理方法,以提高决策速度和响应市场变化的能力。

人才与技能的匹配问题是组织和管理中的重要挑战。数智化转型要求员工具备新的技能,如数据分析、系统操作和网络安全等,但许多企业在这方面存在人才缺口。为此,企业应制定全面的人才培养和引进策略,通过内部培训、外部招聘和与教育机构合作，提升员工的技术能力和丰富其专业知识，确保人才结构与企业数智化需求相匹配。

企业文化和领导力的转变是推动数智化转型的关键因素。传统的物流企业文化可能更注重稳定和成本控制，而数智化转型则需要创新和变革的文化氛围。领导者需要展现出前瞻性和变革的决心，通过建立激励机制和创新文化，鼓励员工接受新技术，参与创新实践，从而推动整个组织的文化转型。

风险管理和合规性问题在数智化转型中不容忽视。随着数据量的增加，企业面临的数据安全和隐私保护风险也不断上升。企业需要建立健全的风险管理体系，包括数据加密、访问控制和定期审计等措施，确保数智化运营的合规性和安全性。

国际物流数智化在组织和管理方面的挑战需要通过优化组织结构、提升人才技能、转变企业文化和加强风险管理等对策来应对。这些措施有助于物流企业构建适应数智化时代的高效组织和管理体系，从而在激烈的市场竞争中保持领先地位。

六　数智化国际物流典型案例

本部分主要展示中国物流集团在数智化转型中的创新实践与卓越成效。通过具体案例与深入分析，揭示数智化技术如何重塑物流行业生态，提升服务效率与质量。同时，总结这些案例的成功要素与可借鉴之处，为物流行业的数智化转型提供宝贵的实践参考与启示。

（一）中国物流数智化发展概述

中国物流集团作为国务院国资委直接监管的以综合性物流为主业的央企，始终坚持国家战略方向，积极发展智慧物流，布局智慧园区、网络货运，对传统物流数智化转型起到示范作用。旗下中储智运依托"智运"网络货运平台，运用大数据算法实现货源与承运人的智能匹配，提升物流效率（见图3）。同时，公司打造的"智链"供应链综合服务平台和"智信"

数字信用服务平台,为客户提供全方位的智慧物流服务和数字供应链解决方案,促进产业链协同发展。在国际贸易领域,集团通过华贸物流等子公司提供一站式国际空运、海运服务,并打造大宗商品电子交易平台,构建数智化的综合服务体系。此外,集团还注重智慧物流技术的研发与应用,在部分重点物流园区推广自动化、智能化解决方案,推动现代物流产业向高质量发展转型。

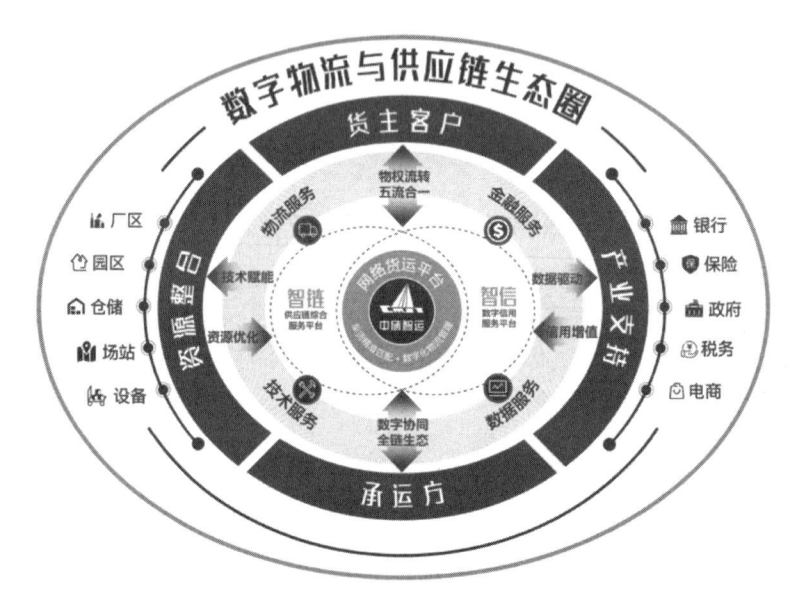

图3 中储智运数字物流与供应链生态圈

(二)中国物流集团:数智化引领国际物流创新与发展

中国物流集团在国际物流数智化方面展现出显著的优势和创新能力。通过旗下中储智运等企业的积极探索与实践,集团在智慧物流、数字供应链、多式联运以及国际贸易等多个领域实现数智化的深度应用与突破。

中储智运作为集团内提供智慧物流服务、数字供应链解决方案的科技型企业,其"智运"网络货运平台利用精准物流大数据算法,通过智能配对技术,实现货源与承运人的高效精准匹配,显著提升货车使用效率,降低货主成本。据统计，该平台平均减少司机找货时间69%，降低货主成本10%，这一数据充分证明数智化在物流行业中的巨大潜力。同时，"智链"供应链综合服务平台通过集成多种技术，打通了客户企业内部业务管理系统，实现供应链全流程的数字化经营管理，全面提升供应链运转效率与效益。而"智信"数字信用服务平台则利用区块链技术，为供应链上下游企业提供数字信用和数字供应链金融服务，实现供应链的高效流通与闭环管理。

在多式联运业务方面，集团旗下华贸物流通过智能匹配和路径优化算法，为客户提供全程定制化物流方案及一票制国内国际多式联运服务，进一步提升国际物流的便捷性和效率。其国际班列发运量增幅达到91%，这一显著增长不仅体现了集团在物流资源整合方面的实力，也反映了数智化对提升国际物流效率的作用。此外，集团旗下中国铁物还自主研发了铁路燃油配送系统，全面提升铁路燃油供应的信息化水平，提高铁路燃油配送效率。

在国际贸易板块，中国物流集团通过发展铁路产业、大宗商品以及综合国际服务贸易等国际贸易业务，实现转型升级和高质量发展。华贸物流提供空运、海运进出口一站式服务，拥有完善的网络、丰富的资源和多样的产品，不断推动管理创新、服务升级，为国内外客户提供优质高效的国际物流运输及配套服务。据统计，华贸物流的国际贸易业务量持续增长，客户满意度高达95%以上，这一数据充分证明集团在国际贸易领域的竞争力和服务质量。

同时，集团还积极打造大宗商品电子交易平台，构建数智化的综合服务体系，助力物流规模化组织水平提升。集团所属中储京科供应链管理有限公司自主研发的货兑宝平台和京科仓链平台，为大宗商品现代流通体系建设提供共生、共享、共创的解决方案和服务（见图4）。这些平台的推出和应用，进一步提升了大宗商品交易的透明度和效率，降低了交易成本。

在智慧物流技术研发方面，中国物流集团充分运用人工智能、物联网、大数据等技术，在智慧物流整体解决方案中进行有益探索，并在所属部分重点物流园区内推广和应用。这一举措不仅推动现代物流产业向自动化、智能

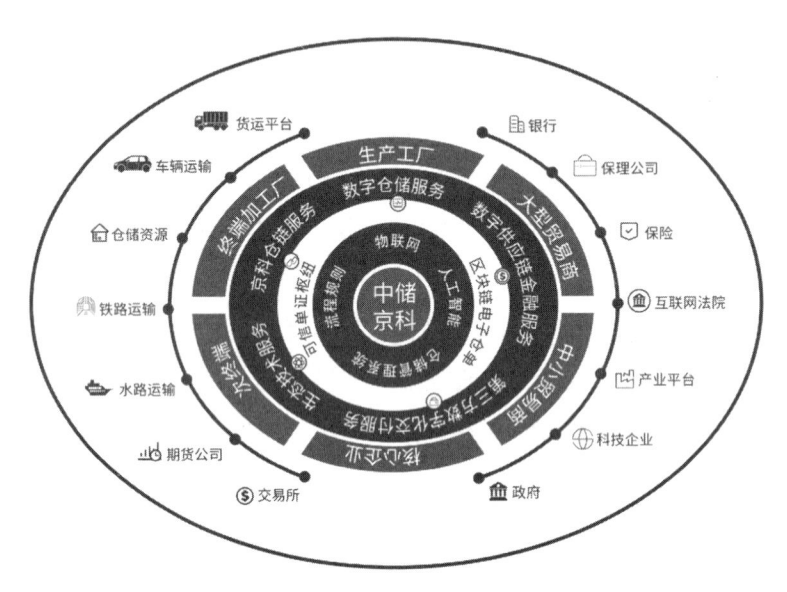

图 4　中储京科大宗商品供应链协同服务平台

化、智慧高效、安全绿色转变，也促进现代物流业务的数字化转型和高质量发展。据统计，通过数智化技术的应用，集团的物流园区运营效率提升30%以上，能源消耗降低20%左右，这一数据充分证明数智化在物流行业中的节能减排和可持续发展潜力。

中国物流集团在国际物流数智化方面表现突出。通过不断创新与实践，集团正在为全球客户提供更加高效、便捷、智能的国际物流服务。同时，集团积极推动物流行业的数智化转型和升级，为全球物流行业的可持续发展注入新的活力和动力。

七　结论与建议

在深入探讨国际物流数智化的发展背景、现状、技术研究、影响因素及面临的挑战与对策，并通过典型案例展示成功实践后，本部分将总结研究成果，提炼核心观点，并提出针对性的建议。通过综合分析，我们将明确国际物流数智化的未来发展趋势，为物流行业的数智化转型提供科学指引和实践参考，助力企业把握机遇，应对挑战，实现高质量发展。

（一）主要研究结论

国际物流数智化正成为全球供应链的核心竞争力。通过应用先进的数智化技术，物流企业能够实现运输过程的智能化和自动化，提高运输效率，降低运输成本，并提供可靠的供应链管理和可追溯性。智能物流系统能够实时监测和追踪货物位置和状态，提高运输透明度和货物安全性。同时，通过大规模数据的收集和分析，企业能够优化运输网络的布局和资源配置，提高整个供应链的响应速度和灵活性。

国际物流数智化推动供应链协同与合作。通过数字化平台和共享经济的模式，不同物流企业可以开展合作和共享资源，实现供应链各环节的协同优化。通过共享信息和资源，企业能够更好地应对供应链中的突发事件和变化，实现供应链的整体优化和效益最大化。

国际物流数智化发展还推动全球贸易的便利化和全球化进程。数智化技术的应用使得国际物流过程更加高效和便捷，缩短了物流时效和交货周期，提高了物流运作的可靠性和可跟踪性。这为不同国家和地区之间的贸易合作提供了更好的条件和机会，加强了全球供应链的融合和互联互通。

国际物流数智化发展还面临一些挑战。包括数据安全和隐私保护的问题、技术应用的高成本和复杂性，以及标准和规范的缺乏等。解决这些挑战需要政府、企业和学术界的共同努力，加强对数据安全和隐私保护的监管，推动技术研发和应用创新，制定全球物流标准和规范，促进全球物流数智化的整体发展。

综上所述，国际物流数智化发展正以其巨大的潜力和机遇推动全球供应链的转型和升级。通过数智化技术的应用，物流企业能够提升运输效率、降低成本、优化供应链管理，实现更快速、高效和可持续的物流运作。然而，为了实现物流数智化的长期发展，在安全、成本、标准等方面仍需解决一系列挑战，以促进全球物流数智化的整体进步。

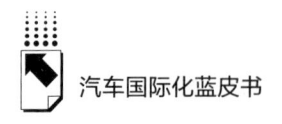

（二）国际物流数智化未来趋势与展望

国际物流数智化的未来展望显示出一系列宏观趋势，将对全球经济和贸易产生巨大的影响。这些趋势彰显了数智化技术在国际物流领域的重要性和广泛应用的前景。

全球供应链的整合和协同优化将成为关键趋势。通过数智化技术的应用，不同地区和企业的供应链将实现更紧密的协同与合作。实时数据共享和协同决策系统将增强供应链的可视性和灵活性，从而提高供应链的效率和应变能力。这将使全球供应链实现优化配置和效益最大化，进一步推动全球经济发展。

智能运输和配送将引领国际物流的发展。物联网技术和人工智能的应用将实现自动驾驶车辆、机器人和无人机的普及。这些智能设备将带来高效运输、准确配送的能力，从而提高运输速度、降低成本和减少资源浪费。智能运输和配送系统将实现实时监测、路径优化和可追溯性，为供应链提供更可靠的运输服务。

数据驱动的供应链决策将成为国际物流的核心。大数据分析和人工智能技术将帮助物流企业利用海量的供应链数据，进行预测和优化。准确预测市场需求、优化供应链网络和资源配置将成为企业获得竞争优势的重要手段。数据驱动的供应链决策将提高企业的决策水平，增强运营能力，从而实现更高效、灵活和可持续的国际物流。

可持续发展将成为国际物流的重要要求。随着社会对可持续发展的关注度不断提高，物流企业将在环境保护和资源节约方面更加努力。通过应用清洁能源、优化运输路径和减少包装等措施，物流企业将降低碳排放、减少能源消耗，并致力于实现低碳经济和绿色物流。

国际物流数智化的宏观趋势显示了数智化技术在全球物流领域的重要作用和广泛应用的前景。全球供应链的整合和协同优化、智能运输和配送、数据驱动的供应链决策以及可持续发展要求将引领国际物流的发展方向。这些趋势将为全球经济提供更高效、可持续和融合的物流服务，为企业带来更多的商机和竞争优势，推动经济全球化和可持续发展的进程。

产业链篇

B.20
汽车产业链全球化发展现状及挑战分析

曹建骁 杜天强 崔晨 郑思维 王颂 任勃帆*

摘　要： 本报告在分析全球及中国汽车零部件行业基本情况的基础上，总结汽车零部件产业上下游的规模和发展空间，对全球汽车零部件的市场总量、竞争格局和发展前景进行分析，并以德国大陆集团为例介绍其全球化成功经验。汽车产业链全球化发展迅速，但面临供应链复杂性增加、技术创新压力凸显、成本控制挑战、市场需求多样化和竞争加剧等问题。全球汽车市场对新能源汽车的需求增长，推动产业链的转型和升级。

---

* 曹建骁，硕士，高级工程师，中国汽车技术研究中心中汽零部件技术（天津）有限公司副总经理（主持工作）；杜天强，高级工程师，中国汽车技术研究中心中汽零部件技术（天津）有限公司副总经理；崔晨，硕士，高级工程师，中国汽车技术研究中心中汽零部件技术（天津）有限公司行业服务部主管工程师；郑思维，硕士，高级工程师，中国汽车技术研究中心中汽零部件技术（天津）有限公司理化分析试验研究部部长；王颂，硕士，工程师，中国汽车技术研究中心中汽零部件技术（天津）有限公司行业服务部主管工程师；任勃帆，硕士，工程师，中国汽车技术研究中心中汽零部件技术（天津）有限公司新项目部副部长（主持工作）。

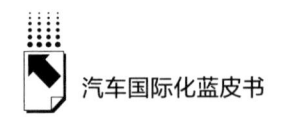

关键词： 核心零部件 全球化 汽车产业链

一 汽车零部件行业发展现状

（一）汽车零部件行业基本情况

零部件是汽车工业的重要组成部分，是支撑汽车工业持续稳步发展的前提条件。现代汽车工业很大程度上是零部件产品技术、品质和成本的综合竞争。

1. 全球汽车零部件行业发展概况

（1）汽车零部件产业由汽车强国主导

2021年，全球汽车零部件收入大约15130.9亿美元，预计2028年将达到19809.2亿美元。其中，亚太地区将占据超过40%的市场份额，欧洲和北美市场份额在20%左右。

目前，全球汽车零部件产业由美国、德国及日本等传统汽车强国主导。2024年全球汽车零部件配套供应商百强榜单中，日本企业上榜23家、美国17家、德国17家、中国15家和韩国13家，这五个国家的上榜企业共计85家，占比高达85%。

（2）新型产品成为新的增长动力

2022年，受乌克兰危机、国际卫生公共事件以及芯片短缺影响，全球各类汽车零部件企业盈利水平呈现不同程度的下滑。目前，随着上述负面影响减弱及汽车电动化、智能化、网联化趋势到来，市场持续复苏带动汽车零部件快速增长。预计2022~2030年全球汽车零部件收入平均年增长率约4%，亚洲新能源汽车零部件企业将成为主要增长动力，有望为行业带来约3000亿欧元的增长空间。

2. 我国汽车零部件行业发展概况

（1）我国已成为重要的零部件生产和供应基地

近些年，我国汽车零部件行业保持快速增长态势。一是市场规模和全球占比不断扩大。市场规模从2018年的3.38万亿元增长到2024年的4.13万亿元，年均复合增长率为 3.39%。在顶层目标规划、市场终端需求与供给侧变革升级的三重支撑下，中国汽车零部件的总体规模和全球占比不断扩大，正在重塑国际市场新格局。二是供应体系逐步完善，技术水平和研发能力大幅提升。我国已形成全球规模最大、品类齐全、配套完整的汽车零部件产业体系，并成为全球重要的汽车零部件生产和供应基地。2024 年，我国汽车零部件出口 1056.1 亿美元，同比增长 8.6%，进口 294.4 亿美元，随着竞争力不断增强，行业未来仍有较大发展空间。

（2）核心零部件依旧依赖进口

随着中国汽车产销规模不断扩大，我国零部件企业逐步走上"成本优势"转向"研发创新"的高质量发展道路，国际竞争力显著提升。但在发动机、变速器、底盘等核心零部件上仍有较大不足，一定程度上对整车的可靠性、耐久性、使用寿命等形成制约，不利于汽车工业整体产品质量水平的提升。目前，我国中低端发动机在主要性能参数上已接近甚至超越外资（合资）企业，但在高端市场仍有缺失，电喷和控制系统核心零部件依赖进口，如博格华纳与舍弗勒在双离合器模块（DCT 变速器核心部件）领域具有主导地位，我国企业还有一定差距。

3. 汽车零部件行业发展趋势分析

（1）全球汽车零部件产业逐步向我国转移

在全球经济一体化背景下，国际整车企业基于优化产业链、控制生产成本、压缩市场供货半径等目的，推行全球分工协作和零部件供应商"本土化"战略，为近些年我国汽车零部件行业发展带来了新机遇和广阔空间。未来，随着电动化、智能化、网联化发展趋势，我国零部件企业凭借成本优势、创新速度、制造能力、快速反应和服务优势，在全球汽车零部件市场的占有率将不断提升。

（2）产业链加速整合，集中度逐渐提升

随着我国人口红利向人才红利转变，零部件企业纷纷通过加强技术研发、完善产品结构向系统开发、整体配套、模块化供货发展，并购重组步伐不断加快，产业链优化整合，市场集中度逐渐提升。目前，部分龙头企业已

掌握汽车零部件的精密制造工艺，有望带动更多企业提升竞争力。比如发动机、变速器等核心总成结构复杂，对性能和品质要求高，在市场竞争激烈、行业洗牌加速的背景下，下游客户对于性能、工艺、成本的要求不断提升，多数小企业无法适应这种竞争，反而为龙头企业并购重组、提高市场份额提供了较好的机遇。

（3）整车企业零部件外购趋势明显

在市场竞争加剧、整车利润下降、主机厂开发周期不断压缩的背景下，产业精细化分工趋势日益明显，整车企业经营由原来的集整车设计制造、零部件生产于一身，逐渐转变为掌握整车设计、技术革新和核心部件生产，其他零部件在全球范围内采购的模式。零部件企业也会承接一些重要的、高附加值的产品，并以整体模块的形式供应给主机厂，使得汽车产业分工更专业化，生产效率更高。

（4）商用车自动变速器市场渗透率持续提升

商用车作为生产工具，对于燃油经济性、维修便捷性、复杂地形适应性要求较高，对车辆购置成本较为敏感，中轻卡的手动挡变速器仍然占据主流地位。随着商用车驾驶员年轻化，对车辆操控简便性、舒适性要求的提高以及自动变速器成本的降低，商用车变速器自动化趋势明显，其中双离合（DCT）变速器有望与AMT变速器分庭抗礼，占据一席之地。

（二）汽车零部件行业产业链分析

1. 上游分析

（1）钢材

近年来，中国钢材产量稳定增长。中国钢铁工业协会发布的数据显示，2023年，我国粗钢产量为10.19亿吨，同比持平；钢材产量为13.63亿吨，同比增长5.2%。

（2）铝合金

作为重要的轻金属材料之一，铝合金在汽车行业的应用越来越普遍。近五年，我国铝合金产量总体呈现增长趋势。2023年产量累计约1458.7万吨，同比增长约17.8%。

（3）有色金属

狭义的有色金属是铁、锰、铬以外的所有金属的统称，广义的有色金属还包括有色合金。中国有色金属工业协会数据显示，2023年我国规模以上十种有色金属产量为7469.8万吨，按可比口径计算比上年增长7.1%。

（4）电子元器件

近年来，我国电子元器件行业得到快速发展。有关数据显示，我国电子元器件市场规模由2019年的2.05万亿元增长至2023年的2.37万亿元，复合年均增长率为3.8%。预测2024年会进一步达到2.47万亿元。

（5）橡胶

汽车的各种零部件，如刹车盘、悬挂系统、发动机支架等，都需要使用橡胶。国家统计局数据显示，2023年中国合成橡胶产量达到909.7万吨，同比增长8.2%，而天然橡胶主要依靠进口，全年进口量为648.74万吨，同比上涨7.03%，对外依存度达到88.47%。

（6）塑料

塑料不但降低了零部件加工、装配及维修费用，还是一种轻量化材料。中商产业研究院数据库显示，全国塑料制品行业产量为7488.5万吨，同比增长3.0%。

2. 中游分析

（1）营业收入

国家统计局数据显示，2022年汽车零部件行业中游营业收入约为4.2万亿元，同比增长3.16%，2023年进一步增长至4.41万亿元，预测2024年达4.62万亿元。

（2）轮胎

2023年，中国轮胎市场规模达到800亿美元，占全球轮胎市场规模的34.8%；橡胶轮胎外胎产量达到9.88亿条，同比增长15.3%；在全球轮胎销量中，中国轮胎占比高达56.46%。据中国海关总署披露，2023年中国橡胶轮胎累计出口886万吨，同比增长16%；出口金额约为1558.12亿元，同

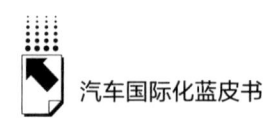

比增长18.7%。按条数计算，2023年全年累计出口新的充气橡胶轮胎约6.164亿条，同比增长11.8%。

(3) 汽车电子

①市场规模。受到新能源汽车产销两旺的影响，汽车电子行业迎来一次全产业链级别的发展机遇。中商产业研究院数据显示，2023年中国汽车电子市场规模为1.1万亿元，预测2024年达1.16万亿元。

②竞争格局。随着本土汽车电子产业技术的逐渐成熟，一批优质汽车电子企业逐渐突破国际汽车电子厂商的技术壁垒，进入全球主要汽车主机生产企业的供应链体系。

(4) 汽车座椅

①市场规模。中商产业研究院报告显示，2022年我国汽车座椅市场规模为976.09亿元，同比增长约1.29%，2023年市场规模为988.49亿元，预测2024年突破1000亿元。

②竞争格局。目前，国内座椅总成市场主要被华域汽车、李尔、安道拓等占据，其中华域系占据32%的份额，李尔系占据14%的份额，安道拓系占据12%的份额。

(5) 发动机

智研咨询数据中心数据显示，2023年中国汽车发动机生产量累计达到2260.89万台，同比增长8.34%。其中，一汽—大众、奇瑞汽车、吉利汽车三家车企发动机产量超过13万台。

(6) 变速器

中商产业研究院报告显示，2022年中国汽车变速器市场规模达2774.65亿元，同比增长11.19%，2023年市场规模为3053.9亿元，预测2024年达3330亿元。

3. 下游分析

(1) 汽车产业

中国汽车工业协会数据显示，2024年全年我国汽车产销量分别达到3128.2万辆和3143.6万辆，同比分别增长3.7%和4.5%，连续第16年位居全球第一。据公安部统计，2024年全国机动车保有量达4.53亿辆，其中汽车保有量为3.53亿辆。

（2）汽车维修

据普华永道统计，2024年中国乘用车市场维保规模达1.2万亿元，预计随着汽车保有量和车龄的增长，后市场规模将保持持续增长。

二　全球汽车零部件行业发展分析

（一）市场总体情况

20世纪90年代，世界汽车产业经历了十年的持续快速增长，进入21世纪后增速开始趋缓。总体上看，汽车工业在各国GDP尤其是制造业增加值中所占比重越来越大。数据显示，2023年，日本GDP约为4.21万亿美元，制造业增加值为8593.94亿美元，而汽车占整个工业产值的40%，占GDP的8%，相关从业人员超过550万人；2023年，德国GDP为4.46万亿美元，制造业增加值约8000亿欧元，而汽车占工业增加值的20.8%，占GDP的10%；2023年，中国汽车总产值已经达到11万亿元，同比增长11.9%，占规上企业营业总收入的7.6%，占GDP的比重接近10%，其已成为国内第一经济支柱，在引导工业结构升级、带动相关产业发展、促进就业等方面具有很强的推动作用。

1. 国际汽车零部件制造业概况

全球汽车工业的发展，带动汽车零部件产业的发展壮大，为相关企业的发展提供了庞大的市场空间。Automotive News公布的2024年全球汽车零部件供应商百强榜中，100家制造商的收入平均同比增长约9%，中国企业上榜数达到15家，包括宁德时代、国轩高科和三花零部件等，上述企业在规模、技术以及资金等方面都具有强大的实力。

2. 国际汽车零部件制造业发展趋势

由于市场对汽车安全、舒适、节能和环保的要求不断提高，法规标准日益严格，汽车产品日益个性化、多样化，新产品的技术含量增加、推出的速度加快，导致汽车产品生产成本上升，竞争加剧。整车企业对汽车零部件供应商提出了越来越高的要求，汽车零部件产品安全精密化、环保节能与轻量化、生产专业化、产业转移及全球采购成为汽车零部件制造业发展的必然趋势。

①安全精密化。现代消费者对汽车安全与舒适的要求越来越高，这要求汽车零部件制造商提供的产品具有更高的安全性与精密度。

②环保节能与轻量化。伴随新能源汽车的快速发展和延长续航里程的需求推动，汽车轻量化也成为汽车行业发展的主流方向之一。零部件也需轻量化，以减少燃料的消耗和排放。

③生产专业化。汽车零部件制造业对整车厂的配套逐步系统化、模块化。系统化配套不但简化工作流程，而且缩短新产品开发周期。在模块化供应中，零部件企业则承担起更多的新产品、新技术开发工作。汽车零部件一级供应商逐渐对整个系统和模块进行分拆，由企业内部生产逐渐向不同汽车零部件二级供应商外部采购的方式转变。

④产业转移。为了应对市场竞争，日本、欧美的大型汽车零部件供应商加快向中国、印度、东盟、拉美等发展中国家和地区产业转移的速度，也为上述地区的汽车零部件制造商创造了难得的机遇与发展空间。

⑤全球采购。为了降低成本，提高产品的竞争力，整车企业对所需的零部件按性能、质量、价格、供货条件在全球范围内进行择优采购，改变了只局限于采用国内零部件的做法。而零部件企业也将其产品面向全球销售，不再局限于供给本国的整车企业。

3. 我国汽车零部件制造业概况

改革开放以后，我国汽车产业飞速发展、保有量持续增加，对零部件的需求也不断增长。国内零部件企业持续加大投资、开展技术升级，跨国零部件企业也在中国建立合资公司，争夺高速增长的国内汽车市场。近年来，随着市场竞争日益激烈、汽车产业规模不断提升，我国汽车零部件产业规模和技术水平持续提高，出现了一大批在设计、研发及生产等方面具有较强实力的零部件制造企业。

（二）行业竞争格局

就全球而言，汽车零部件是充分竞争的行业，但主要市场份额和行业发展方向基本掌握在龙头企业手中，跨国汽车零部件供应商凭借其多年的技术和经验积累，在高附加值关键零部件领域占据了主导地位。国际知名的汽车零部件企业主要集中在北美、欧洲和日本，这些企业规模庞大、资本和技术实力雄厚，引领世界零部件行业的发展方向。

为适应汽车整车制造企业不断提高的配套需求以及汽车零部件本身复杂性及专业化的要求，汽车零部件供应商内部形成了金字塔式的多层级供应商体系。其中，一级供应商数量较少，多为整车企业的直属专业厂和全资子公司、跨国汽车零部件公司在国内的独资或合资公司以及规模较大的民营汽车零部件企业，具有较大的经营规模和较强的资金技术实力。二级供应商主要向一级供应商提供协作配套的相关零部件，该类企业通常对市场反应灵敏，产品专业性较强，服务响应速度较快，龙头企业部分产品可以达到世界先进水平。三级供应商通常为规模较小的零部件供应企业，处于体系的下层。层级越往下，供应商数量越多、实力越差、议价能力越低。各级供应商的格局如表1所示。

表1　汽车零部件供应商竞争格局分析

地位	分类特点	竞争格局
一级供应商	整车企业的直属专业厂和全资子公司	控制发动机、车身等关键零部件系统的制造权，其生产活动要服从于整车厂的整体部署，产品品种单一、规模较大，并且可以得到整车厂商的技术与管理支持。但这类零部件企业对整车企业的依附性很大，因此对市场与技术开发、营销与服务等方面的投入较少，缺乏直接面对市场竞争的能力
	跨国汽车零部件公司在国内的独资或合资公司	拥有外资资金、技术和管理方面的支持，具有较大规模和资金技术实力，管理水平较高，市场竞争能力很强
	规模较大的民营汽车零部件企业	拥有较大规模和资金实力，技术处于领先水平，产品质量、成本具有全球性的竞争优势

续表

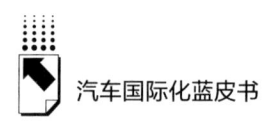

地位	分类特点	竞争格局
二级供应商	直接为一级配套商供应产品的汽车零部件生产企业	该层的企业大多数独立于主机厂,企业数目较多,竞争较为激烈,产品技术水平、价格、成本是竞争实力的关键因素。该类企业对市场反应灵敏,经营机制灵活;产品专业性较强,该层次内龙头企业部分产品甚至达到世界先进水平,处于高速发展阶段
三级供应商	直接为二级配套商供应产品的汽车零部件生产企业	主要为大量规模较小的零部件供应企业,靠部分低端配套产品和为中大型配套企业加工维持经营,规模较小、抗风险能力较差、缺乏核心竞争力

我国汽车零部件行业市场容量巨大,行业内企业数量众多,呈现"小而散"的市场格局。2022年,我国汽车零部件相关企业注册量达到21.42万家,行业集中度较低、竞争很激烈。具体而言,我国汽车零部件一级供应商以来自美国、欧洲、日本等传统汽车工业强国的跨国零部件企业和少数具备规模或技术优势的内资企业为主,二、三级供应商以内资企业为主。

与传统汽车强国相比,我国汽车零部件行业的设计、研发和生产能力仍存在较大的差距。随着我国汽车工业的迅速发展,少数内资企业坚持科技创新,不断提升研发能力,通过自主研发和与主机厂配套开发的模式,在众多汽车关键零部件领域打破了跨国企业垄断的格局,逐步得到众多主机厂的认可。特别是随着国六排放标准的实施,市场产生了对原有零部件产品更新迭代的需求,一些具备较强设计研发能力的内资零部件企业抓住市场机遇,量产多款符合国六排放标准的汽车零部件产品,推动其国产化进程。

(三)行业发展前景

1. 技术创新与智能化趋势

随着全球汽车的电动化、智能化、网联化发展,汽车零部件行业也面临技术创新和转型升级的压力。一方面,传统零部件企业需要通过技术创新提升产品性能和降低成本,以适应市场需求变化;另一方面,智能驾驶、智能座舱等新兴领域也为企业提供了新机遇，可以全生命周期为企业赋能。比如，某些企业通过引入人工智能、大数据、云计算等技术手段，实现生产过程的自动化和智能化，进一步提高生产效率和产品质量。同时，部分企业利用智能化技术更好地了解市场需求和客户偏好，优化前期规划、设计和后端销售、服务。

2.绿色环保与可持续发展

绿色环保与可持续发展已经成为全球汽车产业的重要议题，不仅可以降低企业的环境风险和成本负担，还可以提升企业的社会形象和品牌价值。为了实现绿色环保与可持续发展，汽车零部件企业需要采取一系列措施。首先，企业需要加强环保意识和责任感，建立完善的环保管理体系和制度。其次，企业需要推广环保技术和产品，降低生产过程中的能耗和排放。最后，企业还需要加强资源循环利用和废弃物处理等方面的工作，实现生产过程的闭环管理。

3.国际合作与全球化布局

当前，国际合作与全球化布局已经成为汽车零部件行业的重要发展趋势。通过与国际先进企业的交流与合作，国内汽车零部件企业可以引进先进技术和管理经验，提升自身实力和市场竞争力。同时，全球化布局也能帮助企业拓展海外市场和资源渠道，很多国内汽车零部件企业采取积极主动的策略和行动，寻求更多合作机会和发展空间。

（四）企业典型案例——德国大陆集团

德国大陆集团（Continental AG），主要产品为轮胎、制动系统、车身稳定控制系统、发动机喷射系统、转速表及其他汽车和运输行业零部件。公司总部设在德国汉诺威，是全球五大汽车零部件供应商之一。

大陆集团以轮胎业务起家，随后依靠多次成功的收并购实现全球化扩张和产品线扩充，发展为世界顶级汽车零部件供应商，其核心成功原因包括以下几个方面。

果断的收并购决策：大陆集团在2000年前后依靠公司内部经营策略和

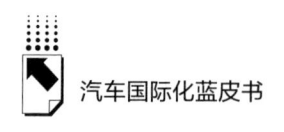

有利的外部环境，通过多次收并购成功进入汽车电子领域。面对汽车"新四化"变革，大陆集团通过收并购获得多项自动驾驶关键技术，从而优化电动化及智能化全球生产布局。

加大研发投入，掌握多项核心技术：大陆集团对于技术研发的重视度不断提高，研发费用从2011年的16.1亿欧元升至2022年的41.7亿欧元，连续多年研发投入占比维持在10%左右。

全球化战略：大陆集团在全球57个国家和地区拥有519个生产、研发或管理基地，根据不同业务部门的产品特点组织生产经营，在全球范围内创造互联价值。

三 全球汽车市场发展趋势及挑战分析

汽车产业链创造了大量就业机会，在技术创新、环境可持续性和国际竞争力提升等方面发挥关键作用，形成高度复杂且紧密相连的价值网络。随着国际政治和经济局势的不断变化，全球汽车产业链面临前所未有的机遇和挑战。

（一）全球汽车产业链存在的问题

1. 供应链复杂性增加

一是地缘政治风险与贸易保护主义影响。近年来，中美贸易摩擦、英国脱欧、乌克兰危机等事件，都对全球汽车供应链造成重大冲击。欧盟对从中国进口的电动汽车征收17%~35.3%不等的关税，既增加了中国车企的运营成本，也增加了消费者购车成本。

二是自然灾害与疫情等重大事件影响。地震、洪水、台风等自然灾害可能导致原材料短缺、产能不足。新冠疫情暴发导致全球范围内的生产和物流受阻、零部件短缺，影响整个产业链的正常运转，很多车企寻求供应链的多元化，以应对各种不确定性风险。

三是汽车产业链供应链管理难度增加。汽车产业链通常涉及多个供应商和多级供应链管理，增加管理的复杂性和不确定性，信息不对称容易影响供应链的效率和稳定性。此外，不同国家和地区在管理风格、沟通方式和决策机制方面存在明显差异，也给企业运营带来困难。

2. 技术创新压力凸显

一是"新四化"浪潮对传统汽车零部件企业提出巨大挑战。"三电系统"等核心部件的技术要求高、研发成本高、开发周期长，传统的内燃机零部件供应商需要快速转型，否则将面临被市场淘汰的风险。自动驾驶技术的发展同样对汽车零部件供应商提出了新要求，传感器、雷达、激光雷达和人工智能处理器等需求激增，技术要求不断提升。车载通信系统、信息娱乐系统和智驾辅助系统等零部件市场前景广阔。供应商需要具备强大的技术创新能力，才能在未来的汽车市场占据一席之地。

二是新竞争者的加入。随着智能电动汽车的普及，越来越多的后来者进入汽车零部件市场。华为、苹果、谷歌、小米等科技公司纷纷进入汽车行业，它们不仅具备强大的技术创新能力，还拥有雄厚的资金实力，对传统汽车零部件供应商形成巨大的竞争压力。

三是环保和低碳要求压力大。各国政府对环保的要求日益严格，相关企业必须不断加强技术创新、改进生产工艺，在短时间内开发出符合新标准的产品、减少碳排放，以满足严格的排放标准，这给企业的技术创新能力和研发资金带来严峻挑战。

3. 成本控制挑战

一是材料价格波动对供应商的成本控制提出巨大挑战。企业需要优化采购策略、建立长期合作关系及寻找替代材料等，应对材料价格波动带来的成本压力。

二是随着全球经济的发展和人力资源市场的变化，劳动力成本和职工维权意识不断上升，特别是在发达国家，这对企业的成本控制也提出了严峻挑战。

三是竞争加剧使得企业需要不断增加研发投入，维持庞大的供应链体系，以保持技术领先和市场竞争力，增加了企业的运营成本和资金压力。

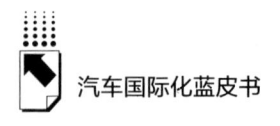

4. 市场需求多样化和竞争加剧

一是消费者需求的多样化和个性化趋势明显。市场对定制化、高性能和高科技含量汽车的需求不断增加，这对零部件企业产品多样化、设计模块化、服务个性化能力提出了新要求。

二是市场竞争加剧对企业的创新和市场响应能力提出更高要求。企业需要不断推出创新产品，保持市场竞争力。此外，经济周期波动、政策变化和消费者偏好变化等都会影响市场需求，企业需要建立市场预测和需求分析系统，及时掌握变化趋势，调整生产和营销策略，以减少市场需求不确定性带来的风险。

（二）全球汽车产业链的发展机遇

1. "新四化"带来的新市场和新需求

（1）新能源汽车快速发展

Clean Technica 网站发布的数据显示，2024 年全球电动汽车销量达到 1700 万辆，同比增长 26%，市占率达到 22%，远高于 2020 年的 4%。国际能源署（IEA）预计，到 2030 年全球电动汽车销量将达到 3000 万辆以上。

一方面，电动汽车的快速发展带动对关键零部件的巨大需求，如电池、电机和电控系统等，宁德时代和比亚迪等就是在此浪潮下成长起来的供应商巨头。另一方面，电动汽车的发展还带动相关基础设施建设，如充电桩和电池回收系统。另外，电池技术的创新也为供应链企业带来全新赛道和增长空间。例如，固态电池被认为是下一代动力电池的主流方向，企业可以通过加大研发投入，抢占技术制高点，获得未来市场的竞争优势。

（2）自动驾驶技术推广普及

随着传感器、雷达、激光雷达和人工智能处理器等核心技术的不断进步，自动驾驶技术逐渐成熟并推广开来。麦肯锡报告预测，2030 年全球自动驾驶汽车市场规模将达到 3000 亿美元，这必将带来对相关零部件的巨大需求。例如，博世和大陆集团等传统汽车零部件供应商，通过不断研发和创新,已成为自动驾驶零部件市场的领导者。

高精度地图和车联网是实现自动驾驶的关键。通过与科技公司和地图公司合作,企业可以开发高精度地图和车联网技术,实现自身业务拓展和技术升级,如百度 Apollo 平台。

自动驾驶技术的发展还带来商业模式创新。例如,自动驾驶出租车(Robo-taxi)和自动驾驶货车的出现,将彻底改变现有的交通运输模式。例如,美国 Waymo 已经在多个城市推出自动驾驶出租车服务,开拓新的市场空间。

(3) 智能网联技术进步

智能网联汽车不仅提供了更好的驾驶体验,还能提高驾驶安全性和交通效率。据市场研究公司估计,到 2025 年全球智能网联汽车市场规模将超过5000 亿美元。

智能网联汽车的发展离不开车载通信系统、信息娱乐系统和智能驾驶辅助系统等核心技术,这为零部件供应商提供了广阔的市场空间。例如,华为和腾讯等通过开发车载通信系统和信息娱乐系统,进入智能网联汽车市场并成为行业领跑者。

车联网技术的普及使得车内支付和车内广告成为可能,这为零部件供应商提供了新的盈利模式。例如,阿里巴巴与上汽合作开发的 AliOS 系统,不仅提供车载导航和娱乐功能,还支持车内支付和广告展示,为企业带来新的收入来源。

通过车联网技术和大数据分析,智能交通系统可以实现交通流量的实时监控和管理,提高道路使用效率,减少交通事故。相关企业可以参与智能交通系统建设,实现多元化发展。

2. 汽车产业全球化发展趋势

新兴市场国家的快速发展和汽车保有量的增加为零部件企业提供了广阔的发展空间,特别是中国、印度、巴西等国家。企业可以通过全球化布局,在新兴市场国家投资建厂和设立研发中心,实现市场多元化发展。如博世、麦格纳、奥托立夫等均实现全球化布局,提升了品牌影响力和企业形象,增

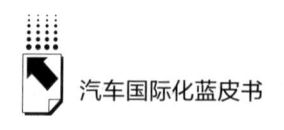

强了市场竞争力。

"新四化"的发展更需要国际合作和标准统一。通过参与国际标准的制定，企业可以更便捷地推广自己的技术，在全球市场中占据有利地位。目前，中国、日本和欧洲等已开始合作制定面向新能源和智能网联汽车的技术标准和安全规范。

3. 绿色经济、数字化转型和智能制造

通过推行循环经济模式，企业可以减少资源消耗和环境污染，实现资源的高效利用和废弃物的回收再利用，提高经济效益。例如，废旧电池回收和再利用。企业发展绿色制造技术是实现可持续发展的关键，可以减少生产过程中的能源消耗和污染排放，提高生产效率和产品质量，同时有助于提升企业的社会责任和品牌形象。

通过实施数字化管理系统，企业可以实现生产过程的智能化和透明化管理，提高生产效率和产品质量。例如，供应链管理系统（SCM）、企业资源计划系统（ERP）和制造执行系统（MES）等，目前在很多企业得到广泛应用。

通过研发和应用智能制造技术，企业可以提高生产效率、降低成本和提高产品质量。例如，工业机器人、3D打印和数字孪生技术等。

（三）全球汽车产业链面临的挑战

1. 技术快速更新的压力

在市场竞争不断加剧的背景下，企业必须不断增强技术创新能力，保持技术领先地位。特别是电动化、自动驾驶和智能网联汽车等领域，技术更新速度快，竞争激烈，企业需要持续投入研发，培养创新型人才，同时还要合理控制成本，提高研发效率。另外，企业在促进技术创新的同时，需要加强知识产权保护，吸引和培养一批高层次人才。

2. 全球化经营风险

首先，贸易摩擦、汇率波动、政治不稳定等都对全球运营管理造成不利影响。企业需要建立健全的风险管理体系，提高风险应对能力，确保供应链的稳定和安全。其次,全球化供应链还面临文化差异和管理挑战,这对供应链管理提出更高的要求,企业在全球化经营中需要遵守不同的法律法规,如环保、劳工法律和知识产权保护等,需要具备灵活应对和快速调整能力。再次,全球供应链的管理复杂性增加企业的运营难度,企业不但要实现供应链的透明和可控,还要提高供应链的响应速度和决策效率。最后,全球化经营需要企业招聘和培养来自不同文化背景和专业领域的员工,增强团队的多样性和创新能力,建立多元化和包容性的团队,提升创新能力和市场竞争力。

3. 数字化转型的复杂性

数字化转型的实施过程复杂,需要企业大量的资金和资源投入。一方面,企业需要具备强大的数据管理和数据安全能力,建立健全的管理体系;另一方面,企业需要制定清晰的战略和实施计划,有计划、有步骤地推进数字化转型。

B.21
汽车产业海外投资合作布局研究

曹建骁　杜天强　王颂　郑思维　崔晨　任重磊*

摘　要： 本报告以日本、德国、美国为例，回顾了汽车发达国家的汽车产业国际化发展路径，总结其成功经验。其中，日本汽车产业注重抱团取暖、分工协作，关注节能环保和细分市场客户需求；德国企业关注科技创新和车辆品质；美国企业只转移产能、提升效益，而控制核心知识产权和关键零部件技术输出。中国汽车产业逐步推进海外投资合作布局，主要车企通过产品出口、资本布局、研发落地、本地化生产等方式拓展海外市场。然而，海外发展面临贸易壁垒、认证法规要求多变、区域要求差异化、销售网络搭建与管理难度大等挑战。建议加强海外市场的调研与分析，制定合理的出海策略；推动本地化生产，降低成本，提升市场响应速度；加强与当地企业的合作，实现资源共享和优势互补；提升产品和服务质量，增强品牌影响力。

关键词： 海外投资　汽车产业　国际化　海外市场

---

* 曹建骁，硕士，高级工程师，中国汽车技术研究中心中汽零部件技术（天津）有限公司副总经理（主持工作）；杜天强，高级工程师，中国汽车技术研究中心中汽零部件技术（天津）有限公司副总经理；王颂，硕士，工程师，中国汽车技术研究中心中汽零部件技术（天津）有限公司行业服务部主管工程师；郑思维，硕士，高级工程师，中国汽车技术研究中心中汽零部件技术（天津）有限公司理化分析试验研究部部长；崔晨，硕士，高级工程师，中国汽车技术研究中心中汽零部件技术（天津）有限公司行业服务部主管工程师；任重磊，硕士，高级工程师，中国汽车技术研究中心中汽零部件技术（天津）有限公司新项目部工程师。

一 汽车工业发达国家的汽车产业海外发展路径分析——日本

日本汽车产业用短短几十年时间实现海外本地化生产，并带动汽车零部件产业"走出去"，成为产业国际化的重要典范，这离不开其可持续海外发展战略的指引。

（一）合理布局、精准定位

一是有序出海、合理布局。在海外发展策略上，日本汽车产业选择先出口后投资，利用出口市场为对外直接投资创造条件。二是精准定位海外生产基地。在海外基地选择上，日本车企都要开展尽职调查，分阶段完成对全球市场的把控。三是精准定位汽车业务。在环境保护方面，日本严格控制尾气排放并努力降低油耗；在驾驶安全方面，积极开发和推广车辆安全装备以减少交通事故；在使用便捷方面，日本深入研究细分市场，针对不同客户群体开发不同性能车型。

（二）产业链式海外布局

日本在产业链上游布置百余家零部件企业，在下游还设有售后、金融等服务企业，在全球范围内均具备完整的产业链经营体系。日本汽车企业对外直接投资一般是从骨干企业开始，然后带动国内零部件企业从海外组装逐步过渡为海外生产，最后实现整车和零部件全部本地化生产。另外，日本零部件企业不仅为本国整车厂提供产品，也与其他国家汽车厂合作，实现自身国际化转型。

（三）投资与出口协同并进

一是为维持本土汽车企业的发展以及拓展外资管控严格的海外市场，日本汽车保有一定的对外出口份额。二是考虑到海外投资的便利性以及拥有较

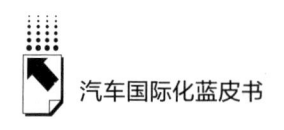

强的市场掌控力,日本将对外投资作为汽车产业海外发展的主要途径。三是考虑到对外投资与出口在不同区域有所侧重,日本汽车产业的海外布局坚持投资与出口并重策略。

(四)同国内外企业抱团发展

随着全球经济一体化不断推进,日本汽车企业加速开展与国内外厂商的业务合作以适应全球化发展,具体合作方式包括但不限于资本合作、技术合作、共同开发、相互供应整车和零部件、组建合资事业部等。根据合作方来源,其抱团发展可划分为与本国企业抱团和与东道国企业抱团。

二 汽车工业发达国家的汽车产业海外发展路径分析——德国

19世纪末,卡尔·奔驰和戈特利布·戴姆勒分别创立奔驰和戴姆勒公司,开启德国汽车工业制造时代。到1960年,德国汽车年产量已达200万辆,成为欧洲最大的汽车生产国和出口国。1971年,德国汽车年产量达到400万辆,国内市场饱和,出口也止步不前。叠加两次石油危机影响,德国汽车业开始呈现低迷态势。到20世纪80年代,只是在400万~500万辆波动。从90年代后期开始,德国汽车产业进入调整和重组期,发生一系列重大事件,如奔驰与克莱斯勒合并,大众与宝马收购劳斯莱斯、宾利等。

进入21世纪,受欧元疲软影响,德国汽车产业又一次面临全球销量下滑,逐步将目光转向中国、巴西等发展中国家。统计显示,当时德国只有10%的零部件企业依然坚持在国内进行新的投资,超过26%的企业在东欧开设新厂。目前,德国汽车零部件行业已在全球设立1400多家独资或合资企业。

面对全球汽车产业的快速变革,技术创新能力成为竞争关键点。德国汽车厂商开始发展汽车零部件产业链,拥有关键半导体产业,如驱动组件、电子电器元件、电动化相关产品以及汽车内外饰件等。近几年,受疫情和电动化转型影响，为稳定就业、提升供应链安全性，德国汽车制造商开始越来越多地自行生产零部件。政府也采取积极政策措施推动产业转型，如逐步加大研发投资、促进新技术专利授权、激励高科技研发、构建产业集群及发展国际研究合作伙伴等。德国汽车工业联合会表示：2023～2027年，德国汽车行业将在全球范围内投资超过2500亿欧元用于研发新能源汽车技术，并投入1300亿欧元用于新工厂建设及其设备改造。

三 汽车工业发达国家的汽车产业海外发展路径分析——美国

美国汽车产业海外发展路径主要经历了以下几个阶段并呈现相应特点。

（一）早期出口主导阶段

二战后，美国汽车产业凭借其强大的生产能力和技术优势，开始大规模向海外市场出口汽车，主要聚焦欧洲和南美洲等传统汽车市场，后来拓展到亚洲、非洲等新兴市场。欧洲市场汽车消费成熟、需求旺盛，对各类汽车产品有较高的接纳度；南美洲市场则因与美国地域相近，经济联系紧密，且汽车工业发展相对滞后，对美国汽车有一定的进口需求。

美国凭借在汽车制造领域的先发优势，用规模经济降低成本，以价格优势获取市场份额，同时积极推动自由贸易协定的签订，与一些国家达成双边或多边贸易协议，降低汽车产品的关税壁垒，为汽车出口创造有利条件。

（二）海外生产布局阶段

20世纪80年代以来，为了进一步拓展海外市场，降低生产成本，美国汽车企业开始在海外投资建厂，进行本地化生产，重点在加拿大和墨西哥等北美地区、欧洲部分国家以及中国、巴西等新兴市场国家。加拿大和墨西哥与美国同属北美自由贸易区，具有地理优势和政策便利，劳动力成本相对较低；欧洲部分国家汽车产业基础好，市场需求大，且当地政策对汽车生产投

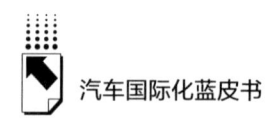

资有一定的吸引力。

美国汽车企业采取独资建厂、合资合作等多种方式进行本地化生产，有效降低成本并提升市场响应速度。独资建厂可以更好地控制生产环节和技术保密。合资合作则可以充分利用当地的资源和市场渠道。与此同时，在海外生产基地周边构建零部件供应体系，提高零部件的本地化采购比例，降低运输成本和供应链风险，也带动当地零部件产业的发展。

（三）应对竞争与市场调整阶段

近年来，面对日本、欧洲以及新兴市场国家汽车产业的崛起，美国汽车在海外市场的竞争压力日益增大。日本汽车以节能、可靠、性价比高在全球市场获得青睐；欧洲汽车在豪华品牌市场一直占有重要份额；新兴市场国家汽车产业凭借成本优势和政策支持，在新能源领域发展迅速，也在逐步抢占市场份额。面对激烈的竞争，美国汽车企业一方面加大在新能源汽车和自动驾驶领域的研发投入，加快产品的更新换代，提升产品竞争力；另一方面，调整市场布局，更加注重对新兴市场的开拓，如亚洲、非洲等地区，通过建立销售网络、本地化生产等方式，提高在这些市场的渗透率。

四 中国汽车产业海外投资合作布局的机遇与挑战

（一）中国汽车产业出海经验分析

随着自主汽车工业取得突破性进展，我国已经成为全球最大的单一汽车市场，并孕育一批优质的整车和零部件企业，在深耕国内市场的同时也持续推进海外扩张。2023~2024年，中国连续两年成为全球第一大汽车出口国。复盘历史，中国汽车工业的出海经历了资本出海、产品出海和产能出海三个阶段。

1. 资本出海

为破除海外技术壁垒，实现对合资车企的追赶，2005年起自主车企开始频繁发起海外并购，较为有名的例子有上汽并购罗孚汽车/名爵、吉利收购沃尔沃、东风入股标致雪铁龙等。我国汽车工业起步较晚，海外并购的主要目的是学习先进技术、提升市场份额、实现业务外延发展，快速进入国际市场。但海外并购存在较大的不确定性，其核心在于公司的全球化经营管理能力。

2. 产品出海

早期自主车企技术和品牌力较弱，通常以低价策略抢占海外市场。伴随自主车企技术由落后转向领先，产品出海实现"由低端到中高端""由低势能到高势能国家""由轿车到 SUV"的突破。

3. 产能出海

目前，汽车产业逐步从 GDP 过渡到 GNP 时代。海外需求激增对自主品牌出海提出更高要求。受地缘政治、国家政策及全球海运影响，产品出口贸易具有不确定性，产能出海进程加速，成为全球化最重要的途径。

历史经验表明，汽车工业出海具备高度确定性和成长性，其中技术和工艺、客户结构、管理能力三要素是企业出海成功的决定因素。技术和工艺优势是中国汽车产业链走向全球的核心竞争力，也是长期竞争中持续实现盈利的关键；优质的客户结构是出海成功的关键；中国汽车产业从海外生产到研发、生产和销售全球化，运营管理能力成为决定因素。

（二）各主要车企/龙头零部件企业的海外发展现状分析

1. 主要整车企业海外发展现状

2024 年，中国汽车出口量达到 641 万辆，同比增长 23%，连续两年超过日本成为全球最大出口国。中国车企不断提升产品竞争力，加上国家政策支持等利好因素，推动汽车出口"量质齐升"。排名靠前的车企，包括上汽、奇瑞、特斯拉（中国）、长安、吉利、长城、东风、比亚迪、江淮、北汽等，出口量均超 10 万辆。其中，上汽、奇瑞和吉利引领本土燃油车出口，而特斯拉、比亚迪等则占据新能源汽车出口主力，造车新势力亦纷纷"启航"，开拓海外市场。

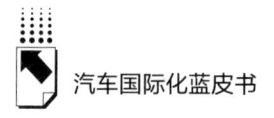

（1）上汽集团

2005年，上汽通用五菱向印度尼西亚出口微型商用车CKD组件，自此开启了出海征程。其坚持"有系统、有规划、成建制"的出海战略，采用全局式布局，实现从产品到服务的全产业链出海，同时在海外构建了包括创新研发中心、生产基地、营销中心、供应链中心及金融公司在内的汽车产业全价值链生态。针对不同市场环境、产业政策及消费者出行需求，上汽主打差异化营销模式，利用差异化的产品功能和完善的本土售后服务突出重围。例如，面向欧洲主要依托名爵。从2014年起，上汽名爵开始燃油车出口，2019年名爵以新能源产品大举进入欧洲市场，2023年海外销量达47.9万辆，占全年总销量的98%。面向东南亚、中东、拉美等市场，上汽主要通过上汽通用五菱开展海外业务：一是通过本土化生产来满足市场需求；二是将宝骏换标出口，得到市场的广泛认可。2020年以来，上汽先后开拓墨西哥、西班牙、越南等市场，2023年宣布将在欧洲投建新能源整车工厂。目前，上汽的产品和服务遍布全球90余个国家和地区，形成欧洲、澳新、美洲、中东、东盟、南亚六个"五万辆级"区域市场。

（2）奇瑞汽车

奇瑞汽车于2001年开始出口业务，是中国第一家出口汽车的企业。受益于俄罗斯与墨西哥市场的快速成长，2023年奇瑞出口销量达92.4万辆，同比增长105.3%。对于海外发展计划，奇瑞制定了"三步走"战略：2013年前，以发展中国家为突破口，以出口小型轿车为主实现产品"走出去"；2014年后，开始"走进去"战略，为规避高额关税及贸易壁垒等问题，奇瑞通过CKD组装和海外投资建厂等方式布局巴西和俄罗斯等市场，与当地工厂和经销渠道合作实现产销一体；从2020年起，推动旗下品牌"走上去"，包括进入欧洲、北美等全球主流汽车市场。奇瑞"三步走"战略成功推进，成果令人瞩目，其在俄罗斯、巴西、埃及等国家建立了10个海外生产基地，1300余家销售服务网络，形成全球化生产服务网络。目前，奇瑞产品已出口至全球80多个国家和地区，累计出口量超160万辆，连续17年位居中国乘用车出口第一。除了"三步走"战略，奇瑞通过不断完善和优化开发流程保证产品品质，加速实现国际化目标；建立产品开发管理中心和各技术中心交叉协作的矩阵式产品开发模式，形成整车"V"字形研发体系；在自主品牌中率先建立全球统一标准的生产管理体系，有力保障了新产品的质量，为树立海外品牌形象提供了坚实的保障。

（3）比亚迪

第一个阶段，早期的电池、电子业务出海。1998年，比亚迪在荷兰成立第一家海外分公司，1999年成立北美分公司。这些分公司为比亚迪建立了海外人才储备，也打响了比亚迪的品牌。第二个阶段，以新能源公交、大巴等产品为主导的商用车出海。2010年，比亚迪提出"城市公共交通电动化"战略，全球范围内推广新能源公交车、出租车。第三个阶段，以乘用车为核心的新一轮出海。2020年，比亚迪宣布与挪威经销商合作，将唐EV打入挪威市场。2022年3月，比亚迪DM-i车型进军拉美、欧盟、澳洲市场，成为首款畅销拉美的混动汽车，提升了品牌形象；2022年9月，签约泰国并宣布投产计划，辐射周边东盟国家及地区。2023年，比亚迪海外销量达到10.3万辆，同比增长382.0%。其出海策略主要分为以上三个阶段。目前，比亚迪纯电动大巴和出租车遍布全球70多个国家和地区、400多个城市，新能源乘用车也已进入52个国家和地区。比亚迪加速开拓全球市场并迅速推进产线出海，伴随海外新能源汽车渗透率逐步提高，比亚迪在不同细分市场的份额有望持续上升。

（4）吉利汽车

吉利汽车以收购企业为支点，以技术出海为助力撬动海外市场。2023年，吉利汽车出口量为27.4万辆，同比增长38.3%，目前已覆盖中东、亚太、拉美、非洲及部分欧洲市场，在59个国家设有457个销售和服务网点。从贸易出海到资本出海，再到技术出海，吉利汽车是中国车企出海角色转变的典型。早在2006年，吉利就开始入股伦敦出租车公司（LTI，后改名伦敦电动汽车公司LEVC），为此后不断收购国际知名汽车品牌奠定了基础。并于2010年完成对沃尔沃的收购。2017年，吉利收购马来西亚本土"国宝级"品牌——宝腾汽车。七年时间，吉利通过技术、产品、供应链、管理等全产业链出海的方

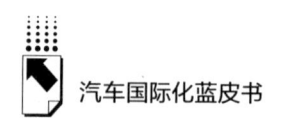

式，将此前已经连续9年亏损、深陷困境的宝腾汽车盘活壮大，并且将其影响力扩大至整个东南亚市场。吉利汽车规划到2025年，实现海外销量60万辆，占总销量比重达20%。

（5）长城汽车

长城汽车自1997年开始出海，其起步于皮卡出口，发展于KD组装，市场覆盖欧洲、俄罗斯、拉美、澳新、中东、非洲、东盟等，海外累计销量超过百万辆，且呈现更多的本地化深耕特色。目前，长城汽车已建立"七国十地"全球化研发体系，在海外有5家KD工厂和3家全工艺工厂，分别辐射东欧、中亚、东盟和拉美市场。在研发方面，长城汽车以中国总部为核心，先后在日本、美国、德国、印度、奥地利和韩国设立海外研发中心，全面覆盖整车、核心零部件、新能源及智能化等领域研发。在服务网络方面，长城汽车深耕俄罗斯、澳大利亚、南非、沙特阿拉伯、智利等传统市场，逐步拓展欧美市场，其销售网络覆盖全球170多个国家和地区，海外渠道超过700家，并在澳大利亚、南非、中东等重点市场建立了配件中心库。

（6）造车新势力

蔚来在海外市场采用"直营+换电+订阅"模式。在挪威建设直营门店，消费者可线上订车+线下体验，并建立全套服务体系，引入Baas方案（"车电分离、电池租用、可充可换可升级"的电池服务模式），实现销售未动，服务先行。在德国、荷兰、丹麦、瑞典四国最初采取"只租不卖"订阅制战略方式。

小鹏在海外市场以"直营+授权"模式为主，快速打开市场。一方面，布局小鹏汽车直营店，更好地向市场和消费者展示品牌形象；另一方面，与经销商合作提升出货量，已与欧洲头部经销商达成战略合作，其中包括荷兰EmilFrey NV集团、瑞典Bilia集团。

哪吒在海外市场沿用国内"直营+分销"的销售模式，并已与泰国PTT公司达成补能业务方面的合作。2022年9月，哪吒在泰国首家3.0形象直营体验空间开始运营，用户可在该展厅体验智能电动汽车生活方式，参加各类互动活动。

2. 龙头零部件企业海外发展现状

随着整车企业出海的快速发展，我国汽车零部件出口额也持续增长，根据《中国汽车报》数据，2023年汽车零部件出口金额为876.7亿美元，同比增长9%，创下历史新高。中国汽车零部件企业参与全球市场经历了三个阶段，20世纪90年代是第一个阶段，很多全球整车企业把制造转移给中国企业，中国零部件企业大量承接制造并开始大量出口；2009~2019年为第二个阶段，在本土市场快速发展的背景下，一些零部件企业已经成长为细分领域的龙头企业，配套国外主机厂并走向全球，一些企业开始海外并购；2019年以后进入第三个阶段，贸易摩擦和新冠疫情对全球供应链形成冲击，全球供应链重塑，同时我国新能源汽车快速发展，一批优秀的新能源零部件企业携带先进的技术和经验陆续在海外建厂配套欧美车企。

（1）均胜电子

均胜电子成立于2004年，是一家全球领先的汽车电子与汽车安全供应商。2012年，收购德国普瑞后进军工业自动化和海外市场，为公司汽车电子业务的发展奠定了基础；2014年，收购群英进一步实现全球化布局，同时推动公司汽车功能件业务的快速发展；收购美国KSS和日本高田使公司一跃成为全球第二大汽车安全零部件制造商和顶级汽车安全系统供应商。此外，通过对普瑞和TS（大众核心供应商）的收购，均胜快速切入智能网联系统。2022年，普瑞占公司总营收的23.8%，均胜借此成功拓展欧系、美系及日系主机厂客户。

（2）宁波华翔

宁波华翔是世界汽车零部件500强企业，是汽车内外饰主要供应商之一。2011年，华翔收购德国Sellner、美国Sellner和捷克Wech，迈出国际化整合的第一步；2012年参股德国汽车电子企业Helbako，2016年收购劳伦斯全球业务，2023年收购北美井上工厂。近年来，由于海外经济波动等，华翔实行"拓北美，缩欧洲，稳中国"的战略，对欧洲和北美业务进行重组。在国外建立欧洲（德国、罗马尼亚）、北美（墨西哥、美国、加拿大）、东南亚（印度尼西亚、越南、菲律宾）多个生产基地，形成高效的配套网络，

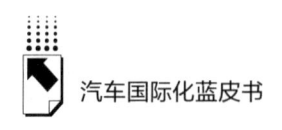

并从采购、生产、物流等方面建立严格的成本管控体系,降低生产成本。

(3) 继峰股份

继峰股份2019年并购了全球座椅零部件龙头企业德国格拉默公司,提升了全球知名度。截至2022年,格拉默营收占公司总营收的比重达到58.4%。德国格拉默公司成立于1880年,1964年正式开始生产悬挂式驾驶座椅,1970年开始汽车内饰及悬挂座椅的系列化生产,并承接欧美首批出口订单。100多年来,格拉默从一个区域性的座椅垫制造商发展为全球汽车座椅内饰巨头。收购完成后,继峰股份从座椅零部件领域进入价值量更高的汽车座椅总成领域,进一步拓展了成长空间。

(4) 中鼎股份

中鼎股份2003年开始走出国门,在美国全资设立中鼎美国公司,2008年在德国设立中鼎欧洲公司,2014年收购德国百年企业KACO公司,2015年收购德国WEGU公司和法国FM公司。中鼎通过对海外企业进行费用优化及非核心业务剥离,如海外人员缩减、费用控制、成本优化等,强化管理输出和文化输出,由新的高管团队担任五大事业部的全球CEO,同时通过海外并购项目,同步在国内建立对应的子公司,引进消化吸收国外技术,抢占国内市场份额。

(5) 银轮股份

银轮股份作为汽车热管理龙头,深耕热管理领域20余年,建立了"1+4+N"热管理产品体系。2001年在英美设立办事处,2005年控股德国普锐,2016~2019年先后收购美国热动力(TDI)、德国皮尔博格建立EGR合资公司,2023年墨西哥工厂投产。银轮股份在全球规划生产布局以满足客户需求,在墨西哥、美国、瑞典、波兰等建有研发分中心和生产基地。公司坚持"生产制造属地化、运营全球一体化"战略:利用国内、国际两个市场和资源,打造开放型经营发展模式;全球范围内建设比同行更具成本竞争力的采购、产品和服务体系;构建全球化的研发架构、体系及流程,在上海、欧洲、北美分别设立研发中心,整合国内外技术资源,提升技术水平与完善基础设施;建立完善的研究、开发及试验验证系统,提升研发能力。

(6) 华域汽车

华域汽车是中国最大的汽车零部件供应商之一，成立于2003年，总部位于上海。作为上汽集团的核心子公司，华域汽车在全球范围内提供汽车电子、动力总成、车身、内外饰等多个领域的配套业务。2004年以来，华域加快国际化布局，特别是在北美和欧洲市场。2015年，华域通过收购美国德尔福（Delphi）集团的部分业务，成功进入全球汽车零部件市场。此次收购不仅为华域提供了先进的汽车电子技术，还拓展了其在全球汽车行业的客户基础，包括大众、福特、丰田等全球主机厂。华域随后在德国、墨西哥、美国等国家设立多个生产基地，进一步巩固其在欧洲和北美市场的地位。特别是在德国，华域通过收购该国的知名零部件企业——德尔福电子业务，以及其他当地企业，强化其在高端汽车电子和电气系统领域的技术优势。此外，华域还积极进入新能源汽车市场，通过与全球车企的合作，扩大在电动化、智能化领域的布局。近期，华域在欧洲、北美等地的绿色环保汽车零部件业务取得显著突破，逐步成为全球新能源汽车配套的领军企业之一。通过持续的收购、研发投资和市场开拓，华域稳步提升其全球业务的竞争力。

(7) 长春一汽富维

一汽富维成立于1999年，是中国一汽集团的核心零部件公司，主要从事汽车内饰、车身、发动机、底盘等领域的技术研发与生产。随着中国汽车产业的快速发展，一汽富维加速其国际化进程，2008年通过收购德国知名零部件企业欧特克公司，成功进入欧洲市场。欧特克在汽车内饰及车身零部件领域具有强大的技术积累和市场份额，收购后，富维在欧洲市场的产品供应能力得到显著提升。近年来，一汽富维在北美、欧洲和东南亚市场建立多个生产和研发基地，分别在美国、德国、罗马尼亚、墨西哥、泰国等地设立工厂，并为福特、宝马、大众等全球知名汽车厂商提供配套服务。为了应对全球汽车市场的激烈竞争，一汽富维还实施"全球一体化"战略，优化全球资源配置，提升产品质量与成本管控能力。2020年，公司通过收购美国零部件企业凯瑟（Kaiser）进一步巩固在北美市场的布局。凯瑟是一家专业的汽车底盘及安全系统供应商，收购后一汽富维在美国市场的产品更加丰

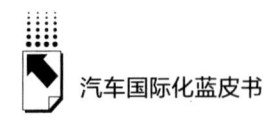

富,并拓展了与当地主机厂的合作深度。通过海外并购和合资合作,一汽富维逐渐向全球化、智能化、绿色化方向发展,成为全球零部件市场的重要竞争者。

(8) 三花智控

三花智控成立于2000年,是中国领先的汽车空调和热管理系统供应商,总部位于浙江省。三花智控通过并购和自主创新,逐步进入全球市场,特别是在热管理和空调系统领域取得显著成绩。2010年,三花智控收购美国空调系统供应商Kettering Group,为其进入北美市场奠定了基础。Kettering Group主要为全球知名汽车品牌提供空调系统和热管理技术,收购后三花智控在美国的市场份额大幅提升,并成功进入北美主要汽车制造商的供应链。2016年,三花智控在德国设立生产和研发基地,进一步扩大在欧洲市场的业务,主要为大众、宝马等欧洲车企提供空调和热管理系统产品。与此同时,三花智控还在巴西、墨西哥等拉丁美洲国家设立多个生产基地,拓展在南美市场的影响力,并在东南亚的泰国、印度等地布局生产和研发中心,以满足当地的市场需求。公司不仅专注于传统燃油车市场,还加大在新能源汽车领域的布局,特别是在欧洲和中国市场,力求在电动化、智能化的浪潮中占据先机。三花智控的"全球一体化"战略通过在北美、欧洲、南美、东南亚等地设立生产基地和研发中心,确保全球客户需求的及时响应,并形成全球供应链和成本管控优势,进一步巩固其在全球市场的领导者地位。

(三)中国汽车企业海外发展模式分析

中国车企出海由最初的产品出口,逐渐发展为产品、技术、标准、管理、人才、资金、服务等方面的国际化输出、海外建设与整体布局。主要的出海路径包括:产品出口、资本布局、研发落地、本地化生产四种。产品出口典型表现为整车出口至零关税或低关税国家(东南亚、南美、非洲、中东、海湾、澳新等),大部分车企出口初期均采用此方式;上汽、吉利等通过在海外设立投资机构、收并购等方式实现资源整合、品牌推广及输出,完成资本布局;上汽、长安、吉利、长城等在全球范围内建立研发机构,聚集优质的人才与技术,整合多方位优势,提升中国汽车质量;此外,部分一线主机厂如上汽、吉利、长城直接在海外建厂,实行本地化生产,节约成本、提升效率,该方式的产品销量较大且可持续。

近年来,一些头部企业在海外研发、投资、建厂、收购等动作频频,战略层面肯定了国际化是步入世界一流车企行列的通行证。目前,中国主要车企典型出海模式如表1所示。

表1　中国主要车企典型出海模式

出海模式	典型车企	主要特点
全局式	上汽	产品出口、投资并购、建立研发中心、本地化生产等多项举措并进,2019年,上汽集团全年出口整车35万辆,同比增长26%,占中国自主车企海外总销量的33%。其中,上汽通用五菱出口占比较大
政策引导	广汽	在"一带一路"倡议的指导下,紧跟政策方向,推动性价比高的汽车出口,惠及相关国家与市场。主要出口路径为产品出口、建立研发中心
资源整合	吉利	吉利集团在海外市场的布局,一般是资本先行,再推动技术与资源融合。成功收购沃尔沃汽车之后,吉利集团尤为重视在全球市场中的研发与布局,主张资源整合、全球协同,分别在中国、瑞典、英国、德国、美国和西班牙建有工程研发中心和造型设计中心,在美国、英国、马来西亚等建有整车和动力总成制造工厂
品牌强化	长城	长城汽车在皮卡与哈弗品牌的有力支撑下,将国际化视为长期战略,坚持打造国际化车企。2019年,长城汽车在海外市场销售新车65175辆,同比增长38.68%
新能源路线	比亚迪	节能减排是世界各国之间的共识,各个政府皆在推动清洁能源的有效利用,新能源汽车取代燃油车是不可逆的趋势。比亚迪跟随世界各地新能源政策,将比亚迪新能源大巴出口到欧美等发达国家。目前,比亚迪纯电动巴士全球累计交付超过5万辆,运营线路遍及全球六大洲300多个城市
智能化路线	蔚来	2018年,蔚来在美国纽交所上市,成为中国造车新势力的第一股,其产品售价属于豪华车型区间,蔚来走起了高端豪华车的路线,成为中国自主车企创建的豪华车品牌之一,其将开启全球化布局,目前正在布局进入欧洲市场

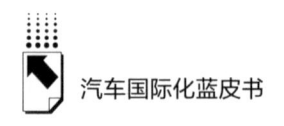

（四）中国汽车企业海外发展趋势分析与对策建议

1. 中国汽车企业海外发展面临的主要挑战

（1）贸易壁垒

目标市场通过加税等方式保护本土产业。2023年欧盟启动对华电动汽车反补贴调查，2024年加征关税落地；2024年美国将自华进口的电动车关税提高至100%；俄罗斯联邦政府2023年对进口车辆的报废税系数增加1.7~3.7倍；巴西2024年起逐步恢复电动车进口关税，2026年达到35%。这些贸易壁垒将对中国汽车的竞争力和市场份额产生巨大负面影响。

（2）认证法规要求多变

进入海外市场时车企需面对各国强制性认证、环保法规、数据安全法规等。一方面，对法规解读和技术标准提出更高的要求；另一方面，出口认证周期长、费用高，增加了出口成本。

（3）区域要求差异化

由于各地区气候、道路、经济水平、消费习惯等不同，在汽车消费上存在较大差异，对出海产品提出个性化要求，如左/右舵差异、道路影响车型偏好、特殊气候、地形对车辆配置的要求等均对出口产品提出差异化要求。

（4）销售网络搭建与管理存在难度

中国与海外市场的销售模式存在差异。目前，中国以全款和贷款购车为主，而欧美市场租赁购车比例较高。欧洲国家众多、无法采用一家代理商覆盖整个区域，需要在多国寻找不同经销商合作；本土品牌强势以及长期被日韩系主导的东南亚市场，存量渠道多被占据，经销商对中国品牌认知不足导致缺乏信心，或缺乏统一管理培训，质量参差不齐。

（5）物流、金融、售后等配套未全部"走出去"

物流方面：滚装船为跨洋整车运输最主流和常规的方式，而中国汽车滚装船运力与出口量不匹配，中国整车出海仍处于起步阶段，只能被动承受运价的上涨。

金融方面：海外本土车企或出海较早的日系车企基本都有自持银行或自

己的金融服务公司；而中国车企获取金融牌照难度大，同时国家对金融机构对外投资有严格限制，在提供金融方案时存在劣势。

售后方面：日系车进入海外市场较早，生产层面，供应链在当地采买比例较高、销售服务网点多、维修较快；而中国车企及其供应链体系仍处于出海初期，售后网点搭建不完善，导致售后时间长、成本高、体验差。

2. 中国汽车企业海外发展面临的主要趋势与建议

第一，东南亚、欧洲为主要目的地。目前，整车出口目的国中，亚洲、欧洲占据前两位，分别占比36%和26%，预计未来占比将进一步提升。

第二，继续推进本地化生产。东盟凭借其发达的汽车供应链体系、低廉的人工成本等优势，成为诸多中国车企海外建厂首选，辐射东南亚及中东，欧洲仍以整车进口模式为主。

第三，国内配套供应商"抱团出海"。主机厂与配套供应商企业一起"走出去"，共建产业园区并进行一体化管理，实现降本增效，加快市场应对速度。

第四，价格分布从"哑铃型"转向"纺锤型"。当前，中国车企主要通过高端和低端车型切入海外市场，呈"哑铃型"，未来中国车企将发力中端的主流价格段车型，形成"纺锤型"价格分布。

第五，智能化配置"减配降维"。欧洲汽车市场成熟，东南亚汽车市场需求偏低，消费者对智能化需求和购买意愿度较低，中国车企应调整产品策略，在海外市场"回归理性"。

第六，品牌换标，提高辨识度。中国品牌在海外市场辨识度较低，部分中国车企通过"挂合资伙伴标""换收购品牌标"等方式提高品牌辨识度。

第七，以经销分销为主，直销为辅。单纯直销无法支撑扩张需求，中国车企出海需要高效借助当地经销商和分销商资源"跑马圈地"，实现规模增长。

第八，"订阅制"等灵活购车模式。欧洲消费者购车习惯、新能源汽车快速迭代更新等特性，推动中国车企在海外提供订阅制、以旧换新等灵活购车模式。

B.22
海外重点国家（或地区）新能源汽车充电设施发展研究

邹朋　贾启蒙　庞天舒＊

摘　要： 全球新能源汽车市场快速增长，充电基础设施建设成为关键。各国在政策、技术标准、市场需求和地域特点等方面存在差异，对企业的全球化布局提出了更高要求。欧洲、美国、亚洲等地区的充电基础设施发展迅速，但仍面临技术标准不统一、电网压力大等问题。充电设施企业出海，应对海外市场进行充分调研、明确出海策略及方案、重视标准法规解读、准确把握项目节奏和重视当地电能质量等。

关键词： 充电基础设施　车桩比　新能源汽车

根据国际能源署（IEA）数据，全球电动汽车市场占有率在2030年将达到30%以上。充电基础设施作为电动汽车生态系统的重要组成部分，其发展不仅直接影响电动汽车普及率，还关系到用户的充电便利性和驾驶体验。目前，充电基础设施的全球布局仍面临诸多挑战。各国在政策、技术标准、市场需求和地域特点等方面存在差异，这对企业的全球化布局提出了更高的要求。

＊ 邹朋，高级工程师，主要研究方向为汽车行业技术发展、标准法规、新能源汽车及充电设施等，现任中国汽车工业协会技术部总监，中国电动汽车充电基础设施促进联盟、中国汽车工业协会充换电分会执行秘书长；贾启蒙，高级工程师，主要研究方向为新能源汽车政策法规、产品技术、市场趋势、国际化战略等，现任中国汽车战略与政策研究中心新能源汽车研究部高级研究员；庞天舒，高级工程师，主要研究方向为汽车发展战略、标准法规、新能源汽车等，现任中国汽车工业协会产研部副总监，新能源汽车专委会副秘书长，中国机电设备招标中心工业领域评标评审专家。

一 全球充电基础设施发展现状

（一）新能源汽车市场概述

2023年，全球新能源汽车销量达1418.2万辆，同比增长34.8%，渗透率突破新高，扩大至15.8%（见图1）。从近十年的销量趋势来看，新能源汽车销量整体呈现类指数增长，但是未来增速和渗透率增速将逐步减缓。据中国乘用车联席会统计，2024年，中国新能源汽车市场零售渗透率达到47.6%，相比2023年提高12个百分点；目前，中国约占全球新能源汽车市场份额的70%，继续引领全球新能源汽车产业的发展。

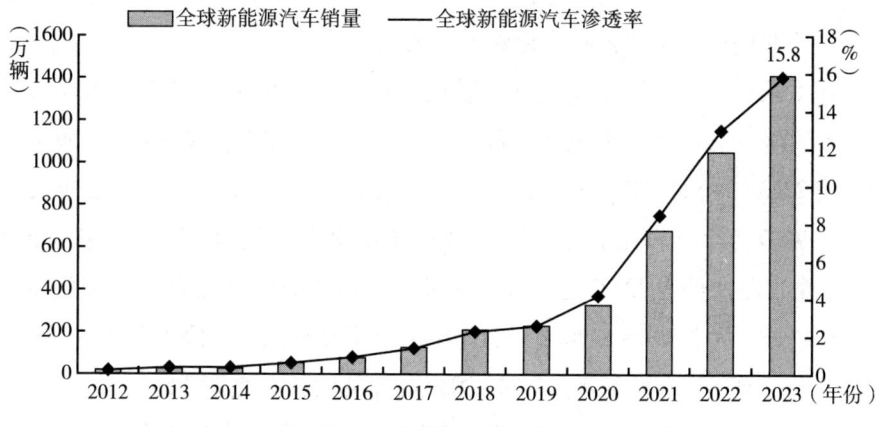

图1　2012~2023年全球新能源汽车销量及渗透率

资料来源：中国汽车工业协会。

（二）充电基础设施发展情况

根据阿谱尔（APO Research）数据，2023年全球电动汽车充电设备市场规模为62.1亿美元，前三大供应商约占收入的10.15%；到2030年将达到391.1亿美元，复合年均增长率为31.47%。主要电动汽车充电设备制造

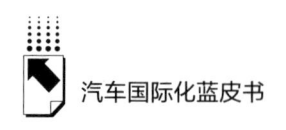

商包括 ABB、特锐德新能源、Star Charge、EVBox、ChargePoint、Kempower、许继集团、Alfen NV、Wallbox 等。

欧洲因为严格的车辆排放标准和新能源汽车快速发展，充电基础设施增长迅速。2023 年，欧洲电动汽车充电设备产值为 14.46 亿美元，2030 年将达到 77.59 亿美元，2024~2030 年年均增长率为 28.37%。其中，荷兰、德国和法国是充电桩数量最多的国家，分别拥有 16.9 万个、15.2 万个和 11.9 万个充电桩，占据欧洲充电桩总数的一半以上。这三个国家不仅充电桩数量领先，而且充电网络的密度和便利性也相对较高，为电动汽车的普及提供了有力支持。

北美电动汽车充电基础设施增长明显，2023 年北美电动汽车充电设备产值为 7.97 亿美元，2030 年将达到 50.14 亿美元，2024~2030 年年均增长率为 31.58%。其中，美国计划在 2030 年前建设完成 50 万个充电桩，ChargePoint、Blink Charging 等公司均在大力扩展其充电网络；加拿大市场较小，主要在城市和干线公路附近建设充电设施。

亚太是全球电动汽车充电基础设施规模最大的区域，2023 年占全球市场的 67.4%。根据中国充电联盟数据，2023 年中国充电桩保有量为 859.6 万个，较 2022 年增加 338.7 万个，其中私人充电桩增加 245.8 万个，公共充电桩增加 92.9 万个（占比下滑至 31.71%）。阿谱尔数据显示，2023 年中国电动汽车充电设备产值为 33.81 亿美元，2030 年将达到 231.29 亿美元，2024~2030 年年均增长率为 32.96%；2023 年日本电动汽车充电设备产值为 3.28 亿美元，2030 年将达到 18.30 亿美元，2024~2030 年年均增长率为 29.86%。

全球各地的政策支持、市场需求和技术发展不同，电动汽车充电基础设施市场呈现多样化发展趋势。据国际能源署（IEA）预计，2030 年全球将有 550 万个公共快充桩和 1000 万个公共慢充桩，总体增长空间巨大。

二 欧洲充电基础设施发展情况

（一）新能源汽车市场概述

欧洲新能源汽车市场规模快速增长。2023 年，欧洲新能源汽车销量为

295万辆，同比增长13.46%（见图2），2018~2023年年均增长率为49.88%，处于行业快速发展期。其中，纯电动车型占据市场主要份额。2023年，纯电动汽车销量为202万辆，占新能源汽车销售总量的68.47%。

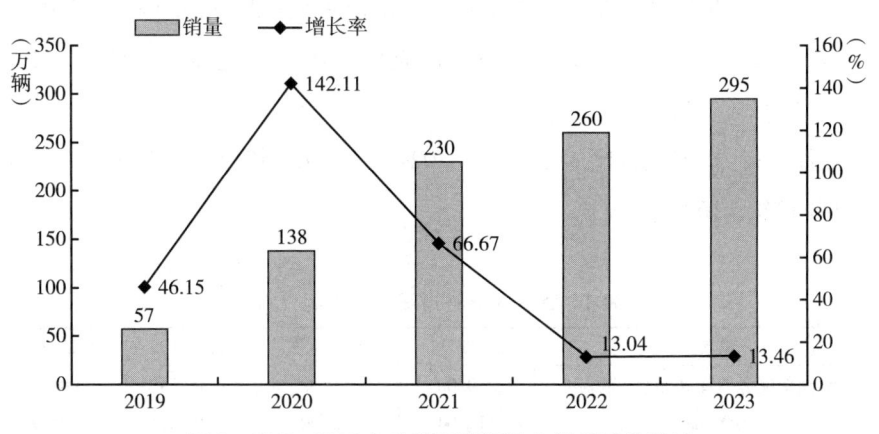

图2　2019~2023年欧洲新能源汽车销量及其增速

资料来源：国际能源署。

欧洲新能源汽车渗透率持续提升，由2019年的3.6%提升至2023年的25%，主要原因有两个：一是欧洲要求轿车和轻型车辆2035年实现零排放，中重型车辆2040年实现90%的零排放，严格的碳排放法规迫使车企加快电动化转型；二是欧洲对于环保理念、低碳消费等意识的长期宣传和倡导。但随着欧洲经济疲软、补贴退出，各大车企转型过程中遭遇利润下滑，以及中国新能源汽车对原有产业格局的重大冲击，欧洲汽车电动化转型出现摇摆。2024年10月4日，欧盟决定对中国电动汽车加征高额关税，这将进一步延缓欧洲汽车电动化转型的速度。

（二）充电基础设施发展情况

1. 市场发展现状

整体来说，欧洲充电桩建设速度快于新能源汽车增速，但直流快充桩不论是从增量还是保有量来看，占比都偏低，未来存在较大的市场空间（见

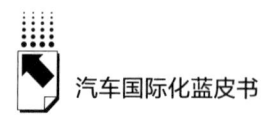

表1）。根据IEA数据，2022年欧洲公共车桩比约为14.5∶1，直流桩占比仅12%。2022~2025年欧洲公共充电桩的年均增长率（CAGR）将达到48%，2025年公共充电桩市场规模将达到84.57亿元。

假设一：2024年、2025年新能源汽车销量增速分别为25.00%、20.00%。

假设二：车桩比逐年降低，公共快充桩占比逐年提高，2024年、2025年分别为12%、11%。

假设三：直流桩占比逐年提升，2024年、2025年公共直流充电桩占比分别为14%、16%。

表1 欧洲充电桩市场增长空间分析

类别	2022年	2023年E	2024年E	2025年E
欧洲新能源汽车销量（万辆）	260.00	351.00	438.75	526.50
YoY(%)	13.04	35.00	25.00	20.00
欧洲新能源汽车保有量（万辆）	780.00	1053.00	1386.45	1774.31
YoY(%)	41.82	35.00	31.67	27.97
车桩比	5.81	5.77	5.56	5.27
充电桩保有量（万个）	134.20	182.35	249.29	336.39
YoY(%)	205.01	35.88	36.71	34.94
新增充电桩（万个）	134.20	48.15	66.93	87.10
公共充电桩				
公共充电桩占比（%）	38.15	39.68	39.63	38.40
公共充电桩保有量（万个）	51.20	72.35	98.79	129.19
新增公共充电桩（万个）	15.67	21.15	26.43	30.40
YoY(%)	50.00	35.00	25.00	15.00
新增公共直流充电桩（万个）	2.32	3.34	4.44	5.41
新增公共交流充电桩（万个）	13.35	17.81	22.00	24.99
直流占比（%）	14.78	15.78	16.78	17.78
交流占比（%）	85.22	84.22	83.22	82.22
直流单价（万元）	12.50	12.75	13.01	13.27
交流单价（万元）	0.53	0.52	0.52	0.51
公共直流桩规模（亿元）	28.95	42.56	57.70	71.72
公共交流桩规模（亿元）	7.07	9.34	11.43	12.85
公共充电桩规模（亿元）	36.02	51.91	69.13	84.57
YoY(%)	—	44.08	33.18	22.34

续表

类别	2022年	2023年E	2024年E	2025年E
私人充电桩				
私人充电桩占比(%)	61.85	60.32	60.37	61.60
私人充电桩保有量(万个)	83.00	110.00	150.50	207.20
新增私人充电桩(万个)	18.00	27.00	40.50	56.70
YoY(%)	80.00	50.00	40.00	30.00
私人充电桩单价(万元)	0.35	0.35	0.34	0.34
私人充电桩规模(亿元)	6.30	9.36	13.89	19.26
YoY(%)	—	48.50	48.50	38.60
充电桩规模合计(亿元)	42.32	61.26	83.02	103.83
YoY(%)	—	44.74	35.52	25.06

注：YoY，同比增长率的简写。下同。

欧洲替代燃料观测站数据显示，欧盟充电桩以22kW以下的慢充桩为主，2020~2023年22kW以下充电桩占比从89%下降到84%，而50kW以上的快充桩占比从7%提高到12%（见表2）。

表2 2019~2023年欧盟电动乘用车及充电桩分析

单位：万辆，个

类别	2019年	2020年	2021年	2022年	2023年
电动乘用车保有量	110.96	210.69	390.45	582.69	778.92
充电桩总数	133947	171623	299146	447845	632254
其中，<22kW		152943	267392	384122	529408
22~50kW		6869	11271	23796	27976
50~150kW		6718	11434	18479	29352
>150kW		5093	9049	21448	45518
车桩比	8.28	12.28	13.05	13.01	12.32

2.技术进展

2022年开始，欧洲大功率直流桩安装速度加快，占比不断提升。超快速充电器、标准化充电接口和支付系统、智能充电技术等取得较大进步。

（1）大功率快充

随着电动汽车市场的不断扩大，用户对充电速度的要求也越来越高。已有一些高端车型开始应用800V高压充电技术，预计未来将逐步普及。充电功率提高带来的高电流使得接触端子及线缆的温度迅速升高，极易损害充电装置的电子元件，甚至引发安全事故。这对充电桩的散热性能提出更高的要求，大多采用液冷散热模块和液冷充电枪线进行散热。

（2）兆瓦级充电

为了进一步提升充电效率，重卡商用车主机厂已开始储备1200V以及1500V充电技术，单枪充电电流大于1000A，开始由双枪兆瓦级充电向单枪兆瓦级充电过渡。兆瓦级充电系统（Megawatt Charging System，MCS）是一项针对重型商用车制定的国际标准快充系统，该标准的设计由CharIN联盟推进，主要成员包括戴姆勒、大众、保时捷等车企及TUV等行业协会。目前，菲尼克斯已经完成载流能力高达3000A的充电枪和插座方案，并开展示范项目推进。

（3）光储充一体化

光储充一体化充电站集成了光伏发电、储能技术和充电功能。这种技术能有效利用可再生能源，减少对传统电网的依赖。同时，它能在电网负荷高峰时释放储存的电能，减轻电网压力。该技术的挑战在于初期投资成本较高，且需要专业的维护和管理。

（4）智能充电解决方案

在北欧地区被推广应用，尤其是挪威和瑞典。Zaptec、ABB等开发的系统可以根据电网负荷自动调节充电速度，优化充电时间和电力使用，减轻电网压力。

（5）无线充电技术

无线充电技术的实用化将极大提高电动汽车的使用灵活性和充电便捷性。Electreon公司在挪威开展开创性的无线电动公路系统（ERS）项目，允许电动汽车在行驶过程中通过路面充电；Elonroad与BDX Företagen AB合作在瑞典进行无线充电技术测试，进一步探索该技术在商用车及夜间仓库充电解决方案中的应用。

（6）再生材料制造充电站

Covestro 专注于开发坚固、功能性强且轻便的材料用于制造电动汽车充电站设备。这些材料不仅提高了设备的耐用性和效能，还有助于减少生产过程中的能源消耗和操作成本，推动充电基础设施向环保和可持续性转变。

三 美国充电基础设施发展情况

（一）新能源汽车市场概述

2023年，美国新能源汽车（纯电+插混，不含HEV）销量为141.5万辆，同比增长51%，渗透率达到9%。目前，阻碍美国电动汽车市场增长的主要问题：一是充电设施不完善，网络建设需要周期；二是美国传统车厂研发周期较长，目前可选的产品有限；三是产业链成本偏高，电动汽车价格居高不下。

从动力类型看，2023年美国纯电动汽车（BEV）销量占其新能源乘用车销量的80.3%，插混占比19.7%。从品牌看，特斯拉市场份额遥遥领先。Model Y 以39.4万辆的销量排名第一，Model 3销量为22万辆、排名第二，排名第三的雪佛兰Bolt EV销量仅为6.2万辆，差距明显。排名第4~10位的品牌分别是福特电马、大众ID.4、现代Ioniq 5、Rivian R1S、福特F-150、Model X和宝马i4。从车型结构看，SUV的新能源车型渗透率最高，达到16.3%；其次是轿车，新能源车型渗透率为14.11%；皮卡市场目前的新能源车型渗透率较低，为0.79%。

展望未来，随着基础设施的不断完善、产品线的丰富以及政策支持的持续加强，美国新能源汽车市场有望实现持续增长，特别是在皮卡电动化领域，将为整个行业带来新的发展机遇。但是，未来特朗普政府必定会加大对于传统能源的支持力度，这将给美国汽车电动化转型带来很大的不确定性。

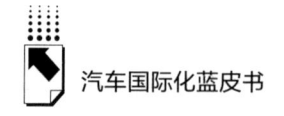

（二）充电基础设施发展情况

1. 市场发展现状

据美国能源部替代燃料数据中心统计，截至2023年底，全美拥有约6.1万个公共充电站，以及16.5万个公共充电桩（见图3）。其中，慢充桩占比76%。从增长速度来看，2023年L2级公共充电桩增长率为11.4%，DC快充桩增长率为39%，公共充电桩总量增长14.6%，低于电动汽车57%的市场增长率，充电设施短缺问题未得到缓解。

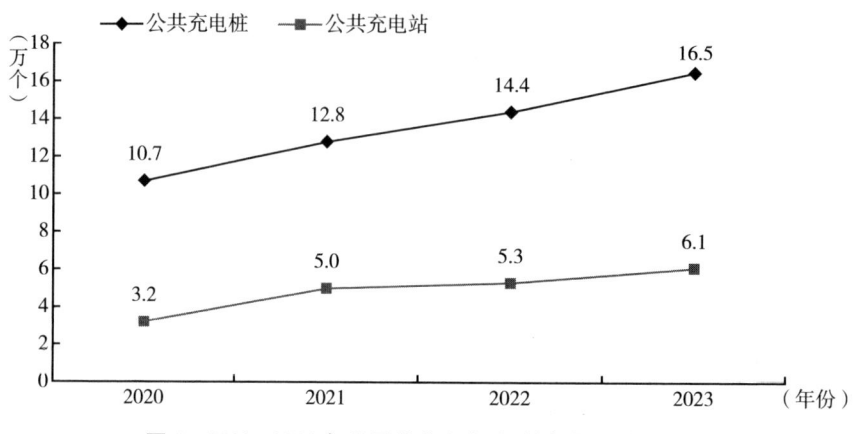

图3 2020~2023年美国公共充电站/桩数量及增长趋势

从市场层面来看，在交流慢充AC中，L2类型（充电功率范围为3.9~19.2kW）占比达到75%，美国充电桩龙头企业ChargePoint的市占率超过50%。同时，直流快充DC（充电功率范围为24~350kW）则以特斯拉为首，其超充桩在快充市场占比达到58%。

充电站主要集中在城市地区和主要高速公路走廊上，加州拥有最广泛的充电设施网络，公共充电桩数量超过4万个。并且其正在努力扩大农村和服务不足地区的充电基础设施，以支持更广泛的电动汽车使用。

未来三年，美国充电桩市场空间复合年均增长率有望突破130%，基于美国新能源发展情况与充电桩配套建设进程，对美国充电桩市场进行测算，

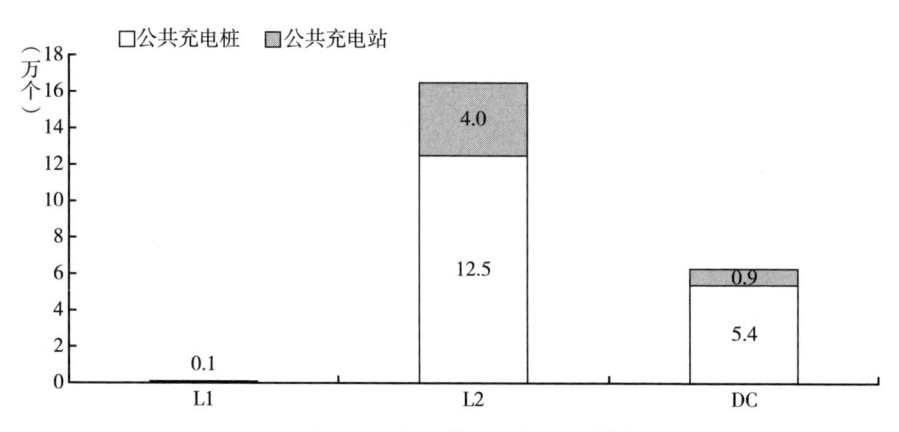

图 4 2023年美国各类公共充电站/桩数量

预计2025年美国充电桩市场规模将达到190.34亿元，2022~2025年复合年均增长率达135.68%。其中，2025年公用直流充电桩市场规模将达155.00亿元，公用交流充电桩市场规模将达7.08亿元，私人充电桩市场规模将达28.27亿元。具体来说，核心假设如下（见表3）。

表3 美国充电桩数量及发展趋势预测

类别	2022年	2023年E	2024年E	2025年E
美国新能源汽车销量(万辆)	98.38	157.41	243.98	365.97
YoY(%)	48.66	60.00	55.00	50.00
美国新能源汽车保有量(万辆)	300.00	427.41	628.65	931.76
YoY(%)	36.36	42.47	47.08	48.22
车桩比	4.70	4.30	3.84	3.43
充电桩保有量(万个)	63.80	99.30	163.57	271.30
YoY(%)	45.00	55.64	64.72	65.86
新增充电桩(万个)	63.80	35.50	64.27	107.73
公共充电桩				
公共充电桩占比(%)	0.20	0.18	0.18	0.20
公共充电桩保有量(万个)	12.80	17.70	29.95	54.45
新增公共充电桩(万个)	1.40	4.90	12.25	24.50
YoY(%)	50.00	250.00	150.00	100.00
新增公共直流充电桩(万个)	0.60	2.15	5.50	11.24

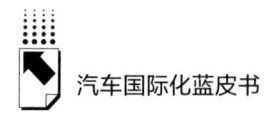

续表

类别	2022年	2023年E	2024年E	2025年E
新增公共交流充电桩(万个)	0.80	2.75	6.76	13.27
直流占比(%)	42.86	43.86	44.86	45.86
交流占比(%)	57.14	56.14	55.14	54.14
直流单价(万元)	13.00	13.26	13.53	13.80
交流单价(万元)	0.55	0.54	0.54	0.53
公共直流桩规模(亿元)	7.80	28.50	74.32	155.00
公共交流桩规模(亿元)	0.44	1.50	3.64	7.08
公共充电桩规模(亿元)	8.24	29.99	77.96	162.07
YoY(%)	—	264.00	159.93	107.89
私人充电桩				
私人充电桩占比(%)	79.94	82.18	81.69	79.93
私人充电桩保有量(万个)	51.00	81.60	133.62	216.85
新增私人充电桩(万个)	18.00	30.60	52.02	83.23
YoY(%)	80.00	70.00	60.00	50.00
私人充电桩单价(万元)	0.35	0.35	0.34	0.34
私人充电桩规模(亿元)	6.30	10.60	17.84	28.27
YoY(%)	—	68.30	68.30	58.40
充电桩规模合计(亿元)	14.54	40.60	95.81	190.34
YoY(%)	—	179.21	136.00	98.67

假设一：新能源汽车销量假设。考虑到美国2050年碳中和目标，以及2023年1~4月新能源汽车销量保持50%以上持续高速增长的势头，在成本下降和美国加强政策支持的趋势下，市场前景乐观，新能源汽车销量将会继续增长21%，预计2023~2025年美国新能源汽车销量增速分别为60.00%、55.00%、50.00%。

假设二：新增充电桩假设。鉴于目前美国车桩比很高，尤其是公共车桩比极高（23∶1），且公共充电桩基数很小。在政策和需求双向驱动下，预期2023~2025年美国新增公共充电桩分别以250.00%、150.00%、100.00%的速度增长，新增私人充电桩增速分别为70.00%、60.00%、50.00%。其中，考虑到高压快充成为发展趋势，新增公共充电桩中直流占比将会不断提升，假设 2023~2025 年占比每年提升 1 个百分点。

假设三：充电桩价格假设。对于公共交流充电桩和私人充电桩，考虑到规模效应的凸显以及技术改进对降本的影响，假设 2023~2025 年美国公共交流充电桩和私人充电桩的价格均逐渐降低 1%。对于公共直流充电桩，美国公共直流充电桩价格远高于国内，且考虑到高压快充成为发展趋势，预期 2023~2025 年美国公共直流充电桩的均价将以 2%的速度增长。

2. 技术进展

美国充电设施正向着大功率直流快充演变，且充电利用率（东、西部可达 25%以上，中部略低）高于 L2 级充电桩（14.5%）。随着新能源汽车市场的持续扩大和消费者对充电便利性的需求增加，数字化、智能化及多元互补的充电模式将得到进一步推广。

（1）快速充电技术

Tesla、EVgo 和 Electrify America 已经部署大量直流快速充电站（DC Fast Chargers）。其中，Tesla 超级充电站（Supercharger V3）可在 15 分钟内为车辆充电约 200 英里，大大缩减了充电时间，提高了电动汽车的实用性。

（2）无线充电技术

WiTricity 和高通（Qualcomm）等正在开发和测试高效的无线充电系统。这些系统利用电磁感应技术，使电动汽车可以在停车时自动充电，无须插拔充电线，大大提升了用户体验，该技术在美国仍处于早期开发阶段。

（3）智能充电系统

ChargePoint 和 Greenlots 等提供的智能充电解决方案，可以帮助充电站运营商更好地管理电力需求，平衡电网负荷，并为用户提供便捷的预约和支付功能。

（4）车联网（Vehicle-to-Grid）技术

该项技术允许电动汽车在充电时不仅可以从电网获取电力，还可以将电力返还给电网，帮助平衡电网负荷。Nuvve 公司在加利福尼亚州开展了多个 V2G 试点项目，展示了电动汽车作为分布式能源资源的可能性。

四 亚洲充电基础设施发展情况

（一）新能源汽车市场概述

1. 中国

根据中国汽车工业协会（CAMA）统计，2024年在政策和市场的双重作用下，中国新能源汽车产销保持快速增长，分别为1288.8万辆和1286.6万辆，同比分别增长34.4%和35.5%，市场占有率达到40.9%，高于上年同期9.3个百分点。这一方面来自国内市场的旺盛需求，另一方面也得益于出口的大幅增长。其中，国内销量为1158.2万辆，同比增长35.5%；出口128.4万辆，同比增长6.7%，新能源汽车成为出口市场的重要增长点。

2. 韩国

根据韩国汽车移动产业协会（KAMA）和国土交通部发布的统计数据，2023年韩国新能源汽车销量为55.81万辆，同比增长24.3%。其中，电动汽车（EV）销量为16.25万辆，受到续航里程有限、充电设施不足、价格偏高等因素影响，同比减少约2000辆；氢燃料电池汽车（FCV）销量为4707辆，全部为本土品牌。

3. 日本

2023年，日本新能源汽车（仅乘用车，不含货车、巴士等商用车）销量为8.85万辆，同比增长超过50%，市场份额仅为2.22%。主要品牌和车型：日产Sakura销量3.71万辆、市场占有率42%，日产Leaf销量1万辆、市场占有率11%；进口电动汽车2.29万辆、同比增长60%，其中特斯拉5506辆、比亚迪1441辆。数据显示，日本新能源汽车的销量基数较低，但增长趋势明显。

4. 印度

2023年，印度电动汽车销量达到8.19万辆，同比增长约114%。塔塔汽车在印度电动汽车市场份额超过60%，比亚迪的增长率超过1500%。预计，2024年印度电动乘用车渗透率可达4%，2030年将占市场的近1/3。

5. 东盟

2020~2023年，东盟新能源汽车销量从0.9万辆增长至15.5万辆，年均增长率达到169%，主要市场为泰国、马来西亚和印度尼西亚。东盟各国政府出台了一系列政策支持新能源汽车的发展，例如泰国的"3030政策"、马来西亚的电动汽车税收优惠、印度尼西亚的"碳达峰"和"零排放"目标等。东盟地区人口超过6.5亿，经济稳定增长，消费者对新能源汽车的接受度逐渐提高，市场潜力巨大。

（二）充电基础设施发展情况

1. 市场发展现状

（1）日本

日本消费者更青睐混合动力汽车，市场占比超过24%，而插电式混合动力汽车与纯电动汽车市占率仅分别为1%和2%，因此其补能基础设施也不完善，电动汽车充电不方便。

据EVGO统计，截至2023年底，日本共有3.3万个充电站，其中常规充电站2.3万个、快速充电站0.96万个；日产汽车报告显示，截至2024年3月，电动汽车快速充电桩数量为1.01万个，普通充电桩（慢充）为3.02万个，总计超过4万个充电桩。

日本改造旧建筑、在公寓综合体中安装充电桩需要得到居民的同意才行，这也导致充电基础设施不足。不过，新开发的房产项目正在积极增加充电基础设施，以吸引潜在的电动汽车车主。

（2）韩国

根据韩国国土交通部、环境部数据，韩国已注册的电动汽车充电桩已经超过24万个，快充桩约占10.6%，考虑到未注册的部分，实际充电桩数量会更多。

从趋势看，充电桩近两年增长明显。2015年全国仅有330个充电桩，

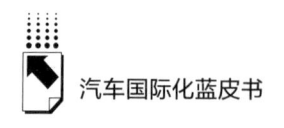

2021年约10万个,目前已安装注册的充电桩约为24.1万个。从分布看,充电桩分布以环绕首尔的京畿道最多,有6.09万个,占比超过1/4;首尔有4.26万个,港口城市釜山有1.34万个。从车桩比看,首尔和京畿道平均每一辆电动汽车有0.66个和0.67个充电桩,世宗市则有0.85个,占比最高。

(3) 印度

截至2023年,印度已建成1万多个公共充电站,主要集中在大城市和高速公路沿线。未来几年内将提升至5万个,以满足快速增长的电动汽车需求。

充电设施主要参与者包括政府、能源公司、汽车制造商和新兴技术企业。政府通过公共采购和PPP模式推动充电站建设,能源公司提供充电服务,汽车制造商则通过与技术公司合作开发智能充电解决方案。

(4) 泰国

泰国地处东南亚中心,与多个国家签订了自贸协定,出口汽车到东盟国家享受零关税,这使得泰国成为新能源汽车出口基地,市场规模和潜力巨大。

与之匹配的是,充电桩市场快速发展。截至2022年底,全国共有1239个电动汽车充电站、3739个充电桩,其中慢充桩占比65%、快充桩占比35%。与中国3∶1的车桩比相比,泰国20∶1的车桩比明显太低;另外,泰国充电桩分布不均,主要集中在曼谷及中部经济较发达地区,外府地区的充电桩十分紧缺。因此,充电桩市场仍有巨大的增长空间。预计到2030年,泰国将建设约1.3万个充电桩,包括8227个城市充电桩和5024个公路沿线充电桩。

2. 技术进展

(1) 日本

CHAdeMO是一种直流快充接口标准,由日本电动汽车研究所和三菱电机共同制定,主要规定直流充电桩和电动汽车之间的充电接口。该标准的特点是支持高充电功率,具有良好的兼容性,使用9针插头,适用于直流快充场景。此外，日本在充电技术和安全管理方面拥有核心技术，尤其是高速充电技术方面。日本电动汽车快速充电器协会与中国电力企业联合会于2018年签署协议文件，旨在普及CHAdeMO标准并寻求推进输出功率500kW以上的快速充电器实用化，这一合作有望使中日联合的充电器标准成为世界标准，拥有超过90%的市场占有率。

（2）韩国

韩国浦项科技大学透露，它们克服硅电极的缺陷，研发出一种新型电池"聚合材料"，使电池达到4000公里续航，比宁德时代的"神行超充"电池高出10倍。不少业内人士认为，目前硅电极寿命短暂，容易出现安全问题且很难克服，以韩国目前的科技和产业底蕴，就算真的制造出来，也很难在汽车上实现商业化应用。

（3）泰国

越来越多的快速充电桩在泰国投入使用，充电时间不断缩短，另外，许多充电桩配备智能管理系统，用户可以通过移动应用程序进行预订、支付和实时监控充电状态。这些系统利用物联网（IoT）和大数据，提升了充电桩的使用效率和用户体验。

五 大洋洲充电基础设施发展情况

2023年，新西兰新能源汽车销量突破3万辆，全国约有349座公共充电设施，总规模依然较小。因此，重点对澳大利亚新能源汽车及充电基础设施进行分析。

（一）新能源汽车市场概述

2023年，澳大利亚共销售新能源汽车98436辆，继续保持高速增长。其中，首都领地（ACT）电动汽车市场占比达到21.9%，遥遥领先于其他州和地区。第2~6名分别是新南威尔士州（9.0%）、昆士兰州（8.3%）、维多利亚州（8.0%）、塔斯马尼亚州和西澳大利亚州（均为7.8%）。在持续的政策支持下,澳大利亚电动汽车委员会(EVC)有信心预测未来几年的市场能够继续以每年30%~50%的速度增长。

目前,澳大利亚电动汽车保有量超过18万辆,约占轻型汽车总数的1%,其中纯电动汽车占比超过80%。EVC倡导,到2030年实现约250万辆电动汽车保有量(相当于所有销售新车的50%~60%是电动汽车),该目标是2050年实现100%零排放车队的关键里程碑。

(二)充电基础设施发展情况

2023年,澳大利亚电动汽车销售规模增加一倍以上,公共直流充电桩数量也几乎翻了一番,从2022年底的464个增加到2023年底的812个(见表4)。新投入使用的348个直流充电桩中,有130个超快充可支持100kW或以上的车辆充电。

表4 澳大利亚各地区公共充电站类型及数量

单位:个

各州	快充	慢充	总计
ACT	8	4	12
NSW	164	65	229
NT	6	0	6
QLD	125	26	151
SA	42	43	85
TAS	38	5	43
VIC	160	47	207
WA	40	39	79
总计	583	229	812

目前,澳大利亚各州或地区的许多充电地点都有多个充电槽或充电桩,允许多辆电动汽车同时充电,增加的网络容量远远超出地点的数量。澳大利亚将继续推出大功率公共充电计划,在未来几年内部署更多点位填补空白。

六 充电设施企业出海建议

目前,海外充电设施的需求处在持续上升阶段,欧美、东南亚都是比较理想的出海目的地,但也面临产品适配度、贸易措施限制、产品认证等挑战。国内充电桩出海的模式主要分为两种:一是以配件、关键器件(如充电桩模块)出海;二是以整机(代工或以自有品牌)拓展市场。无论何种模式,出海是大势所趋,也是未来做大做强的必然途径。关于充电设施企业出海,建议如下。

1. 对海外市场开展充分调研

企业出海前,有必要对不同目标市场的经济水平(人均收入、消费能力等)、政策法规(贸易法案、认证标准、补贴政策等)、竞争环境、市场需求等开展详细的市场调研,进而确定目标市场和客户群体,并结合自己的产品特点和企业情况制定出海策略,不能盲目出海、跟风出海。

2. 明确出海策略及方案

企业要综合考虑自身资源、竞争能力和战略目标,因地制宜地制定出海策略,同时建议与整车企业(OEM)抱团出海。为了确保市场进入策略的顺利实施,还要明确产品定位、定价策略、销售渠道、市场推广策略等,并制定详细的实施计划和时间表。具体实施过程中,企业还要密切关注市场动态和竞争状况,及时调整策略以适应市场变化。

3. 重视标准法规解读

在产品定义初期,企业就该做好各个市场的不同标准法规解读,避免在进入市场后才发现产品不能很好地满足市场及客户需求,从而造成负面影响、降低产品利润和品牌价值。另外,产品出海前要完成不同市场要求的认证项目,比如欧洲CE认证、英国UKCA认证、德国TUV认证、美国FCC/UL认证等,这些认证短则需要1~2个月,长则需要10~12个月。

4. 准确把握项目节奏

大部分海外客户的工作节奏和项目进度跟国内不同,如果不能精准掌握

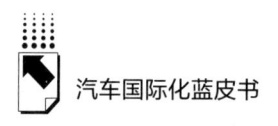

客户的项目进度及节奏，很容易在关键节点错失良机，丢掉未来合作机会。企业要根据自己的战略目标来安排项目推进速度，也要结合当地实际情况灵活调整具体工作任务。

5. 重视当地电能质量

大规模充电设施建设和运行需要稳定的电力供应，而受历史发展、投资和现代化程度等因素的影响，各国电力供应、电网年龄及设计寿命等有很大差别。目前，美国70%以上的电网使用年限超过25年，欧洲40%以上的电网超过40年，设备老化、新能源并网延期成为阻碍欧美能源转型的主要问题之一；东南亚地区电力供应水平各异、部分国家电力缺口较大，也对充电设施建设运营提出了巨大挑战。这些问题应引起充电桩出海企业的高度重视。

标准研究篇

B.23 俄罗斯汽车标准法规研究

翟慧容　吕佳颖　李倩　张昊　朱毅*

摘　要： 本报告描述了俄罗斯汽车标准法规体系的构成，分析了汽车产品准入法规的基本依据（TR CU 018/2011）、主要内容（包括主被动安全、一般安全、能耗及排放、新能源、智能网联等）及发展趋势。同时，也描述了非准入法规/标准的主要内容（包括无线通信、禁限用物质、RUNCAP、ARCAP、道路交通法等），有关要求可能会因科技进步和国情变化而进行法规升级或项目新增。汽车制造商要实时关注并及时获取相应动态，产品只有同时满足强制准入和非准入标准法规项目要求，才能较大限度规避上市销售和后市场诉讼等可能面临的风险。

关键词： TR CU 018/2011　准入管理　FAC认证　道路交通法

---

* 翟慧容，高级经济师，北京汽车研究总院有限公司；吕佳颖，高级工程师，北京汽车研究总院有限公司；李倩，高级工程师，长城汽车股份有限公司；张昊，高级工程师，中国汽车技术研究中心有限公司；朱毅，高级工程师，中国汽车技术研究中心有限公司。

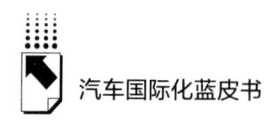

俄罗斯汽车技术法规标准体系包括《俄罗斯机动车及挂车认证体系工作的管理规定》、关税同盟技术法规《轮式车辆安全技术法规》以及汽车召回法案（第184号）等。

一 汽车产品准入技术法规及发展趋势

（一）概述

2010年1月1日，俄罗斯、白俄罗斯和哈萨克斯坦三国启动关税同盟（Customs Union，CU），对外实行统一进口关税。2010年11月18日，白俄罗斯、哈萨克斯坦和俄罗斯（关税同盟成员国）共同签署《白俄罗斯共和国、哈萨克斯坦共和国和俄罗斯联邦关于技术法规的共同原则和规则的协议》，依据协议第13条规定，2011年12月9日，关税同盟成员国批准了关于采用《轮式车辆安全技术法规》（TR CU 018/2011）的第877号决定，TR CU 018/2011于2015年1月1日生效，在关税同盟成员国内统一实施。

俄罗斯现行的汽车产品（M、N和O类车辆）准入技术法规依据TR CU 018/2011相关规定执行，旨在保护生命与健康、财产与环境安全，确保其安全达到社会可理解的水平，并为关税同盟成员国履行其因参与轮式车辆安全领域的国际协定而产生的义务提供基础。根据TR CU 018/2011规定，在一个关税同盟成员国执行的产品符合性评估结果签发文件在所有关税同盟成员国有效。

TR CU 018/2011的要求已与联合国UN R法规（《1958年协定书》）、GTR全球技术法规（《1998年协定书》）以及轮式车辆定期技术检查统一条件和互认规定进行协调。满足UN R法规、GTR法规和直接通过满足TR CU 018/2011的规定（含GSOT/GOST R标准），可视为满足安全要求。在有创新技术的情况下，车辆安全要求由执行评估的关税同盟成员国授权监管机构确定。在此类要求被纳入TR CU 018/2011之前，关税同盟成员国在其领土内有权不接受其他关税同盟成员国基于确认符合此类要求的车辆的型式批准。

依据通用的技术法规分类方法,俄罗斯汽车产品准入技术法规分为主动安全、被动安全、一般安全、能耗和环保等方面,随着新技术的不断发展,特别是新能源和智能网联等领域的技术发展,可以预见,相关技术法规会不断升级并逐步纳入 TR CU 018/2011,按照俄罗斯汽车产品准入技术法规强制实施。

(二)主被动安全

主动安全技术法规主要包括:制动,音响警报装置、音响信号及车辆声音报警,照明及光信号装置,回复反射装置及标识,车轮和轮胎,控制器、信号装置和指示器,驾驶员前方视野、间接视野装置、盲点监测、后方可见度监测装置、起步离开信息系统(MOIS)、限速装置(SLD)、转向装置,车道偏离报警系统(LDWS)、自动车道保持系统(ALKS)、先进紧急制动系统(AEBS)、制动辅助系统及电子稳定控制系统等,网络安全及网络安全管理体系、软件升级及软件升级管理体系等。

被动安全技术法规主要包括:正碰、侧碰、后碰,前后方保护装置、前后下防护保护装置、侧防护装置,外部突出物、内饰件、座椅强度、约束系统,转向保护,门锁及车门保持件,商用车驾驶室强度,火险预防,移动行李乘员保护,行人保护等。

(三)一般安全

一般安全技术法规主要包括:LPG、CNG 及电动车安全,耦合装置,车辆报警及防盗系统,电磁兼容,暖风系统,安全玻璃,车速表,重量及轴荷分配,挡泥板等。

(四)能耗与排放

能耗与排放技术法规主要包括:机动车污染物排放,燃料消耗量、净功率测定,机动车和轮胎噪声、内部噪声,机动车循环利用等。

（五）新能源

目前，已强制实施的新能源相关的汽车产品准入技术法规为 UN R100.01 电动车安全法规。作为《1958 年协定书》缔约方，俄罗斯已分别于 2015 年 6 月 15 日、2016 年 10 月 5 日和 2021 年 1 月 22 日采用 UN R134"氢燃料电池车辆"、UN R138"安静道路车辆提示音"和 UN R153"后碰燃料系统完整性和电动动力系统安全"等法规，这三项联合国法规虽暂未列入 TR CU 018/2011 强制实施，但根据《1958 年协定书》互认原则，俄罗斯认可其他缔约方依据 UN R134、UN R138 和 UN R153 法规的型式批准。预计未来可能被关税同盟批准纳入 TR CU 018/2011 强制实施。

（六）智能网联

根据 TR CU 018/2011 的规定，俄罗斯汽车产品准入暂未强制实施智能网联相关技术法规，但作为《1958 年协定书》缔约方，俄罗斯已先后采用 UN R130"车道偏离报警系统（LDWS）"、UN R131/UN ECE R152"先进紧急制动系统（AEBS）"、UN R144"事故紧急呼叫系统"、UN R155"网络安全及网络安全管理体系"、UN R156"软件升级及软件升级管理体系"、UN R157"自动车道保持系统"、UN R158"倒车监测"、UN R165"倒车报警"、UN R166"前侧方近处弱势道路使用者探测"等法规。这些联合国法规虽暂未列入 TR CU 018/2011 强制实施，但根据《1958 年协定书》互认原则，俄罗斯认可其他缔约方依据上述法规的型式批准。预计未来可能被关税同盟批准纳入 TR CU 018/2011 强制实施。需要注意的是，TR CU 018/2011 中除了规定整车及管控零部件直接采用 UN R/UN GTR 法规之外，对车辆内部噪声、驾驶舱内空气中有害物质含量、转向稳定性、通风/采暖/空调系统、除霜除雾系统、雨刮雨刷系统等有关整车项目均有特殊规定。此外，对制动器及管路、高压油泵、油滤器、空滤器、起动电池、线束、高压点火线、报警指示器及传感器、卫星定位系统、紧急呼叫系统/装置等数十种关键零部件及系统也做出具体的特殊要求,需要在整车及零部件开发时提前考虑相关合规性。

二 汽车产品非准入技术法规及发展趋势

(一)概述

车辆在俄罗斯市场正常销售和使用,除必须满足强制准入法规项目外,还要符合当地的非准入类特殊市场要求。

近年来,对于电动车辆和智能驾驶系统,俄罗斯也持续发布一系列标准法规,目前尚未强制实施,暂时可归入推荐性质,车企可参考执行。

(二)无线通信

1. FAC 认证

俄罗斯联邦通信局(Federal Agency of Communications,FAC),FAC 认证确保安装或者连接到公共电信网络的产品符合相关俄罗斯法规要求,其认证范围包括连入公共网络的无线电通信设备、电信设备和接入互联网的设备,旨在确保俄罗斯电信网中的设备能够互相兼容。

FAC 认证的法律依据是 N 126-Ф3 及其修订的《联邦通信法》。根据《联邦通信法》第 41 条,俄罗斯联邦政府决定批准须经强制认证的通信设备清单(N 532)。

2. 短程设备无线电频段

短程设备是一种设计用于短程传输和(或)接收无线电波的技术设备。这些设备的使用前提是不会干扰其他无线电电子设备,并且不需要防止其他无线电电子设备的干扰。俄罗斯联邦无线电服务频段分配表给出了短程设备可以使用的无线电频段。但是,目前分配给短程设备的总射频频谱中只有一小部分被授权供这些设备使用。

(三)禁限用物质

俄罗斯市场当前已实施的禁限用物质法规相对来说比较简单,主要涉及

电子电气禁用物质、化学品安全技术和包装方面，要求都较为笼统。借鉴欧盟的汽车报废回收法规目前仍未正式发布。

（四）NCAP

俄罗斯市场目前存在三种形式的汽车市场测评项目：RUNCAP、ARCAP和汽车保险碰撞。其中，汽车保险碰撞由俄罗斯汽车媒体主办，正面40%重叠，测试车辆以15km/h低速撞击坚硬壁障，碰撞后拆解检查车辆部件损坏情况，测算修复成本。

1. 俄罗斯新车评价程序（RUNCAP）

（1）背景和路线图

目前，俄罗斯的官方汽车安全评价仅限于型式认证时的UN R94正面碰撞、UN R95侧面碰撞，且多数情况下是以提交证书文件的方式进行。除俄本土制造商外，外资品牌很少在俄开展认证碰撞试验。在俄罗斯特殊的地理气候使用环境下，汽车安全性能究竟如何缺少综合性的安全评价体系。

在此背景下，2018年俄罗斯联邦技术法规与计量署发起新车评价程序。在RUNCAP开发过程中，同步开展俄罗斯交通事故数据调研。特殊国情下的一些交通事故因素，如阴雨/冰雪/干燥条件下的事故比例、不同光照条件下的事故比例、不同车速条件下的事故比例等均予以考虑。2019年4月，俄罗斯汽车工程师协会第106届国际科学技术大会上正式发布RUNCAP路线图。

（2）评价内容

RUNCAP的主要评价内容有：成人乘员保护、儿童保护、驾驶辅助系统评价。目前，已发布4个文件：正碰测试规程、成人乘员保护、偏置正碰时的车辆安全测试方法和自动紧急制动系统（AEBS）效率测试方法。

当前，仅30%正面碰撞既有测试方法又有评分标准，具体内容如下：试验车辆与移动可变性壁障台车（1400kg）以60km/h进行正面对碰，驾驶员+副驾驶为Hybrid Ⅲ男性假人，假人伤害值如表1所示。

表1 假人伤害值

部位		指标	高性能限值	低性能限值	得分	总分
前排假人	头	HIC$_{36}$	650	1000(极限值)		
		a$_{3ms}$	72g	80g(极限值)		
	颈	剪切力 Fx	1.9kN@0ms, 1.2kN@25~35ms, 1.1kN@45ms	3.1kN@0ms, 1.5kN@25~35ms (极限值)	0~4分	
		张力 Fz	2.7kN@0ms, 2.3kN@35ms, 1.0kN@45ms	3.3kN@0ms, 2.9kN@35ms (极限值)		
		伸张弯矩 My	42N·m	57N·m(极限值)		
	胸	压缩变形量	22mm	50mm(极限值)	0~4分	
		黏性指数 VC	0.5m/s	1.0m/s(极限值)		
	大腿膝部	大腿压缩力	3.8kN	9.07kN	0~4分	
		膝盖滑动位移	6mm	15mm		
	小腿	胫骨指数 TI	0.4	1.3	0~4分	
		小腿压缩力	2kN	8kN		
	脚/脚踝	踏板向后位移	100mm	200mm		
修正项	头	安全气囊不稳定接触(-1分):例如,如果头部在前向移动中,重心快速移出了安全气囊的外侧边缘,那么头部接触被认为是不稳定的(驾驶员+副驾驶)				16分
		危险的安全气囊展开(-1分):例如,安全气囊在头部区域产生拍打声并垂直地或水平地划过乘客的脸部,则被认为是危险的(驾驶员+副驾驶)				
		错误的安全气囊展开(-1分):没有按照设计方式展开的任何安全气囊(驾驶员+副驾驶)				
		转向柱的位移量(-1分):上移72~88mm;后移90~110mm(驾驶员)				
		若车内无正面安全气囊,则得-2分;若车内无侧面气帘,则得-1分(驾驶员+副驾驶)				
	胸	A柱位移(-2分):向后位移100~200mm(驾驶员)				
		乘客舱的结构完整性(-1分):门插销或门铰链出现故障,门不能被门框完全地保持住;门弯曲或其他故障导致前/后抗压强度的损失;A柱接头处仪表板横梁分离或接近分离;门上孔隙强度的严重损失(驾驶员)				
		方向盘载荷(-1分):胸部有来自方向盘的明显直接荷载(驾驶员)				
	膝盖股骨	可变接触(-1分):超出每个膝盖需考虑的区域之外,股骨荷载>3.8kN或者膝盖滑块位移>6mm(驾驶员+副驾驶)				
		集中荷载(-1分):将力量集中到膝盖的一部分(驾驶员+副驾驶)				
	小腿	踏板的向上位移(-1分):72~88mm(驾驶员)				

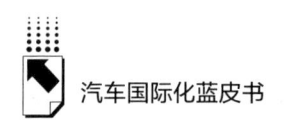

续表

部位		指标	高性能限值	低性能限值	得分	总分
修正项	脚/脚踝	搁脚处的断裂(-1分):现场焊接的分离造成的断裂(驾驶员)				16分
		踏板阻塞(-1分):向后位移50~175mm(驾驶员)				
	车门	碰撞过程中车门打开(-1分)				
评分原则		前排假人评分标准以驾驶员侧假人的伤害指数为基础,只有当乘员假人相应部位的得分低于驾驶员侧假人相应部位的得分时,才采用乘员侧相应部位得分来代替。高低性能限值采用线性插值进行计算。若相应部位伤害指标超出极限值,则该假人所有部位得分均为0				

（3）与型式认证的关系

现行整车型式认证强制配备/满足的,如 TPMS、行人保护、ERA-GLONASS 紧急呼叫系统等不纳入 RUNCAP 评价范畴。欧亚经济联盟型式认证框架法规 TP TC 018/2011 轮式车辆安全（修订案3）已于2020年发布,引入 UN R130 车道偏离警告系统（LDWS）、UN R135 侧面柱碰（PSI）、UN R137 乘用车正碰约束系统等要求,RUNCAP 不会重复评价。

（4）费用问题

RUNCAP 筹备委员会鼓励汽车制造商自愿自费开展评价,并提议如制造商在开展型式认证前通过 RUNCAP 评价并取得良好结果,在型式认证时或将豁免某些项目或给予其他便利。另外,还可能向汽车保险公司募集赞助。

2. 俄罗斯汽车观察碰撞测试（ARCAP）

ARCAP 是由俄罗斯权威汽车杂志《汽车观察》组织的碰撞试验,1996年开始第一次碰撞测试,是俄罗斯首个车辆被动安全独立评级。由《汽车观察》自费进行,一般在零售网络中匿名购买,在俄罗斯 AvtoVAZ、Dmitrovskiy avtopoligon 的冲击测试认证实验室进行,TÜV SÜD 在捷克共和国实验室进行。

2001年以来,ARCAP 一直根据 Euro NCAP 正碰测试方法进行测试,不进行侧面碰撞测试。由于只进行正面碰撞测试,ARCAP 评级中的汽车最多可以获得 16 分和四颗星。

（1）危险指示

ARCAP 为了帮助车主评估此类车辆的危险性，在 ARCAP 评级中包含额外的危险指标：汽车、驾驶员和乘客符号。如果碰撞测试后方向盘的位移超过 150mm 或车门位移超过 250mm，会划掉汽车的轮廓。在碰撞测试中，如果对相应假人的头部、颈部或胸部施加高负荷，驾驶员或乘客的轮廓将被划掉。

（2）防护等级

为了便于对评级的感知，所有汽车都按照防护等级进行分组，得分并不总是主要标准，还要考虑乘员的伤害风险，在汽车照片前以不同颜色体现，由高到低颜色分别为绿色、黄色、橙色、棕色和红色。

（3）测试成绩

ARCAP 目前共测试车型 44 款，其中俄罗斯本土以外的品牌包括现代、雷诺、大众、福特、大宇、雪佛兰、菲亚特旗下的车型，还有中国品牌的 5 款车型：BYD F3（2008 年）、吉利 MK（2010 年）、Otaka（2007 年）、奇瑞 QQ（2006 年）和 Amulet（2007 年），都是十多年前的测试。

ARCAP 于 2020 年测试完一款 ВИС-2349 后，至今未发布新的测评成绩。

（五）道路交通法

车辆在俄罗斯联邦道路行驶，还要遵循《俄罗斯道路交通安全法》，该法律规定了俄罗斯联邦境内统一的道路交通规则。

交通规则包含的内容涉及基本交通概念和规则、驾驶员的一般责任、行人的义务、乘客的义务、交通灯和交通员信号、紧急信号和紧急停车标志、车辆启动和行驶、车辆在车行道上的位置、行驶速度、超车和迎面会车、停车和泊车、交叉路口的通行、人行横道和路线车辆停靠点、穿越铁路的通行、高速公路的交通、住宅区的交通、路线车辆的优先权、外部灯光设备和声音信号的使用、机动车辆的牵引、教学性驾驶、人员运输、货物运输，以

及对骑自行车者、轻便摩托车驾驶者和使用个人移动工具者的补充交通要求等。

对于车辆制造商而言，车辆的配置或系统策略在车辆准入时并没有相应明确的强制规定（如 UN 法规规定），但有可能在用户道路驾驶时车辆的配置或系统策略设定违背《俄罗斯道路交通安全法》的规定，进而有可能导致车辆驾驶员面临交通罚款，从而将原因追溯到车企的风险。以灯具相关条款为例，UN R48 等准入法规未做明确规定，而在《俄罗斯道路交通安全法》有如下规定。

该法律第 19 章（外部灯光设备和声音信号的使用）第 5 条：在日间行车的时候，所有移动的车辆（自行车除外）都必须使用近光灯或昼间行车灯。

在俄罗斯当地实际行车执法中，白天行车时，如果没有日间行车灯，且忘记开近光灯，被交警发现，会罚款 500 卢布/次。

虽然客观来看，这是用户的驾驶行为违背道路交通法导致的罚款，但是若用户抱怨或追责是由于制造商昼间行车灯未安装或者灯具开启策略不符合法律规定而罚款，车辆制造商也会受到波及。因此，车辆制造商也要关注道路交通法中相关条款，在车辆研发设计时考虑周全，排除风险项。

B.24
墨西哥汽车标准法规研究

雷 斌[*]

摘 要： 墨西哥汽车标准法规体系以国际标准为基础，涵盖汽车生产、制造和使用等方面。墨西哥对汽车产品准入技术法规要求严格，涉及主被动安全、能耗与排放、新能源等方面。中国车企需满足墨西哥NOM认证要求，确保产品符合相关标准。

关键词： 墨西哥汽车标准 NOM认证 主被动安全 能耗排放 新能源

一 墨西哥汽车标准法规体系概述

墨西哥是《美墨加协定》的三个成员国之一，其规定北美地区所产汽车75%的组成部件产自本地区，才可享受零关税优惠，高于《北美自由贸易协定》中所规定的62.5%。2023年，中国对墨西哥出口汽车41.5万辆，而中国车企在墨西哥销量为13.2万辆，差额为28.3万辆（再次出口至北美其他国家，大约占总出口量的68%）。

《墨西哥联邦计量和标准化法》（LFMN）于1997年5月20日颁布、1997年8月1日生效，是墨西哥标准体系的法律依据，也是关于计量标准化和合格评定制度的综合性法律。《质量基础设施法》于2020年7月1日公布、2020年8月31日生效，并取代《墨西哥联邦计量和标准化法》。

---

[*] 雷斌，高级工程师，襄阳达安汽车检测中心有限公司。

《质量基础设施法》规定：墨西哥官方标准每年编制一次，在每年11月15日之前集成，并在12月15日之前提交国家质量基础设施委员会全体会议审查、分析和批准；一旦获得批准，则在批准后一年的前两个月内在联邦官方公报（DOF）上公布。该法管理墨西哥标准化、认证、合格评定和计量活动，并解决政府和私营部门之间计量活动的协调问题。

墨西哥的技术标准大多以国际标准为基础，与ISO或其他国际标准相符的程度依产业情况而有所差别：在电子产业中与国际标准的相符率达到80%，在污染物排放、原产地确定和旅游服务等领域的相符率只有10%~20%。NOM（墨西哥官方标准）部分或全部与国际标准的相符率约为65%。

二 墨西哥汽车产品准入技术法规及发展趋势

（一）概述

墨西哥针对汽车产品建立了以法规和强制性官方标准为主的汽车技术标准法规体系，涉及汽车生产、制造和使用等，针对新车产品的标准数量虽不多，但有进一步完善的计划。

墨西哥还没有建立起完整的汽车认证制度，只规定进入墨西哥的新车必须满足汽车NOM标准且有NOM标记，没有通过NOM认证的产品不得进入，墨西哥不承认美国和加拿大的安全标志（如CUL、ETL、CSA）。产品测试签证必须由墨西哥标准局（DGN）或其他公认的独立签证机构签发，且必须在产品进口前获得认可。

墨西哥NOM认证是强制性安全标志，表示产品符合相关的NOM标准。这个标志适用于大多数产品，包括电信和信息技术设备、家用电器、灯具等对健康和安全有潜在危害的产品。无论是墨西哥本地制造还是进口产品，都需要符合相关的NOM标准及产品标注规定。

根据有关法律，NOM的持证方必须是墨西哥公司，对产品质量、维护和可靠性负责。测试报告由 SECOFI 认可的实验室签发，并由 SECOFI、ANCE 或 NYCE 审核。

（二）准入管理部门

墨西哥经济部（SE）——总体负责标准的制定和修订工作，通过隶属于墨西哥经济部的墨西哥标准局（DGN）协调不同政府部门和团体组成的专业标准化委员会。

墨西哥通信、交通和基础设施部（SCT）——负责监督交通基础设施，制定汽车道路安全、汽车结构安全和功能安全相关法规，管理机动车的登记和许可。

墨西哥环境和自然资源部（SEMARNAT）——负责与汽车排放和污染物相关的环境法规，制定和执行限制机动车污染物排放法规，监督车辆排放测试计划的实施，促进可持续的交通政策。

联邦环境保护司法办公室（PROFEPA）——负责监督进入墨西哥市场的车辆排放和污染物是否符合要求。

（三）标准制定机构

NOM 标准由墨西哥标准局（DGN）负责制定和执行。汽车相关的墨西哥 NOM 标准的发布机构有：SE（经济部）、SEMARNAT（环境和自然资源部）、SENER（能源部）、SCT（通信、交通和基础设施部）。

NMX 标准是由墨西哥私有标准化机构（ONN）负责制定的非强制标准。NMX 标准的发布机构有：ANCE（电气）、NYCE（电子和电信）、ONNCCE（建设）、NORMEX（食品等）、IMNC（质量体系）等部门。

（四）技术法规趋势

随着汽车工业的发展，墨西哥法规呈现两个发展趋势：一是法规不断健全，要求不断升级；二是除本国 NOM/NMX 标准外，从认可多国法规/标准逐步发展为认可美国 FMVSS 标准或联合国 UN R 法规。如 NOM-194-SCFI-

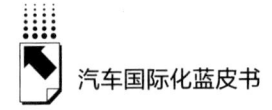

2015中规定：接受墨西哥NOM/NMX标准、联邦法规（CFR）/联邦机动车辆安全标准（FMVSS）、联合国UN R法规、KMVSS韩国机动车安全法规、CONTRAN巴西交通法规、SAE汽车工程师协会标准、SRRV日本道路车辆安全法规认证。NOM-194-SE-2021（撤销并替代原有的NOM-194-SCFI-2015），一是大幅增加项目，包含电动车安全技术要求、燃气车辆安全要求及侧面柱碰等项目；二是删除适用的SAE、SRRV、KMVSS和CONTRAN标准，只接受墨西哥NOM/NMX标准或美国FMVSS标准或联合国UN R法规。

（五）能耗与排放

1. 能耗

轻型车油耗法规（NOM-163-SEMARNAT）的测试方法、计算公式、目标值等直接参考相关标准（测试方法：燃油车FTP75和HFET两个循环；混动车UDDS和HFEDS两个循环；滑行SAE Standard J1263或SAE Standard J2263）。

2024年1月3日，发布对于总重不超过3857kg的新机动车的二氧化碳排放新规NOM-163-SEMARNAT-SCFI-2023，与NOM-163-SEMARNAT-ENER-SCFI-2013相比，主要修订内容如下：①提高对二氧化碳排放水平的要求，包括新的信用额度、补偿机制等；②可以通过新的技术手段产生信用额度，比如进口混合动力、纯电动和燃料电池车辆，信用额度也会得到提升；③新增附录C、E、G关于空调系统和制冷剂效率以及非循环技术，以便为受监管实体提供与相应问题相关信用额度的更大确定性；④新增附录A和B，信用额度转移和补偿机制。

2. 排放

墨西哥汽车排放接受欧标和美标，轻型车认可UN R83.06，重型车排放在2024年5月初切换至欧六b。

环境和自然资源部近期正在对NOM-042-SEMARNAT-2003（轻型车排放）、NOM-076-SEMARNAT-2012（重型车排放）和NOM-167-SEMARNAT-2017进行修订，更偏向美标。为了节省企业的认证成本和时间,推荐排放、油耗都采用美国标准。

排放、油耗认证测试需在当地海拔高度实验室完成,并使用当地油品。噪声测试也需要在当地完成。

(六)新能源

从 2023 年开始,新的轻型车辆和现有轻型车辆,不论是何种形式混合动力车辆,均应采用表 1 中的安全装置要求。

表 1 2023 年以来墨西哥轻型车辆安全装置要求

标准/法规名称	NOM/NMX 标准	FMVSS 标准	UN R 法规(最低版本要求)
电动汽车安全要求	—	305	UN R100-01 或 UN R134-00
燃气车辆安全要求	—	303	UN R67-01 或 UN R110-00

三 墨西哥汽车产品非准入技术法规及发展趋势

(一)概述

墨西哥市场对于部分售后零部件也有专门的法规要求,标准发布的时间从 20 世纪 90 年代到近期不等,从再制造产品到维修配件都囊括其中。现有的售后件适用法规共 14 条,主要分为三大类:①通用要求(标签语言、计量单位、NOM 标志符号等);②特殊零部件产品要求(翻新、再制造、二手产品等);③维修配件要求(轮胎、安全带、制动液等)。

虽然这类法规主要是对零部件供应商的要求,保证在当地市场销售的这些零部件满足法规要求,获得 NOM 认证。但主机厂也不可忽视,尤其是有零配件出口的企业。产品不符合要求可能会导致政府处罚。

售后件法规主要在零部件本体性能、材料和包装及标签信息方面做出相关规定。以 NOM-086-SCFI-2010(2018)轮胎法规为例,标准中除了列明

轮胎本身的规格型号之外，还规定了包装/标签上要有轮胎规格识别代码、制造商名称、注册商标、进口商名称及进口商联邦纳税人登记号、识别代码中的字母"Radial"或其符号"r"、轮胎负荷能力及符合NOM-106-SCFI-2017规定的"NOM"标志（见图1）。此外，还要求轮胎胎侧上有模刻信息内容，且凸起字母和数字大于2.0mm，不应被边缘遮挡。以上所有字体信息要清晰易见。

FIGURE A.1

图1 "NOM"标识示例

（二）无线通信

墨西哥无线电设备认证要求是NOM-208-SCFI-2016，规定了数字调制或跳频扩频在902~928MHz、2400~2483.5MHz和5725~5850MHz频段的所有无线电通信设备、电线和无线接口，采用扩频技术必须符合IFT-008-2015要求，且在用户手册上按标准要求增加相应的描述。不在上述频段范围内的RF设备需由供应商保证当地无线电管理认证要求，对整车厂不做出要求。无线电设备认证是对供应商的要求，目前车辆上常见无线电设备（不限于）如蓝牙/遥控钥匙/TPMS/倒车雷达等，进入墨西哥市场时都需保证相关零部件已拿到证书。

（三）Latin NCAP

墨西哥汽车执行拉丁美洲新车评价程序（Latin NCAP），Latin NCAP使用范围覆盖拉丁美洲和加勒比海区域九个国家。目前使用的协议于2020年首次亮相，它接受新的测试和更严格的规则，以获得最高分。

Latin NCAP 根据成人乘员保护（被动/辅助安全）、儿童乘员保护（被动/辅助安全）、行人和弱势道路使用者保护（行人保护、自动紧急制动）、车型提供的安全辅助系统（安全带提醒、车道保持、盲点检测等）的评估提供安全评级。

现行的 Latin NCAP 碰撞测试项目类型、项目难度（速度及工况复杂性）要低于 C-NCAP 和 E-NCAP，但也有侧面柱碰等难度较高的工况，且后排放置 Q1.5 和 Q3 儿童假人，企业想要获得 5 星也需进行针对性的设计和开发（见表 2）。

表 2 墨西哥整车碰撞试验项目及相关要求

单位：km/h

整车碰撞试验项目	碰撞速度	试验假人
40%偏置正碰	64	HybridⅢ50%男性成年假人、Q1.5 和 Q3 儿童假人
侧面移动变形壁障碰撞	50	ES-2 男性假人、Q1.5 和 Q3 儿童假人
侧面柱撞	29	ES-2 男性假人

Latin NCAP 致力于向 E-NCAP 靠齐且执行严格，所有测试车辆都从市场直接购买并且都是该车型的最低配置，所以测试结果参考意义很大。

由于南美很多消费者对安全气囊等被动安全配置不是特别在意，之前进入南美市场的车辆很多都不带安全气囊，这些车型在 Latin NCAP 中评价最多一星，相信在 Latin NCAP 引导下，车企会重视这些装置，以提高行车中乘员及儿童安全水平。

B.25 中东（GCC区域）汽车标准法规研究

李宇 方晗 窦瑞华*

摘　要： GCC区域汽车标准法规体系完善，汽车产品准入技术法规涵盖主被动安全、一般安全、能耗与排放等方面。GCC成员国对新能源汽车有特殊要求，中国汽车制造商要实时关注并及时获取相应动态，满足有关项目要求，规避上市和后市场诉讼等面临的风险。

关键词： GCC汽车标准　技术法规　市场准入　主被动安全　新能源

一　GCC区域汽车标准法规体系概述

海湾阿拉伯国家合作委员会（GCC）——1981年5月25日在阿联酋阿布扎比成立，成员国包括沙特阿拉伯、科威特、阿拉伯联合酋长国、卡塔尔、阿曼苏丹王国和巴林。2001年12月，批准也门加入并参与部分工作。

GCC针对汽车产品建立了比较完善的、统一的市场准入认证制度。海湾阿拉伯国家合作委员会标准化组织（以下简称"海湾标准化组织"，GSO）是GCC下属机构，负责海湾地区统一的技术法规、海湾标准、产品合格评定规程的制定与实施工作。所有汽车产品必须通过GCC认证，获得GCC一致性证书（或称之为符合性证书），才能进入海湾七国市场且无须再进行单独的认证和批准。

沙特阿拉伯是海湾地区最大的国家，也是最大的汽车消费国，因此海湾

---

* 李宇，工程师，吉利汽车研究院（宁波）有限公司；方晗，高级工程师，吉利汽车研究院（宁波）有限公司；窦瑞华，工程师，吉利汽车研究院（宁波）有限公司。

汽车标准的制定与沙特阿拉伯汽车标准（SSA）有直接关系，它们基本上以沙特阿拉伯标准为基础、首先在沙特阿拉伯国内实施，成熟后再上升为海湾标准。

从法规技术路线来看，GSO标准主要参考了国际通行的汽车技术法规体系，即联合国法规和美国汽车技术法规体系，少部分项目参照国际标准（ISO标准），总体技术要求不高，但它们针对海湾国家特有的气候、地理环境和道路条件，在某些方面制定了一些特殊、苛刻的要求，如在车辆散热器、滤清器、蓄电池等方面要求较严，以保证车辆能够在高温、风沙、路况差、潮湿等恶劣条件下长期稳定运行。

二　GCC区域汽车产品准入技术法规及发展趋势

（一）概述

GSO针对每个车型年发布GSO机动车辆技术法规清单（以下简称MY技术法规清单）。除了引用GSO标准外，还包含各成员国的标准以及特殊要求。

近些年，海湾七国在经济、技术、标准制定、战略规划等方面发展不一致，在排放、油耗及新技术方面逐步出现执行步伐不一致的情况，成员国特殊要求部分逐渐增多，这在MY技术法规清单中有明显体现。比如，沙特阿拉伯标准、计量和质量组织（SASO）、阿联酋工业和先进技术部陆续发布并实施e-Call/DAB+技术标准，对国内汽车企业出口提出了更高要求。应引起关注的是针对电动汽车，目前七个成员国采用不同的技术法规：沙特阿拉伯、阿联酋需要申请本国认证，巴林虽有自身的技术法规但实则委托GSO管理，阿曼、科威特、卡塔尔与也门同样采用GSO标准。

（二）主被动安全

GSO针对制动、轮胎、灯光、碰撞、后视镜、门锁以及阻燃等主被动

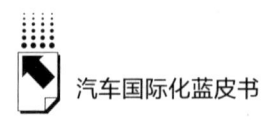

安全制定了一系列标准，从其主要技术要求来看基本上参考了 UN R 法规和 FMVSS 法规，e-Call 方面则基本引用了欧盟法规。

（三）一般安全

一般安全领域，则更多体现该区域特色要求。比如，散热器、蓄电池、AM/FM/T-DAB+等都作为准入要求强制执行。沙特阿拉伯近期也正式引入除霜除雾、雨刮雨刷、ID control 和加速控制系统。

（四）能耗与排放

1. 能耗

沙特阿拉伯是目前唯一实施燃油经济性强制要求的成员国，且实施自己的标准。2016 年 1 月 1 日以来，沙特阿拉伯已发布并实施三个阶段的要求，相关标准信息如表 1 所示。

表 1　沙特阿拉伯燃油经济性标准法规

编号	标准名称	备注
SASO 2864-2022	沙特阿拉伯进口轻型车辆平均燃油经济性（沙特阿拉伯 CAFÉ）法规（2024~2028）	第三阶段（发布）：2024 年 1 月 1 日至 2028 年 12 月 31 日
SASO 2864-2019	沙特阿拉伯进口轻型车辆平均燃油经济性（沙特阿拉伯 CAFÉ）法规（2021~2023）	第二阶段（现行）：2021 年 1 月 1 日至 2023 年 12 月 31 日
SASO 2847:2017+Amd 1:2018	新型轻型车辆的燃油经济性标签要求	经历了自制（彩色/黑白）/电子标签阶段
SASO 2857:2016	车辆轮胎滚动阻力和湿滑抓地力要求	随整车轮胎不做标签要求

海湾其他市场依据 GSO 42-2015 第 38 章仅要求粘贴燃油经济性标贴。

2. 排放

海湾市场对机动车辆排放要求总体不高，基本还处于欧四、欧五阶段。

（五）新能源

对电动汽车的要求主要基于 GSO 和成员国发布的相关技术法规，基本信息如表 2 所示。

表 2　GCC 及各成员国电动汽车技术法规基本信息

法规编号	英文名称	中文名称	其他信息
GSO 2698:2022	Technical Requirements for Electric Vehicles	电动汽车技术法规	目前可用市场为巴林、阿曼和科威特，正在修订
03-04-17-162-AM	Technical Requirements for Electric Vehicles	电动汽车技术法规	沙特阿拉伯电动汽车法规，已实施，第三版于 2025 年 1 月 3 日发布，将于 7 月实施
UAE.S 2698-2024	UAE Regulations on Electric Vehicles	电动汽车技术法规	实施日期为 2025 年 5 月 30 日
BH 1:2021	Electric Vehicles Technical Regulation	电动汽车技术法规	巴林

GSO、阿联酋、巴林、沙特阿拉伯技术法规的相关技术要求主要包括：①对电动车的电击保护、碰撞性能（沙特阿拉伯第三版新引入侧面柱碰及加强版顶压，GSO 2698 修订 TBT 通报稿也参照沙特阿拉伯引入上述要求）、功率、能耗及续航等要求；②制造商应尽义务，包括警示标识、车辆维护及消费者培训、充电设施和备胎等要求；③对工作站、职员培训、事故车辆处理等的相关规定；④沙特阿拉伯在此基础上加入管理机构及其权力、合格评定程序、制造商质量管理体系要求、市场抽查以及不合规的处罚等规定；⑤值得注意的是，产品在满足上述要求的同时还应满足引用的 UN 法规（与电动车相关）、IEC 和 ISO 标准（按认证公司要求提供部分零部件/系统报告）。

除了以上法规之外，海湾市场还有一项较为特殊的法规：GSO 42-2015 机动车辆一般要求。基本信息如下：①GSO 技术委员会于 2015 年 5 月 21 日

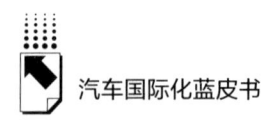

一致通过 GSO 42/2015 机动车辆一般要求最终修订版本，并于 2017 年正式实施；②在 2003 版基础上，增加多项安全配置要求，特别是针对轻型机动车增加 ABS、ESC、SRS、TPMS、BOS 等配置要求；③从 2018 年开始，实施欧四排放要求；④对导航系统、地图数据、语音导航系统、驾驶员显示屏和全车警示类标贴或声明做出至少提供阿语或阿语和英语版本的规定。

三 GCC 区域汽车产品非准入技术法规及发展趋势

（一）概述

GCC 对于市场监管类法规要求不像欧美那么完善。比如，召回、VIN 码上传等在 MY 技术法规清单中有简单规定，结合 Mutabiq 系统执行。

（二）无线通信

GCC 成员国都有各自的无线电管理相关法律法规，涉及的汽车零部件主要包括域控主机/娱乐主机、e-Call BOX 总成、NFC 钥匙控制器、NFC 与无线充集成控制器、NFC 卡片钥匙、蓝牙钥匙控制器、UWB 钥匙控制器和 UWB 实体钥匙。

B.26
欧盟汽车标准法规研究

潘贵凤 张昊 朱毅*

摘 要： 欧盟以《汽车整车型式批准框架性技术法规》（EU）2018/858和《欧盟汽车安全框架性技术法规》（EU）2019/2144为整体框架，配套各个单项零部件和系统技术法规，构成汽车产品市场准入技术法规体系。主要内容包括主被动安全、一般安全、节能环保、新能源、智能网联等，同时非准入法规的主要内容包括无线通信、禁限用物质、E-NCAP等，有关法规要求可能会因科技进步和国情变化进行升级或项目新增。汽车制造商要实时关注并及时获取相应动态，产品只有同时满足强制准入和非准入法规标准项目要求，才能较大限度规避上市销售和后市场诉讼等可能面临的风险。

关键词： 欧盟技术法规体系 型式批准 CE认证 报废和回收 禁限用物质

一 欧盟汽车标准法规体系概述

欧盟是国际上最完善的一体化汽车市场，针对包括传统车辆和新能源车辆在内的汽车产品建立了统一的汽车产品市场准入制度和与之配套的汽车技术法规体系。欧盟汽车标准法规体系贯穿车辆的全生命周期（设计、制造、使用直至报废和回收利用），包括车辆的管理、定期检验、NCAP试验和评价、车辆使用的各种税费、车辆有毒有害物质和禁限用物

---

* 潘贵凤，工程师，奇瑞汽车股份有限公司；张昊，高级工程师，中国汽车技术研究中心有限公司；朱毅，高级工程师，中国汽车技术研究中心有限公司。

质的管控。

欧盟对汽车相关的要求主要体现在三个方面。

产品准入：准入要求包括（EU）2018/858 规定的项目，另外就是通用要求，如 REACH（化学品的注册、评估、授权和限制）法规等是所有行业均需遵守的要求。

市场监管：包括强制设备监管，如强制安装 DAB、雷达频率必须用 79GHz 等；事后管控，如 COP、平均能耗、电池回收等；相关法律，如数据保护法等。

客户导向：一是配置偏好，如拖车装置等；二是等级评价，如 E-NCAP、保险等级等。

二 欧盟汽车产品准入技术法规及发展趋势

（一）概述

欧盟以《汽车整车型式批准框架性技术法规》（EU）2018/858 为龙头，辅以《欧盟汽车安全框架性技术法规》（EU）2019/2144，配套各个单项零部件和系统技术法规，构成完善的汽车产品市场准入技术法规体系。其中，单项零部件和系统技术法规大部分采用联合国汽车技术法规（UN R 法规），仅排放、油耗等少数汽车安全技术法规仍为欧盟自身汽车技术法规。在新能源车辆的发展方面，欧盟同样采取统一的步调和措施，制定和出台鼓励新能源车辆和配套基础设施发展的政策法规。

随着全球汽车产业和技术的迭代发展，欧盟汽车技术法规同样呈现加快技术提升的趋势，尤其在汽车安全、环保和节能领域。在汽车安全领域，欧盟重点针对智能网联汽车不断出台新技术法规，除了在联合国世界车辆法规协调论坛（UN/WP.29）开展相关法规的制定和修订外，欧盟制定和修订了自动驾驶系统（ADS）[（EU）2022/1426]、驾驶员困倦和注意力分散报警系统（DDAW）[（EU）2021/1341]等法规；在环保和节能领域，欧七阶段排放法规［（EU）2024/1257］和新的电池法规［（EU）2023/1542］均已正式发布，新的报废车辆指令（ELV）也在制定过程中。

（二）主被动安全

2009年，欧盟发布一般安全框架法规（EC）661/2009，取消了大量与UN R法规等同的欧盟指令，并规定用UN R法规代替。2019年，发布新版一般安全法规（EU）2019/2144，继续扩大对UN R法规的采用程度（见表1）。

表1 （EU）2019/2144 附录Ⅱ涉及的主被动安全法规

分类	序号	法规编号	法规名称
声音报警装置	1	UN R28	声音报警装置
	2	UN R138	安静道路车辆
驾驶安全	3	UN R13H	制动
	4	UN R139	制动辅助系统
	5	UN R140	电子稳定控制系统
	6	UN R55	机械连接装置
	7	UN R79	转向系统
	8	（EU）2021/535 ANNEX Ⅶ	牵引装置
	9	UN R30	轮胎
	10	UN R54	商用车轮胎
	11	UN R117	轮胎滚噪、湿抓、滚阻
	12	UN R64	备用轮胎
	13	UN R141	胎压监测系统
	14	UN R142	轮胎安装
灯具	15	UN R37	灯丝灯泡
	16	UN R99	气体放电光源
	17	UN R128	LED光源
	18	UN R148	信号灯
	19	UN R149	照明灯
	20	UN R150	回复反射器
	21	UN R48	灯具安装
	22	UN R45	前照灯清洗器

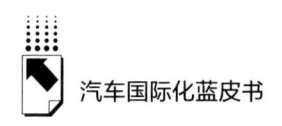

续表

分类	序号	法规编号	法规名称
视野	23	UN R46	后视野
	24	UN R125	前视野
	25	UN R43	玻璃
	26	(EU)2021/535 ANNEX IV	刮水器洗涤器
燃油系统	27	UN R34	火险(液体燃油箱)
	28	UN R67	LPG装置和安装
	29	UN R110	CNG装置和安装
	30	UN R134	氢气系统
	31	(EU)2021/535 ANNEX XIV	氢系统材料兼容性和加料容器
加热、通风	32	UN R122	加热系统
	33	(EU)2021/535 ANNEX VI	除霜除雾
人机界面、操纵、检查设备	34	UN R39	车速表和里程表
	35	UN R121	操纵指示件
	36	UN R89	限速装置
乘员保护	37	UN R12	转向保护
	38	UN R29	驾驶室强度
	39	UN R94	正面碰撞
	40	UN R95	侧面碰撞
	41	UN R135	侧面柱碰
	42	UN R137	全宽碰撞
	43	UN R153	后碰
防盗	44	UN R97	报警系统
	45	UN R116	防盗
	46	UN R161	防盗装置
	47	UN R162	发动机防盗
	48	UN R163	报警系统
车外安全	49	UN R26	外部凸出物
	50	UN R58	后下部防护
	51	UN R61	商用车外部凸出物
	52	UN R127	行人保护
	53	(EU)2021/535 ANNEX V	护轮板
	54	(EU)2021/535 ANNEX VIII	防喷射系统
	55	(EU)2021/535 ANNEX XII	前保护系统

续表

分类	序号	法规编号	法规名称
车内安全	56	UN R11	门锁门铰链
	57	UN R14	安全带固定点
	58	UN R16	安全带约束系统、儿童约束系统和ISOFIX约束系统
	59	UN R17	座椅、固定点及头枕
	60	UN R21	内部凸出物
	61	UN R25	头枕
	62	UN R145	ISOFIX固定系统及上固定点和i-Size位置
	63	(EU) 2021/535 ANNEX X	机动车出入口
	64	(EU) 2021/535 ANNEX XI	倒车动作

（三）一般安全（见表2）

表2 一般安全法规

分类	序号	法规编号	法规名称
质量和尺寸	1	(EU) 2021/535 ANNEX XIII	质量和尺寸
车辆标记	2	(EU) 2021/535 ANNEX II	法定铭牌和VIN
	3	(EU) 2021/535 ANNEX III	牌照板的固定和安装

（四）节能环保（见表3）

表3 节能环保法规

序号	法规编号	法规名称	备注
1	UN R10	电磁兼容	
2	(EC) 715/2007 (EU) 1151/2017	欧五和欧六排放	

续表

序号	法规编号	法规名称	备注
3	(EU)2024/1257	欧七排放	新认证车型 2026 年 11 月 29 日 所有车型 2027 年 11 月 29 日
4	(EU)540/2014	噪声	可由 UN R51 和 UN R138 替代
5	(EU)2021/535 ANNEX IX	换挡指示	
6	(EU)2019/631	平均 CO_2 排放	
7	2005/64/EC	回收利用	
8	2006/40/EC	空调系统	
9	(EU)2024/1252	关键原材料	2028 年 5 月 24 日实施

(五)新能源

欧盟新能源汽车和传统汽车在碰撞、能耗、电磁兼容等方面均共用法规,目前仅有 2 项准入法规专为新能源汽车制定(见表 4)。

表 4 新能源汽车相关法规

序号	法规编号	法规名称	备注
1	UN R100	电动汽车安全	
2	UN R138	安静道路车辆	
3	IEC 62196	电动汽车导电充电的插头、插座、车辆连接件及车辆入口	此项不需出具型式认证证书

(六)智能网联

欧盟智能网联相关的技术法规发布前,一般安全法规(EU)2019/2144 就提前规定了实施时间,相对其他市场,欧盟是最早把智能网联相关法规纳入准入要求的(见表 5)。

表5 目前已实施的智能网联相关法规

序号	法规编号	法规名称	备注
1	UN R152	先进紧急制动系统（AEBS）	
2	UN R155	网络安全及其管理系统	
3	UN R156	软件升级及其管理系统	
4	UN R158	倒车探测	
5	（EU）2015/758	eCall 呼叫系统	最新修订（EU）2024/1180 规定 2026 年起实施 5G
6	（EU）2021/646	紧急车辆保持系统	
7	（EU）2021/1243	酒精互锁装置（ALC）	
8	（EU）2021/1341	驾驶员睡意和注意力警告	
9	（EU）2023/2590	高级驾驶员分心警告	
10	（EU）2021/1958	智能车速（ISA）	
11	（EU）2022/545	事故记录仪（EDR）	
12	UN R157	自动车道保持系统	L3 及以上适用
13	（EU）2022/1426	自动驾驶系统	L4 及以上适用

三 欧盟汽车产品非准入技术法规及发展趋势

（一）概述

除《汽车整车型式批准框架性技术法规》（EU）2018/858 要求的型式认证法规外，欧盟还从不同的监管渠道实施非型式认证，如零部件需要做无线通信认证并取得 CE 证书等。

（二）无线通信

单件出口清关时需要提供 CE 证书，产品上体现 CE 认证标志。无线通信的 CE 认证是 CE 认证的主要部分。

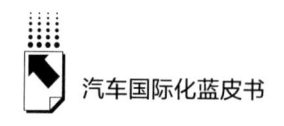

（三）禁限用物质

1. REACH 法规

注册（Registration）。所有化学品制造商和进口商应识别和管理风险物质。企业每年制造或进口的物质达到 1 吨或更多，必须在欧洲化学品管理局（ECHA）进行备案。该类物质适用于独立存在或混合存在两种方式。另外，有些特定物质豁免注册。

评估（Evaluation）。ECHA 既核实注册文件符合法规，也评估试验方案，保证化学品物质的评估不会产生多余的试验。

批准（Authorization）。为保证高风险物质（SVHCs）得到合适控制，并使这些物质逐渐被可替换物质或技术替代，REACH 法规的附件 XIV 中列出需批准的物质清单，并将设定一个日期，该日期后如果没有被批准将禁止使用。

在获得 ECHA 的风险评估委员会（RAC）和经济分析委员会（SEAC）的意见后，由欧盟委员会授予批准。只有得到适当控制或社会经济利益大于对人体健康或环境风险的情况下，风险物质的使用才会被批准。

限制（Restrictions）。欧盟成员国或欧盟委员会可能建议限制对人体健康或环境造成不可接受风险的物质的制造、使用或投放市场。限制物质清单具体可参见 REACH 法规的附件 XVII。

2. 报废车辆指令（ELV）

相对中国的禁用物质，欧盟针对焊料和电容器中含铅不豁免，差异涉及范围如表 6 所示。

表 6　差异涉及范围

电路板及其电气部件用焊料
集成电路或离散半导体中的电容器，其基于电介质陶瓷材料的压电陶瓷
额定电压低于交流电 125V 或直流电 250V 的介电陶瓷材料电容器
平衡超声波声呐系统温差传感器的介电陶瓷材料电容器

（四）E-NCAP

1. 2025年及之前的总体评价指标

2025年及之前的E-NCAP总体分为乘员保护、儿童保护、行人保护和安全辅助四个板块（见表7）。

表7 2025年及之前的总体评价指标

	乘员保护		儿童保护		行人保护		安全辅助	
	MPDB正面碰撞	8	前面动态试验	16	头部碰撞	18	安全带提醒	1
	全宽正面碰撞	8	侧面动态试验	8	腿部碰撞	18	乘员状态	2
	侧面碰撞（MDB）	6	CRS安装	12	AEB行人	9	速度辅助	3
	侧面柱碰（Pole）	6	车辆标识评价	13	AEB自行车	9	C2C前面	3.5
	远端侧面碰撞	4			AEB/LSS摩托车	9	C2C后面	3
	前挥鞭伤	3					C2C横向	3
	后挥鞭伤	1					C2C来车	1
	救援，安全	4					HMI	0.5
							LSS	3
最大分（1）	40		49		63		18	
标准化分（2）	实际分数/（1）		实际分数/（1）		实际分数/（1）		实际分数/（1）	
权重（3）	40%		20%		20%		20%	
权重分数（4）	（2）×（3）		（2）×（3）		（2）×（3）		（2）×（3）	
★★★★★	乘员保护（4）+儿童保护（4）+行人保护（4）+安全辅助（4）≥76%							
★★★★	75%≥乘员保护（4）+儿童保护（4）+行人保护（4）+安全辅助（4）≥66%							
★★★	65%≥乘员保护（4）+儿童保护（4）+行人保护（4）+安全辅助（4）≥56%							
★★	55%≥乘员保护（4）+儿童保护（4）+行人保护（4）+安全辅助（4）≥46%							
★	45%≥乘员保护（4）+儿童保护（4）+行人保护（4）+安全辅助（4）≥36%							

2. 2026~2028年等级计划

2024年12月，欧盟发布2026版E-NCAP评价规程，改版后分为安全驾驶、碰撞避免、碰撞保护、碰撞后安全四个板块（见表8）。与被动安全相关的整车碰撞都纳入碰撞保护板块，这些板块又分为前碰、侧碰、后碰、行人保护。

表8　2026~2028年等级计划

安全驾驶		碰撞避免		碰撞保护		碰撞后安全	
乘员监控	30	前碰	60	正面碰撞	40	救援信息	40
安全带使用	10	汽车&动力两轮车	40	偏置碰	20	救援表	35
乘员分级	10	行人&自行车	20	全宽碰	10	救援指南	5
乘员存在	10			雪测试	10		
驾驶员参与度	30	车辆偏离碰撞	20	侧面碰撞	35	碰撞后干涉	25
驾驶员监测	25	单一车辆	10	壁障	15	先进eCall	20
驾驶控制	5	汽车&动力两轮车	10	柱碰	10	多次碰撞制动	5
				远端	10		
车辆辅助	40	加速预防	20	后碰	5	解救	35
速度辅助	20	汽车&动力两轮车	10	前排座椅	4	能源管理	20
ACC性能	15	行人&自行车	10	后排座椅	1	乘员解决	15
转向辅助	5						
				VRU碰撞	20		
				头碰	10		
				骨盆&腿部碰撞	10		
权重:20%	100	权重:20%	100	权重:50%	100	权重:10%	100

四个板块的平衡阈值如表9所示。

表9　平衡阈值

星级	安全驾驶			碰撞避免		碰撞保护	碰撞后安全
	2026年	2027年	2028年	2026年	2027~2028年	2026~2028年	2026~2028年
5	60	70	80	70	80	80	80
4	50	60	70	60	70	70	70
3	40	50	60	50	60	60	60
2	30	40	50	40	50	50	50
1	20	30	40	30	40	40	40

3. 2029年及以后计划

2030年路线图预测会改变内容，引进更多基于模拟测试和安全系统关联的人体模型（HBM）。

B.27
中国汽车标准"走出去"发展报告

刘佳仪[*]

摘　要： 中国汽车标准国际化取得积极进展，已有38项标准被多国采用或认可。但中国汽车企业参与国际标准制定程度低，缺乏国际化人才。中国需加强国际标准法规协调，推动汽车标准互联互通，提高企业参与度，培养国际化人才。

关键词： 汽车标准国际化　标准采用　国际标准制定　人才培养　企业参与度

一　中国汽车标准"走出去"的现状

根据中国海关总署数据，2023年我国汽车出口522.1万辆，同比增长57.4%，首次成为世界第一汽车出口国。在汽车品牌加速开拓海外市场的关键时期，加快推动汽车标准国际化已经成为我国汽车产业提升技术、融入全球汽车产业发展新格局的迫切需求。《国家标准化发展纲要》指出，要"提升标准化对外开放水平""统筹推进标准化与科技、产业、金融对外交流合作，促进政策、规则、标准联通"，对汽车行业与汽车标准"走出去"提出新的要求。

（一）国外参考或采用中国汽车标准的最新进展

目前，中国汽车标准被越来越多的国家了解、认可或直接采用，已有

---

[*] 刘佳仪，高级工程师，中国汽车技术研究中心有限公司标准院。

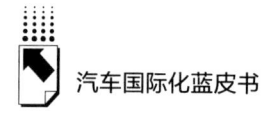

38项中国汽车标准分别被以色列（1项）、智利（24项）、欧盟（1项）、厄瓜多尔（16项）、哥伦比亚（3项）、乌克兰（1项）、尼日利亚（16项）、秘鲁（1项）、俄罗斯（1项）、越南（5项）等国家或区域采用或认可，其中包括GB 18384-2020《电动汽车安全要求》等13项电动汽车专用标准，我国电动汽车标准国外市场影响力逐步显现。

（二）推动中国汽车标准"走出去"的困难与挑战

1. 外部形势

当前，发达国家和地区纷纷调整标准国际化战略，进一步采取"控制"和"争夺"的策略，警惕和防范我国扩大国际标准法规协调的实际影响力。部分国家已经将中国的国际标准化活动视为对其地位和利益的冲击，通过各种方式直接或间接地对国际标准化组织成员国、秘书处施加压力，阻挠中国骨干企业公平参与国际标准化工作，妨碍中国担任国际标准化组织领导职务。中国参与国际汽车标准法规协调力度加大，与传统势力的利益会发生更多冲突，后续推进难度将大幅增加。同时，随着中国汽车企业和标准"走出去"步伐加快，特别是与共建"一带一路"国家加强标准化合作，将与汽车发达国家的市场和利益布局产生一定冲突，进而出现由合作关系向竞争、合作并存甚至竞争为主转变，我国标准国际化工作整体面临严峻的外部形势。

2. 内部挑战

我国汽车产业技术水平在新能源、智能网联等部分领域已具有比较优势，但整体与欧美等发达国家和地区仍存在一定差距。近些年，我国汽车加速"出海"，缺乏对目标国标准法规体系、认证管理体系、市场监管要求等全方位的系统掌握，产品出口过程中存在一定合规风险，利用国际规则资源开展标准国际化工作尚在探索阶段。国内缺乏充足的懂技术、外语好、熟悉国际规则的复合型标准国际化人才支撑相关工作。

二 中国汽车标准"走出去"的路径

(一)全面加强国际标准法规协调,推动中国标准成为国际标准

一是以创新驱动引领标准国际化发展,从全局高度进行工作统筹和顶层规划。通过制定并实施汽车标准国际化战略,积极参与国际组织制度与规划讨论,加强标准同步研究制定和转化分析,统筹国内行业资源与国际合作平台,加快建立国内国际标准协调联动、相互促进的新型工作机制。

二是聚焦重点技术领域,牵头立项标准项目。系统开展新兴领域标准研究,制定国际标准化路线,聚焦智能网联及新能源汽车等方向,深入开展国际标准的适用性分析和关键技术指标比对,开展自主创新技术标准研究,积极开展跨行业资源的互补与调动,形成最大合力,研究提出分阶段、分步骤、行之有效的工作举措,有序推进国际标准化工作。

(二)积极推进汽车标准互联互通,推动其他国家采用中国标准

一是通过系统性开展中国汽车出口目的国标准体系基础研究工作,包括目的国汽车技术法规与标准体系、汽车产品认证准入制度、中外标准法规比对分析等,识别中外汽车标准法规体系差异,同时深入了解目的国汽车产业及标准化建设发展的实际需求,明确中国汽车标准的优势技术领域,为中国汽车标准"走出去"提供技术支撑。

二是深入拓展与东盟、中亚、欧亚、非洲等地区国家在汽车标准化领域的多/双边交流,通过不断建立多形式、多层次的标准国际化合作机制,积极分享我国汽车标准体系建设经验及最新发展趋势,尤其是我国在新能源汽车领域标准化的先发优势,不断提高我国汽车标准的认可度和影响力。

三是结合我国汽车产业国际化发展的切实需求,以出口企业的需求为导向,着重开展与重点出口市场的标准交流合作,为出口企业提供标准相关技

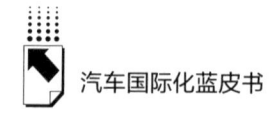

术支撑，积极推动中国汽车标准与汽车产品结合"走出去"，同时扩大中国汽车标准与汽车产品的国际影响力，推动更多的中国标准被相关国家认可采用。

三　企业参与标准"走出去"的现状

（一）汽车企业参与标准"走出去"程度不高

国内汽车市场依然是企业最主要的布局方向，且国内标准数量庞大，远超过国际标准的数量，企业资源分配不均衡造成我国对国际标准化工作的参与度和贡献度较低，对参与国际标准法规与出口目的国标准化工作的重视程度与配套投入不足。与日本、欧盟等汽车行业较为成熟的国际标准化工作布局相比，中国汽车企业在国际标准会议参与度、承担国际标准组织要职、国际标准活动主办数量方面，尚处于弱势地位，利用国际资源开展本土化标准化工作尚在探索阶段，还未形成真正的体系化工作局面。

另外，我国汽车企业在共建"一带一路"国家市场的出口量虽有突破，但主要依托当地经销商进行市场开拓，缺乏对目标市场标准法规体系、认证管理体系、后市场监管要求等全方面的系统掌握，缺乏对产品"走出去"的长远规划，多为被动应对目的国的标准法规要求，缺乏开展对外标准协调的观念意识，导致标准"走出去"缺乏行业支撑。

（二）标准化人才短缺和人才队伍结构仍需优化

汽车相关企业现有标准化人力资源配备相对短缺，专业技术和标准化经验较为丰富的资深技术专家较少。同时，随着标准国际化发展战略的不断推进，国际标准化人才相对短缺，负责人员国际化经验少、不熟悉国际规则、不了解目的国标准制定规则，标准"走出去"工作缺乏人才技术支撑。

四 对企业参与标准"走出去"的建议

（一）积极参与标准国际化工作，不断提高重视度和参与度

学习借鉴发达国家的成熟经验，立足企业发展实际需求，全面深度参与联合国、ISO、IEC等国际标准法规制定协调，积极加强与其他国家和地区的深入交流与务实合作，推动国际标准"引进来"和中国标准"走出去"。

（二）加大人才培养力度，为汽车标准国际化输送人才力量

要加强企业标准化人才队伍建设，进一步培养并形成一支经验丰富、严谨务实的国际标准化人才队伍，在标准国际化方面形成扎实的工作基础和丰富经验，成为"懂外语、精技术、熟规则"的标准国际化专家，为企业汽车标准国际化工作的可持续发展提供人才技术保障。

（三）积极应对国际形势，探索汽车标准国际化工作新模式

全球汽车产业发展形势正在发生重大变化，变化中既有挑战又蕴含机遇，我们应更加积极主动地适应这些变化，不断熟悉掌握国际规则，抓住机遇，积极推进实施标准国际化发展战略，在汽车重点领域发展、自主创新和品牌建设、融合创新、国际化突破等方面实现标准化及时跟进，切实发挥标准应有的支撑作用。

检测认证篇

B.28
欧盟汽车准入制度分析

王飞飞 赵情 汪伟 王文峰*

摘　要： 作为世界上最典型的汽车准入管理体系之一，欧盟对汽车产品强制实施统一的型式批准制度，以及产品一致性监管。本报告详细介绍欧盟汽车产品准入主管部门、准入实施流程，以及完整的技术法规体系。欧盟对汽车产品实施统一的型式批准制度，涵盖 M、N、O 类汽车产品。欧盟的汽车准入制度对全球汽车市场具有重要影响，其严格的法规和技术标准确保了汽车产品的质量和安全性。

关键词： 欧盟　型式批准　一致性监管　技术法规　汽车

---

* 王飞飞，硕士，工程师，中汽研汽车检验中心（天津）有限公司业务管理部国际业务经理；赵情，硕士，工程师，中汽研汽车检验中心（天津）有限公司业务国际业务主管；汪伟，高级工程师，中汽研汽车检验中心（天津）有限公司高级技术总监；王文峰，硕士，高级工程师，中汽研汽车检验中心（天津）有限公司业务管理部兼项目运营部部长。

一 欧盟汽车产品型式批准制度及其实施

欧盟针对汽车产品的型式批准，以（EU）2018/858汽车框架指令为依据，在其27个成员国范围内，对M、N、O类汽车产品强制推行统一的型式批准制度。这一制度的具体施行，实际上依赖各个成员国的自主操作，每个成员国都会自行选定一个政府主管机关，多数国家将主管运输的部门（即运输部）确定为本国负责欧盟汽车产品型式批准的主管机关，也就是型式批准机构，像德国联邦汽车运输管理局（KBA）便是如此。通常情况下，一个国家只指定一家这样的机关，但也存在少数国家指定两家主管机关的情况（见表1）。

表1 欧盟部分成员国汽车产品型式批准机构和技术服务机构

国家	型式批准机构	技术服务机构
德国	德国联邦汽车运输管理局（KBA）	TUV
法国	装备、运输和旅游部	UTAC
意大利	运输和基础设施部	CSI
荷兰	道路交通局（RDW）	RDW
奥地利	联邦运输、创新和技术部	联邦机动车检测所
比利时	联邦公共服务部（SPF）	比利时道路安全研究所
卢森堡	运输部（SNCH）	Luxcontrol
爱尔兰	国家标准机关	车辆和部件试验研究院
希腊	运输和交通部	运输和交通部
西班牙	工业、旅游和商务部	汽车应用调查研究院（IDIADA）
瑞典	国家道路管理局	国家试验与研究院
丹麦	道路安全和交通局	葡萄牙质量协会

型式批准机构承担着多项关键职责，包括受理申请、审核资料、批准申请以及颁发型式批准证书，同时还要对汽车产品的一致性进行严格监管，并

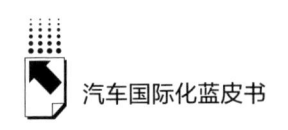

及时向其他成员国通报有关批准、变更或者撤销型式批准的相关信息。

各个国家的型式批准机构还能分别授权自身的技术服务机构,由这些技术服务机构开展产品检验检测、初始工厂审查以及产品一致性监督检验等工作。欧盟各成员国的型式批准机构可以授权多个技术服务机构,例如德国所授权的技术服务机构就有 TÜV Rheinland、TÜV SÜD、TÜV NORD。而且,一家技术服务机构也能获得多个国家型式批准机构的授权。

二 欧盟型式批准的流程

依据(EU)2018/858 的要求,汽车制造商可向欧盟任意一个国家的型式批准机构递交申请。型式批准机构会将工厂审查与产品检测的任务,委托给自己授权的技术服务机构。技术服务机构完成相关工作后,若产品符合要求,便会把汽车制造商的申请书、技术资料、产品检测报告以及工厂体系文件等,一并呈交给型式批准机构,由型式批准机构进行审核与批准。

汽车制造商需要提供用于检验的样品以及相关技术文件,并且确保汽车产品型式的样品契合技术指令,同时具备充足的生产控制一致性能力,只有满足这些条件,才能够获取型式批准证书。该证书带有标志"e",并且此批准在欧盟所有成员国内均获认可。

其中,汽车制造商申请型式批准的文件主要包括:一是欧盟型式批准申请书;二是一份制造商声明,声明该制造商未就统一型式向其他机构申请、未被批准机构拒绝授予批准、未被批准机构撤销过该型式批准、制造商未吊销过该型式批准申请;三是一份电子版或纸质版信息文件夹,信息文件包括一整套有关车辆型式特征的完整信息,以及数据、图纸、照片以及其他相关信息。信息文件夹的模板在(EU)2020/863 中有规定,具体包括:①车辆一般信息,包括制造商名称、车型类别、车辆型式等;②一般结构特点,包括照片、车辆结构图纸、车轴数、底盘、车身材料、发动机位置、驱动型式、左右舵等;③量和尺寸;④动力系统,比如燃油、电池、氢能等;⑤传动系统;⑥车轴;⑦悬架;⑧转向;⑨制动;⑩车身;⑪照明和光信号装置；⑫牵引车和拖车之间的连接装置；⑬公共汽车和长途汽车的特别规定；⑭对于危险运输车辆的特殊规定；⑮可重复利用和回收性；⑯维修和保养信息。

为保证汽车制造商的生产一致性控制（COP），欧盟对制造商实施生产一致性管理、颁发COP证书，主要包括两个部分：第一是进行型式批准时的审查，审查合格后颁发COP证书，证书最长有效期为3年；第二为批准后的监督审查，主管机构随时到企业进行现场检查，可以在企业随机抽样车在厂家试验室或技术服务机构进行验证试验，如不符合一致性控制要求，主管机构将要求企业整改。型式批准时的审查包括资料审核和现场审核：资料审核需要生产制造商持有ISO 9001或IATF 16949证书，并提交产品一致性安排和文件化的一致性控制计划等资料；现场检查可以在制造商获得型式批准证书后半年内，对其进行现场审核，主要审核检验能力、人员保证能力、标准等。

对于获得整车型式批准的汽车制造商，还需对其批量生产的车辆制作生产一致性证书（COC证书），每一辆车随车有一份一致性证书，欧盟各成员国依据该证书对投入使用的车辆进行注册。COC证书上列举了许多车辆的基本数据和性能指标，是欧盟所有成员国注册车辆、上牌的凭证，也是部分成员国交税、定期检验的重要凭证，没有COC证书的车辆无法进入欧盟市场。

B.29
美国汽车产品认证制度分析

潘杰 曾梓 赵涛 吴淑霞*

摘　要： 美国汽车产品认证制度包括法律法规、主要负责机构、产品认证流程等内容。美国设立联邦机动车安全标准（FMVSS）和《清洁空气法》等相关法规，对汽车产品的安全性和环保性能进行严格规定。由国家公路交通安全管理局（NHTSA）和环境保护署（EPA）进行行业管理。汽车企业在进入美国市场前，必须通过一系列认证，以确保其产品的安全性和环保性符合美国标准。

关键词： 美国　NHTSA　EPA认证　产品认证制度

美国政府针对汽车产品建立了完善且严格的市场准入制度和技术法规体系，也是世界上最为典型、最具有影响力的管理制度和技术法规体系之一。与欧盟不同，美国对汽车产品进行自我认证模式、政府监督抽查的"宽进严出"管理模式。具体地，美国由汽车制造厂对其进入市场的产品实施自我认证，美国政府对进入市场后的产品开展严格的监督和抽查工作，对不符合美国汽车技术法规或者存在不安全、环保缺陷的车辆产品实施严格的产品召回制度。正是因为这个特点，美国成为世界上最为严格的汽车产品准入市场。

美国联邦对汽车产品的准入管理主要有两部分，由两个不同的部门分头管理：一是汽车安全认证（DOT认证），由美国交通部国家公路交通安全管

---

* 潘杰，硕士，高级工程师，蔚来汽车认证高级经理；曾梓，工程师，中汽研汽车科技（上海）有限公司技术经理；赵涛，硕士，工程师，中汽研汽车检验中心（天津）有限公司项目经理；吴淑霞，硕士，高级工程师，中汽研汽车检验中心（天津）有限公司运营总监。

理局（DOT/NHTSA）负责，内容主要是汽车安全、节能、防盗方面；二是环保认证（EPA 认证），由美国环境保护署（EPA）负责，主要是环保相关的内容。

一 美国汽车安全法律法规

美国政府对汽车产品的管理有十分详尽和完备的法律依据，对争端和违规行为常常诉诸法律程序解决，因此美国汽车市场的违法成本相当高。美国汽车产品的法规制定主要依据以下几个重要的法律体系，主要包括：美国法典（United States Code，U.S.C.），由国会制定的法律条款；联邦法规（Codeof Federal Regulations，CFR），不仅包括法律，还包括经国会授权，由联邦政府执法机构制定的行政法规，用来解释和执行美国法典的相应条款；国家交通和机动车安全法（49U.S.C. Chapter301~1966）；执行机构，国家公路交通安全管理局；行政法规，49CFRParts500~599；《清洁空气法》（Clean Air Act of 1970）（42U.S.C. Chapter85）；执行机构，环境保护署。

二 美国汽车认证流程

（一）安全类

美国安全性能标准 FMVSS 的认证形式为"自认证"，意味着如果制造商能够确保其汽车产品是按照所有适用的 FMVSS 标准制造的，并且带有由其原始制造商永久粘贴的合规标贴，则在车辆进口之前不需要获得 NHTSA 的批准。然而，制造商必须在生产开始后不迟于 30 天内向 NHTSA 提交相关证明信息以确定其生产的产品符合法规标准。此外，制造商还需要向 NHTSA 提供车辆识别码（VIN）信息，如果汽车制造商不在美国，还必须指定一个美国本土的代理商或个人作为其服务代理。

在机动车或机动车设备开始销售直到报废的整个生命周期里，制造商被要求通过预警报告（EWR），主动并定期向 NHTSA 提交与车辆安全问题和

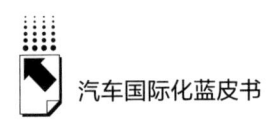

召回有关的任何信息,包括人员伤亡事故、消费者投诉、财产损失、调查报告等。报告的要求和递交频次因产品和制造商的年产量而异。与此同时,制造商必须对外公开其在其他国家和地区开展的类似产品涉及维修替换的安全相关措施。

(二)环保类

EPA在汽车生产前、生产中和生产后都要进行抽样测试,以确保汽车不仅在新出厂时符合排放标准,而且在几年后也能保持持续合规。EPA的后市场监督测试样品包括新车与在用车(旧车),其中新车通常从制造商的仓库或经销商处抽样,而对于在用车排放性能的抽查测试,EPA会向私人车主借用车辆并在其位于密歇根州安娜堡的国家车辆和燃料排放实验室(NVFEL)对其进行测试。EPA每年通过这一监控项目测试大约150辆在用车。

在用车辆测试计划的目的是评估车辆在行驶数年后排放控制是否继续有效,其测试程序和数据结果为制造商和EPA提供了重要的信息。有时,这些信息会导致排放召回,但更为重要的是,测试结果往往揭示了某些技术或设计特征的问题和缺陷,使制造商能够在未来的车型中引入改进措施以提高排放控制系统的性能或耐用性。

以轻型乘用车和卡车为例,EPA的申请流程分为以下步骤:①首次申请EPA认证的制造商,需要先通过EPA的数据交换平台注册厂商信息,获取专属的制造商代码;②样车样件依据EPA排放法规进行认证测试,并出具测试报告;③将测试报告连同其他支撑材料,通过发动机和车辆合规信息系统(EV-CIS)线上提交;④EPA线上审核所有测试数据和材料;⑤颁发证书;⑥交通部有权抽取一辆新车进行进一步的验证测试,以确保在美国当地测得的结果与制造商申报的结果一致;⑦制造商获得销售许可并允许在美国合法销售;⑧在用车监督,EPA通常会从州务卿那里获得车辆注册信息,并从市场上招募使用两到三年的车辆,并从中根据认证数据、制造商在用数据、汽车产量、使用的新技术、公众投诉和咨询等有针对性的因素随机选择监督车辆。监督测试必须在国家车辆和燃料排放实验室进行;⑨行政法规,

40CFRParts50~97。依据以上法律和行政法规，美国联邦政府的下属机构可以指定相应的标准法规进行监管。美国汽车产品监管相关的联邦机构及其监管内容如表1所示。

表1 美国汽车产品监管机构及其监管内容

机构名称	监管范围
交通部(DOT) 国家公路交通安全管理局(NHTSA)	联邦法规(CFR) 联邦机动车辆安全标准(FMVSS) 油耗及排放评定标准(CAFÉ)
环境保护署(EPA)	燃油排放
海关与边境保护局(CBP)	进口商品管制
美国联邦贸易委员会(FTC)	包装、标签、广告等
美国联邦通信委员会(FCC)	无线射频

除了联邦政府一级管理外，美国各州政府也有自主立法的二级管理制度，尤其在环保方面。例如，加利福尼亚州制定并实施了比NHTSA更为严格的排放法规（CARB），根据美国《清洁空气法》第177条规定，其他各州也可以同时采用加州的排放要求。目前，已有13个州宣布正式施行CARB（见表2），另外还有6个州（科罗拉多州、佛罗里达州、蒙大拿州、北卡罗来纳州、犹他州、威斯康星州）正在计划实施中，而所有采用加州CARB的其他州也被统称为"Section177州"。

表2 美国已实施CARB法规的自治州

序号	美国自治州名称	序号	美国自治州名称
1	康涅狄格州 Connecticut	8	罗德艾兰州 RhodeIsland
2	缅因州 Maine	9	佛蒙特州 Vermont
3	马萨诸塞州 Massachusetts	10	华盛顿州 Washington
4	新泽西州 NewJersey	11	马里兰州 Maryland
5	纽约州 NewYoik	12	新墨西哥州 NewMexico
6	俄勒冈州 Oregon	13	特拉华州 Delaware
7	宾夕法尼亚州 Pennsylvania		

除了FMVSS（CFR49，Part571）规定的性能要求以外，机动车辆和机动车辆设备相关的额外法规条例（CFR49，Part500~599）中的项目也常常作为与FMVSS等同的汽车安全技术法规，主要包括以下内容：Parts525~538，燃油经济性；Part541~545，防盗；Part551，NHTSA代理申报；Part563，紧急事故记录仪（EDR）；Part565，VIN申报；Part566，制造商信息申报；Part567，自我认证（标贴要求）；Part573，缺陷及违规责任与报告；Part575，消费者信息；Part576，记录保存；Part577，缺陷及违规通报；Part579，潜在缺陷通知；Part581，保险杠；Part583，国产件标识。

在汽车排放污染物控制方面，美国制定了世界上最为严格的技术法规体系。美国联邦层面制定了许多涉及环境污染的法律和条例，并且由环境保护署与各州、其他联邦机构和外国政府合作执行法律法规要求。而机动车排放污染物作为以上法律法规的监管对象之一，由EPA对其发动机及排放进行监管。《联邦安全法》第四十章（CFR40）中规定了所有与环境保护有关的要求，包括水污染要求、空气污染要求、农药污染要求、噪声污染要求、海洋保护等。其中，与机动车排放相关的法规主要包括：Part85，移动源空气污染控制；Part86，新的和在用的公路车辆和发动机的排放控制；Part600，机动车辆的燃油经济性和温室气体排放；Part610，燃油经济性改装设备；Part700~799，有毒物质控制法。

在这些法规中，部分测试程序又会参考一些美国当地的行业标准。例如，CFR40Part86的排放测试程序就直接引用了美国汽车工程师协会发布的SAEJ1634-2021《电动车能源消耗和续航测试标准》，其中规定了"五工况"的测试方法，包括城市道路测试程序（FTP）、高速公路测试程序（HWFET）、超高速道路测试程序（US06）、空调环境95°F测试程序（SC03）、低温20°F测试程序（ColdFTP）。

除了联邦政府专门监管排放要求的EPA以外，车辆和发动机进口商还必须遵守其他联邦机构的要求，例如交通部的安全要求、国税局（IRS）的高油耗税、美国海关与边境保护局的关税要求，以及各自治州和地方政府的

美国汽车产品认证制度分析

特殊要求，而各自治州中最具影响力的环保法规就是加州空气资源委员会（CARB）颁布的，其被收录在《加州法典》（CCR）的第十三章（Title13）第三部分（Division3）。

CARB采用的排放标准可称为低排放车辆标准（Low Emission Vehicles，LEV），其结构与EPA相似但技术要求却更为严格。适用于以下车辆类型：过渡低排放车辆（Transitional Low-Emission Vehicle，TLEV）、低排放车辆（Low-Emission Vehicle，LEV）、超低排放车辆（Ultra-Low-Emission Vehicle，ULEV）、极低排放车辆（Super-Ultra-Low-Emission Vehicle，SULEV）、零排放车辆（Zero Emission Vehicles，ZEV）。

基于每个制造商车队排放平均值的时间表，汽车制造商被要求每年生产一定比例的车辆以达到日益严格的排放标准。柴油和燃油车辆适用同样的气体污染物标准，其排放量是在FTP-75测试中测量的，以g/mile表示。目前，CARB法规主要分为以下四个演变阶段：EPATier1/LEV，至2003年结束；LEVⅡ，2004~2010年分阶段实施；LEVⅢ，2015~2025年分阶段实施，并与EPATier3逐步统一要求，它是先进清洁汽车法规的一部分；LEVⅣ，2026~2030年分阶段实施，并与EPATier3逐步统一要求，它是先进清洁汽车第二部法规的一部分。

表3 LEVⅢ排放标准，FTP-75（2015~2025年）

车辆类型	耐久里程（mi）	排放类别	NMOG+NOx（g/mi）	CO（g/mi）	HCHO（mg/mi）	颗粒物（g/mi）
乘用车（PCs）GVWR≤8500磅的轻型载物车（LDTs），以及中型乘用车（MDPVs）	150000	LEV160	0.160	4.2	4	0.01
		ULEV125	0.125	2.1	4	0.01
		ULEV70	0.070	1.7	4	0.01
		ULEV50	0.050	1.7	4	0.01
		SULEV30	0.030	1.0	4	0.01
		SULEV20	0.020	1.0	4	0.01

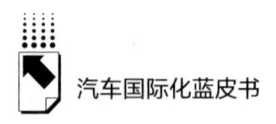

续表

车辆类型	耐久里程（mi）	排放类别	NMOG+NOx（g/mi）	CO（g/mi）	HCHO（mg/mi）	颗粒物（g/mi）
8501磅≤GVWR≤10000磅的中型车辆（MDVs）	150000	LEV395	0.395	6.4	6	0.12
		ULEV340	0.340	6.4	6	0.06
		ULEV250	0.250	6.4	6	0.06
		ULEV200	0.200	4.2	6	0.06
		SULEV170	0.170	4.2	6	0.06
		SULEV150	0.150	3.2	6	0.06
10001磅≤GVWR≤14000磅的中型车（MDVs）	150000	LEV630	0.630	7.3	6	0.12
		ULEV570	0.570	7.3	6	0.06
		ULEV400	0.400	7.3	6	0.06
		ULEV270	0.270	4.2	6	0.06
		SULEV230	0.230	4.2	6	0.06
		SULEV200	0.200	3.7	6	0.06

资料来源：CARB官网。

B.30
日本汽车产品准入制度分析

黄霄鹏 高吉强 王云川 隋 航*

摘　要： 日本对汽车产品实施型式批准制度，包括型式指定制度（Type Designation）、通用结构型式指定制度（Type Notification）和进口汽车特别应对制度的内容及流程。由于日本加入《1958年协定书》，其技术法规很大程度上采用或等效于联合国法规，但在排放方面保留了自己的法规项目。

关键词： 型式批准制度　技术法规　碳排放　日本

一　日本汽车产品准入管理制度

在全球汽车技术法规体系领域，日本的汽车产品市场准入管理制度与技术法规体系和欧美汽车技术法规体系并驾齐驱，被公认为世界三大典型汽车技术法规体系。近年来，日本大力拓展国际汽车市场，深度参与国际汽车技术法规的协调、制定与修订工作。日本先后加入联合国世界车辆法规协调论坛（UN/WP.29）《关于采用统一条件批准机动车辆装备和不兼并相互承认此标准的协定书》（以下简称《1958年协定书》）以及《关于对轮式车辆、安装和/或用于轮式车辆的装备和部件制定全球性技术法规的协定书》（以下简称《1998年协定书》）。尤其针对出口量较大、全球化程度较高的M1

---

* 黄霄鹏，工程师，中汽研汽车检验中心（天津）有限公司业务管理部国际业务室主任，汽车进出口认证专家；高吉强，硕士，高级工程师，中汽研汽车检验中心（天津）有限公司进口认证业务主管；王云川，硕士，工程师，中汽研汽车检验中心（天津）有限公司企划经理；隋航，硕士，高级工程师，中汽研汽车检验中心（天津）有限公司业务管理部副部长。

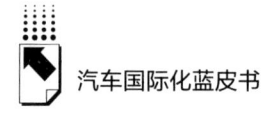

类车辆产品，日本积极采用联合国欧洲经济委员会（ECE）汽车技术法规，这使得日本汽车技术法规原有的典型性逐渐降低。即便如此，日本汽车产品准入制度及其技术法规体系依旧保留了诸多特色内容，如汽车排放和油耗的试验流程、限制要求等。

和欧盟相仿，日本在汽车产品准入管理方面，同样实施汽车产品型式批准制度。但与欧盟的型式批准制度有所差异，日本的制度独具特色。日本机动车型式认证制度涵盖型式指定制度（Type Designation）、通用结构型式指定制度（Type Notification）以及进口汽车特别应对制度。在型式指定和通用结构型式指定制度中，日本国土交通省作为主管部门，负责处理相关申请与批准事宜，而具体的技术审查和试验工作，则由国土交通省下属的日本交通安全环境研究所承担。

型式指定的基本程序是，由制造商向国土交通省提交认证申请并准备受检车辆，国土交通省接到申请后进行资料检查并确定试验项目，然后委托汽车认证审查部进行保安基准合规性检查（试验），同时对车企产品一致性保证体系（COP）进行审核，如果该车型通过试验和审核，即被指定。最后制造商按照指定型式进行生产及每台车的完成检查（出厂检查），完成检查的目的是确保每台出厂车辆符合保安基准要求，完成检查通过后车企给出完成检查终了证（合格证）。依据日本法律规定，每台车在上牌之前需要进行新规检查，通过型式指定的车型在新规检查时只需提供完成检查终了证，不需要进行现车检查。

2016年6月，日本正式引入通用结构型式指定制度。这一全新的认证制度，考虑到行业适应过程，特别设定了从制度发布到2021年3月的过渡期，过渡期结束后，新车型式通知制度随即废止。2023年，日本国土交通省根据联合国ECE法规的最新修订版本，更新了自身的技术法规。在此之前，也就是2021年3月前，新车型式通知制度一直是主要的认证方式。通用结构型式指定制度主要面向规格和型式繁杂多样的卡车以及公共汽车。从流程上看，它与型式指定制度并无太大差异，汽车生产商在获得型式指定后，必须在车辆出厂前，针对与型式指定相关的部分展开细致检查,确认无误后发放检查终了证,也就是大家熟悉的合格证。当新车办理上牌手续、进行新规检查时,需要同时提供现车和出厂终了证。值得注意的是,新规检查时,通常会跳过对通用构造部分的检查,把注意力集中在不同车辆存在差异的特殊功能用途上,以此确保车辆特殊功能的合规性。

进口汽车特别应对制度是日本政府为推动汽车进口而实施的一项特殊优惠举措。这项制度仅适用于单一车型年销量在5000辆以下的汽车产品。与型式指定制度相比,它在认证资料审查以及项目检查方面都进行了简化,并且无须开展生产一致性体系审查,从而大幅缩短了认证周期。不过,由于该制度缺少国土交通省监督的出厂检验环节,所以在新车上牌登记前,必须提供现车进行新规检查。

在汽车产品的市场准入管理上,日本采用的是型式批准制度,并且在此基础上引入美国的机动车辆召回制度。如果某类机动车辆的机构、装置或者性能,因设计或生产问题,出现与安全基准不符,或者存在潜在不符的情况,制造商不仅要预先告知日本国土交通省,采取必要的纠正措施,还需定期报告有关纠正措施的实施进度。日本国土交通省也会对制造商进行监督,以此确保召回工作顺利开展

二 日本汽车技术法规体系

为保障机动车在交通安全、环境保护以及能源节约等方面达到相应标准,日本专门制定了《道路车辆法》《大气污染防治法》《噪声控制法》《能源合理消耗法》等一系列法律。以这些法律为基石,日本政府相关部门进一步制定并颁布了众多政令、省令、公告和通知,涵盖道路车辆安全、环保、节能领域的法规,以及配套的汽车产品试验、认证规程,还有汽车技术标准和结构标准。

与欧盟和美国的汽车技术法规体系相比,日本的汽车技术法规体系构成更为复杂。依据《道路车辆法》所赋予的权力,日本国土交通省以省令的

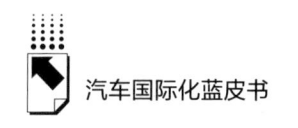

形式发布日本汽车安全和环保方面的基础技术法规——《日本汽车保安基准》。该基准涵盖机动车、摩托车、轻型车在安全和排放方面的法规要求。不过，《日本汽车保安基准》仅包含基本的法规条款，至于更为细化的内容，如用于判定汽车产品是否符合法规要求的技术标准、与型式认证试验配套的规程，以及与技术法规实施相关的管理规定等，则由主管部门内的相关机构通过公告形式对外发布，或者以通知的形式传达给各地的下属机构。具体来说，日本汽车法规体系中的技术标准，是为精准、有效判断汽车是否符合安全基准而制定的详细条款；型式认证试验规程（包含补充试验规程），是进行型式认证审查时所采用的试验方法；型式认证审查法规（也就是型式认证试验信息），则是为合理、有效审查汽车产品新型式是否符合安全法规要求而拟定的详细法规内容。

1. 日本加入《1958年协定书》，部分采用ECE法规

1997年起，日本开始以观察员身份参与WP.29的相关活动，并在1998年和1999年，先后加入联合国世界车辆法规协调论坛（UN/WP.29）的《1958年协定书》和《1998年协定书》。自1998年签署《1958年协定书》后，日本便积极将ECE法规融入本国汽车行业体系。

日本签署《1958年协定书》并引入ECE汽车技术法规，这一举措极大地改变了汽车产品进入日本市场的准入规则。自此，进入日本市场的汽车零部件产品以及车辆系统，只要成功通过对应的ECE型式批准，并带有E标志，便能顺利进入日本市场。对于整车产品而言，通过日本的整车产品型式批准制度，也就是日本的型式指定制度和通用结构指定后，其内部相应的汽车零部件产品和车辆系统，若已通过ECE型式批准，就无须再依照日本自身的技术法规进行日本本土的零部件和系统认证。目前，日本所采用的ECE法规项目，主要集中在汽车灯光和安全相关领域。

对于环保和节能项目，日本没有采用ECE法规，依然采用的是自身独特的汽车技术法规项目，以保护本国市场。

20世纪90年代初以来，日本对于轿车和轻型车辆主要使用10~15工况

和11工况循环进行排放测试。2005年，日本发布新的法规，对轿车和轻型车辆引入新的排放测试循环——JC08工况循环。

日本新的JC08试验工况为底盘测功机试验循环，总的时间周期为1204s，总行驶距离为8.171km，平均试验车速为24.4km/h（如果不包括怠速则平均车速为34.8km/h），最高车速为81.6km/h，载荷比为29.7%。JC08试验工况模拟目前日本拥挤的城市交通条件下的车辆驾驶工况，包括怠速和频繁交替出现的加速、减速。该试验工况分别在冷启动和热启动的条件下各进行一次。除了排放试验外，该工况还同时用于燃料经济性的测量。

日本轿车和轻型车辆的JC08试验工况自2008年10月起分阶段引入，要求自2011年10月起全部采用JC08试验工况（JC08冷启动和热启动的混合工况），在这之前，采用不同的试验工况循环和百分比，来获取平均的排放试验结果，具体要求为：自2005年10月起，12%的11工况冷启动+88%的10~15工况热启动；自2008年10月起，25%的JC08工况冷启动+75%的10~15工况热启动；自2011年10月起，25%的JC08工况冷启动+75%的JC08工况热启动。

为此，日本制定了新的汽车型式批准试验规程：TRIAS60-4-2009轻型和中型机动车辆废气排放测量试验规程（JC08H+JC08C工况法废气排放和怠速试验规程）。后来又对TRIAS60-4-2009进行改版，并被重新编号为TRIAS31-J042（3）-01轻型和中型机动车辆废气排放试验（JC08H+JC08C工况，与其后新长期法规9相协调）。

表1为2009年开始实施的轿车和轻型车辆排放限制指标（Post New Long-Term Regulations）。对于日本国产新定型车和在产车，自2009年10月开始实施；11个月后，即2010年9月对进口车实施。从2018年开始，日本逐步引入全球统一轻型车测试规程（WLTP），以进一步提升测试标准的国际一致性。

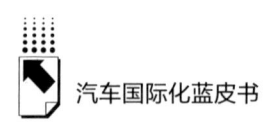

表1 日本2009年开始实施的轿车和轻型车辆排放限制指标

燃用汽油的车辆(单位:g/km)					
机动车类别	试验工况	CO	NMHC	NOx	微粒物
轿车(包括微车)	C08(逐步引入,至2011年10月完全实施)	1.15	0.05	0.05	0.005
微型商用车辆		4.02	0.05	0.05	0.005
车重不超过1.7吨的轻型商用车辆		1.15	0.05	0.05	0.005
车重超过1.7吨但不超过3.5吨的轻型商用车辆		2.55	0.05	0.07	0.005

燃用柴油的车辆(单位:g/km)					
机动车类别	试验工况	CO	NMHC	NOx	微粒物
轿车(包括微车)	C08(逐步引入,至2011年10月完全实施)	0.063	0.024	0.08	0.005
车重不超过1.7吨的轻型商用车辆		0.63	0.024	0.08	0.005
车重超过1.7吨但不超过3.5吨的轻型商用车辆		0.63	0.024	0.15	0.007

2. 日本对重型车采用新的汽车排放试验工况:JE05

从20世纪90年代起,日本针对重型车辆(车辆总重量超过3.5吨的车型),主要运用13工况循环开展排放测试。到了2005年,日本颁布新法规,针对重型车辆引入全新的排放测试循环——JE05工况循环(也常被称作ED12工况)。

日本重型车辆的JE05试验工况,是依据首都东京的交通状况以及实际驾驶情形而研发的一种车辆瞬态试验循环,无论是汽油车还是柴油车都适用。这个试验循环的总时长大概是1800s,平均车速为26.94km/h,最高车速可达88km/h。在发动机的测功机试验中,发动机的扭矩、车速以及时间相关数据是以车速点为基础生成的。具体的日本重型车辆新排放限值要求(Post New Long-Term Regulations)详见表2。

表2 日本重型车辆新的排放限值要求

车辆分类	试验工况	单位	限值			
			CO	NMHC	NOx	微粒物
车辆总重3.5吨以上,12吨及以下的柴油车(日本国产车的实施日期为2010年10月1日;进口车实施日期为2011年9月1日)	新工况 JE05	g/kWh	2.22	0.17	0.7	0.01
车辆总重3.5吨以上的汽油车、LPG车辆(日本国产车的实施日期为2009年10月1日;进口车实施日期为2010年9月1日)			16.0	0.23	0.7	0.01

日本对汽车产品实施新的排放试验工况和限值要求,相应地对其汽柴油品质提出了新的要求,要求汽柴油的含硫量不超过10ppm。

3. 日本新的汽车燃油消耗法规

日本新的汽车排放试验工况不仅适用于汽车的污染物排放,也适用于汽车燃料消耗量的测量试验,自2013年3月起,日本对轿车和轻型车辆的燃料消耗量采用JC08试验工况(包括冷热两种工况),同时日本公布了于2015年实施的轿车和轻型车辆新的燃料消耗量限值指标,这些车辆的燃料消耗量平均限值指标要求如表3所示。

表3 日本2015年轿车和轻型车辆燃料消耗量平均限值

单位:km/L, %

车辆类型	2015年平均限值要求	2004年的水平	与2004年比较下降程度
轿车	16.8	13.6	-23.5
小型客车	8.9	8.3	-7.2
轻型商用车	15.2	13.5	-12.6

对于燃用汽油的轿车,日本公布了2015年后各个不同重量段的车辆应满足的燃料消耗量具体目标值要求,如表4所示。

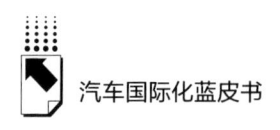

表 4　日本汽油轿车 2015 年后应满足的燃料消耗量目标值

单位：kg，km/L

车辆重量	≤600	601~740	741~855	856~970	971~1080	1081~1195	1196~1310	1311~1420
燃料消耗量目标值	22.5	21.8	21.0	20.8	20.5	18.7	17.2	15.8
车辆重量	1421~1530	1531~1650	1651~1760	1761~1870	1871~1990	1991~2100	2101~2270	≥2271
燃料消耗量目标值	14.4	13.2	12.2	11.1	10.2	9.4	8.7	7.4

对于重型车辆的燃料消耗量测量，日本也采用新的 JE05 试验工况。同时，日本还公布了 2015 年后重型柴油载货车和大客车应满足的燃料经济性限值指标，如表 5 所示。

表 5　日本柴油载货车和大客车 2015 年后应满足的燃料消耗量目标值

单位：kg，km/L

车辆总重量	3.5~7.5				7.5~8	8~10	10~12	12~14	14~16	16~20	>20
车辆最大载荷量	<1.5	1.5~2	2~3	>3							
燃料消耗量目标值	10.83	10.35	9.51	8.1	7.24	6.52	6	5.69	4.97	4.15	4.04

Interurbanmode 是日本新的重型车油耗试验规程中一个试验程序，另外一个试验程序就是 JE05，因此 JE05 与 Interurbanmode 共同构成日本完整的重型车油耗试验规程。由于 Interurbanmode 是要求有一定坡度的试验，因此该试验又被称为坡道试验。日本逐步引入实际行驶排放（RDE）法规，要求新型式认证车辆从 2022 年 10 月起执行，到 2024 年 10 月所有车辆都要执行这一法规。

B.31
东盟汽车产品准入制度和技术法规分析

刘星雨 付铁强 史宸语 黄华彤*

摘　要： 东南亚10个国家的政治经济发展差异较大，其政治经济管理政策也各自成体系。由于汽车产业发展情况差距较大，各国在汽车准入方面并没有形成统一的认证制度，法规实施的程度也不一致。因此本报告选取东盟3个典型国家，包括泰国、印度尼西亚、马来西亚，分别详细介绍其汽车产业主管部门、认证流程及其技术法规等具体要求。

关键词： 东盟　汽车产品　认证流程　准入制度

鉴于东盟各个国家的经济发展情况存在差异，汽车产业和贸易发展水平不同，对于汽车产业发展采取差异化的政策，如泰国通过吸引国际跨国汽车公司投资建厂，发展成为出口导向型国家，马来西亚是东盟地区最大的汽车生产基地，老挝、柬埔寨等国汽车工业比较落后。在汽车管理上，各国采用不同的市场准入制度、不同的汽车技术法规体系。东盟虽然正在建设统一的市场，针对汽车产品逐步建立统一的市场准入管理制度和技术法规体系，但进展一直较为缓慢，目前还在持续推动中。其中，马来西亚（E52）、泰国（E53）已经是《1958年协定书》缔约方，菲律宾（E66）于2023年1月加入。新加坡、印尼、越南、缅甸都有各自的汽车准入管理体系和标准，除此之外，柬埔寨、

---

* 刘星雨，硕士，工程师，中汽研汽车检验中心（天津）有限公司业务管理部国际业务经理，汽车出口认证专家；付铁强，正高级工程师，中汽研汽车检验中心（广州）有限公司总工程师；史宸语，硕士，工程师，中汽研汽车检验中心（天津）有限公司国际业务经理；黄华彤，硕士，中汽研汽车检验中心（广州）有限公司国际研究专员。

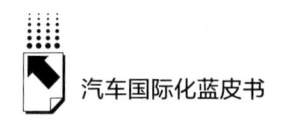

老挝和文莱3个国家的体系尚不健全,基本上采取行政审批方式。东盟地区分为左舵车和右舵车市场,其中菲律宾、越南、老挝、柬埔寨、缅甸是左舵车市场,而马来西亚、文莱、印度尼西亚、泰国、新加坡是右舵车市场。

一 泰国

泰国针对汽车工业一直采取开放的政策,以日本企业为主的国际汽车跨国公司纷纷在泰国投资建厂,因此泰国逐渐变成国际汽车企业的海外生产基地,其产品大量出口至泰国之外的市场。由此,泰国在汽车技术法规和市场准入管理上,一直积极与国际惯例接轨,但由于其汽车工业都是非自主性质,与国际接轨的发展进程较慢。泰国早在2006年就已加入WP.29的《1958年协定书》,可以核发E53认证证书。泰国机动车认证包括排放认证、型式认证以及无线通信认证,对于安全类项目,按照ECE标准获取证书是被接受的,但是针对排放类项目泰国要求在本国完成相关测试。

(一)主管机构和职责

泰国的汽车产品管理部门包括泰国陆路交通局(DLT)和泰国工业标准协会(TISI)。泰国陆路交通局是泰国交通部的下属机构,主要负责完善交通法、车辆法规及其他相关法规,以及泰国驾驶执照发放等。泰国陆路交通局是整车型式认证的主管机构。

泰国工业标准协会是泰国强制性认证的主管机构,也是泰国的国家标准组织,负责泰国工业标准(TIS)的制定,其中包括汽车产品相关的标准,TIS标准大部分是推荐性标准,只有少部分标准是强制性标准。

泰国的汽车产品认证包括排放认证和型式认证,TISI负责汽车排放项目的认证,还负责车辆零部件和系统的型式批准;DLT负责泰国整车产品的型式批准。

泰国汽车研究所(TAI)是工业发展基金会(FID)(该基金会隶属于泰国工业部)下属的一个非营利性实体,于1998年成立,由泰国政府中最熟悉汽车行业的官员之一推动成立。泰国汽车研究所的使命是协助推动泰国汽车工业的发展和推广，针对泰国标准化工作，开展排放测试、轮胎测试、环境测试、化学测试、尺寸测量测试等。

（二）认证流程

泰国的整车认证主要是型式认证（DLT 认证）和排放认证（TIS 认证）。除排放外，其他认证项目需要按照联合国 ECE 法规进行型式认证测试，再凭借 ECE 证书到泰国进行转证。针对油耗、电动车的电耗和续航里程，只能在泰国汽车研究所进行测试。

TIS 认证主要针对零部件和系统级别，使用的是 TIS 标准，分为强制性认证和自愿性认证两部分：强制性认证是必要条件，项目包括玻璃、安全带及发动机单体排放；自愿性认证有利于加入政府采购清单，项目包括轮胎、座椅及安全带固定点等。

（三）技术法规

泰国目前还没有建立起符合国际惯例的汽车技术法规体系，只有部分强制实施 TISI 法规。泰国陆路交通局和泰国工业标准协会对于 M1/N1 车型的法规清单如表 1、表 2 所示。

表 1 泰国陆路交通局（DLT）对于 M1/N1 车型的法规清单

序号	法规号	名称
1	ECER39	车速表
2	ECER28	喇叭
3	ECER43	玻璃安装(整车)
4	ECER51	噪声
5	ECER14	安全带固定点
6	ECER16	安全带安装(整车)
7	ECER17	座椅固定点、头枕
8	ECER13	制动
9	ECER100	电动车点安全

表2 泰国工业标准协会（TISI）对于 M1/N1 车型的法规清单

法规号	名称	对应 ECE 法规
TIS2603-2556	安全玻璃	ECER43
TIS721-2551	安全带	ECER16
TIS2540-2554	《汽车产品使用燃烧器点火燃烧器安全许可的具体检查准则》发动机污染等级 8 级 泰国汽车废气排放工业标准:试验方法	相当于 ECER 83-05(欧四)

据了解，泰国在 2024 年开始执行欧五排放标准，并已宣布 2025 年 1 月 1 日开始全面启用欧六标准，这也意味着，今后泰国生产的所有小型燃油动力车辆的尾气排放都必须达到欧六标准。

二 印度尼西亚

（一）主管部门及其职责

印尼对汽车整车产品的市场准入管理采取认证检验制度，负责汽车产品认证管理的政府机关为印尼交通部下属的陆路运输总局（DGLT），主管整车产品认证并负责完善整车认证检验制度。印尼汽车相关的主管机构及其主要职责如表 3 所示。

表3 印尼汽车相关主管机构及其主要职责

部门	主要职责
印尼工业部(MOI)	汽车工业政策研究与发布:LECV 政策等; 规定哪些汽车零部件强制实施 SNI 认证; VIN 发布; 受理整车型式认证登记; 发布整车型式认证证书(TPT); 下属机构 KAN 监管 SNI 认证机构与试验室
印尼交通部(MOT)	与陆路运输相关法规与技术标准研究与发布; 受理整车型式认证试验申请以及开展试验; 发布整车型式认证测试证书(SUT)

续表

部门	主要职责
陆路运输总局（DGLT）	印尼交通部下属机构，主管汽车整车产品认证检验以及负责完善整车认证检验制度
车辆检验认证中心（VTCC）	属于陆路运输总局（DGLT）的下属机构，是经过印尼国家认可委员会（KAN）认可的、印尼唯一负责整车认证检验的机构
印尼能源和矿产资源部	油类与天然气的技术标准制定与发布（包括欧四用油标准，88号/90号等油类标准）； 润滑剂（油）NPT认证法规制定与发布
印尼环境部	汽车噪声法规制定与发布； 汽车排放的法规制定与发布
印尼通信与信息部	印尼收放机无线频率法规制定与发布； 通信设备认证法规制定与发布
印尼标准局（BSN）	编制印尼国家标准（SNI），但SNI标准是否强制实施由各相关部门决定； 购买SNI标准文档
印尼国家认可委员会（KAN）	认可认证机构、试验室和其他符合要求的认证监管机构，协助BSN建立和完善认可认证体系。KAN认可的认证机构负责处理厂家的认证申请、审核申请文件、对样品进行测试并审核相关的测试报告

（二）认证制度和项目

尽管印尼已建立起汽车产品型式认证和批准体制，但是在其原有的汽车检验制度上发展而来的，目前主要项目和试验仍是车辆检验性质，许多检验项目和内容还类似于我国的汽车产品出厂检验和年检；印尼汽车认证检验/试验项目相对于我国的汽车公告、3C和环保目录管理的试验项目，简单且水平较低。

印尼的认证封闭性比较高，不承认某个国际通用的检测标准体系，而是有一套自己的法规。此外，印尼也不承认境外实验室出具的检测报告，即汽

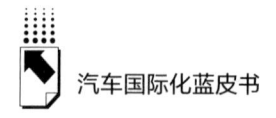

车产品若想出口到印尼，唯一的途径就是运送产品到印尼本地进行检测与认证后，才能得到准入许可。

根据相关法律和法规的授权，陆路运输总局负责对所有进口到印尼，以及在印尼生产、组装或改动的车辆进行检验，55/2012号法规要求对车辆进行认证检验和试验，以验证车辆是否满足印尼相关法律法规中规定的汽车技术要求和道路适宜性（Road Worthiness）要求，对于符合要求通过检验的车辆型式，该机关颁发型式批准证书，车辆即可注册进入市场使用。具体的技术要求和认证检验/试验项目包括：①车辆的布置；②车辆的装备；③车辆尺寸；④车身形式；⑤符合车辆实际使用目的的技术设计；⑥车辆载荷；⑦车辆的用途；⑧机动车辆与挂车或铰接式大客车的连接方式；⑨车辆的连接。

具体的道路适宜性要求和认证检验/试验项目包括：①废气排放要求；②噪声要求；③主制动系统的效能；④驻车制动系统的效能；⑤车辆（车轮）侧滑；⑥喇叭声级；⑦前照灯的光照和方向；⑧车辆转弯半径；⑨车速表的精度；⑩车轮性能和轮胎条件的符合性；⑪发动机功率与车辆重量比的符合性。

（三）认证流程

按照有关道路交通和运输的22/2009号法律第50条规定，每一进口到印尼或在印尼生产/组装或改动（对车辆的尺寸、发动机和有效荷载等方面做的改动）的车辆必须进行认证检验/试验，具体步骤为：①由申请者向印尼汽车产品认证检验的主管机关——陆路运输总局（DGLT）递交完整的车辆检验和试验的申请文件；②主管机关审核申请文件后，回复申请者，并安排和指定印尼车辆检验认证中心（VTCC）作为技术服务机构，进行车辆的检验和试验工作；③VTCC将拟定车辆检验和试验的时间，并将此时间通知申请者；④VTCC按照拟定的时间，对车辆抽取样车进行检验和试验，结果由VTCC报送陆路运输总局；⑤对于检验和试验结果符合相关的要求，即通过检验和试验的车辆，陆路运输总局将颁发车辆型式批准证书。对于未能通过检验和试验的车辆，可对未通过检验和试验的项目再次进行检验和试验，但只能重复一次。

（四）技术法规

1. 整车法规

印尼针对汽车产品建立了比较系统的法律与技术法规体系。直接涉及汽车产品认证检验管理的相关法律和法规包括：①有关道路交通和运输的22/2009号法律；②有关车辆的55/2012号法规；③有关机动车辆检验（车辆型式批准）的法规PM33/2018及其修订PM30/2020，电动汽车检验法规PM44/2020及其修订PM86/2020和纯电动车检验法规PM87/2020；④有关车辆道路适宜性限值的63/1993号部令；⑤有关机动车辆定期检验的71/1993号部令。

55/2012号法规是印尼最主要的汽车技术法规，基本囊括了对汽车产品的所有法规要求和项目：①对车辆的分类及其相关术语、定义；②机动车辆应满足的各项技术要求；③机动车辆应满足的各项道路适宜性要求；④机动车辆检验，包括新车的型式认证检验和在用车的定期检验；⑤对车辆检验机构和车辆维修保养车间的要求。

除了55/2012号法规，印尼还针对少部分法规项目的具体要求制定发布了相应的单项技术法规或SNI标准（印尼国家标准）与之相配套，如车辆排放法规、车辆噪声法规、车辆VIN号码等。

具体法规项目如表4、表5、表6所示。

表4　印尼汽车相关法律法规清单

序号	标准号	法规内容
1	Law22/2009	道路交通与运输法
2	Reg55/2012	机动车法规

表 5　印尼汽车相关法令法规

序号	颁布部门	标准号	内容
1	交通部	PM33/2018 PM30/2020	机动车型式试验
2	交通部	PM44/2020 PM86/202	电动车辆物理型式试验
3	交通部	PM87/2020	纯电动车辆物理型式试验
4	交通部	KM63/1993	有关车辆道路适宜性限值
5	交通部	SE. 2/AJ. 307/DRJD/2018	货车货箱的规定
6	交通部	KP. 972/AJ. 502/DRJD/2020	机动车应急响应设备
7	环境部	Decree04/2009P. 20/MENLHK/ SETJEN/KUM. 1/3/2017	新机动车排放标准
8	环境部	P. 56/MENLHK/SETJEN/ KUM. 1/10/2019	关于新机动车噪声限值的规定
9	工业部	80/M-IND/PER/9/2015	强制实施印尼玻璃国家标准
10	工业部	76/M-Ind/Per/9/2015	强制实施印尼轮胎国家标准
11	工业部	113/M-IND/PER/12/2012	强制实施 M、N、O 和 L 类机动车轮辋的印尼国家标准
12	工业部	工业部 2018 年第 15 号法规	强制实施印尼音视频设备国家标准
13	工业部	工业部 2018 年第 25 号法规	强制实施印尼润滑油国家标准
14	通信与信息部	通信与信息部 2018 年第 16 号法规	对电信工具和/或设备认证规定
15	通信与信息部	通信与信息部 2019 年第 1 号法规	关于类别许可的无线电频谱使用规定
16	通信与信息部	通信与信息部 2019 年第 161 号法规	短程通信设备技术要求
17	通信与信息部	通信与信息部 2020 年第 3 号法规	汽车短程雷达要求
18	通信与信息部	通信与信息部 2018 年第 13 号法规	印度尼西亚的无线电频谱分配表
19	通信与信息部	通信与信息部 2021 年第 11 号法规	国外电信工具和/或设备认证测试认可
20	通信与信息部	通信与信息部 2015 年第 27 号法规	基于长期演变（LTE）技术标准的电信设备和/或设备的技术要求

表 6 印尼汽车相关标准清单

序号	标准号	内容
1	SNI6700-2012	机动车内胎
2	SNI09-1411-2000/Rev.89	机动车 VIN 号码
3	SNI0098-2012	乘用车轮胎
4	SNI0099-2012	商用车轮胎
5	SNI0100-2012	轻型卡车轮胎
6	SNI15-0048-2005	机动车钢化玻璃
7	SNI15-1326-2005	机动车夹层玻璃
8	SNI1896:2008	M、N 和 O 类机动车轮辋
9	SNI7406:2008	座椅、固定点及头枕
10	SNI09-4097:1996	安全带组件
11	SNI09-1266:1989	信号装置
12	SNI7520:2009	M、N、O 类车辆的雨刮器
13	SNI09-4015:1996	机动车辆安全带织带技术规范和试验方法
14	SNI09-4410-1997	机动车辆儿童约束系统
15	SNI09-1482:1989	机动车辆牌照板位置
16	SNI04-6253-2003	车载音频 & 视频（车载显示器、便携式音视频播放器、光碟播放器、车载收音机、音频功放等）
17	SNI7069.1:2012	四冲程汽油发动机润滑油
18	SNI79.6:2017	传动齿轮润滑油
19	SNI79.7:2017	自动变速箱润滑油
20	SNIC0038-2009	汽车铅酸启动电池
21	SNI270.1:2009	M&N 类机动车辆后视镜

具体的，印尼法规项目包括排放、安全、油耗、燃料四个方面。

（1）排放管理特点

印尼环保部专门针对汽车产品制定了排放法规（见表7），并作为 55/2012 号法规的配套法规，由陆路运输总局将其引入整车型式认证体系中，法规号为环保部部令 04/2009 号及 P.20/MENLHK/SETJEN/KUM.1/3/2017。印尼目前实施的是欧四阶段排放法规（对应 ECER83-05），油品依然是较大障碍。

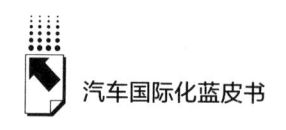

表7 印尼排放法规要求

单位：%

使用燃料	车辆类别		CO	HC	NOx
汽油和LPG/CNG	车辆总重≤2.5t的M1类车辆		1.0	0.1	0.08
	车辆总重>2.5t的M类车辆和车辆总重≤3.5t的N1类车辆	Class1（RM≤1305kg）	1.0	0.1	0.08
		Class2（1305kg<RM≤1760kg）	1.81	0.13	0.1
		Class3（RM>1760kg）	2.27	0.16	0.11

使用燃料	车辆类别		CO	NOx	HC+NOx	PM
柴油	车辆总重≤2.5t的M类车辆		0.5	0.25	0.3	0.025
	车辆总重>2.5t的M类车辆和车辆总重≤3.5t的N类车辆	Class1（RM≤1305kg）	0.5	0.25	0.3	0.025
		Class2（1305kg<RM≤1760kg）	0.63	0.33	0.39	0.04
		Class3（RM>1760kg）	0.74	0.39	0.46	0.06

（2）安全管理特点

印尼汽车整车认证技术法规中对车辆安全的要求较低。在车辆技术要求方面仅仅规定了车辆应配备的一些基本安全部件和配件，如安全带、备胎、三角警告牌、千斤顶、急救箱等；在车辆的道路适宜性要求方面仅仅规定了车辆的制动效能、车轮（前轮）侧滑、喇叭声级、前照灯的照度和对正、轮胎的最小花纹深度、转弯半径等。在印尼的零部件认证体系中，则对相应的涉及安全的零部件提出了较为详细的要求。

（3）油耗管理特点

印尼没有制定标准或法规对汽车油耗进行控制。相反，印尼政府多年来实施的对车用汽油、柴油的补贴政策加剧了汽车对燃油的消耗；印尼政府曾经尝试取消对车用汽油、柴油的补贴，但都因民众的反对而失败。目前，车用汽油、柴油政府补贴的政策弊端已越来越多，政府财政也不堪重负，因此取消该政策的呼声越来越高；印尼政府曾制定政策，鼓励出租车和公交车改装使用CNG燃料。印尼物产丰富，是世界上最大的棕榈油生产国，发展车用生物燃料（柴油）具有优势，印尼正在开展这方面的研究。

（4）燃料管理特点

印尼市场对汽油、柴油没有特别的偏好，但在产品构成中，轿车和轻型乘用车仍是以汽油车为主，只有较大型的 MPV 和 SUV 使用柴油。近年来，国外公司开始将柴油轿车引入印尼市场，柴油轿车的份额有所扩大；印尼政府多年来一直同时对车用汽油和柴油实施补贴政策，使得印尼的汽油、柴油价格比其他邻近的东盟国家要低。这在一定程度上成为刺激汽车销售和使用的因素；印尼政府曾经对某些车型，鼓励使用 CNG 燃料。

2. 汽车零部件认证项目

（1）SNI 认证项目

印尼除了针对汽车整车产品建立起以认证检验为主的市场准入管理体制外，还针对汽车的部分零部件产品建立起强制性认证制度；汽车零部件产品强制认证在管理上属于印尼工业部的职权。印尼工业部对国民经济各行业涉及安全、环保的产品建立起强制性认证制度，采用印尼国家标准（即 SNI 标准），对产品进行强制性认证（SNI 认证），符合标准要求，通过认证的产品将打刻 SNI 认证标志。

目前已经强制进行认证的汽车零部件产品包括：①安全玻璃；②轮胎；③车轮轮辋；④车载音视频装置；⑤车载润滑油。印尼将要强制进行认证的汽车零部件产品包括：①制动系统；②后视镜；③安全带；④座椅；⑤蓄电池。

（2）SNI 认证流程

①进口商向 SNI 认证机构提出申请；②印尼审核员来中国工厂审核并抽取测试样品；③工厂寄送样品到印尼实验室；④实验室测试样品并通过，报告由实验室转交给认证机构；⑤认证机构颁发证书。

（3）SNI 认证特殊要求

①SNI 证书有效期为四年；②若工厂通过 SNI 认证后，需增加型号规格，样品须由审核员再次到工厂抽取，不允许工厂自己寄送到印尼实验室；③不参加年审的情况下，印尼认证机构有权吊销证书。

（4）SNI 认证特别注意事项

①申请认证的商标需在印尼相关部门进行商标注册；注册时间为 2~3 年（注册期间不影响销售），不能与已经注册的商标同名。整车不强制，但零部件必须注册商标。②若商标不是工厂所有，工厂需与商标持有人签署 MOU 协议。③部分认证机构要求工厂与印尼进口商签署产品责任书。④按照最新印尼法规要求，进口商需要提供 API。⑤申请 SNI 认证的大部分资料需翻译成印尼语。

3. 印尼通信设备许可认证（原 SDPPI，现改为 DJID）

根据印尼通信与信息部发布的法规规定，在印尼交易使用的被制造、组装或配入的所有通信设备/工具必须满足技术要求，通过认证获得证书。通信设备/工具包括：蓝牙；10 毫瓦以下发射功率的通信设备/工具；射频识别（RFID）；近场通信（NFC）；IEEE802.15.4 无线个人局域网（WPAN）；智能交通系统；其他通信设备/工具（多媒体、DSRC/车载雷达等）。

DJID 认证相关：①认证有效期 3 年，根据 2025 年的最新规定，SDPPI 认证到期后不再进行续期，而是需要按照新型号重新认证。②SDPPI 认证认可部分非印尼本地的测试机构，2025 年 2 月 18 日，DJID 发布编号为 B - 229/DJID.3/SP.04.06/02/2025 的公告，确认了新的外国测试实验室清单，有效期至 2026 年 12 月 31 日。

三 马来西亚

马来西亚建立了自己的汽车市场技术法规和认证体系，其市场准入制度通常要求遵守特定的技术法规，这些法规通常委托给政府机构，以确保市场上汽车产品的安全、质量和环保性能。马来西亚积极发展汽车工业，并加入联合国世界车辆法规协调论坛（WP.29），可以颁布 E52 认证证书。

马来西亚的汽车主管部门是陆运交通局（JPJ），负责实施车辆型式批准（VTA）制度，颁发 E52 的 ECE。车辆型式认证（VTA）是在马来西亚销售车辆所需的首批认证之一，VTA 是在完成车辆登记之前对所有车型进行认证的程序，这是为了确保车辆的编号、尺寸、重量、构造特征和规格符合1987年《道路运输法》和《道路运输规则》规定的要求。为了确保程序顺利和透明度，马来西亚政府成立"国家车辆型式批准和认证委员会"（NCTAH），对每项VTA申请进行评估，以确保车辆符合所有要求。

公司需要填写申请表，并让车辆通过一系列测试，测试通常由陆运交通局开展，包括对安全带固定装置、照明部件、三角警示牌、喇叭等部件进行物理检查，甚至对脚控制装置的布置进行检查。该机构还将在公共道路和受控测试环境中测试道路适应性，以确保车辆上的电子稳定控制、制动器和其他安全功能等系统正常工作，还对车辆排放进行测试，以确保车辆符合环境法规标准。

获得批准后，需要进行生产一致性（COP）认证，以确保制造的车辆始终符合批准的规范和标准。生产一致性认证不仅在马来西亚很重要，对国际上大多数国家而言都很重要，因为它确保每一件制成品都符合标准。

在进口车辆的排放要求方面，从其他国家进口汽车和零部件到马来西亚时，有一些关于排放的特殊规定。在马来西亚，排放要求由环境部管理，重型车辆的排放标准使用欧洲汽车尾气排放第五代标准，进口车辆和零部件也必须符合《环境质量法》，该法可确保车辆或零部件的质量，特别是在排放方面，因为欧五规定的硫含量明显低于其先前版本。

在进口整车和零部件的环保要求方面，当国外汽车及零部件进入国内市场时，汽车进口产品在近期的回收方面即将面临一定的要求。马来西亚计划在2025年前实施使用报废车辆管理政策，目前尚未有明文规定。

（一）主管机构及其职责

在马来西亚，有一些政府机构负责监管汽车行业。其中一个重要的政府机构是国际贸易与工业部（MITI）。MITI在制定和实施包括汽车行业在内的各个行业相关政策方面发挥着核心作用，目标是促进工业发展、提高竞争力和吸引投资。它们还负责监督与汽车行业相关的政策和举措。

马来西亚汽车、机器人和物联网研究所（MARii）是 MITI 下属机构，更专注于汽车行业的发展。运输部（MOT）负责发展和管理马来西亚交通运输部门，其中包括监督任何与道路运输和安全有关的政策。马来西亚陆运交通局（JPJ）隶属于马来西亚运输部，负责与道路运输、车辆登记、道路安全、车辆检查相关的大部分工作。JPJ 管理车辆登记和许可，执行交通法规，并通过检查确保道路车辆符合安全和监管标准。此外，马来西亚标准局（DSM）是马来西亚的国家标准制定机构。该机构的目的是发展、促进和维护各个行业标准，包括汽车行业标准。DSM 还负责制定技术标准和认证要求。环境部（JAS）负责监管汽车污染、噪声等。

马来西亚国家型式批准委员会委员分别由马来西亚运输部（MOT）及下属陆运交通局（JPJ）、马来西亚标准与工业研究院（SIRIM）、马来西亚国际贸易与工业部（MITI）、马来西亚环境部（JAS）、马来西亚标准局（DSM）、马来西亚道路安全研究所（MIROS）、马来西亚海关（KDRM）及马来西亚国内贸易部等人员组成（见表8）。

表8 马来西亚各政府部门职责

部门	职责
马来西亚运输部（MOT）	制定和实施陆运、物流、海运、航空政策；规划和执行陆上运输、物流、海运和航空基础设施项目；引领全国运输系统的一体化
马来西亚标准与工业研究院（SIRIM）	为马来西亚专门负责产品认证的机构（大部分为自愿性认证，也有少部分为涉及安全、环保领域的强制性认证），通过 SIRIM 认证的产品粘贴 SIRIM 认证标签，表示产品满足马来西亚相关的标准要求
马来西亚国际贸易与工业部（MITI）	主要负责国际贸易与工业（包括汽车产业）发展，包括战略规划、具体的管理、监督和相关立法工作，马来西亚的汽车产业政策即由该部门负责制定发布
马来西亚环境部（JAS）	涉及汽车的污染与噪声的控制
马来西亚标准局（DSM）	负责对进口产品实施 SIRIM 认证办理和马来西亚认证标准化管理

续表

部门	职责
马来西亚道路安全研究所（MIROS）	主要针对车辆（主要包括汽车、摩托车）使用的安全性（包括道路交通事故）进行调查、研究和分析工作，为政府主管部门制定相关政策和标准、技术法规提供技术支持和相关建议，同时开展车辆安全的相关宣传、培训工作
电脑验车中心（PUSPAKOM）	马来西亚的车辆检验机构，被马来西亚政府授权开展《道路运输法》中规定的强制性车辆检验工作
马来西亚海关（KDRM）	负责实施国家间接税政策的政府机构
马来西亚国内贸易部	主管国内贸易、合作社、消费主义、加盟连锁、公司、知识财产、经济竞争力、货品管制、价格管制、层压式推销、消费者保护和商人的联邦政府部门

在马来西亚，监督车辆型式认证（VTA）证书的委员会由多个政府和私营机构担任主席。与VTA关系密切的最具影响力的机构是马来西亚陆运交通局。JPJ作为运输部下属机构，负责监督该国交通的各个方面，具体负责汽车产品准入管理，是执行车辆技术法规、负责车辆和驾驶员注册的政府机构，并代表马来西亚参与联合国WP.29相关国际法规协调工作。JPJ牵头，与其他汽车产业及汽车产品管理相关部门成立"马来西亚国家型式批准委员会"，委员会主席由马来西亚陆运交通局司长担任，秘书处设在陆运交通局汽车工程处。马来西亚国家型式批准委员会负责进入马来西亚市场新车的审批工作，参加WP.29协调工作，履行联合国《1958年协定书》和《1998年协定书》缔约方的相关义务与职责，是马来西亚公路运输相关业务的首要执行机构。

（二）认证基本流程

在马来西亚，每辆汽车，包括车辆组件组装，都要经过某种检查和评估过程，由陆运交通局确认车型安全。如前所述，在车辆获准注册之前，首先需要申请车辆型式认证证书。

申请VTA的程序需要20个工作日到一个月。首先，在开始任何检查之前，车辆制造商应提交 VTA 申请以及由联合国认可的技术服务机构发布的或由批准机构发布或批准机构见证的所有相关测试报告。马来西亚陆运交通局依据这些文件对车辆进行核实和实物检查，以确保其符合规定的联合国法规。该测试涵盖各种部件测试、车辆在公共道路上的行驶性能、车辆排放和其他专业设备性能测试。

车辆的零部件进入马来西亚市场之前，必须申请另一项认证，即部件型式认证（CTA），该认证也完全符合 UN ECE 法规和 1987 年《道路运输法》以及国家型式认证委员会监督的道路运输规则。CTA 的目的是监测马来西亚海关令中公布的每一个零部件，使之满足一些要求和标准。根据 VTA 的申请，其通常在电脑验车中心（PUSPAKOM）进行检查，并将一些检查外包给其他机构。

车辆型式批准的生产一致性旨在确保出厂车辆的规格与通过批准的车型规格一致。车辆重新检验将在工厂或申请人指定的授权经销商处随机或定期进行。如果已通过批准的车型规格出现变更，包括安装配件，申请人必须通知陆运交通局，否则可能会导致生产一致性不通过，并产业以下后果：撤销车辆型式批准认证；禁止车辆登记；根据 1987 年《道路运输法》的第 12 条和第 117 条处以罚款。

生产一致性的实施频率如表 9 所示。

表 9 生产一致性实施频率

年度车辆总产量（包括散件、半散件和整车）	生产一致性实施频率
1000 辆及以下	每两年一次
1000 辆以上	1 年一次

生产一致性适用于自 2015 年 1 月 1 日起获得车辆型式批准证书的新车型或现有车型（包括散件、半散件和整车）；自 2015 年 1 月 1 日起，每个制造商必须申报已获得车辆型式批准的每种车型年产量，以方便部门执行生产一致性流程。

（三）技术法规

马来西亚为联合国 WP.29《1958 年协定书》缔约方，认可所有满足该协定书框架下的 ECE 法规，马来西亚运输部有资质颁发 E52 证书，承认已经获得 ECE 型式批准的汽车零部件和系统认证，可直接进入马来西亚市场。马来西亚已将联合国的规定整合到现有的交通法规中，即《道路运输法》。

B.32 欧亚经济联盟汽车准入管理制度和技术法规分析

马洁 马魁基 曹也 胡祥*

摘　要： 欧亚经济联盟五国，对汽车产品实施统一的认证制度——EAC认证，本报告主要介绍其车辆认证流程、相关法规条目。欧亚经济联盟制定了自己的车辆技术法规体系TPTC018/2011《关于轮式车辆的安全性技术法规》，其中既包括俄白哈等成员国原有的国家标准，也引用或参考借鉴了联合国标准、全球技术法规标准、欧盟技术法规、ISO标准等。

关键词： 欧亚经济联盟　EAC认证　技术法规

欧亚经济联盟（EAEU）又称欧亚经济委员会，成立于2015年，成员国包括俄罗斯、哈萨克斯坦、白俄罗斯、吉尔吉斯斯坦和亚美尼亚。欧亚经济联盟五国成立了成员国之间的自由贸易区，采用统一的海关关税、统一的贸易规则和统一的技术标准。

欧亚经济联盟的主要机构包括欧亚经济联盟最高理事会、欧亚经济委员会、欧亚经济联盟法院：①欧亚经济联盟的主要决策机构是欧亚经济联盟最高理事会，由各国总统组成，负责顶层设计、规划联盟发展方向并及时解决重大分歧；②欧亚经济联盟常设的超国家执行机构是欧亚经济委员会，下辖

---

* 马洁，主管工程师，长城汽车股份有限公司技术中心法规政策高级研究员；马魁基，重庆长安汽车股份有限公司法规认证高级经理；曹也，硕士，高级工程师，中汽研华诚认证（天津）有限公司产品认证部副部长；胡祥，硕士，工程师，中汽研汽车检验中心（天津）有限公司国际业务经理。

各分支机构，其中针对标准法规制度的主管机构为技术法规部门；③欧亚经济联盟的常设司法机关是欧亚经济联盟法院，金融机构是欧亚开发银行。

一 欧亚经济联盟实施统一的产品认证批准制度

欧亚经济联盟对各类产品实施统一的认证制度，因为其执行的法规是海关联盟技术法规，简称 CU-TR 认证，其统一标志为 EAC（EurAsian Conformity），因此该认证也常被称为 EAC 认证。CU-TR 认证或 EAC 认证是欧亚经济联盟内强制进口和销售产品的通行证。

欧亚经济联盟五国分别有各自的认证主管部门，分别是俄罗斯联邦内政部—联邦技术法规和计量局、哈萨克斯坦共和国内政部—投资和发展部、白俄罗斯共和国国家标准化委员会、亚美尼亚共和国运输通信和信息技术部—运输检查局、吉尔吉斯共和国国家环境和技术安全监察局。

欧亚经济联盟委员会下辖的技术法规部门颁布统一的技术法规，并发布相应的认证程序，所有进入欧亚经济联盟的产品均需根据认证程序满足技术法规。目前，欧亚经济联盟制定了 49 项技术法规，认证范围已广泛覆盖车辆、食品、电器、儿童用品、运输、化学品、轻工业品等领域（见表1）。

表1 欧亚经济联盟法规

法规编号	欧亚经济联盟技术规范名称
TPTC001/2011	关于铁路机车车辆的安全性技术法规
TPTC002/2011	关于高铁运输安全的安全性技术法规
TPTC003/2011	关于高铁运输地面设施的安全性技术法规
TPTC004/2011	关于低电压设备的安全性技术法规
TPTC005/2011	关于包装的安全性技术法规
TPTC006/2011	关于烟花爆竹产品的安全性技术法规
TPTC007/2011	关于青少儿用品的安全性技术法规
TPTC008/2011	关于玩具产品的安全性技术法规
TPTC009/2011	关于美容化妆品的安全性技术法规
TPTC010/2011	关于机械设备的安全性技术法规

续表

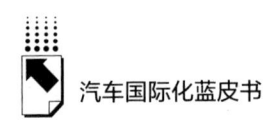

法规编号	欧亚经济联盟技术规范名称
TPTC011/2011	关于电梯的安全性技术法规
TPTC012/2011	关于爆炸环境中使用的设备安全性(防爆产品)技术法规
TPTC013/2011	关于对汽车和航空用汽油、柴油、船舶燃料、喷气式发动机燃料和重油的安全性技术法规
TPTC014/2011	关于机动车道的安全性技术法规
TPTC015/2011	关于粮食的安全性技术法规
TPTC016/2011	关于使用气体燃料的设备安全性技术法规
TPTC017/2011	关于轻工业品的安全性技术法规
TPTC018/2011	关于轮式车辆的安全性技术法规
TPTC019/2011	关于个人防护用品的安全性技术法规
TPTC020/2011	电磁兼容安全性技术法规
TPTC021/2011	关于食品的安全性技术法规
TPTC022/2011	关于食品标签的技术法规
TPTC023/2011	关于果蔬汁产品的安全性技术法规
TPTC024/2011	关于油脂产品的安全性技术法规
TPTC025/2011	关于家具产品的安全性技术法规
TPTC026/2011	关于小型船舶的安全性技术法规
TPTC027/2011	某些类型专业食品的安全性,包括膳食治疗和膳食预防营养技术法规
TPTC028/2011	关于爆炸物及基于爆炸物的产品安全性技术法规
TPTC029/2011	关于食品添加剂、香料和加工助剂的安全性技术法规
TPTC030/2011	关于润滑剂、润滑油及特殊油液的安全性技术法规
TPTC031/2011	关于农林业用拖拉机及拖车的安全性技术法规
TPTC032/2011	关于承压设备的安全性技术法规
TPTC033/2011	关于牛奶及乳制品的安全性技术法规
TPTC034/2011	关于肉类食品的安全性技术法规
TPTC035/2011	关于烟草制品的安全性技术法规
TPTC036/2011	关于液化石油气燃料的安全性技术法规
TPTC037/2011	关于电子电气设备中有害物质使用限制的安全性技术法规
TPTC038/2011	关于娱乐设施的安全性技术法规
TPTC039/2011	关于矿物肥料的安全性技术法规
TPTC040/2011	关于鱼类及鱼产品的安全性技术法规
TPTC041/2011	关于化工产品的安全性技术法规
TPTC042/2011	关于儿童游乐场设备的安全性技术法规

续表

法规编号	欧亚经济联盟技术规范名称
TPTC043/2011	关于消防安全及消防设备的技术法规
TPTC044/2011	关于瓶装天然矿泉水和包装饮用水的安全性技术法规
TPTC045/2011	关于为运输和(或)使用而准备的油品的安全性技术法规
TPTC046/2011	关于为运输和(或)使用而准备的可燃气的安全性技术法规
TPTC047/2011	关于酒精饮料的安全性技术法规
TPTC048/2011	关于用电设备能效的技术法规
TPTC049/2011	关于输送液态或气态碳氢化合物管道的安全性技术法规

欧亚经济联盟 TR 技术法规证书包括两种：符合性声明和合格证书。

符合性声明：由俄白哈海关联盟认证机构参与的基础上对自己产品的合格声明，目前强制性清单中 90% 以上的产品都需要 CU-TR 符合性声明证书，该证书只能由国外客户作为持证人。申请需要提供国外客户的贸易合同和营业执照，可以免于样品测试和工厂审核。

合格证书：由俄白哈海关联盟统一认证注册的认证机构和检测实验室（中心）签发合格证书，该证书任何客户都可以申请。海关联盟 CU-TR 证书的有效期分为好几种，包括单批次产品认证证书、1 年期证书、3 年期证书、5 年期证书。除了单批次证书外，其余都要进行工厂审核。其中的 5 年期证书审核要求最高，要求企业同时具备俄罗斯的 ISO9001 认证证书。

TR/EAC 认证的标识为"ЕвразийскоеСоответсвие"。根据欧亚经济委员会在 2011 年 7 月 15 日发布的第 711 号决定对符合技术法规的产品标识做了统一，为方形 EAC 样式，大小尺寸由制造商和进口商自行决定，但不得小于 5mm。

单批次证书需要提交独联体国家签署的供货合同；1 年及以上有效期证书称为连续性证书，可以在有效期内多次出口，需要认证机构专家进行工厂审核，生产工厂必须具有 ISO 9001 体系证书。资料清单如下，且以下资料

必须提交俄文：填写俄白哈海关联盟 CU-TR 申请表；产品用途描述；ISO9001 证书；总装图或技术图纸；操作手册或使用说明书；其他认证证书和相关测试报告（如 CE 证书、CB 证书）；产品照片或宣传彩页；测试报告和出厂合格证；营业执照；申请人的营业执照和税务登记证明，供货合同；产品海关代码。

TR 的申请人必须是欧亚经济联盟境内企业，中国制造商作为制造厂家需体现在证书上。欧亚经济联盟的认证申请流程如下。

①向认证机构提供申请，内附申请人名称及详细信息、车辆型号及之前车辆型号许可书的资料。针对每一个车辆型号向认证机构提交申请，申请中附上 TPTC018/2011 轮式车辆技术法规附件 No.12 清单所列的文件。

②认证机构在 15 日内提交对申请的受理结论，同申请方签订工作执行合同，包含认证的可能性及完整的资料、为获得全部资料需要进行的实验的必要性、对生产条件进行检查的必要性及时间。

③受委托的实验室对车辆（底盘）样品进行鉴定，附有由制造商编制、受委托实验室进行的认证试验技术说明，编制备忘录。

④依据 TPTC018/2011 轮式车辆技术法规对制造商的生产进行考察。

⑤认证机构登记合格申请单，制作车辆符合 TPTC018/2011 轮式车辆技术法规附件 No.2、No.3 及 No.6 中的单独规定的合格证书并颁发给申请方。

⑥车辆（底盘）符合办理认证时施行的 TPTC018/2011 轮式车辆技术法规的条件下，认证机构在完成第③、⑤条后，准备车辆可能通过型号许可的结论文件。

⑦认证机构办理车辆型号许可（底盘型号许可）手续。

⑧被授权欧亚经济联盟成员国国家管理机关确认并登记车辆型号许可手续。

⑨认证机构在车辆型号许可有效期内对车辆是否符合 TPTC018/2011 轮式车辆技术法规进行检验。

二 欧亚经济联盟汽车技术法规体系

(一)欧亚经济联盟汽车技术法规和项目

欧亚经济联盟制定了统一的技术法规来规范市场准入的管理,欧亚经济联盟委员会第 877 号决议确定了认证项目依据《关于轮式车辆的安全性技术法规》来执行。该法规确定了欧亚经济联盟整车认证项目,规定了具体认证流程、相关法规、成员国法规标准等条目,其中既包括俄白哈等成员国原有的国家标准,也引用或参考借鉴了联合国标准、全球技术法规标准、欧盟技术法规、ISO 标准等。

该项法规由俄罗斯工贸部作为主要责任人进行设计和制定,白俄罗斯工业部和哈萨克斯坦内务部作为辅助责任人进行协助。由此可以看出俄罗斯在欧亚经济联盟中的主导位置。作为该项技术法规的主要制定者,俄罗斯基本将本国标准中的技术法规进行了沿袭,该项法规基本承袭了俄罗斯汽车型式批准技术法规的主要内容。而俄罗斯本身的技术法规框架又在相当多的地方借鉴和参考欧盟的整车型式批准框架性技术法规 2007/46/EC,因此在整体的机构和内容上欧亚经济联盟轮式车辆技术法规与欧盟型式批准框架有很多共通和相似的地方。

《关于轮式车辆的安全性技术法规》附件中详细列出了整车产品及零部件产品进入欧亚经济联盟市场需满足的技术要求。单项零部件和系统绝大多数都是直接采用 ECE 汽车技术法规,只有少数 ECE 技术法规体系中没有覆盖的项目,单独采用俄罗斯的 GOST-R 标准或独联体国家中通用标准 GOST 来约束,具体的法规项目如表 2 所示。

表 2 俄罗斯 GOST 标准法规项目

法规项目	法规号 TP TC 018/2011 附录 3
驾驶室内部噪声	
乘客舱与驾驶舱内有害物体含量	

续表

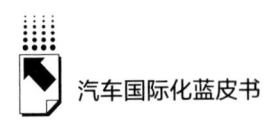

法规项目	法规号 TP TC 018/2011 附录 3
车辆限重要求	
前视野	
操控性和稳定性	
通风与供暖	
乘用车风挡玻璃除霜除雾系统	
乘用车风挡玻璃清洗系统	ГОСТР52031-2003、ГОСТР52032-2003
护轮板/防飞溅装置	ГОСТР52853-2007
残疾人用车附加要求	

上述项目是 ECE 汽车技术法规体系中的缺项，尽管针对有些项目欧盟的汽车技术法规体系中具备相应法规要求，但由于历史、政治、意识形态原因，以俄罗斯为代表的欧亚经济联盟是不接受欧盟技术法规和认证批准的。俄罗斯只是完全接受联合国 ECE 汽车技术法规，因为俄罗斯是联合国 WP. 29 的主要成员，并长期担任 WP. 29 的主席和副主席，因此俄罗斯对 ECE 法规具有话语权。但是对于欧盟的技术法规，尽管技术上与 ECE 法规一致性很大，但由于俄罗斯不参与制定，因此一般对欧盟法规不认可。

（二）俄罗斯特殊要求法规《车辆强制安装卫星定位和紧急呼叫系统》

欧亚经济联盟于 2017 年 1 月 1 日就开始强制执行关于紧急呼叫系统的法规要求。近些年，紧急呼叫系统也逐渐成为国际社会推动车辆安全的一项重要举措，各国相继推出强制认证要求：欧盟于 2018 年 3 月 31 日推出强制性要求，日本 2019 年将紧急呼叫系统要求纳入 J-NCAP 评价中，阿联酋于 2021 年 1 月 1 日开始强制性施行。

该项法规是基于俄罗斯 GLONASS 卫星系统的车辆卫星定位和紧急呼叫系统来制定的，旨在针对车辆发生重大交通事故时，保证车辆的信息及时通过卫星定位和通信系统传送出去，使得相关部门能及时调派救助车辆和人员前往施救，最大限度地抢回施救时间，保障消费者生命安全。涉及 GLONASS 紧急呼叫系统的技术要求包括整车和系统的技术要求两部分（见表3）。

表3　涉及 GLONASS 紧急呼叫系统的技术要求

技术要求	文件名	文号
整车	《全球导航卫星系统道路事故应急系统车载装置/系统碰撞检测特性的试验方法》	GOST33469/GOSTR55532
	《机动车辆在翻车时自动触发紧急呼叫系统的试验方法》	GOST34003
系统	《紧急呼叫系统一般技术要求》	GOST33464-2023
	《全球导航卫星系统卫星导航设备配备 M 和 N 类轮式车辆一般技术要求》	GOST33472-2023
	《测试紧急呼叫装置/系统是否符合电磁兼容性、抗气候和机械影响要求的方法》	GOST33466-2023
	《全球导航卫星系统事故应急响应系统紧急服务呼叫和数据传输协议设备/系统的功能测试方法》	GOST33467-2023
	《全球导航卫星系统道路交通事故应急响应系统车载紧急呼叫装置/系统无线通信模块的测试方法》	GOST33470-2023
	《全球导航卫星系统事故应急响应系统紧急呼叫系统设备/系统导航模块的测试方法》	GOST33471-2023
	《全球导航卫星系统用于装备轮式车辆的卫星导航设备功能测试方法》	GOST33473-2023

B.33
海湾汽车准入管理制度分析

竹沁仪 马群 苏有祥 刘永杰*

摘　要： 海湾国家针对汽车产品建立统一的市场准入认证制度——GCC认证制度，所有汽车产品获得GCC一致性证书，才能进入海湾七国的市场，而且在海湾七国无须再进行单独的认证和批准。GCC认证主要依据海湾阿拉伯国家合作委员会标准化组织（GSO）制定的GSO标准，GSO标准很大部分参考了欧洲ECE/EEC和美国汽车技术法规体系，总体技术要求不是太严。

关键词： 海湾国家　GCC认证　GSO标准

为推动海湾地区贸易与经济一体化进程，海湾地区7个国家共同组建了海湾阿拉伯国家合作委员会（GCC）。1981年5月25日，GCC在阿联酋的阿布扎比正式宣告成立，成员国包括阿联酋、巴林、沙特阿拉伯、阿曼、卡塔尔、科威特以及也门。GCC的总秘书处设立于沙特阿拉伯首都利雅得，其最高权力机构是最高理事会，由各成员国的元首共同构成，主席一职由各国元首依序轮流担任，每届任期为一年。海湾七国在政治、经济体制方面存在诸多相似之处，王室之间联系紧密，在政治、经济、外交以及国防等多个关键领域都有着共同的利益诉求，是中东地区极具影响力的政治经济组织。

---

* 竹沁仪，工程师，杭州亚锐标准技术服务有限公司，海湾GCC认证专家；马群，高级工程师，襄阳达安汽车检测中心有限公司海外法规项目专项课题攻关技术官；苏有祥，硕士，万维检验认证集团有限公司独联体区域总经理EAC认证专家；刘永杰，硕士，工程师，中汽研汽车检验中心（天津）有限公司国际业务研究员。

GCC借鉴欧盟模式,旨在构建一个海湾国家联盟,实现经济成果、法律法规等资源的共享,共同拟定贸易规则,以此降低贸易成本。

1982年,GCC设立了标准化与计量组织,该组织在统一并协调海湾七国的标准和法规制定、实施工作中,发挥着举足轻重的作用。GCC的一项关键工作,便是制定适用于汽车产品的统一标准,并依据这些标准,对汽车产品实施GCC标准化与计量组织的认证批准制度。由于汽车产品海湾标准在海湾七国具有强制执行力,简称GSO标准或法规。这意味着,在海湾七国制造、销售以及使用汽车产品,首要前提是必须符合海湾汽车标准的要求。沙特阿拉伯作为海湾地区面积最大的国家,也是最大的汽车产品生产国与消费国,海湾汽车标准的制定和沙特阿拉伯汽车标准(SSA)的制定关联紧密。实际上,海湾标准基本以沙特阿拉伯标准为基石,大多数海湾标准最初源于沙特阿拉伯标准,通常先在沙特阿拉伯国内推行,待实践成熟后,再上升为整个海湾地区通用的标准。

为进一步推动海湾七国共同市场的蓬勃发展,2003年12月,海湾合作委员会进行组织机构的调整与变革,成立标准化组织——海湾阿拉伯国家合作委员会标准化组织(GSO),简称"海湾标准化组织"。自此,海湾地区统一的技术法规、海湾标准以及产品合格评定规程的制定与实施工作,均由GSO负责。GSO的总部同样位于沙特阿拉伯首都利雅得,并且GSO还是IEC、ISO、OIML等国际标准化机构的成员。

一 海湾地区统一的汽车技术法规体系及项目

GSO承担着GCC汽车产品标准的制定职责,全面履行GSO标准的制定工作。在构建标准体系时,GSO主要借鉴了国际上广泛应用的汽车技术法规体系,其中,欧洲ECE/EEC和美国汽车技术法规体系占据主导地位,仅有少量项目参考了国际标准(即ISO标准)。整体而言,GSO标准的技术要求并非很严格。然而,鉴于海湾国家独特的气候、地理环境以及道路状况,GSO在部分领域制定了特殊且严格的要求。例如,在车辆散热器、

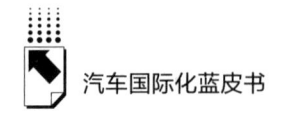

滤清器、蓄电池、悬架以及轮胎等方面，标准设定了较高的要求，以此确保车辆能够在高温、多风沙、路况不佳以及潮湿等恶劣条件下实现长期稳定运行。

海湾地区汽车及零部件技术法规体系有个显著特点，即标准并非一成不变的，会不定时进行修改与更新。GSO针对海湾地区汽车产品市场准入的汽车技术法规项目清单，会在每个车型年份加以调整，并于每年年末对外发布。目前，最新的技术法规清单是面向2025款车型颁布的第三版，版本编号为MV2025MY-D3。

二 海湾地区汽车产品认证流程

作为海湾共同市场标准和法规制定与实施工作的主管机关，海湾阿拉伯国家合作委员会针对汽车产品建立了比较完善的、统一的市场准入认证制度，在管理上日趋严格，所有汽车产品必须通过GCC认证，获得GCC一致性证书（或称之为符合性证书），才能进入海湾七国市场，而且在海湾七国无须再进行单独的认证和批准。根据海湾标准化组织2004年10月12日在科威特部长会议上做出的决定，自2005年1月1日起，GSO依照相关海湾标准对机动车辆及轮胎产品进行检验并颁发GCC证书。GCC证书也是制造商的自主声明书，声明其机动车或零部件产品符合相关的海湾技术法规，经GSO签署批准后方才有效，被核准的GCC证书在所有GCC成员国内有效，相应的汽车产品可以销往任意成员国。

GCC认证所管理的产品涵盖整车与轮胎。其中，整车包括乘用车、MPV、卡车、客车、挂车等，不包括纯电动汽车；轮胎则涵盖乘用车轮胎以及卡车轮胎。GCC整车证书的有效期，从GSO计划生产的月份，截止到证书申请的车型年份的年末，不过此有效期最长不得超过18个月。在证书到期之前，可申请下一车型年份的延期。而轮胎证书的有效期，为自证书批准之日起12个月，到期前同样能够申请延期，每次延期时长为一年。

2008年9月，为缩短GCC证书申请的评估时间，降低因通信和邮递产生的费用，GSO 引入电子申请提交系统 ECCS。自 2009 年 1 月起，正式启用电子一致性认证方案。该系统支持厂家在线注册账户，完成证书申请表格的填写，以及资料和测试报告的上传。同时，GSO 能够通过网络，将评估审核结果反馈给厂家。当前，所有申请 GCC 证书的整车企业，都必须提前注册申请 ECCS 账户。申请账户时，需提交企业的真实信息，经企业授权签字人签字并盖章后，递交申请资料。只有企业资料审核通过，才能开通 ECCS 账户，进而开始申请整车 GCC 证书。此外，GSO 规定各厂家仅能注册一个 ECCS 账户，也就是说，同一汽车集团旗下的不同汽车工厂，只能共用一个集团账户，不可单独申请账户。

目前，GCC 对于汽车产品并未强制要求粘贴认证标识。然而，针对整车产品，需在车辆铭牌上使用英语或阿拉伯语标注法规符合性声明，表明车辆自开始生产之日起，便已符合所有 GSO 相关法规的要求，且字体高度至少要达到 2.4mm。

B.34
全球典型国家汽车法规技术壁垒预警分析

"全球典型国家汽车法规技术壁垒预警分析"课题组*

摘　要： 随着全球汽车产业的不断发展，各国在汽车安全、环保、自动驾驶等方面的法规日益严格，导致技术壁垒的出现。欧盟作为全球主要的汽车市场之一，其汽车法规具有严格和复杂的特点。本报告通过深入分析全球典型出口目的国的最新技术法规，课题组致力于为中国汽车出口企业提供有力支持。

关键词： 新法规　驾驶辅助　自动驾驶　信息安全　节能环保

一　欧盟近年实施的新法规研究

（一）先进驾驶辅助法规

1.（EU）2021/646《关于机动车辆紧急车道保持系统型式批准的统一程序和技术规范》

紧急车道保持系统（ELKS）是一种在车辆偏离车道时自动纠正车辆轨

---

* "全球典型国家汽车法规技术壁垒预警分析"课题组由中国汽车技术研究中心有限公司检测认证领域资深专家团队组成，课题组长期深耕汽车法规及应对领域研究，在欧盟汽车技术法规体系研究方面具有深厚积累，团队成员参与多项国家级汽车产业研究课题，为行业提供专业的法规解读与合规指导服务。主要成员包括王辉、王曼娜、王博通、王智宇、孔令名、刘阳、刘亚欧、刘延峰、刘佳杰、孙志铎、李德润、何兴、汪晓伟、张世琦、张起鹏、张嘉芮、张潇文、季中豪、郑英东、郑思凯、孟云龙、赵雄、赵微、栗晋杰、奚瑞轩、陶仕佳、董帅（按姓氏笔画排序）。

迹的安全系统，旨在防止因驾驶员失误或分心而引发的交通事故。（EU）2021/646 法规旨在为 ELKS 提供一个清晰的测试和认证框架。技术规范涉及 ELKS 的性能要求，如检测驾驶员注意力分散的能力、识别何时介入的准确时机、系统干预的强度和方式，以及确保系统不会过度干扰驾驶员。

（1）与国标差异分析

适用范围方面，（EU）2021/646 适用于配备紧急车道保持系统的 M1 类、N1 类车辆。国内相对应的标准 GB/T 39323—2020 则主要针对配备车道保持辅助系统（LKA）的 M1 类车辆。

系统要求方面，（EU）2021/646 强调车道偏离警告系统（LDWS）和校正方向控制功能（CDCF），对 LDWS 和 CDCF 的性能要求包括具体的速度范围和激活条件。GB/T 39323—2020 则定义了车道偏离抑制和车道居中控制功能，对车道保持辅助系统的横向加速度、车速范围和车道偏离限制提出性能要求。

关于测试方法，（EU）2021/646 提供了详细的测试步骤和通过条件，包括视觉警告信号验证、车道偏离预警测试等。GB/T 39323—2020 的测试方法包括直道和弯道的车道偏离抑制试验，以及车道居中控制试验。

（2）法规升级趋势

首先，法规对功能安全的要求日益严格，这不仅体现在对系统可靠性的更高标准上，还包括对潜在故障的预防和处理机制的优化。其次，通过法规逐步整合自动驾驶的各级技术，如车道保持、自适应巡航控制和自动紧急制动等，以确保这些先进功能在实际应用中的安全性和一致性。此外，为了适应全球化市场的需求，不同国家和地区的汽车法规趋向于协调一致，通过国际标准和合作协议，减少跨国企业的合规障碍，推动全球汽车产业的协同发展。

（3）法规应对建议

结合检测认证机构在测试认证中发现的常见问题，建议出口测试认证过程中，要着重关注以下几个方面，包括测试条件的一致性（如车辆载荷、车道标线、功能开关以及灵敏度设置等），提前准备并向认证机构提供一些

难以实现的测试场景的技术文件说明等（如180s报警测试）。

（4）系统开发建议

兼容性设计方面，由于国内外标准在适用范围和技术要求上存在差异，开发时应考虑系统的兼容性，确保产品能够满足不同市场的要求。

环境适应性方面，针对不同标准的测试环境要求，开发时应确保系统在各种环境条件下都能稳定工作。由于国内外路况的差异，研发需要考虑地域差别。

国际标准对接方面，参考（EU）2021/646和UN R79的标准要求，开发时应考虑与国际标准接轨，特别是在报警测试和超控测试方面。

测试与验证方面，开发过程中应充分进行测试与验证，确保系统满足所有性能要求，并通过各种测试场景。

2.（EU）2021/1958《关于机动车智能速度辅助系统型式批准的具体试验程序和技术要求》

智能速度辅助（ISA）系统旨在帮助驾驶员遵守道路限速要求，从而提高道路安全性并减少交通事故。新法规允许将ISA系统作为独立技术单元单独进行型式认证，也可以将ISA系统作为车型的一种技术特性进行车辆型式认证。

（1）与国标差异分析

表1 （EU）2021/1958与国标差异分析

类别	（EU）2021/1958	GB/T 44433—2024
考察功能	SLIF(智能限速显示)	智能限速显示
	SLWF(智能限速提示)	智能限速提示
	SCF(智能限速控制)	智能限速控制
参考点	制造商定义的车身参考点	车头平面
系统要求	在技术细节、执行力度、测试方法方面有一定差异，详见检测认证工作组课题研究报告	

（2）法规技术难点

测试项中包括对通过观察道路标志和信号来感知限速的试验，这就要求车辆有所售国家和地区各类限速相关交通标志的完整数据库并保持更新。另外，非显性限速标志相比传统限速标志图像更复杂，这对传感器的识别精准度提出了更高的要求。

测试项中包括真实道路场景的可靠性测试，这意味着未来在按照这项法规申请欧盟车辆型式认证时，制造商需要将车辆运抵欧盟才能完成相关的试验。这一要求将会在认证的时间和成本上对第三方国家和地区的制造商产生不利影响。

测试项中，不仅对视觉、听觉和触觉报警的开始时刻有要求，对于以上报警的持续时长和结束时刻也有规定，对报警信号的频率和步长设置提出了更高的要求。

而车辆制造商在获得型式认证后，还应向批准认证的认证管理机构提供车辆使用 ISA 系统的相关信息。为了提供上述 ISA 系统的使用信息，制造商需在 ISA 系统的设计中考虑相关信息的采集和处理、收集方式，同时兼顾 ISA 系统的隐私保护要求。

（3）法规应对建议

ISA 系统应具备多种提醒方式，例如警示音、振动警告、油门/电门踏板的触觉反馈以及车辆自主减速功能。系统应允许驾驶员在每次行程开始时选择关闭，但默认状态应为开启。利用高精地图数据，结合导航地图和摄像头获取的路标信息，实现精确的速度限制提示。实时更新地图数据，确保 ISA 系统获得最新的道路信息。考虑集成先进的 AI 技术，提高系统的准确性和响应速度。提供详细的用户手册和培训，确保驾驶员了解并正确使用 ISA 系统。记录和分析 ISA 系统的运行数据，包括错误识别、误报、漏报等情况，基于大数据分析优化系统算法，持续优化系统性能。

3.（EU）2021/1341《关于机动车驾驶员睡意和注意力警告系统型式批准的具体试验程序和技术要求》

驾驶员睡意和注意力警告（DDAW）系统能监控司机的睡意并通过 HMI 向司机发出警告。法规于 2021 年 4 月正式颁布生效，2022 年 7 月起对所有新车型强制实施，自 2024 年 7 月 7 日起所有新注册的车辆须强制安装

DDAW 系统。

（1）与国标差异分析

表 2 （EU）2021/1341 与国标差异分析

类别	GB/T 41797—2022	（EU）2021/1341
试验目标	真人驾驶员和仿人机器人	真人驾驶员
动作类型	模拟动作	真实状态下的真实动作
验收标准	根据该标准，DMS 的性能评价包括准确率和检出率两个指标	法规提供了一个参考量表，供制造商在测试中测量驾驶员睡意

（2）技术难点

该项法规应对中最大的技术难点在于培训驾驶员，使其能够准确评估自己在驾驶中的疲劳程度，即对自身卡罗林斯卡嗜睡量表（Karolinska Sleepiness Scale，KSS）等级的正确判断。KSS 等级用于衡量驾驶员的困倦状态，准确的自我评估对于测试数据的可靠性至关重要。然而，由于每个驾驶员的主观感知不同，确保他们在不同条件下对自己困倦程度的准确判断是一个复杂的过程。这需要通过专业培训和反复测试，帮助驾驶员建立精确的自我感知能力，并与客观数据进行比对和校正。

（3）法规应对建议

为满足（EU）2021/1341 的技术要求和型式批准的规定，建议优化算法以精准检测驾驶员状态并适应多样化驾驶行为、进行驾驶员培训和校准、优化警告系统等，特别是提前介入认证流程，确保系统开发与法规要求同步，减少认证过程中可能的延误。

4. UN R152《关于批准 M1 和 N1 车辆自动紧急制动系统的统一规定》

UN R152 法规主要对用于城市驾驶条件的 M1 类和 N1 类汽车上的自动紧急制动系统（AEBS）做出统一规定。根据 EU 2019/2144 新法规框架，从 2022 年 7 月开始，所有进入欧盟市场的 M1 和 N1 大批量认证新车型，均需配备车对车 AEBS 功能；针对行人和自行车的自动紧急制动功能在 2024 年 7 月之后对新车型强制实施。

（1）与国标差异分析

表3　UN R152与国标差异分析

类别	国标 （修订中，立项号 20241856—Q—339）	UN　R152
范围	M1和N1	M1和N1
强制时间及形式	待定，计划强装	2022年7月，强装
试验载荷	运行质量+满载质量	运行质量+满载质量
报警形式	声、光、触至少2种	声、光、触至少2种
驾驶员干预	中断预警和制动	中断预警和制动
对车辆目标识别与响应	前车静止、匀速、制动，最高测试车速80km/h	前车静止、匀速，最高测试车速60km/h
对行人目标识别与响应	小孩横穿，最高测试车速60km/h	小孩横穿，最高测试车速60km/h
对二轮车目标识别与响应	自行车和踏板式摩托车横穿，最高测试车速60km/h	自行车横穿，最高测试车速60km/h
功能安全相关要求	有对应附录要求	有对应附录要求
仿真测试相关要求	有对应附录要求	有对应附录要求

（2）技术难点和趋势

R152测试场景与新制定的国标思路较为一致，但围绕二轮车（特别是踏板式摩托车）的识别与响应，达到高速下的减速量等性能要求存在一定困难。

R152已计划通过仿真手段测试部分项目，目前该提案已通过联合国世界车辆法规协调论坛（UN/WP.29）自动驾驶与网联车辆工作组（GRVA）表决，后续将通过多种手段进行R152测试。

R152的场景丰富性会进一步提升，后续可能进行修订补充，如增加夜间测试、纵向行人识别等。

（3）法规应对建议

目前R152在国内已具备测试能力和充足的测试经验，但是对部分条款

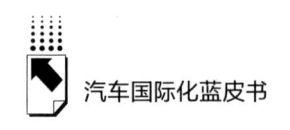

的解释不同认证机构仍存在分歧，同时 R152 修订文件更新较为频繁，天津检验中心作为第三方机构，持续与 R152 联合国法规起草组保持沟通，可对不同条款进行解释备注。

目前 R152 测试中，不同车企匹配调试时间较长，导致正式认证测试周期较长、费用成本较高，建议提前进行法规咨询、测试方法咨询和测试数据咨询等。

5. UN R79.04《关于就转向装置方面批准车辆的统一规定》

由于转向系统在车辆行驶安全中的关键作用，新版 R79 法规对智能驾驶辅助转向系统提出了更加严格和全面的技术要求及测试方法，旨在提升车辆驾驶安全性。

（1）与国标差异分析

国标 GB/T 44461.1—2024《智能网联汽车 组合驾驶辅助系统技术要求及试验方法 第 1 部分：单车道行驶控制》和 GB/T 44461.2—2024《智能网联汽车 组合驾驶辅助系统技术要求及试验方法 第 2 部分：多车道行驶控制》，参考了 UN R79 中关于 ACSF B1 和 ACSF C 的部分，其试验方法和技术要求也与 UN R79 的对应部分基本一致。在此基础上，国标还增加了车辆纵向控制、目标车干扰、换道安全时间和距离等方面的试验方法和技术要求。

国标 GB/T 39323—2020《乘用车车道保持辅助（LKA）系统性能要求及试验方法》中的相关内容主要包含直道和弯道的偏离抑制测试，对其在车辆偏离时的功能表现提出要求。而 UN R79 对于该功能的要求主要体现在功能的报警逻辑和抑制条件等方面。

（2）技术难点和趋势

法规要求与实际相结合。法规规定了各功能的激活、退出和抑制条件，企业必须严格按照这些逻辑进行设计。例如，自动转向辅助功能在特定情况下应能平稳退出并允许驾驶员顺利接管。设计逻辑不仅要满足法规要求，还需适应不同驾驶场景，以保证系统在各种情况下的稳定性和安全性。

基于企业申报设计验证试验。法规要求企业根据自身技术方案和产品性能进行申报，并通过相应的验证试验加以证明。因此，企业在正式申报前，需要对车辆各功能进行全面摸底测试，确保了解其实际性能。特别是 ACSF B1 功能的申报值，需要进行摸底后，再根据实际表现申报。

认证策略的动态变化。随着法规和技术的不断演变，各国认证机构会根据对法规的最新理解调整认证流程和要求。因此，企业需要密切关注相关法规和认证政策的变化，以确保认证试验顺利进行。

（3）法规应对建议

建立法规跟踪机制。企业需建立法规跟踪团队或机制，确保第一时间了解法规更新和认证机构策略的变化。

强化摸底试验的重要性。进行摸底试验时，应选择具备资质和专业能力的试验室。企业还应确认最终的认证机构，并根据其要求制订专门的摸底试验方案，以提高认证的成功率。

根据摸底结果准备申报材料，特别是关键功能（如 ACSF B1）的数据。

（二）自动驾驶法规

UN R157.01《关于就自动车道保持系统方面批准车辆的统一规定》是联合国关于自动车道保持系统（ALKS）的型式批准统一规定，是首个针对 SAE L3 及自动驾驶功能决议的具有约束力的国际法规。联合国 R157 法规的第一版在 2020 年 6 月通过，于 2021 年 1 月生效。后续 2022 年 6 月 WP.29 会议上通过 01 版修正案，R157 01 系列修正案于 2023 年 1 月生效，扩大了速度范围（车辆最高允许运行速度提高到 130km/h）并允许自动变道。

目前，国内尚无 ALKS 标准。在具体技术需求的定义上，未来 R157 很可能成为重要的参考点。如果 R157 法规中定义的行为在实际量产车上经过市场考验，那么这些行为被全球标准化的可能性也非常高。

（1）法规技术难点

系统复杂性：ALKS 需要集成多个传感器和执行器，确保在各种环境和

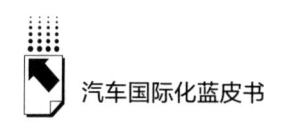

交通条件下的稳定性和可靠性。

安全要求：法规对系统安全性的要求极高，包括故障检测、最小风险操作和紧急策略等。

人机交互：确保驾驶员能够及时准确地理解系统状态和警告，并在必要时安全地接管控制。

数据存储和网络安全：需要符合数据保护法规，同时保障系统免受网络攻击。

功能安全与预期功能安全要求：需要提供相关的功能安全与预期功能安全材料加以审核评估。

（2）法规应对建议

通过技术和流程评审的 ALKS 需分别在封闭试验场和实际道路交通环境下验证其性能和安全性。测试场景包括（但不限于）行车跟随、切入切出、前方静态和动态目标跟车、道路感知区域及目标识别等。根据不同环境条件，车辆行驶状态将不断组合，测试场景复杂多样。如何选择具有代表性的场景进行道路测试，成为企业面临的一大挑战。

为此，建议企业不仅要投入资源开展技术研发，确保产品符合最新法规要求，还应制订全面的测试计划，确保产品在各种条件下的表现及安全性。此外，建议提前与第三方检测机构和认证机构合作，共同完成相关测试材料的评估。同时，需高度重视网络安全与数据保护，强化系统网络安全防护措施，确保数据存储和传输的安全性。

（三）网络安全与信息安全法规

1. UN R155《关于车辆网络安全和网络安全管理体系审批的统一规定》

UN R155 是全球首个专门针对车辆网络安全管理的法规，被认为是汽车行业应对日益增长的网络安全威胁方面一个重要的里程碑，旨在确保汽车制造商在整个车辆生命周期中有效管理车辆的网络安全风险。

（1）与国标差异分析

国家标准 GB 44495—2024《汽车整车信息安全技术要求》以 R155

法规为主要参考，同时结合国内数据安全相关法规政策而制定。国内外法规在网络安全管理体系（CSMS）要求上差异不大，但需要注意一些不同之处。

在管理体系要求方面：风险评估方法论需要考虑标准中划定的基线；强化了漏洞的管理流程要求；云平台自身安全不属于 GB 44495 约束范围。

在网络安全基本要求方面：在风险处置时需采取第 7 章划定的基线；强化了密码算法和密码模块的安全要求；增加了"数据处理活动"的安全要求。

在网络安全技术要求方面：R155 附录 5 是参考性附录，GB 44495 第 7 章是强制性基线要求；增加了"数据删除""数据出境"的要求；明确了漏洞检测所使用的漏洞库和时限；R155 中未给出明确的检测与试验方法，GB 44495 中明确了统一的汽车信息安全检测与试验方法。

总体来看，GB 44495 和 R155 在多数方面保持一致，但在基线、漏洞、数据安全等方面 GB 44495 也有国内独特的要求。

（2）技术难点和趋势

R155 合规认证呈现越来越严格的趋势，例如德国联邦机动车管理局（KBA）可以随时联合德国联邦信息安全办公室（BSI），立即对企业提交的材料进行审查；荷兰交通部（RDW）目前有自己完成 CSMS 年审的趋势，后期有可能由 RDW 独自完成审核工作。

另外，车辆制造商如果在研发阶段和认证阶段所使用的实验室是不一致的，测试结果可能存在一定的偏差，这也增加了最终认证测试的风险。

（3）法规应对建议

建议车辆制造商在正式的 CSMS 与 VTA 认证前，与经验丰富的技术服务机构进行沟通交流。

CSMS 认证可在正式审核前安排预审核，帮助车辆制造商熟悉审核流程与审核思路，提前识别问题并在正式审核前整改完毕，避免正式审核时产生开口项，影响认证结果。

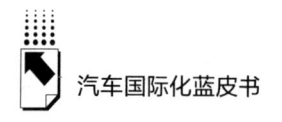

VTA认证可在正式目击试验前安排摸底试验，摸底试验可以保证在测试环境与测试方法一致的条件下车辆测试结果的稳定性，帮助车辆制造商提前识别车型车辆存在的问题并加以整改，避免在正式目击试验时产生不通过项，影响认证结果。

2. UN R156《关于车辆软件升级与软件升级管理系统审批的统一规定》

为加强对汽车制造企业软件升级管理体系（SUMS）及车型软件升级功能的监管，联合国于2020年6月发布R156法规。该法规明确了汽车生产企业在软件升级管理体系及车型软件升级功能方面的合规要求，适用于M、N、O、R、S、T类车辆。

（1）与国标差异分析

GB 44496—2024《汽车软件升级通用技术要求》体系部分和车辆要求部分在联合国R156法规国内转化基础上增加了技术要求，总体差异性在15%~20%。例如，体系差异方面，国外型式准入采用RXSWIN码，国内型式批准采用软件识别码SWIN。车型差异方面，GB 44496相较于R156，增加了用户确认和车门防锁止两项技术要求。

建议企业在开发过程中关注OTA升级用户确认功能，以及升级过程中的车门防锁止功能项。

（2）技术难点和趋势

缺乏R156法规知识和项目经验，对体系和车型认证流程不了解、不熟悉。涉及OTA升级功能项，存在不合规的风险项较多，研发阶段车辆升级链路存在不稳定性。车辆研发周期短，软件版本不够稳定，开发人员和测试人员缺乏版本合规管理意识，影响目击试验的通过。

（3）法规应对建议

企业可以借助专业机构进行相关法规的合规培训，培养内部专业工程师；企业也可委托专业机构进行R156认证相关工作。建议车辆制造商在正式的SUMS与VTA认证前，与经验丰富的技术服务机构进行沟通交流。SUMS认证可在正式审核前安排预审核，帮助车辆制造商熟悉审核流程与审核思路，提前识别问题并在正式审核前整改完毕，避免正式审核时产生开口项，影响认证结果。

建议企业开展 R156 研发测试，R156 研发测试可以帮助企业在开发测试阶段做到合规、积累经验与车型文审材料，保证后续车型认证可持续运行。

建议企业在正式目击试验前进行 R156 摸底测试，摸底试验可以保证在测试环境与测试方法一致的条件下车辆测试结果的稳定性，帮助车辆制造商提前识别车型车辆存在的问题并加以整改，避免在正式目击试验时产生不通过项，影响认证结果。

（四）节能与环保法规

世界各国都对环保问题展现出越来越重视的态度，尤其是针对汽车排放污染物的影响，相继推出针对汽车排放的法规。目前，主流的有欧洲法规和美国法规，其他国家很大程度上参考这两大主流排放法规。

欧洲自发布排放法规以来，基本每年都进行修订，以推动汽车工业不断向前发展。最新的法规要求是 2023 年发布的（EU）2023/443。

（EU）2023/443 是欧盟对车辆排放标准的一项更新法规，旨在进一步完善轻型乘用车和商用车的排放类型核准程序。这项法规是对 2017/1151 号法规的修订，主要引入欧六 e 标准，并强化了车辆在现实驾驶条件下的排放控制。法规自 2023 年 9 月 1 日起适用于新车型，2024 年 9 月 1 日起适用于所有新车。

（EU）2023/443 通过辅助排放策略的引入，确保车辆不仅在测试条件下符合排放标准，而且在现实驾驶条件下也符合。这项策略的目的是减少排放在不同驾驶场景中的差异，使排放控制系统在各种环境下都更加可靠。

（1）与国标差异分析

①常温下排气污染物排放试验及 ATCT（Ambient Temperature Correction Test）

测试循环与国六 b 相同，均为 WLTC 工况，相比于国六 b 测试要求，增加

IWR（Internal Work Rate）和 RMSSE（Root Mean Squared Speed Error）精度要求、根据目标速度和距离修正 CO_2 结果以及其他一些要求，进一步规范和完善了 WLTC 测试循环。针对 OBFCM（On-board Fuel and/or Energy Consumption Monitoring）系统，要求该系统在全生命周期内存储油耗相关的参数，并在 I 型试验和生产一致性试验中对车载油耗参数精度进行验证，车载油耗数据精度应达到±5%。通过这个标准要求即可实现在用车油耗数据的精准监测，进一步实现对型式认证油耗值和用户实际油耗表现差异的有效管控。增加 ATCT 试验要求，以确定具有代表性的区域温度条件下的 CO_2 排放。该测试为 14℃ 下的 WLTC 循环测试，测试结果需满足 I 型试验限值要求。同 ATCT 系族内仅需对一代表车型进行测试，并根据该车型 14℃ 条件下测得的 CO_2 排放与 23℃ 条件下测得的 CO_2 排放计算矫正因子 FCF，该因子用于计算同系族内其他车型 14℃ 条件下的 CO_2 排放。14℃ 条件下的 CO_2 排放将作为该车型的 CO_2 标识。

②实际行驶污染物排放（RDE）测试

为了考核车辆在实际行驶状态下的排放水平，作为试验室测试程序的补充，欧盟在 2016 年发布的（EU）2016/427（package1）及（EU）2016/646（package2）首次引入 RDE 测试程序。其后国六法规参考欧盟该阶段 RDE 测试要求，结合自身相关条件和需求进行了调整，将 RDE 引入国六法规中作为 II 型试验。后续欧盟根据相关研究进展，对 RDE 测试要求进行持续的修订和补充，直至欧六 e 发布，国六 RDE 测试相比于欧盟排放法规中的 RDE 测试要求，已存在相当大的差异。

（2）技术难点和趋势

①常温下排气污染物排放试验及 ATCT

技术法规难点：最主要的技术难点在于 CO_2 排放要求，欧盟对于 CO_2 排放的监管比较严格，出口车辆按照 CO_2 申报值征收相应碳税，未来在用车和 COP 监管方面存在一定风险。

OBFCM 精度要求：国六排放法规无此要求，需专门开发，企业可能缺乏相关经验积累，缺乏有效验证，对现有产品评估不到位。

测试认证中常见问题和难点：CO_2 排放的影响因素比较多，认证过程中有可能受车辆状态、启停等因素影响导致结果不理想。

法规升级趋势：更加严格的 CO_2 排放和实际道路排放监管趋势，UF 系数根据 OBFCM 实际数据进行进一步修正。

②RDE

技术法规难点：将冷起动阶段排放纳入考核当中，增大了排放超标风险；对于 PHEV 车辆未限制 SOC 电量状态，企业应保证不同 SOC 电量状态下车辆排放均能符合限值要求；测试最高车速可达 160km/h，可能造成排放恶化。

测试认证中常见问题和难点：RDE 试验为实际道路测试，测试风险较大，企业应保证车辆处于良好状态，无故障，且车辆附属设备及部件可正常使用，以避免出现安全事故或排放结果异常。

法规升级趋势：污染物限值继续加严，即 CF 因子继续减小；继续强化 RDE 测试在用车监管中的作用，其 ISC 测试结果将作为污染物及碳排放管理的重要考核依据。

③怠速排放

环境条件控制：试验在通风处进行，测试过程中需对环境条件加以控制，如何保证其环境温度和背景空气质量的稳定是法规要求的一个难点。

设备校准与维护：怠速排放测试仪器和设备需要进行频繁的校准和维护，以保证其测量精度和可靠性，这是法规实施过程中的一个难点。

④曲轴箱排放

测试认证中常见问题和难点：选择测量点时，针对没有机油尺的发动机，企业需要配合制作工装件。

法规升级趋势：随着车辆制造技术和排放控制能力的发展，测试方法趋向于越来越严格。趋向于推广使用智能化和自动化的测试设备，以提高测试效率和准确性。

⑤蒸发排放

技术法规难点：从欧六 e 蒸发排放测试规程来看，主要难点在于混动车

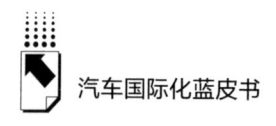

密封油箱测试，该测试与国六标准完全不同，需要进行发动机标定，适应欧六e炭罐脱附需求。

测试认证中常见问题和难点：在欧六e测试过程中，由于需要进行油耗、炭罐脱附、Puffloss测试，混动车的电量需要保持在一定区间，且需要提前测试ATCT，在Puffloss测试中需要对油箱进行泄压操作，要求辅助炭罐不能增重，这些要求导致测试过程比较复杂，因此对于车辆的状态要求很高，尽量是接近量产车的状态，车辆没有故障，状态完好，才能保证在测试过程中各个环节都能保证最佳。

法规升级趋势：从目前欧六e法规的制定来看，未来蒸发排放限值可能小幅加严，测试规程上不会有大幅调整。

⑥污染物控制装置耐久性

技术法规难点：对于点燃式发动机，只有乘法劣化系数，且由于压燃式车辆没有指定的劣化系数，制造商只能使用整车或台架老化耐久性试验程序来确定劣化系数。

法规升级趋势：后续将在下一阶段排放法规中增加扩展生命周期要求，即将耐久里程扩展至20万公里，并考虑讨论增加压燃式发动机推荐劣化系数。

⑦低温排放

技术法规难点：Ⅵ型试验采用的还是NEDC工况，与国五排放标定基本一致，无技术难点。

测试认证中常见问题和难点：针对Ⅵ型试验底盘测功机拟合，不同认证公司要求不一样，两种拟合方式均可：常温阻力×1.1或常温阻力/0.9进行滑行。

法规升级趋势：从目前标准更新的内容来分析，对于Ⅵ型试验暂时没有更新的趋势，还是沿用NEDC工况进行试验。

⑧车载自动诊断系统（OBD）

欧六e相较于国六要求仍更为宽松。

(3) 法规应对建议

①常温下排气污染物排放及 ATCT

研发阶段针对 OBFCM 的计算模型标定精度尽量要高。针对车辆蓄电池容易漏电导致电量不足问题，需要有一定的应对方案，在国外认证不一定会给蓄电池充电。针对混合动力试验车辆，BMS 电池 SOC 的控制精度要高一些。

②RDE

欧洲法规更为灵活，企业应保证对车辆每一种使用状态均进行良好标定。欧洲更加重视 ISC 测试，企业应加强对车辆全生命周期 RDE 排放结果管理。

③怠速排放

关注法规动态：密切关注环保法规的更新和变化，及时调整企业的生产和测试策略。

加强与监管机构的沟通：与生态环境部门保持良好的沟通，了解最新的法规要求和行业动态。

④曲轴箱排放

关注法规动态：密切关注环保法规的更新和变化，及时调整企业的生产和测试策略。

加强与监管机构的沟通：与生态环境部门保持良好的沟通，了解最新的法规要求和行业动态。

⑤蒸发排放

发动机标定需要根据车辆所属类型、应用到的测试工况开展炭罐脱附标定；针对 PHEV 车辆，需要针对密封油箱测试规程进行车辆标定；欧标限值较松，在车辆非燃油蒸发排放方面可以适当放宽要求。

⑥污染物控制装置耐久性

针对如何区分耐久过程中可充电储能系统（REESS）的里程累积，在耐久过程中增加车辆转速记录工作，转速为 0 即判定为在进行纯电工作以获取纯电里程。

⑦低温排放

企业只需按照国五阶段标准要求进行开发，以应对欧六e法规即可。

⑧OBD

企业可按照国六阶段OBD标准要求进行开发，以应对欧六e法规即可。

（五）一般安全法规

1. UN R94.04《关于就前碰撞中乘员防护方面批准车辆的统一规定》（2024年2月更新）

车辆在正面偏置碰撞中的乘员保护要求检验的目的主要是通过测量和检查碰撞试验中所用的试验假人的头部、颈部、胸部、大腿、肋骨、膝盖性能指数和转向盘位移量以及燃油泄漏和电动力系统的安全性情况和门锁情况，评价车辆在实际正面偏置碰撞事故中对乘员的保护程度以及防止由燃油泄漏和高压电动力系统漏电而引发乘员伤害。

（1）技术要求与国标对比

表4 UN R94.04技术要求与国标对比分析

类别	UN R94.04	GB/T 20913—2007
适用范围	最大总质量小于2.5吨的M1类车辆	最大设计总质量不大于2500kg的M1类汽车
速度	56km/h（不低于）	56~57km/h
假人	Hybrid Ⅲ 50%男性假人	Hybrid Ⅲ 50%男性假人
壁障	可变形蜂窝铝40%偏置率	R94 40%可变形壁障
考核内容	假人伤害值 转向管柱位移量 车门开启 前门锁止 假人拆卸 燃油系统泄漏	假人伤害值 转向管柱位移量 车门开启 前门锁止 假人拆卸 燃油系统泄漏

（2）假人伤害值与国标对比

表5　UN R94.04假人伤害值与国标对比分析

类别	UN R94.04	GB/T 209013—2007
HIC	HIC36 1000	HIC36 1000
con-3ms	80	80
颈部Fz(拉伸)	性能曲线	性能曲线
颈部Fx	性能曲线	性能曲线
颈部My	57	57
胸部压缩量	42	50
胸部VC	1	1
大腿压缩力	性能曲线	性能曲线
膝部位移	15	15
小腿TI	1.3	1.3
小腿Fz	8000	8000

2. UN R100.03《关于电驱动车辆许可特殊要求的统一规定》

本法规主要是为了确保电动车辆在使用过程中的安全性和性能，其内容包括对车辆的构造、材料、设备以及系统等方面的规范，包含两个部分：一是M1类、N1类道路车辆电力动力列车的安全要求，最高设计速度超过25km/h，配备电力动力列车，不包括永久接入电网的车辆；二是配备电力传动系统的M类和N类道路车辆的REESS安全要求。

（1）与国标差异分析

表6　UN R100.03与国标差异分析

测试项目	国标要求	UN R100.03
振动试验	测试对象安装在振动台上，运行1个标准循环，并观察1小时	运行一个标准循环，没有电压锐变的要求
模拟碰撞	根据测试对象的使用环境给台车施加规定的脉冲，包括X方向和Y方向	要看实际的产品是否对称，测试后测试绝缘电阻

续表

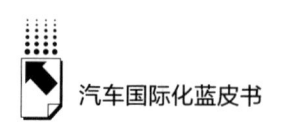

测试项目	国标要求	UN R100.03
挤压试验	半径75mm的半圆柱体,在X、Y方向,挤压力达到100kN或挤压变形量达到挤压方向整体尺寸的30%时停止挤压,保持10分钟	如果不用在M1类、N1类车上不需要进行测试;挤压动作要在3分钟内完成,保持时间至少100ms但不超过10s
温度冲击	(-40±2)℃~(85±2)℃的交变温度环境,保持8小时,循环5次	60℃以上,每个环境中保持6小时
过温保护	终止试验条件:超过最高工作温度10℃或在1小时内最高温度变化值小于4℃	终止试验条件:电池中断工作或者限制充放电或2小时内温度变化小于4℃
短路保护	短路电阻不大于20mΩ	短路电阻不超过5mΩ

（2）技术难点和趋势

R100.03版本中,振动、模拟碰撞、挤压、火烧、短路以及热冲击循环等测试前SOC由不低于50%提高到不低于95%,接近满电状态下电池活性更高,化学反应更剧烈,更容易出现热失控等安全问题;同时,R100.03法规要求因内部短路导致的热扩散需在5分钟内提示到乘坐者,这需要在测试中使用高精度、高灵敏度的温度传感器和监测设备。

随着新能源汽车的普及和技术的发展,对于车辆安全性的要求也不断提升,未来法规可能会进一步加强对动力电池系统在各种极端条件下的安全性测试,以确保车辆在使用过程中的安全性和可靠性。

（3）法规应对建议

加大在电池材料研发、电池结构设计以及热管理系统等方面的投入,尤其是在电池包的结构设计方面,增强其在碰撞、挤压等机械应力下的防护性能;对于多电池包串并联组合的车辆,需要深入研究系统集成技术,提高电池系统的整体性能和可靠性。包括优化电池管理系统（BMS）的控制策略,实现对电池组的精确监测和均衡管理。

建议企业在做研发测试试验时，增加部分欧标差异性的摸底测试，可有效避免产品因标准适配问题遭遇海外市场准入壁垒，欧盟与国标在诸多测试项目上相似，只是关注点不同，同步开展可节省大量费用。

3. UN R150.01《关于批准机动车道路照明装置(灯)和系统的统一规定》

（1）与国标差异分析

国标整合法规报批稿与 UN R150 相比增加了 B 类反光标识，用于《道路运输爆炸品和剧毒化学品车辆安全技术条件》规定的道路运输爆炸品和剧毒化学品车辆后部和两侧粘贴的橙色反光带，UN R150 法规中无此类装置。由于国内外无相关实体产品，国标整合法规报批稿删除了 D 级、E 级反光标识。

由于国内外无相关实体产品，国标整合法规报批稿未包含 UN R150 中规定的 2 类三角牌、F 级标志板。

国标整合法规报批稿与 UN R150 相比增加了反射器型反光标识，增加了反射器反光标识的光度性能要求，增加了反射器型反光标识的光度均匀性要求。

国标整合法规报批稿对荧光材料提出耐光色牢度的要求，UN R150 法规中无此项。

国标整合法规报批稿与 UN R150 相比，增加了标志板使用反光膜的光度均匀性，具体比值要求参照车身反光标识。

国标整合法规报批稿定义的反射器型反光标识与 UN R150 及 FMVSS108 中关于 C 类反光标识的光度性能有差异。

国标整合法规报批稿定义的反光膜型反光标识与 UN R150 及 FMVSS108 中关于 C 类反光标识的光度性能有差异。

（2）技术难点和趋势

①光学性能技术难点

回复反射装置需要采用能够在夜间或光线不足情况下反射光线的材料，同时车身反光标识和尾部标志板在日间条件下也要达到类似的使用需求。其中，对回复反射材料而言，材料的选择是主要因素；对回复反射器而言，除材料选择外，还要考虑光学设计及模具加工的要求，从而使其反光效果、颜色持久性等达到使用要求；除此之外，还要综合考虑成本效益等因素。同时，车辆布置时要严格遵照回复反射装置的车身安装要求，满足合适的尺寸、形状、颜色搭配等要求，以确保在夜间或光线不足时能够清晰地显示车辆轮廓。

②环境试验技术难点

回复反射装置环境试验中耐候性试验及三角警告牌抗风稳定性一般表现较差。其中，问题最为突出的是三角警告牌的抗风稳定性要求，其设计要达到结构强度与便携性的平衡，兼顾结构强度和便携性。为了降低成本和便于携带，现有三角警告牌往往结构简单，导致整体结构强度偏低，抗风稳定性差。如何在保证便携性的同时，提高结构强度，成为设计的难点之一。抗风稳定性测试标准：虽然国际标准化组织（ISO）发布 ISO4878 标准来规定汽车三角警告牌的抗风稳定性测试，但不同国家和地区可能还有自己的测试标准。这些标准在测试方法和要求上可能存在差异，给设计带来挑战。复杂的气象和路况条件：三角警告牌需要在各种恶劣的气象和路况条件下保持稳定，如强风、暴雨等。如何在这些复杂条件下确保三角警告牌的抗风稳定性，是设计的另一大难点。同时，由于回复反射装置产品要长期暴露在户外环境下使用，其反光性能、颜色持久性要保持较长时间，对于材料的耐候性提出了更高的要求。

另外，国标整合法规报批稿中对于许多环境试验后的复测项目进行了更加细致的规定，总体趋势比 UN 法规更严格。

（3）法规应对建议

相对 UN R150 而言，国标整合法规报批稿针对国内实际情况进行了适当的删减和更改，特别是提高了 A 类二级反光标识的逆反射系数要求。国内反光膜生产企业经过多年发展，其产品性能已经取得较大进展，目前多家企业都具备微棱镜型反光膜的生产能力。但依然存在性能参差不齐的情况，为满足国家标准要求，提升车身反光标识的应用效果，需注重反光膜型反光标识的材料选择进而提高其光学质量。对回复反射器产品而言，其通常具有复杂的三维结构和精细的型腔设计，回复反射器模具需要选用高强度、耐磨损、高热导性的材料，以确保模具的长期稳定性和耐用性。同时，模具的成型精度直接决定了反射器的性能和使用寿命，这提高了模具加工的难度和复杂度。建议采用CAD/CAM技术进行模具设计，通过三维建模和仿真分析，优化模具结构。在加工过程中，采用多轴联动数控机床进行复杂曲面和型腔的加工，确保模具的精度和表面质量。在模具加工的热处理过程中，采用合理的加热和冷却工艺，控制模具的变形和开裂。在表面处理方面，采用喷涂、抛光、蚀刻等工艺，提高模具的表面硬度和耐磨性，从而改善加工产品的反光性能。此外，回复反射器模具的装配精度对反射器的性能有着重要影响，但模具的装配过程复杂，容易出现误差。此外，模具在调试过程中也需要进行多次调整和优化。建议在模具装配过程中，采用精密的测量工具和设备进行尺寸检测和定位，确保模具的装配精度。在调试过程中，通过实际试模和数据分析，对模具进行多次调整和优化，直至达到最佳性能。

针对三角警告牌抗风稳定性问题，建议优化加强结构设计，为了提高三角警告牌的抗风稳定性，未来的设计将更加注重加强结构。例如，通过在侧杆上设置加强块、增加第一加强筋等方式，提高侧杆在铰接点附近的强度，使铰接位置更稳定，可以有效提高该测试项目的通过率。针对耐候性试验要求，则应选择耐候性好的材料，添加耐候性涂层或进行表面处理等方式提高其耐候性能。

二 欧盟未来即将实施的新法规研究

（一）先进驾驶辅助法规

1.（EU）2023/2590《关于机动车高级驾驶员分心警告系统型式认证的具体试验程序和技术要求》

2023年7月13日，欧盟委员会发布授权条例（EU）2023/2590，补充了欧洲议会和理事会条例（EU）2019/2144，制定了高级驾驶员分心警告（ADDW）系统型式认证的具体测试程序和技术要求。(EU) 2019/2144 第6条要求 M 类和 N 类机动车辆配备 ADDW 等先进的车辆系统。

根据（EU）2019/2144 第3条第（6）点，ADDW 系统是一个帮助驾驶员持续注意交通状况的系统，并在驾驶员分心时发出警告。考虑到驾驶员特征的多样性、座椅位置的可变性以及现有技术的相对不成熟性，ADDW 系统的性能要求应设定在现实和可实现的水平。与此同时，这些要求应该是技术中立的，以促进新技术的发展。因此，该法规侧重于在驾驶员长时间分心的情况下发出警告。

（1）与国标差异分析

表7　（EU）2023/2590 与国标差异分析

类别	GB/T 41797—2022	（EU）2023/2590
试验目标	真人驾驶员和仿人机器人	真人驾驶员
动作类型	模拟动作	真实状态下的真实动作
验收标准	详见检测认证工作组课题研究报告	

（2）技术难点

由于驾驶员监控对精准性和实时性要求极高，因此测试试验能力必须达到更高水平。例如，如何准确且快速地追踪驾驶员视线并将其实时传输到数据采集设备，就是一个技术挑战。这不仅要求高精度的追踪技术，还需确保数据传输的稳定性和及时性。

有效应对测试认证过程中的难点，提升产品的性能、安全性和合规性，确保顺利通过认证。例如，法规附录Ⅰ第一部分3.1.3规定：ADDW 系统可以在制造商预先定义的情况下自动停用，特别是在以下情况下：一是当另一个系统持续地接管整个动态驾驶任务并得到适当的驾驶员监控系统的支持时；二是当辅助驾驶系统控制车辆纵向和横向运动的控制系统处于激活状态并且占用驾驶员监控系统时。这项要求对 ADDW 系统和其他高阶系统优先级做出了建议，主机厂针对这项要求可以进行一定的功能定义，以便驾驶员选择在高阶驾驶辅助系统工作时是否停用 ADDW 系统,同时认证申请材料中给出 ADDW 系统自动停用的条件说明。

(3) 法规应对建议

建议一:明确驾驶员视线落点与分心区域及未分心区域的关系,结合自家产品定义和法规要求划定分心区域与未分心区域的界限。

建议二:针对法规中两个速度区间对分心报警时长要求不同,可考虑将分心报警时间与车速相关联,在减少系统误报的同时提高用户接受度,改善消费者驾乘体验。

2. UN R171《关于就驾驶员辅助控制系统方面批准车辆的统一规定》

R171 适用于 M 类、N 类车辆,是对 L2 级辅助驾驶相关功能做出要求与规定的法规,也是对 R79 法规未覆盖功能做补充的法规。R171 00 系已于 2024 年 3 月在 WP.29 会议上经过投票批准,目前已有包括欧盟成员国、日本和韩国在内的 59 个国家采纳这一法规。

法规对车道保持控制、非车道保持控制、驾驶员不可用响应、限速辅助、安全跟车辅助、系统失效安全响应、人机交互、驾驶员状态监测等辅助驾驶子功能提出了具体要求。随着以上功能广泛装配在各车型上,该法规成为车企出海需要重视的法规之一。

(1) 与国标差异分析

国标《智能网联汽车 组合驾驶辅助系统安全要求》已申请立项,目前标准草案正在讨论中。

国标技术要求的整体思路参考 R171 法规,但由于国内外车型认证方式的差异与辅助驾驶功能特性(各厂商功能方案存在差异,辅助驾驶不是自动驾驶),试验、审核方法及要求还有待进一步商榷。

(2) 技术难点和趋势

法规"新"。法规目前未正式被欧盟引用,属于新法规,部分车企已按法规条款准备相关认证材料,但准备过程中参考资料少。

材料"广"。不同于其他法规,R171 法规需要车企提供材料对驾驶员辅助控制系统(DCAS)功能进行说明,不仅要说明具体功能,还要说明如

何满足法规的各项要求并提供相应案例，认证机构会从材料中抽取功能场景进行测试。

认证周期长。法规认证中，车企需要向认证机构提供说明材料，进行认证测试（仿真测试、封闭场地测试可在国内进行，但开放道路测试需在海外进行），还需构建管理体系，以上因素导致产品认证周期长。

（3）法规应对建议

精准解读法规。应尽可能详细地解读并理解法规，按照法规要求提前准备说明材料、测试案例，提前构建管理体系。

加强与认证机构沟通。对说明材料、测试案例及其他要求与认证机构深入沟通，确保产品符合法规要求。

加强与测试机构沟通。与测试机构提前沟通确认测试资源，提高测试效率，缩短测试周期。

（二）信息感知法规

1. UN R165《关于商用车辆倒车报警装置的统一规定》

该法规旨在规范商用车辆上倒车报警装置的设计和使用，以提高倒车时的安全性，减少事故，尤其是保护行人、骑行者和其他弱势道路使用者。

（1）与国标差异分析

表 8 UN R165 与国标差异分析

类别	GB/T 44038—2024	UN R165
适用范围	N2、N3、M2（最大总质量大于3500kg）、M3 类车型	
主要技术要求	基本一致（装置要求有所区别）	
差异点	UN R165 对某些情况允许有暂停功能并对其功能做了要求，测试方法略有差异	
建议	欧标要求相对多一些，建议按照欧标设计（若考虑出口可能的需求）	

（2）法规应对建议

倒车报警装置的开发主要面临一些技术和成本方面的挑战，主要集中在技术适应性、成本控制、产品兼容性、法规合规性以及用户体验之间的权衡。解决这些挑战不仅需要增加技术投入，还需在法规要求和市场需求中找到平衡，确保车辆安全性与用户满意度。

法规应对方面，法规主要考虑倒车提示音对行人的安全警示作用，同时也避免声压级过高扰民，其多模式、多类型也源于以上两个目的。车企应根据倒车提示音实际的反馈或在认证过程中出现的情况进行更新，并同步考虑未来可能出现的新技术、新需求以及其他提示音（右转弯提示音、低速提示音），避免法规之间的冲突或者矛盾。建议：提前与认证机构和测试机构沟通，明确参数或者信息需求；针对装置和整车的测试，提前进行装置测试，或同步沟通；针对车载不同外放提示音，在设计阶段确保不同提示音之间的协调性，以避免信息的混乱或干扰，形成规范化和标准化的设计。

2. UN R166《关于驾驶员感知前侧方近距离弱势道路使用者方面批准装置和机动车辆的统一规定》

为减少交通事故的发生及事故中人员的伤亡，欧盟及WP.29颁布了一系列旨在保护弱势道路使用者（如行人、骑行者等）的法规。其中，UN R166《关于驾驶员感知前侧方近距离弱势道路使用者方面批准装置和机动车辆的统一规定》对感知近距离前方与侧方视野或探测区域的间接视野装置和探测装置及其在整车上的安装做出要求。

R166法规制定和修订的组织机构为世界车辆法规协调论坛（WP.29）下的一般安全工作组（GRSG），GRSG致力于在全球范围内协调和推广汽车安全法规，以提高道路交通安全性，减少交通事故，并促进国际贸易的便利化。2022年11月，WP.29通过了R166法规，并于2023年6月生效。

R166法规的出台，不仅规范了汽车近距离前方与侧方区域的感知能力，还对信息显示策略和系统逻辑等方面做出要求。这些规定确保驾驶员能够准确感知汽车的前方盲区与左右两侧盲区，从而更好地预测和感知可能发生的危险和伤害，进一步保护汽车实际行驶场景中弱势道路使用者的生命安全。该法规的实施对汽车制造商产生深远影响，推动企业在车辆设计和制造过程中更加注重安全技术的研发和应用，进而促进汽车行业整体技术水平的

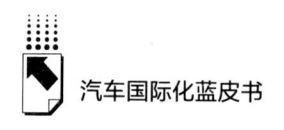

提升。

法规难点：近距离前侧方视镜固定于车身，在此基础上镜子应匹配好反射面的形状、尺寸和曲率半径。FLVCS产品设计时不仅应考虑产品自身参数（摄像头视场角、监视器尺寸、放大倍数等），还应结合产品的整车布置、监视器布置位置等进行综合考量，以满足法规视野要求。探测系统产品设计时不仅应考虑产品自身参数（探测距离），还应结合产品的整车布置，以满足法规视野要求。系统可用性等故障提示要求，应提前设计，并给出明确的故障提示方式。

考虑到法规定义的视野区域紧贴车身存在校核困难，且各技术路线可叠加组合，故应结合实车验证提前设计应对方案，避免正式认证时出现反复，控制认证周期。

3. UN R167《关于批准机动车辆的直接视野的统一规定》

在交通环境中，道路上的弱势群体（行人、自行车、摩托车等）容易处在大型商用车盲区之中，存在潜在危险，为尽可能避免这一情况，联合国欧洲经济委员会发布R167《关于批准机动车辆的直接视野的统一规定》，用以量化商用车直接视野盲区，且限制商用车直接视野盲区范围。

R167明确了驾驶员在无须依赖镜子或摄像头的情况下对车辆周围区域的可视标准，特别是车辆的前方和两侧视野。R167规定了合规的测试程序，包括模拟驾驶员在驾驶位上的视角范围测试，以确认车辆设计是否符合法规的直接视野要求。此测试涉及测量驾驶员的视线，确保其可以覆盖到特定范围内的关键区域，从而使车辆达到最低安全可视标准。R167旨在通过改善商用车辆的设计，提升驾驶员对弱势道路使用者的直接视野，减少视觉盲区的安全隐患。

企业在应对法规方面，需要特别注意以下两点：R167对商用车直接视野的要求本质上是对驾驶室结构设计的考查，法规中包括两种测试方法，一种是基于实车的物理测试方法，另一种是基于车辆3D模型的仿真测试方法。企业应在设计开发阶段使用仿真测试方法针对此法规进行验证，若在定型量产后进行实车验证时不符合法规，则直接视野的整改难度以及成本比较高。欧盟于2024年7月发布EU 2019/2144修订草案，将UN R167纳入整车准入框架，其中针对新车型2026年1月7日实施，针对新车2029年1月7日实施。出口车型应提前做好法规应对措施。

（三）节能与环保法规

2024年4月24日，欧盟法规（EU）2024/1257（欧七）正式通过，标志着欧盟对车辆排放和电动汽车电池耐用性有了新要求。该法规属于"欧盟绿色协议"的重要组成部分，旨在到2050年实现零污染和气候中和经济目标。新标准整合并更新了之前的排放标准（如欧六），形成了一套适用于轻型和重型车辆的一致性框架。

（1）与国标差异分析

a. 轻型车

①常温污染物排放及ATCT

欧七标准在常温污染物排放和加速工况测试循环（ATCT）方面提出了更严格和详细的要求，确保车辆在各种实际驾驶条件下的排放控制效果。国六在这些方面逐步提升，但在某些具体限值和测试方法上可能与欧七标准存在差异。

例如，欧七在常温污染物排放方面有更严格的限值，包括NOx、CO、HC、PM、NMHC和NH_3；国标目前严格控制NOx、CO、HC、PM等主要污染物，但在NMHC和NH_3上的控制可能相对宽松。车辆制造商需根据目标市场的具体标准和测试要求进行适应性设计和调校。

②RDE

欧七排放标准和国六排放标准在实际行驶污染物排放（RDE）测试方面存在一些显著差异。这些差异主要体现在测试条件、合规限值、测试方法和数据处理等方面。欧七标准在RDE测试方面要求更加全面、严格和苛刻，涵盖了更广泛的驾驶条件和更严格的排放限值。

③type4

目前中国发布的国六轻型车蒸发排放限值：一类车0.7g/test，劣化系数

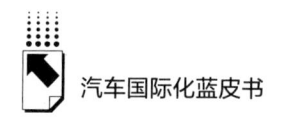

为0.06g/test，即整车热浸结果和昼间中最大HC排放量的结果总和加上0.06g，不超过0.7g/test。

欧七的整车蒸发排放限值：一类车1.5g/test，没有劣化系数，热浸结果与两昼间的总和，再加上渗透因子作为总结果。

欧七密封油箱独立测试程序，与国六非整体蒸发测试流程相比差异极大，基本上没有可比性。其中最大的区别是，欧七密封油箱独立测试程序中，在测试前需要进行脱附流量和油耗的测试，以及用ATCT进行油耗修正，之后还要进行一个Puffloss测试，全部测试完毕后才能正式开始认证测试流程，在测试流程中还要求充满电、油箱盖泄压等，和国六测试流程完全不一样。国内车辆需要针对欧标密封油箱车辆进行单独摸底测试，以确认目前国六水平的车是否满足欧标。

除了测试流程上的差异外，欧标要求炭罐经过温度交变、振动老化和GWC300老化，之后装车开展整车蒸发排放测试。整个测试过程需要花费近2个月时间，这比国六整体认证时间要长很多。因此，企业在计划开展认证的前半年，需要将炭罐生产出来开展相关的老化测试，避免在正式认证阶段耽误时间。

④耐久

欧七和国六在动力电池耐久性、污染物控制装置耐久性方面均有差异。欧七要求M1类电动汽车动力电池在一定年限（如超过5年或100000km，不超过8年或160000km的车辆，以先到者为准）后，保持72%的容量，国标要求70%的容量。

⑤车载监测（OBM）系统

欧七提出了全新的OBM要求，并对OBM进行型式认证。

⑥制动及轮胎磨损颗粒物

国标中未针对制动磨损和轮胎磨损产生的颗粒物排放进行标准和限值方面的规定。

b. 重型车

①测试循环

欧七中发动机排气污染物台架测试依然沿用国六和欧六的WHTC/

WHSC 循环，但取消了 WNTE 循环。整车测试还是采用 PEMS 的测试方法，但欧七标准将用于评估移动平均窗口（MAW）有效性的功率阈值降低到 6%，而欧六标准的阈值为 10%。

②污染物种类和排放限值

欧七标准采用非甲烷有机物（NMOG）限值替代欧六标准下的总碳氢（THC）限值，并额外独立设置了甲烷（CH_4）排放要求。PN 计入阈值缩小到直径 10nm，由 PN23 加严为 PN10。新提出氧化亚氮（N_2O）排放要求。

在排放限值上，欧七在欧六标准上进一步加严。在欧六标准下针对 WHSC 和 WHTC 分别设定了不同的排放限值，而欧七标准则针对两套工况实施统一的排放限值。与欧六相比，WHSC 工况将氮氧化物（NOx）排放限值加严了 50%，将颗粒物质量（PM）限值加严了 20%。WHTC 工况的 NOx 排放限值加严了 56%；PM 限值的加严幅度与 WHSC 工况相同，也是 20%；CO 排放限值降低 62%。同时，NH_3 排放限值由之前的 10ppm 更改成 60mg/（kW·h），并新增 200mg/（kW·h）的氧化亚氮（N_2O）排放限值。在实际道路行驶排放（PEMS）测试期间，允许车辆的 NOx、CO、NMOG、CH_4 和 N_2O 排放高出约 30%。NH_3 和 PN10 的 RDE 限值则分别比实验室工况限值高出 42% 和 50%。

③污染物种类和排放限值

欧七标准延长了车辆使用寿命期，并在"主要使用寿命期"的基础上引入"额外使用寿命期"的概念。在额外使用寿命期内，可应用耐久性系数来调整排气污染物限值。对于 M1、M2 和 N1 类车辆，耐久性系数为 1.2，这意味着在额外使用寿命期允许排气污染物比相关限值高出 20%。对于 N2、N3 和 M3 类重型车，欧七标准中预留了耐久性调节系数，将在欧洲委员会进行分析评估后，于 2025 年 12 月前确定。

欧七标准中还预留了重型车电池耐久性的相关条款。目前，联合国欧洲经济委员会正在制定相关条款，重型车管理法规将与轻型车管理模式高度相似，具体的耐久性限值将在近期确定。

④车载燃料及能耗监测

欧七标准将 OBFCM 装置的应用范围扩大至所有车辆类型和所有传动类型,包括重型车及电动汽车。欧六标准仅要求通过车载诊断系统接口访问 OBFCM 装置,欧七标准则要求用户可以从车辆中控显示屏上获取相关信息,并要求 OBFCM 数据可以实现无线传输。

⑤车载排放监测

车载排放监测是欧七标准下新纳入的一项合规验证要求。对于所有会产生尾气排放的欧七车辆,必须通过 OBM 系统来监测 NOx 和 PM 排放,其中重型车还需要监测 NH_3 排放水平。任何排放超出限值 2.5 倍的情况必须予以记录。OBM 记录的数据可以通过车载诊断系统端口访问获取,并能够以匿名方式进行无线传输。OBM 数据将用于评估单车的实际道路行驶排放,并监测不同车辆组别的排放合规性。欧七标准还预留了条款:在 OBM 系统判定排放严重超标时,将启动警报系统并启动限制机制以确保车辆及时得到维修。不过目前法规尚未具体规定何种情况属于排放严重超标。

(2)技术难点和趋势

a. 轻型车

①常温污染物排放及 ATCT

法规技术难点:OBFCM 精度要求适用于在用车 ISC 检查,对车辆全生命周期油耗控制提出了更高要求;PN23 升级为 PN10,限值不变,PN 符合限值的难度更大。

测试认证中常见问题和难点:延续欧六 e 测试规程,同前文所述。

法规升级趋势:更加严格的 CO_2 和油耗监管趋势。

②RDE

法规技术难点:延续欧六 e 测试要求,调整 PN23 测试要求为 PN 10,且 CF 因子不变,增加了合规难度。

测试认证中常见问题和难点:部分企业在进行 PHEV 车辆 CS 模式下常温污染物排放试验时倾向于在低速段用电驱动,以降低 CO_2 排放和油耗,但在实际 RDE 试验过程中发现 RDE 低速段 CO_2 排放要远高于 CS 模式下常

温污染物排放试验 CO_2 排放，这种情况可能与企业标定策略相关，会导致 RDE 试验无效。

法规升级趋势：法规中留了口子，可能在未来加入 CO、THC 及其他污染物考核要求。

③蒸发排放

法规技术难点：欧七蒸发排放测试规程与欧六 e 相同，仅排放限值略有加严。

测试认证中常见问题和难点：延续欧六 e 测试规程，同前文所述。

法规升级趋势：欧洲计划 2035 年全面禁售燃油车，未来其市场上的燃油车会越来越少，所以对于下一阶段蒸发排放法规的制定处于一个消极的状态。

④耐久

测试认证中常见问题和难点：新车准入的 SOCE 精度验证试验，要求车辆在 SOCEread 不大于 98%时进行一次续驶里程试验，得到 UBEmeasured。

车辆难以保证在对应的 98% SOCEread 时 SOCEmeasured 的计算准确无误，算法模型不够准确。同时，企业对自家车辆的预估状态也没有足够的了解。

法规升级趋势：预计增加 10 年或 200000km 的限值，需提前做好应对。后续会增加预估续驶里程 SOCR 的精度验证和限值要求。

⑤OBM

欧七提出了全新的 OBM 要求，并对 OBM 进行型式认证，但目前仍未发布具体的细节要求，这对于企业开发具有一定困难，需持续跟踪欧七的最新进展。

⑥制动及轮胎磨损颗粒物

法规技术难点：无法复现混动车制动能量回收，需要通过系数（固定值）计算，而制动能量回收系数的准确性和适用性有待评估。法规施行后，非尾气颗粒物减排技术也会升级，部分车辆配备的颗粒物吸收装置如何在测试系统内进行匹配和应用的问题有待解决。制动系统在整车上的控制策略和

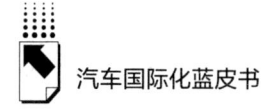

在测试装置内的控制策略存在差异。室外进行轮胎磨损颗粒物排放测试,受天气、气温影响较大,结果不稳定。

测试认证中常见问题和难点:国七标准具有不确定性,不能及时跟踪国七标准预研的最新动向,无法提前进行产品规划和布局。不了解国七标准要求,无法制定标准升级应对措施,增加产品上市难度。不了解产品排放水平,不了解自有产品非尾气颗粒物排放水平,产品上市风险性增加。缺少对测试方法、设备的了解,导致企业研发成本增加,新产品推出时间落后于市场,下一阶段产品策略处于被动状态。

法规升级趋势:为加强对非尾气颗粒物排放的监管,欧美国家已加大对机动车非尾气颗粒物研究工作的支持力度。2024年5月8日,欧七机动车排放法规正式公布,并于2024年5月28日生效,首次引入对刹车和轮胎的颗粒物排放要求,适用于电动汽车和燃油汽车。2024年2月7日,美国环境保护局(EPA)宣布加严国家环境空气质量标准(NAAQs)中$PM_{2.5}$标准的最终决定,将$PM_{2.5}$年均浓度一级标准由$12\mu g/m^3$降低至$9\mu g/m^3$。我国下一阶段标准预研非常规工作组已正式针对制动和轮胎磨损非尾气颗粒物排放开展标准研究工作。基于《大气污染防治法》赋予环保部门的职责和权限,针对机动车污染防治,以整车为检验对象、以主机厂为责任主体的整车测试方法已成为行业热点研究内容。

b. 重型车

污染物限值的进一步降低以及新增污染物的要求,对重型车用发动机后处理系统提出了新的挑战。为持续降低NOx排放,需要进一步提高排气热管理的水平,双SCR系统可能成为标配。同时,还需要兼顾温室气体排放的要求。

PEMS测试的功率阈值进一步降低后,对于低负荷工况的排放考核更加严格,对于排气热管理的要求更高。

燃料中立后,对于汽油机、燃气发动机、甲醇发动机等,需要考虑PN10排放要求带来的影响,可能涉及加装颗粒捕集器等技术路线的选择。同时,小排量发动机的技术达标难度依然较大。

三 欧盟当地特殊要求法规

1.（EU）2015/758《针对基于112的eCall车载紧急呼叫系统、基于112的eCall车载独立技术单元和组件，为机动车辆的EC型式认证建立详细的技术要求和测试程序，以及补充和修订欧洲议会和理事会关于豁免和适用标准的法规》

（EU）2015/758是欧洲议会与欧盟理事会于2015年4月29日共同制定的一项法规。这一法规的制定是基于欧盟长期以来在道路安全领域的目标，即部署可在所有车辆和所有成员国使用的eCall服务。为了实现这一目标，欧盟已经启动一系列倡议，并在2009年8月21日的"eCall：Time for Deployment"通信中提出新措施，以在欧盟内部署车载紧急呼叫服务。其中一项建议措施就是自特定类别车辆起，强制安装基于112的eCall车载紧急呼叫系统。

法规的制定首先经过提案、咨询、委员会审议、议会审议和理事会决定等一系列立法程序。法规正式生效后，欧盟成员国开始逐步实施。其中包括对新车型进行eCall系统的型式批准，以及确保紧急服务平台能够接收并处理来自eCall系统的紧急呼叫。随着技术的发展和道路安全需求的变化，欧盟可能会对（EU）2015/758进行后续修订和完善。

在标准进度方面，欧盟已经建立全面的车辆型式批准系统，对机动车辆各种安全和环境要素的技术要求在欧盟层面予以标准化。该法规已于2018年3月31日强制实施。对于在欧盟出售的车辆来说，必须通过该法规的认证。鉴于新一代移动网络4G/5G的快速发展，欧盟于2024年4月19日正式发布修订法规（EU）2024/1180，该法规针对NG eCall、最小数据集（MSD）版本等方面提出新的要求。

（EU）2015/758法规的制定和实施对于提高道路安全水平、促进技术标准化、提升紧急服务效率以及推动产业发展都具有重要意义。首先，eCall系统能够在车辆发生事故时自动拨打紧急电话，从而减少响应时间，提高道路安全水平。这一法规的实施有助于全面部署eCall系统，进而降低交通事故的死亡率和创伤严重性。其次，法规要求所有新车型在eCall系统方面符合欧盟的统一标准，这有助于促进技术标准化和增强互操作性。再次，虽然eCall系统能够提供快速的事故响应，但法规也指出改善112服务操作的必要性，以确保该服务能提供有效的紧急援助，这有助于提升紧急服务的整体效率和质量。最后，法规的实施将推动相关产业的发展，包括车载设备制造商、紧急服务平台运营商等。这将为欧盟的经济增长和就业创造更多机会。

目前，国内暂无对应标准。对于零部件和整车测试，建议在正式试验前进行摸底，缩短试验周期，提高试验一次成功率。

2.（EU）2023/1542《电池与废电池法规》

（EU）2023/1542于2023年8月17日正式生效，旨在对电池的整个生命周期进行监管，为环境和消费者提供更好的保护。从2024年8月18日开始，符合性评估会被强制要求，没有CE标志的电池将在欧盟市场禁售。其内容涵盖物质限制、碳足迹、回收材料和废旧电池管理、性能和耐久性要求、安全要求、电池标签要求、电池管理系统对电池健康状况的监控、电池经济运营商的尽职调查以及电池护照等，对国内电池企业建立一个安全、循环和可持续的电池价值链，提升国际市场的长期竞争力具有指导意义。

该条例涵盖电动汽车电池、LMT电池、SLI电池、工业电池、便携式电池以及固定式储能系统，实行时间线如下：2023年，法规正式发布；2024年，对进入欧洲的电池实施物质限制、性能/耐久性要求；2025年，开启废旧电池管理、尽职调查、EV电池碳足迹；2026年，内部储能工业电池碳足迹；2027年，要求持有电池护照；2028年，要求出示回收材料声明、LMT电池碳足迹；2030年，外部储能工业电池碳足迹；2031年，要求回收材料最低限值。

与国内法规相比，欧盟新电池法有以下几个显著的特点。

全面的生命周期管理。欧盟新电池法不仅关注电池的生产阶段，还涵盖电池的使用、回收和最终处理等环节。这要求电池制造商负责电池的整个生命周期管理，包括电池的生产、销售、使用和回收。

严格的环保和性能标准。法规对电池的环保和性能提出严格要求，包括电池的碳足迹、电化学性能、耐久性、安全性等。此外，电池必须带有CE标志，表明产品符合欧盟的安全、健康和环境保护标准。

强制的回收和责任延伸。电池制造商需要承担电池的回收责任，包括建立回收系统、确保电池的回收效率和材料回收水平。此外，法规还要求电池制造商对废旧电池进行回收，并确保这些电池得到适当的处理。

全球视角下的合规。欧盟新电池法不仅适用于在欧盟市场销售的电池，也适用于出口到欧盟的电池。这意味着外国电池制造商也需要遵守这些规定，增加了全球电池市场的合规性要求。

持续的监管和更新。欧盟新电池法是一个动态的法规，它会随着技术的发展和市场的变化而不断更新和调整。这确保了法规能够适应电池行业的最新发展，并持续推动行业的创新和进步。

技术难点和趋势：碳足迹方面，自2024年7月起，出口到欧洲的大部分电池（含电动汽车电池、轻型交通工具电池和可充电工业电池）需提供碳足迹声明及标签。电池出口厂商需披露整个生命周期的碳排放数据，从上游矿产、材料到电池生产、回收以及再利用。电池整个产业链非常复杂，中国电池企业在全生命周期碳足迹方面的积累薄弱。其难度包括电池企业需将采矿、正负极材料、电芯等整条供应链上的碳足迹纳入搜集范围，对每一个环节的碳足迹进行测量和认定，而目前国内既没有非常成熟的数字化工具，又面临标准数据库不统一、国际互认机制未建立等困难。

电池材料的回收利用要求。新电池法要求动力电池再生材料使用达到一定的比例，但目前我国还没有建立再生原材料使用的认定机制，无法判断哪些电池中使用了再生原材料，使用了多少比例，这也将对未来的出口形成一定阻碍。

电池护照过高的信息披露要求。自2027年2月18日起，进入欧洲的大部分动力电池需持有"电池护照"，对电池相关的主要信息进行披露。

案 例 篇

B.35
重点会员企业优秀案例

一 以新质生产力为帆，马来西亚CKD物流启航高质量发展新征程

2013年，广州汽车集团股份有限公司（以下简称"广汽集团"）开始布局海外出口业务。广汽国际汽车销售服务有限公司（以下简称"广汽国际"）作为广汽集团自主品牌出海事业的主要载体，经过十余年的探索、积累和成长，逐步摸索出一条"出海之路"。十几年来，广汽国际凭借其对工匠精神的孜孜追求、对品质的一丝不苟，以多元化产品矩阵赢得了全球消费者的广泛赞誉，在海外市场屡受认可。2023年，随着广汽集团"1551国际化战略"的提出，广汽国际从品牌国际化、产品全球化、产供本地化、销服综合化及生态多元化方面全力加速国际事业布局，努力踏上高质量发展新征程。

当前，全球经济一体化不确定因素增加，国际贸易环境复杂多变，在国内产业转型升级、成本管控重要性日趋凸显的背景下，企业如何顺应潮流，开阔思路，积极拥抱国际市场，同时在经营管理尤其是物流管理中降低成

本，提高效率，增强产品竞争力，成为决定企业生存发展的重要因素。

此前，广汽国际多以整车出口为主。在出口车辆的物流管理过程中，运输环节繁多且相互独立，缺乏有效的联动机制，不仅增加了物流的总耗时，也增强了管理的复杂性。此外，国内外形势复杂多变，海运价格波动幅度大，使得出口物流成本居高不下，给企业的物流效率和成本控制带来挑战。

随着我国汽车产业的发展，综合实力逐步增强，对外开放程度进一步加深，汽车产业也顺应发展趋势，逐步由单一的整车出口，转变为整车出口与海外 KD 组装、合资合作等并行发展的新型业务模式。而对于 KD 零件出口，其独特的物流方式要求企业制订专属配套解决方案，以实现降低成本、提高效率、提升业绩等多重收益。

广汽国际于 2023 年 5 月率先在马来西亚开展其首个 CKD 项目，由于项目一期车型的生产工厂位于湖北宜昌，物流运输涉及内陆与出口海运，线路更复杂、流程更漫长，管控难度倍增。面对新课题，广汽国际积极组织力量应对，创新性地采用海铁联动联运加海运船司长约合同价模式，不仅成功化解运价波动带来的成本压力，还大幅缩短物流周期，降低管理难度。此举有效提升了客户满意度，确保项目的高效推进，并赋予下一阶段合作巨大的潜力与空间。

海铁联动联运模式：针对 CKD 产品特性，公司制定了专门的包装标准，同时整合各方资源，通过与铁路、港口及船司等多方合作，实现 KD 零件从生产线到集装箱的无缝对接，集装箱经由铁路发运至出口码头，再装船出海，直达客户。

在物流运作过程中，广汽国际建立了高效的协同机制和信息共享平台。公司统筹调度装柜、铁路运输与大船开航三个重要时间节点，使物流链路的各参与方高效联动、紧密配合。这种创新模式的运用，既保障了产品在运输过程中的安全性和完整性，以及应对突发情况和处理问题的快捷性，又通过优化运输路线、提升换装效率，兼顾物流时效性与成本可控性，成功实现铁路运输与海运的深度融合。

本次海铁联动联运的创新模式，在助力企业成长的同时，也极大地带动了宜昌工厂的发展。宜昌地处华中，是长江经济带的重要城市之一，也是中部地区重要的综合交通枢纽，区域内水陆空交通网络发达。但作为内陆城市的宜昌，在汽车制造业、整车及KD零部件的长距离海运出口方面存在一定挑战，受限于地理位置远离海港、出口转运环节多、运输距离长、成本偏高等。广汽国际马来西亚CKD项目充分利用当地铁路网络资源优势，创新海铁联动联运模式，扬长避短，促使整个项目顺利投产并快速上量，展现了强大的发展后劲。此举不仅极大地促进了宜昌工厂的发展，使其当年汽车出口量实现180%的显著增长，而且以此为基点，带动当地相关产业快速发展，为中部地区经济增长提供强有力的支持。

海运船司长约合同价模式：针对出口海运价格波动大、舱位紧张、开航时间不稳定等问题，广汽国际与中远海运签订长约价合同，既帮助自身锁定海运成本，又为合作船司提供了长期稳定的货源，有效避免了市场波动对双方合作造成的风险。

海运船司长约合同价模式的创新之处在于，它打破了传统物流模式中企业与船司的短期逐利思维与博弈套路，即海运运力供不应求时，舱位价格飙升，企业间相互竞争，价高者得，导致企业成本激增，削弱产品的国际竞争力，甚至失去部分海外市场；而海运运力供大于求时，舱位价格暴跌，转而由各船司之间竞争客户货源，以价换量，直至利润无法支撑运营成本，船司减少航次甚至停航。

海运船司长约合同价模式追求长期稳定的合作关系，通过互利互惠，实现共担风险、共享发展。广汽国际与中远海运的这一成功合作案例，不仅加强了中远海运在航运市场中的稳固地位，也为广汽国际提供了可靠稳定且成本效益高的物流运力，提升其在马来西亚整车生产的成本竞争力，更有效地支持当地市场拓展。

广汽国际马来西亚CKD项目中的一系列创新实践，不仅体现出可观的短期优势，助力企业发展，而且借助物流脉络的打通，有效带动内陆经济增长。这一切源自其全局的战略眼光、对管理实践的不断探索与持续创新的勇气，管理创新不仅出效益，也为其他CKD项目、新市场的国际物流规划、运营降本增效提供了极佳的示范案例与宝贵经验。而本次参与项目的物流伙伴单位,涵盖中铁、中远海运等优质国有企业。本着"国车国运"的精神指引,广汽国际将进一步深化与上下游兄弟企业的联动合作,建立战略合作伙伴关系,同时加大出海力度,在成熟市场不断投入新车型,站稳脚跟、开枝散叶,并努力开拓全球其他空白市场。相信在广汽国际的不懈努力和众多兄弟单位的鼎力支持下,定能实现车企供应链深度协同出海、共同发展、共担共赢的良好局面,助力中国品牌全球化!

二 创新模式、全面布局,树立民族品牌国际化发展新标杆

吉利控股集团,作为中国汽车行业的领军企业,其全球化战略布局展现出非凡的远见与执行力。通过精准定位不同消费市场的品牌战略——吉利、沃尔沃、领克、极氪、路特斯、雷达等,吉利控股集团不仅在国内市场稳固根基,更在全球范围内积极拓展,特别是在欧洲、东南亚、中东及拉美地区,其国际化发展模式独具特色,成效显著。

1. 欧洲经营概况:深化布局,创新驱动

欧洲,作为全球汽车消费与技术创新的高地,一直是吉利控股集团全球化战略的核心区域。通过一系列股权投资,吉利控股集团不仅获得了沃尔沃汽车、英国锰铜公司(现为翼真新能源,LEVC)、梅赛德斯-奔驰集团smart品牌以及英国路特斯跑车品牌的控制权或重要股份,还借此机会在欧洲建立了多个研发中心和造型设计中心,如位于瑞典哥德堡的CEVT(现更名为Zeekr Technology Europe),这些举措极大地提升了吉利产品的国际竞争力和设计创新能力。领克凭借其独特的品牌理念和设计,成功打入欧洲市场,而极氪则凭借其先进的电动技术和智能互联特性,赢得了欧洲消费者的青睐。路特斯则继续发挥其跑车品牌的优势,推动高性能车型的国际化进程。

2. 东南亚经营概况:汽车出海,合作共赢

东南亚市场,因其地理位置邻近中国且汽车产业正处于快速发展阶段,

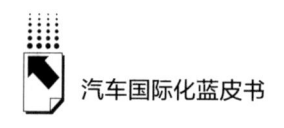

成为吉利控股集团全球化战略的重要一环。吉利控股集团充分利用"一带一路"倡议带来的机遇,通过资本、人才、技术、产品等多维度全面布局东南亚市场。其中,收购马来西亚DRB-HICOM旗下宝腾汽车49.9%的股份,并成功实施"北斗七星战略",不仅帮助宝腾汽车实现了扭亏为盈,更在马来西亚市场树立了吉利全球化战略的新标杆。

通过"宝腾模式",吉利控股集团不仅实现了产品和技术的输出,还促进了当地汽车产业的人才培养和转型升级,展现了吉利控股集团负责任的跨国企业形象。此外,吉利控股集团还在东南亚其他国家如泰国、印度尼西亚等地积极寻求合作机会,推动全产业链出海,进一步巩固和提升在东南亚市场的地位。

3. 中东和拉美地区:渠道拓展,品牌提升

在中东和拉美地区,吉利控股集团加速渠道建设和市场布局。领克凭借其独特的定位和混动技术的优势,在中东地区迅速铺开销售网络,并通过代理商模式实现了快速渗透。极氪则通过与中东多个国家的经销商签署国家级总代协议,显著提升了品牌在中东市场的知名度和影响力。

在拉美市场,吉利产品已成功进入智利、墨西哥、巴西等关键市场,并计划通过加强营销渠道建设,进一步提升市场份额。吉利控股集团在这些地区的成功,不仅得益于其高品质的产品和先进的技术,更在于其灵活的市场策略和对当地消费者需求的深刻理解。

综上所述,吉利控股集团的全球化战略正以其独特的模式和多品牌布局,在全球范围内展现出强大的竞争力和影响力。未来,随着全球汽车产业的不断变革和升级,吉利控股集团将继续深化其全球化战略,推动中国汽车品牌走向世界舞台的中央。

三 生态出海、互利共赢——中国汽车品牌探路实践

长城汽车股份有限公司(以下简称"长城汽车")销售网络覆盖全球,目前已出口到170多个国家和地区,海外销售渠道超过1300家,海外累计

销售超170万辆。长城汽车2024年1~9月的销量已经超越2023年全年销量。面对中国汽车品牌走向全球的历史机遇，长城汽车着眼长期主义的生态构建为中国品牌出海探索道路和发展模式，可将之总结为"生态出海、互利共赢"。

1. 多品类、多动力、多档次的产品布局

近几年，中国汽车在新能源和燃油车领域快速发展，尤其在电池产业链和相关技术方面，中国已处于全球领先地位。然而，在其他核心技术领域，如内燃机技术，中国与欧美日等发达国家和地区依然存在明显差距；而且全球用户视角下，燃油车依靠对全球多元化使用场景的良好适应，依然占据主流。

面对全球不平衡不均匀市场，为了适应多变的海外需求，长城汽车加强生态布局，关于新能源的路线"全面均衡"，在太阳能、电池、氢能、车用动力等全价值链上完成布局，能够支撑长城汽车在海外因地制宜地开拓市场。如在充电和基建不便的发展中国家和地区，提供皮卡、SUV、MPV等多品类车型，更有HEV、BEV、ICE、PHEV多种动力，还有氢能重卡、高端摩托车；在越野市场，长城汽车布局了国内仅有的3.0T发动机和9HAT混动变速箱，轻松应对各种复杂路况。多品类、多动力、多档次的产业链优势，让长城汽车满足全球不同消费者的需求，以充分应对不断变化的竞争环境。

2. 构筑互利共赢的长期生态

"汽车行业生而全球"，需要全球市场的技术积累，开展资源、技术、人才的全球化布局。优秀车企以长期战略思维来经营品牌，练就坚实的供应链整合能力、技术研发能力以及品牌建设能力。真正有实力的车企，一定早就积极布局海外市场，提升全球竞争力。

长城汽车作为中国汽车产业的开拓者之一，从1997年开始出海，亲历了整个中国汽车行业从简单出口到海外建厂的发展历程，摸索出可持续发展的模式——生态出海，其本质是互利思维与长期主义。

生态出海不仅仅是输出产品，更是合作共赢，近期长城汽车提出"国

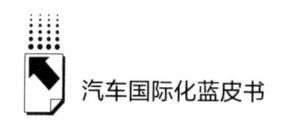

际新四化"：产能在地化、经营本土化、品牌跨文化、供应链安全化。如长城汽车的欧拉好猫在泰国实现本地化量产，但背后其实是蜂巢能源的电池、蜂巢易创的传动、曼德的电子等一系列供应链同步布局泰国市场。

本地化是带着产业链服务用户，在这个过程中付出时间、金钱上的成本，在当地做出社会贡献，逐步赢得民众对品牌的信赖，只有这种长期主义底色的互利共赢思维，才能做到有质量、有底线的市场发展，才能真正被当地市场接受，实现品牌溢价。

长城汽车在中国、美国、德国、奥地利、日本以及韩国等国家和地区设立研发中心和技术创新中心。在中国，长城汽车拥有十大全工艺整车生产基地。在海外市场，长城汽车是第一批走出国门的中国汽车企业，1997年即已实现出口，在泰国、巴西等建立了全工艺整车生产基地，在厄瓜多尔、巴基斯坦等地拥有多个KD工厂。其中，泰国罗勇工厂，是长城汽车第一个海外新能源汽车生产制造工厂，助力长城汽车在泰国及东盟市场的发展。巴西伊拉塞马波利斯工厂，作为长城汽车全球智能化生产基地，按照长城汽车全球制造标准引入了先进的生产、品质管理和环保、信息化管理理念，覆盖巴西及南美其他市场。

长城汽车的坦克品牌在澳洲、拉美和中东，凭借优秀的产品力获得了用户的认可。其从用户需求和服务体验入手，构建了长期、稳定的生态体系，因为从单一维度不足以构建全面的"护城河"，与本地社群高度适配的产品力、渠道力、服务力、用户力所组成的品牌生态才能构成企业不可逾越的竞争壁垒。

3. 向世界讲好中国故事

我们经常思考如何向世界讲好中国故事，中国文化兴，则中国品牌兴。2024年大火的"China Travel"给了我们一个不同的思路，"百闻不如一见"，真正的实力会通过方方面面展现出来。中国汽车产业不仅在销量上有突破，在出口结构和方式方面也发生深刻变化。多元化的商业模式正在形成，不仅仅是产品，还有技术创新、用户运营和品牌文化。

中国汽车也是一样，产品将不再仅仅是产品，更是文化的象征，是全球用户生活方式的一部分，所以长城汽车也遵循"请进来，走出去"的大思路。尤其注重品牌的原汁原味输出，近两年来长城汽车在"请进来"方面做得比较多，举办了很多主场活动，改变了很多惯例。如北京车展"请进来"、成都车展感受文化，把中国的活动举办成全球性活动。在阿拉善，来自全球的越野爱好者来到世界最大规模的越野狂欢节，看到70%的产品都是GWM品牌，对品牌的热爱和信任一下子就拉满了。同样，在成都车展，长城汽车打造了一场文化之旅，让海外媒体和用户参观位于重庆的智能化工厂，还让他们体验火锅、变脸、熊猫这些中国元素，链接了一整套的生活场景和方式。长城汽车一直坚持做中国故事的亲历者和讲述者，致力于讲好中国故事，引领中国汽车出海生态。

我们希望中国品牌能够行稳致远，向世界一流企业学习，登上世界汽车品牌的塔尖。希望长城汽车关于汽车生态出海的案例能够为中国品牌的海外生态构建提供某些启示，期望广大产业同仁能够以产业链的眼光超前布局，找到适合自己的位置和发展方向，形成各有特色、相互成就的局面，成为国家形象闪亮的新名片。

四 迎接清朗明天，携手"同行人"走向世界

蔚来是一家全球化的智能电动汽车公司，于2014年11月成立，致力于通过提供高性能的智能电动汽车与极致用户体验，共创可持续和更美好的未来。蔚来公司旗下现有蔚来、乐道和萤火虫三大品牌。蔚来坚持核心技术的正向研发，截至2024年底，申请中及已授权专利总数达9500余件，同时建立了12个领域由技术栈构成的"蔚来技术全栈"。2024年全年，蔚来公司共交付新车221970辆。其中，蔚来品牌交付新车201209辆；乐道品牌交付新车20761辆。截至2024年12月底，蔚来公司已累计交付新车671564辆。

蔚来从创立之初，就将自己定位为全球化的创业公司，具备全球化的视野和管理能力，充满挑战与机遇的出海是蔚来的必然之路。蔚来是全球首家在美国、中国香港、新加坡三地上市的汽车企业。同时，蔚来在圣何塞、慕

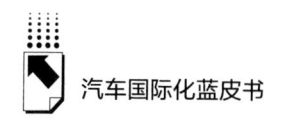

尼黑、牛津、柏林、布达佩斯、新加坡以及阿布扎比等地设立了研发与生产机构，并在中国、挪威、德国、荷兰、瑞典、丹麦、阿联酋、以色列、阿塞拜疆等国家建立销售和服务体系，用户覆盖全球超350个城市。

就像大多数中国新能源车企一样，蔚来的出海之路也并不容易，在逐步加深对各国市场及文化的了解的同时，持续探索不同的商业模式。

1. 首战欧洲——通过创新商业模式在高端市场打下基础

早在2018年，蔚来公司创始人、董事长兼首席执行官李斌就有了出海的想法。但由于2019年的动荡，这一想法直到2020年才开始正式实施，并在第三季度成立正式团队，开始对欧洲业务进行初期准备。选择欧洲作为中国以外的第一个市场，不仅因为欧洲是当时对电动汽车较为友好的地区，更因为欧洲热爱环保、追求创新的文化与蔚来的愿景有很多共同之处。蔚来一直坚定地致力于环保与可持续发展，坚信自己能够为实现碳中和目标贡献一份力量。

2021年5月，蔚来在其发布会上宣布首站出海挪威。当时挪威政府陆续出台了一系列激励措施为新能源汽车提供便利。同年9月，蔚来在海外的第一家NIO House（牛屋）也在首都奥斯陆的卡尔约翰大街落座，向欧洲用户敞开大门。在初步站稳脚跟后，次年，蔚来在德国、荷兰、丹麦、瑞典四国市场提供服务，并陆续在各国首都的中心地带开设"牛屋"，进一步扩大了在欧洲的市场。

带着在高端汽车市场的大本营树立蔚来全球品牌形象的使命感，蔚来在欧洲选择了相对复杂的经营模式：不仅仅是简单地卖车，而是将"蔚来模式"进行复刻——建直营门店、补能网络、欧洲版App以及为用户提供生活方式和产品。"创新的商业模式"所带来的挑战也是与众不同的，不管是建换电站还是把车和电池分开销售订阅，这对欧洲政府来说都是非常新鲜的。因此，需要花更多的时间帮助当地政府理解并加深相互的了解。另一个比较大的挑战则是与人相关，一方面是如何建立本地化团队，另一方面则是如何让本地用户满意。蔚来虽然是一家全球化初创公司，但也是一个来自中国的品牌，构建一个理解并认可中国文化的本地团队并不是一件容易的事情。尽管如此，蔚来还是坚持本土招聘，帮助本地雇员了解中国文化，增加本地的就业机会。作为一家"用户企业"，蔚来通过车内的NOMI智能语音助手、App、客服、销售顾问等多个渠道定期了解用户的反馈，一方面指导公司提升经营效率，另一方面帮助公司优化调整品牌布局。

虽然，直营模式的投入非常大，但其收获也很大。经过多年的经营，在欧洲有越来越多的用户认识蔚来。在2024年NIO Day的发布会上，不仅有来自挪威的用户在公益集市展示本国特色，还有来自欧洲各地的用户穿着NIO Day的主题卫衣品尝中国美食，与中国用户一起庆祝蔚来的10周年。

2. 展望未来——携手"同行人"走向世界

2024年是蔚来的10周年，也作为元年开启了蔚来新的出海篇章。2024年最后一个季度，蔚来先后宣布两个重磅出海计划：先是宣布进军中东市场，后又宣布在阿塞拜疆搭建销售及服务体系。

蔚来与中东的缘分结于2023年，在最为困难的时刻，阿布扎比政府旗下投资机构CYVN曾两次为蔚来注资。2024年10月，蔚来与CYVN签署战略合作协议，宣布将在阿联酋阿布扎比建立先进技术研发中心，专注智能驾驶与人工智能技术研发，进一步拓展蔚来全球研发布局，助力中东与北非地区技术创新。蔚来与CYVN还将联合研发一款针对当地市场的全新车型，更好地满足当地用户不断增长的智能电动汽车需求。

同年11月，蔚来的三款车作为第29届联合国气候变化大会（COP29）贵宾指定用车在阿塞拜疆首都巴库街头亮相。大会期间，蔚来还和本地伙伴Green Car签署了合作协议，宣布将正式在阿塞拜疆开展业务，并将于2025年在巴库建立第一家NIO House。

不同于欧洲的直营模式，蔚来在中东和阿塞拜疆选择与"同行人"携手前行。就像蔚来创始人李斌在12月的媒体活动上所说，出海不是"我来了我征服"，而是"我来了我服务"。2025年，蔚来也会选择最适合本地的方式为全球25个国家和地区的用户提供服务。

社会科学文献出版社

皮 书
智库成果出版与传播平台

❖ 皮书定义 ❖

皮书是对中国与世界发展状况和热点问题进行年度监测,以专业的角度、专家的视野和实证研究方法,针对某一领域或区域现状与发展态势展开分析和预测,具备前沿性、原创性、实证性、连续性、时效性等特点的公开出版物,由一系列权威研究报告组成。

❖ 皮书作者 ❖

皮书系列报告作者以国内外一流研究机构、知名高校等重点智库的研究人员为主,多为相关领域一流专家学者,他们的观点代表了当下学界对中国与世界的现实和未来最高水平的解读与分析。

❖ 皮书荣誉 ❖

皮书作为中国社会科学院基础理论研究与应用对策研究融合发展的代表性成果,不仅是哲学社会科学工作者服务中国特色社会主义现代化建设的重要成果,更是助力中国特色新型智库建设、构建中国特色哲学社会科学"三大体系"的重要平台。皮书系列先后被列入"十二五""十三五""十四五"时期国家重点出版物出版专项规划项目;自2013年起,重点皮书被列入中国社会科学院国家哲学社会科学创新工程项目。

皮书网

（网址：www.pishu.cn）

发布皮书研创资讯，传播皮书精彩内容
引领皮书出版潮流，打造皮书服务平台

栏目设置

◆ **关于皮书**
何谓皮书、皮书分类、皮书大事记、
皮书荣誉、皮书出版第一人、皮书编辑部

◆ **最新资讯**
通知公告、新闻动态、媒体聚焦、
网站专题、视频直播、下载专区

◆ **皮书研创**
皮书规范、皮书出版、
皮书研究、研创团队

◆ **皮书评奖评价**
指标体系、皮书评价、皮书评奖

所获荣誉

◆ 2008年、2011年、2014年，皮书网均在全国新闻出版业网站荣誉评选中获得"最具商业价值网站"称号；
◆ 2012年，获得"出版业网站百强"称号。

网库合一

2014年，皮书网与皮书数据库端口合一，实现资源共享，搭建智库成果融合创新平台。

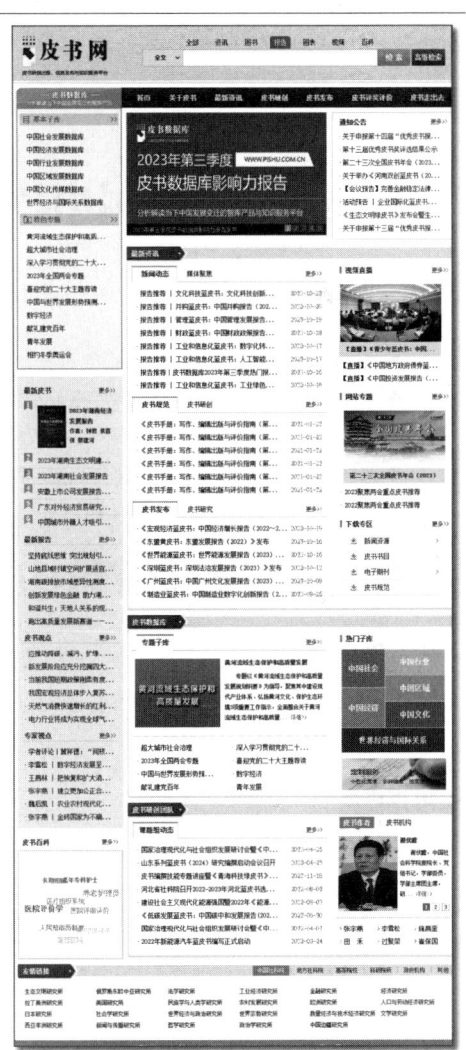

皮书网

"皮书说"微信公众号

权威报告·连续出版·独家资源

皮书数据库
ANNUAL REPORT(YEARBOOK) DATABASE

分析解读当下中国发展变迁的高端智库平台

所获荣誉

- 2022年，入选技术赋能"新闻+"推荐案例
- 2020年，入选全国新闻出版深度融合发展创新案例
- 2019年，入选国家新闻出版署数字出版精品遴选推荐计划
- 2016年，入选"十三五"国家重点电子出版物出版规划骨干工程
- 2013年，荣获"中国出版政府奖·网络出版物奖"提名奖

皮书数据库　"社科数托邦"微信公众号

成为用户

登录网址www.pishu.com.cn访问皮书数据库网站或下载皮书数据库APP，通过手机号码验证或邮箱验证即可成为皮书数据库用户。

用户福利

- 已注册用户购书后可免费获赠100元皮书数据库充值卡。刮开充值卡涂层获取充值密码，登录并进入"会员中心"—"在线充值"—"充值卡充值"，充值成功即可购买和查看数据库内容。
- 用户福利最终解释权归社会科学文献出版社所有。

卡号：318366653926
密码：

数据库服务热线：010-59367265
数据库服务QQ：2475522410
数据库服务邮箱：database@ssap.cn
图书销售热线：010-59367070/7028
图书服务QQ：1265056568
图书服务邮箱：duzhe@ssap.cn

S 基本子库
SUB DATABASE

中国社会发展数据库（下设12个专题子库）

紧扣人口、政治、外交、法律、教育、医疗卫生、资源环境等12个社会发展领域的前沿和热点，全面整合专业著作、智库报告、学术资讯、调研数据等类型资源，帮助用户追踪中国社会发展动态、研究社会发展战略与政策、了解社会热点问题、分析社会发展趋势。

中国经济发展数据库（下设12专题子库）

内容涵盖宏观经济、产业经济、工业经济、农业经济、财政金融、房地产经济、城市经济、商业贸易等12个重点经济领域，为把握经济运行态势、洞察经济发展规律、研判经济发展趋势、进行经济调控决策提供参考和依据。

中国行业发展数据库（下设17个专题子库）

以中国国民经济行业分类为依据，覆盖金融业、旅游业、交通运输业、能源矿产业、制造业等100多个行业，跟踪分析国民经济相关行业市场运行状况和政策导向，汇集行业发展前沿资讯，为投资、从业及各种经济决策提供理论支撑和实践指导。

中国区域发展数据库（下设4个专题子库）

对中国特定区域内的经济、社会、文化等领域现状与发展情况进行深度分析和预测，涉及省级行政区、城市群、城市、农村等不同维度，研究层级至县及县以下行政区，为学者研究地方经济社会宏观态势、经验模式、发展案例提供支撑，为地方政府决策提供参考。

中国文化传媒数据库（下设18个专题子库）

内容覆盖文化产业、新闻传播、电影娱乐、文学艺术、群众文化、图书情报等18个重点研究领域，聚焦文化传媒领域发展前沿、热点话题、行业实践，服务用户的教学科研、文化投资、企业规划等需要。

世界经济与国际关系数据库（下设6个专题子库）

整合世界经济、国际政治、世界文化与科技、全球性问题、国际组织与国际法、区域研究6大领域研究成果，对世界经济形势、国际形势进行连续性深度分析，对年度热点问题进行专题解读，为研判全球发展趋势提供事实和数据支持。

法律声明

"皮书系列"(含蓝皮书、绿皮书、黄皮书)之品牌由社会科学文献出版社最早使用并持续至今,现已被中国图书行业所熟知。"皮书系列"的相关商标已在国家商标管理部门商标局注册,包括但不限于LOGO( )、皮书、Pishu、经济蓝皮书、社会蓝皮书等。"皮书系列"图书的注册商标专用权及封面设计、版式设计的著作权均为社会科学文献出版社所有。未经社会科学文献出版社书面授权许可,任何使用与"皮书系列"图书注册商标、封面设计、版式设计相同或者近似的文字、图形或其组合的行为均系侵权行为。

经作者授权,本书的专有出版权及信息网络传播权等为社会科学文献出版社享有。未经社会科学文献出版社书面授权许可,任何就本书内容的复制、发行或以数字形式进行网络传播的行为均系侵权行为。

社会科学文献出版社将通过法律途径追究上述侵权行为的法律责任,维护自身合法权益。

欢迎社会各界人士对侵犯社会科学文献出版社上述权利的侵权行为进行举报。电话:010-59367121,电子邮箱:fawubu@ssap.cn。

社会科学文献出版社